W0363028

Erhard Oeser

Herausragende Frauen in der Geschichte der Menschheit

Erhard Oeser

Herausragende Frauen in der Geschichte der Menschheit

wbg Academic

Die Deutsche Nationalbibliothek verzeichnet diese Publikation
in der Deutschen Nationalbibliographie; detaillierte bibliographische
Daten sind im Internet über http://dnd.d-nb.de abrufbar

wbg Academic ist ein Imprint der wbg
© 2021 by wbg (Wissenschaftliche Buchgesellschaft), Darmstadt
Die Herausgabe des Werkes wurde durch die
Vereinsmitglieder der wbg ermöglicht.
Umschlagsabbildung: George Sand,
Gemälde, 1839, von Auguste Charpentier (c) akg-images
Satz und eBook: Satzweiss.com Print, Web, Software GmbH
Gedruckt auf säurefreiem und
alterungsbeständigem Papier
Printed in Germany

Besuchen Sie uns im Internet: www.wbg-wissenverbindet.de

ISBN 978-3-534-40486-5

Elektronisch sind folgende Ausgaben erhältlich:
eBook (PDF): 978-3-534-40488-9
eBook (epub): 978-3-534-40487-2

Inhalt

Vorwort

„Alles, was Männer über die Frauen geschrieben haben, muss verdächtig sein, denn sie sind zugleich Richter und Partei." Diese Worte von Francois Poullain de La Barre aus dem Jahre 1673 behalten auch heute noch ihre Gültigkeit. Denn es liegt in der Natur der Sache, dass die Darstellung der Leistungen und Verfehlungen von herausragenden Frauen in der Geschichte der menschlichen Gesellschaft als Parteinahme angesehen werden könnte. Eine historische Abhandlung dieser Thematik durch einen Mann als Autor, stellt daher ein Wagnis dar, das von vornherein einer Kritik ausgesetzt ist. Aber mit der in diesem Buch angewandten Methode der exemplarischen Darstellung, wie sie bereits Simone de Beauvoir in ihrem Buch über das andere Geschlecht praktiziert hat, lässt sich über eine bloß chronologische Auflistung hinaus anhand realer historischer Personen und Gegebenheiten beispielhaft die kontroverse Problematik dieses Themas beschreiben. Die wissenschaftlichen und literarischen Originaltexte und Abbildungen sind in diesem Buch mit der Absicht ausgewählt worden, ein getreues Abbild der Ansichten der jeweiligen Zeit zu liefern. Das in diesem Buch zusammengestellte umfangreiche Abbildungsmaterial dient vor allem der Verobjektivierung dieser Thematik, das durch bloß wortsprachliche Darstellung, die immer einen subjektiven Charakter behält, nicht zu erreichen ist.

Das Ziel dieser Abhandlung ist es nicht nur negativ zu zeigen, dass, wie es Simone de Beauvoir formuliert hat, „die Möglichkeiten der Frau bisher unterdrückt wurden", sondern dass die Fähigkeiten und Leistungen der Frau in der Geschichte Europas, wenn auch nicht allgemein, so doch zumindest bei den höheren Ständen nachzuweisen sind. Es gab schreibende Frauen, gelehrte Frauen und auch Frauen, die allein bis an die Grenzen des Horizonts reisten und sich in fremden Ländern großen Gefahren aussetzten. Das wurde auch seit der Antike von den Männern anerkannt und verteidigt, soweit diese keine patriarchalischen Herrscher, sondern Philosophen oder Dichter waren. Dass aber Frauen auf grausame Weise auch kriegerisch sein können, war seit der Antike durch die Berichte über die Amazonen bekannt. Während aber der Wahrheitsgehalt dieser antiken Berichte oft angezweifelt worden ist, gibt es für die Zeit des Zweiten Weltkrieges eindeutige Belege für herausragende Frauen im Kriegsdienst. Es waren vor allem sowjetische Militärpilotinnen, die in ihrem Land „Stalins Falken" genannt, von den deutschen Wehrmachtangehörigen aber als „Nachthexen" bezeichnet wurden. Sie leisteten Tag und Nacht bei jedem Wetter und unter schwierigen Bedingungen ihren Dienst und waren in ihrem zerstörerischen Werk sehr erfolgreich. Ebenso erfolgreich waren auch die deutschen Frauen im Militärdienst. Zwei von ihnen, Hanna Reitsch und Melitta Schenk Gräfin von Staufenberg, gelangten zu einer gewissen Berühmtheit. Das dunkelste Kapitel in dieser Kriegszeit war jedoch die Tätigkeit von

Frauen als Lagerverwalterinnen und Aufsichtspersonen. Unter den als „Hitlers Helferinnen“ bezeichneten Frauen war ein besonders schrecklicher Fall Magda Goebbels, die ihre eigenen Kinder töten ließ.

Heutzutage scheint die Gleichstellung der Frau mit dem Mann sowohl im guten als auch im schlechten Sinn erreicht zu sein. Denn es gibt weder in der Politik noch im Bereich der traditionellen Männerberufe Sparten, in denen nicht auch Frauen tätig sind. Doch gleichgeblieben und offensichtlich noch vermehrt ist die sexuelle Belästigung und der Missbrauch von Frauen durch das andere Geschlecht („Me too“). Und was die Anerkennung und Entlohnung der Leistungen der Frau anbelangt, ist diese zumeist noch immer geringer als die des Mannes. Der Kampf um die Gleichberechtigung der Geschlechter geht also weiter und ob er je ein Ende haben wird, bleibt zukünftigen Generationen überlassen.

Wien im Frühjahr 2020
Erhard Oeser

1 Gelehrte Frauen im Altertum

Die Stellung der Frau im Alten Ägypten ist vergleichbar mit der hohen sozialen Stellung von Frauen in anderen frühen Hochkulturen, wie in Sumer oder Akkad. Das Patriarchat hat sich nicht überall in dieser radikalen Form durchgesetzt. In Babylonien räumten die Gesetze Hammurabis der Frau gewisse Rechte ein: Sie erhält einen Teil des väterlichen Erbes, und wenn sie sich verheiratet, stellt der Vater ihr eine Mitgift. In Persien herrscht die Polygamie; die Frau ist zu absolutem Gehorsam gegen den Gatten verpflichtet, den der Vater ihr wählt, sobald sie mannbar ist; doch wird sie dort mehr geehrt als bei den meisten orientalischen Völkern; der Inzest ist nicht untersagt, es kommen häufig Ehen zwischen Bruder und Schwester vor; die Frau ist mit der Erziehung der Kinder betraut, bis zum Alter von sieben Jahren bei Knaben, bis zu ihrer Verheiratung aber, wenn es Mädchen sind. Sie kann einen Teil der Hinterlassenschaft ihres Gatten erhalten, wenn der Sohn sich dessen nicht würdig zeigt; ist sie die privilegierte Gattin, so vertraut man ihr, wofern der Gatte stirbt, ohne einen erwachsenen Sohn zu hinterlassen, die Vormundschaft über die minderjährigen Kinder sowie die Verwaltung der Geschäfte an. Die Eheregeln zeigen deutlich, welche Wichtigkeit für das Familienoberhaupt die Existenz von Nachkommen besitzt. Nach Simone de Beauvoir hat es im alten Ägypten offenbar fünf Formen der Ehe gegeben: 1. Die Frau verheiratete sich mit Zustimmung ihrer Eltern; man bezeichnete sie dann als „privilegierte Gattin"; ihre Kinder gehörten ihrem Mann. 2. Wenn eine Frau das einzige Kind war, so wurde das erste ihrer Kinder ihren Eltern übergeben, um ihnen die Tochter zu ersetzen; dann wurde sie „privilegierte Gattin". 3. Wenn ein Mann unverheiratet starb, so stattete seine Familie eine fremde Frau aus und verheiratete sie: Man bezeichnete sie als Adoptivfrau; die Hälfte ihrer Kinder gehörte dem Toten, die andere Hälfte dem lebenden Gatten. 4. Eine kinderlose Witwe, die sich wieder verheiratete, hieß „dienende Frau": Sie schuldete die Hälfte der Kinder aus der zweiten Ehe dem verstorbenen Gatten. 5. Die Frau, die sich ohne Einwilligung ihrer Eltern verheiratete, konnte von ihnen nicht erben, bevor ihr ältester Sohn nicht großjährig war und sie als „privilegierte" Gattin seinem eigenen Vater übergeben hatte; starb der Gatte vorher, so wurde sie als unmündig betrachtet und unter Vormundschaft gestellt. Die Bestimmung über die Adoptivgattin und die dienende Gattin erkannte jedem Manne das Recht zu, sich selbst in einer Nachkommenschaft zu überleben, an die ihn nicht unbedingt Bande des Blutes fesseln mussten. Das bestätigt nur dass dies Band gewissermaßen erst vom Manne erfunden worden ist, als er sich über sein Leben hinaus eine Unsterblichkeit auf Erden und in der Unterwelt sichern wollte (vgl. de Beauvoir 1951, S. 89 f.) Rechtlich hatten ägyptische Frauen einen vergleichbaren Status wie Männer. Sie konnten erben, vererben und brauchten – anders als z. B. bei den Römern – keinen gesetzlichen Vormund. In der Praxis fand man Frauen aber nur selten in der Verwaltung oder in hohen Machtpositionen. Das könnte an ihren Verpflichtungen der Familie gegenüber gelegen haben. In den ägyptischen Weisheitslehren wird immer wieder vor Frauen gewarnt. Im Papyrus Westcar wird eine Frau, die Ehebruch beging, lebendig verbrannt. Auch bei Verbrechen wie z. B. Diebstahl erhielten Frauen dieselben Strafen wie Männer. In der Familie war die Frau die Herrin des Hauses, anders als in Griechenland oder Rom, wo der Mann der pater familias war. In ihrer Eigenschaft als „Herrin" führten Frauen eigene Siegel. Frauen konnten Schreiber sein oder andere hohe Amtsposten einnehmen. In handwerklichen Berufen wie beispielsweise der Bierbrauerei sind Frauen häufig belegt. Aus dem Alten Reich gibt es verschiedene Mastabas von hochrangigen Frauen, wie Königinnen oder Frauen von Wesiren, die wie viele dieser Grabbauten mit zahlreichen Szenen dekoriert sind. Auf diesen Wanddarstellungen ist oftmals die Dienerschaft des Grabinhabers dargestellt. In den Mastabas von hochrangigen Frauen dieser Epoche besteht das Hilfspersonal nur aus Frauen. Hochrangige Frauen hatten in dieser Zeit also eine exklusiv aus Frauen bestehende Dienerschaft, wobei das aber nicht für alle Frauen belegt ist. Die Titel zeigen, dass es sich um Verwalter der Güter dieser Frauen handelte. Es finden sich Bezeichnungen wie „Vorsteherin des Hauses" oder „Schatzmeisterin". Diese Frauenwirtschaft ist nur im Alten Reich bezeugt.

In der Dritten Zwischenzeit trugen viele hochrangige Frauen des Königshauses auch hohe Verwaltungstitel, die in anderen Perioden nur bei Männern belegt sind. Königinnen dieser Zeit hatten auch hohe Titel in der Tempelverwaltung. Die Gründe für die Verleihung dieser hohen Verwaltungspositionen an Frauen gerade in dieser Zeit sind nicht ganz klar, doch ist argumentiert worden, dass die Oberschicht damals weitestgehend libysch war und damit auch starke gesellschaftliche Verschiebungen einhergingen. Es sind ebenfalls Frauen in Verwaltungsämtern bekannt. Sie stiegen bis zum Wesir und sogar Pharaonenamt auf. Hatschepsut gab die Regierungsgewalt auch nicht aus der Hand, als ihr Stiefsohn und Neffe Thutmosis III. alt genug für die Königswürde war. Sie ließ sich selbst zum Pharao ausrufen. Nofretete hatte unter ihrem Mann Echnaton großen Einfluss und herrschte nach seinem Tod wahrscheinlich selbst. Es gibt mehrere Hinweise für Nofretetes Herrschaft, doch das Thema ist unter Ägyptologen strittig.

Die bekannte Pharaonin, Kleopatra VII. kämpfte mit ihrem Bruder um den Thron und stützte sich dabei auf die Hilfe der Römer insbesondere Julius Caesar. Caesar berichtet in seinen Aufzeichnungen über den Bürgerkrieg und den Alexandrinischen Krieg ausführlich über seine militärischen Aktivitäten gegen die ägyptische Armee, schweigt sich aber über sein Verhältnis zu Kleopatra völlig aus. Dagegen liefert Plutarch reichliche Angaben über Caesar und sein Verhältnis zu Kleopatra (Plutarch 1779, S. 450 f.).

Kleopatra VII. (69 v. Chr. – 30 v. Chr.) war von 51 v. Chr. bis 30 v. Chr. die letzten Herrscherin Ägyptens. Sie war die Tochter des ägyptischen Pharaos Ptolemaios XII. Nach dem Tod ihres Vaters musste Kleopatra, so sah es das Testament vor, ihren zehnjährigen Bruder Ptolemaios XIV. heiraten, um mit ihm zusammen das Land zu regieren. Doch das wollte ihr älterer Bruder Ptolemaios XIII. verhindern. Caesar erklärte, dass das Testament des verstorbenen Ptolemaios XII. gültig sei und dass demnach beide Geschwister zusammen über Ägypten regieren sollten. Um unbemerkt in Cäsars Gemächer zu gelangen, ließ sich Kleopatra in einen Teppich einwickeln, um an den strengen Wachen ihres älteren Bruders Ptolemaios XIII. unbemerkt vorbeikommen. Im Teppich versteckt gelangt sie zu Cäsar und kann ihn mit ihrer Schönheit und ihrem Ehrgeiz und ihrer Intelligenz so betören, dass er sich in sie verliebt und ihr die alleinige Herrschaft über Ägypten gestattet.

Kleopatra folgte Cäsar nach Rom und hoffte, sich dort auch ihren Wunsch nach einem großen Weltreich erfüllen zu können. Doch Cäsar heiratete sie nie und erkannte seinen leiblichen Sohn Caesarion auch niemals als Thronfolger an. Mit seinem Tod schwanden nicht nur Kleopatras Hoffnungen auf die Ausbreitung ihres Reiches; Auch ihr Helfer und Beschützer war nun nicht mehr da. Kleopatra und Caesarion kehrten noch im gleichen Jahr nach Ägypten zurück (vgl. Dorothea Szymanski: Kleopatra – Leben einer Herrscherin, in: Geolino).

Plutarchs Bericht über Antonius, in dem er auch persönliche Quellen wie Berichte seines Großvaters und Urgroßvaters sowie für Kleopatras Tod den Bericht ihres Leibarztes Olympos verwendet, enthält viele zuverlässige Anekdoten und schildert Kleopatra als große Verführerin (Plutarch 1779, S. 213 f.) Kleopatra folgte Cäsar nach Rom und hoffte, sich dort auch ihren Wunsch nach einem großen Weltreich erfüllen zu können. Doch Cäsar heiratete sie nie und erkannte seinen leiblichen Sohn Caesarion auch niemals als Thronfolger an. Mit seinem Tod schwanden nicht nur Kleopatras Hoffnungen auf die Ausbreitung ihres Reiches; Auch ihr Helfer und Beschützer war nun nicht mehr da. Kleopatra und Caesarion kehrten noch im gleichen Jahr nach Ägypten zurück (vgl. Dorothea Szymanski: Kleopatra – Leben einer Herrscherin, in: Geolino).

Plutarchs Bericht über Antonius, in dem er auch persönliche Quellen wie Berichte seines Großvaters und Urgroßvaters sowie für Kleopatras Tod den Bericht ihres Leibarztes Olympos verwendet, enthält viele zuverlässige Anekdoten und schildert Kleopatra als große Verführerin (Plutarch 1779, S. 213 f.). Nach dem Sieg über die Mörder Caesars im Jahr 42 einigen sich Antonius und Octavianus auf die Machtverteilung, den Triumvirn Lepidus entmachten sie. Octavianus erhält die westliche Reichshälfte. Antonius wird Herr des Ostens und befiehlt ein Treffen mit Kleopatra in der Hafenstadt Tarsus. An Bord eines prächtigen Staatsschiffs empfängt sie – angeblich mit Krone und Perlentanga bekleidet – den 40 Jahre alten Militär und Politiker, der ihr sofort verfällt. Es folgen Jahre der Leidenschaft, drei Kinder kommen zur Welt. Wohl unter dem Einfluss Kleopatras entfremdet sich Antonius, der seit dem Jahr 40 mit Octavia, der Schwester des Octavianus verheiratet ist, mehr und mehr der römischen Lebensart. Er präsentiert sich als hellenistischer Gottherrscher, große Teile seines Einflussgebiets, z. B. Armenien, unterstellt er Kleopatra. Diese lässt sich als „Königin der Könige“ und Universalgöttin Isis feiern. Ptolemaios Kaisar, der Sohn Caesars, ist ihr Mitregent. Zwischen Octavianus und Antonius kommt es vermehrt zu Spannungen, ein Machtkampf entbrennt. Wohl wissend, dass sich der einstige Kriegsheld Antonius in Rom nach wie vor großer Beliebtheit erfreut, startet Octavianus eine Kampagne, die sich gezielt gegen Kleopatra richtet. Die Königin wird als gefährliche Gegnerin Roms dargestellt, als Nymphomanin und Verführerin des braven Soldaten Antonius. Octavianus ist der Gegenentwurf, seine Propaganda zeichnet ihn als Bewahrer römischen Wesens, als Mann, der sich nicht „verhexen“ lässt und seine verlassene Schwester tröstet. Mit der Dämonisierung Kleopatras wird die öffentliche Meinung im Westteil des Reiches beeinflusst und ein bei den Römern unpopulärer Zwist zwischen zwei Rivalen zum Schicksalskampf gegen die staatsgefährdende Ägypterin verklärt. Im Jahr 32 erklärt Octavianus der Königin Kleopatra den Krieg. Marcus Antonius verhält sich defensiv, schließlich kommt es im Jahr 31 nahe der nordwestgriechischen Küste zur Seeschlacht von Actium. Auch Kleopatra nimmt mit einer kleinen Flotte daran teil. Die schwerfälligen Schiffe des Antonius werden von Admiral Agrippa ausmanövriert und besiegt. Kleopatra durchbricht die feindlichen Linien und flieht aufs offene Meer. Antonius folgt ihr und ruiniert seinen Ruf endgültig – er gilt nun als Befehlshaber, der seine Männer im Stich ließ. Sie eilen nach Alexandria, um noch vor dem Eintreffen der Nachricht von der Niederlage an Land zu gehen. Obwohl Kleopatra Tempelbesitz konfisziert, um die Streitkräfte wieder aufzurüsten, nehmen die Desertionen zu, ganze Truppenteile wechseln ins Lager des Gegners. Der vorsichtige Octavianus lässt sich mit seinem Vormarsch Zeit. Antonius und Kleopatra bleiben ein Jahr, um zuzusehen, wie ihr Reich dem Untergang entgegengeht. Sie feiern Feste, um das nahende Ende zu verdrängen. Am 1. August 30 dringen die Truppen des Octavianus in Alexandria ein. Antonius bricht den aussichtslosen Kampf ab und begeht Selbstmord. Der Sieger gestattet eine aufwendige Begräbnisfeier für Antonius. Aus Angst um ihre Kinder schreckt Kleopatra zunächst vor einem Suizid zurück. Am 8. August wird sie von Octavianus empfangen. Über das Treffen liefern antike Historiker verschiedene Darstellungen. Vielleicht hofft die Königin auf ihre erotische Ausstrahlung, doch in den Weltherrschaftsphantasien von Caesars Großneffen hat sie keinen Platz. Er betrachtet sie eher als Beute, als Höhepunkt seines Triumphzuges in Rom. Um den 10. August besucht sie ein letztes Mal das Grab des Antonius und begeht Selbstmord.

Abb. 1: Kleopatra

Beim gewöhnlichen ägyptischen Volk waren religiöse oder staatliche Förmlichkeiten zum Schließen des Ehebundes nicht erforderlich. Zwei Menschen galten als verheiratet, sobald sie zusammen wohnten, das heißt, sobald die Frau mit ihrem gesamten Besitz mit einem Mann zusammen wohnte. Teilweise wurden Eheverträge abgeschlossen, besonders in der Spätzeit traten sie vermehrt auf. In jedem Haus wohnte eine Familie mit Großeltern, Tanten und Neffen. Wegen der hohen Sterblichkeitsrate wird vermutet, dass diese Familienverbände eher klein waren. Das Ideal waren zahlreiche Kinder, auch wenn viele von ihnen frühzeitig starben. Die Geburt eines Kindes war ein freudiges Ereignis. Die Mutter kümmerte sich um die Erziehung der kleinen Kinder, bis sie mit ca. 5–6 Jahren auf dem Feld, Garten oder im Haus mithelfen mussten. Kinder reicher Familien gingen ab dem 6. Lebensjahr in den Palast oder Tempel, in dem sie der schulischen Ausbildung unterzogen wurden. Auch nach Simone de Beauvoir war die Stellung der Frau in Ägypten besonders günstig. Die Muttergottheiten hatten auch als Gattinnen ihre alte Würde bewahrt; die religiöse und soziale

Einheit verkörpert sich im Paar; die Frau erscheint als die Verbündete und die Ergänzung des Mannes. Ihre Magie galt als so wenig feindlich, dass sogar die Furcht vor dem Inzest überwunden wurde und man keine Bedenken trug, Geschwister zu vermählen. In gewissen Fällen wenigstens muss der Bruder sogar die Schwester heiraten. Sie hat die gleichen Rechte wie der Mann, dieselbe Geschäftsfähigkeit; sie erbt, sie kann Güter besitzen. Diese auffallend günstige Lage hat nichts Zufälliges: Sie ergibt sich daraus, dass im alten Ägypten das Land dem Könige und den höheren Kasten der Priester und Krieger gehörte; Privatpersonen hatten vom Grundeigentum nur den Nießbrauch; da der Grund und Boden unveräußerlich war, hatten die durch Erbschaft übertragenen Besitztümer nur geringen Wert, so dass man bereit war, sie zu teilen. Da es kein privates Grundeigentum gab, behielt die Frau ihre Würde als Person. Sie konnte sich frei verheiraten und als Witwe nach ihrem Belieben auch wieder vermählen. Der Mann trieb Vielweiberei, hatte aber nur eine wirkliche Gattin, und diese war die einzige, die bei kultischen Handlungen zugegen und ihm gesetzlich verbunden war; alle anderen waren nur rechtlose Sklavinnen. Die Hauptgattin änderte durch die Heirat ihren Rechtstatus nicht, sie blieb Herrin ihrer Güter und konnte Verträge abschließen, Als der Pharao Bochoris das Privateigentum begründete, hatte die Frau bereits eine zu starke Stellung, um daraus vertrieben zu werden; Bochoris eröffnete eine Ära der Verträge, und auch die Ehe bekam nun Vertragscharakter. Es gab drei Typen von Eheverträgen: Der eine betraf die Servilehe: Die Frau wurde zur bloßen Sache des Mannes, aber sie forderte manchmal, dass er neben ihr keine Konkubine haben dürfe; die legitime Gattin hingegen wurde als dem Manne gleichgestellt erachtet, und alle Güter gehörten beiden gemeinsam; oft verpflichtete sich der Mann, ihr im Falle der Scheidung eine Summe Geldes zu geben. Dieser Brauch führte bald darauf zu einem für die Frau auffallend günstigen Vertragsverhältnis: Der Gatte räumte ihr eine fiktive Schuldforderung ein. Es bestanden strenge Strafverfügungen gegen den Ehebruch, aber die Scheidung stand beiden Beteiligten nahezu frei. Die Praxis der Eheverträge schränkte die Polygamie sehr stark ein; die Frauen erwarben Vermögen und hinterließen es ihren Kindern. Ptolemäus Philopator erließ ein Gebot, wonach die Frauen ihre Besitztümer nicht mehr ohne Genehmigung ihres Gatten veräußern konnten, und verurteilte sie dadurch zur Unmündigkeit. Aber selbst zu der Zeit, als die Frauen eine in der ganzen antiken Welt einzig dastehende bevorzugte Stellung hatten, waren sie in sozialer Hinsicht dem Manne nicht gleichgeachtet; zum Kult, zur Regierung zugelassen, konnten sie zwar die Rolle der Regentin spielen, doch der Pharao war ein Mann und die Priester und Krieger waren männlichen Geschlechts; die Frauen traten im öffentlichen Leben nur an zweiter Stelle auf; im Privatleben aber forderte man von ihnen Treue ohne Gegenseitigkeit (vgl. de Beauvoir 1951, S. 90 f.).

In der antiken Stadt Athen besaßen Frauen keine bürgerlichen Rechte. Nur Männern war es gestattet zu wählen oder eine öffentliche Position zu bekleiden. Die Meinung der Frauen und auch ihr Selbstbestimmungsrecht spielten eine geringe bis keine Rolle. So konnten gebürtige Athenerinnen etwa nicht allein leben, sondern mussten entweder im Hause ihres Vaters, Mannes oder ältesten Sohnes wohnen. Im Todesfall des Ehemannes wurden sie sogar oft von ihm an einen anderen Mann „vererbt". Außerdem waren Frauen als Aufseherin der Bediensteten und der Kinder weitgehend in die Haushalte verbannt. Zum öffentlichen Leben und zu einer philosophisch-wissenschaftlichen Bildung hatten sie daher keinen Zutritt, auch Bankette und Feste fanden ohne sie statt. Eine Strategie nicht-athenischer Frauen war es, sich einen einheimischen Mann als Freund und Beschützer zu suchen. Da die Stadt jedoch sehr bedacht auf den Schutz des „reinen Athener Geschlechts" war, konnte ein Athener Mann mit einer stadtfremden Frau kein Kind zeugen, welches das Bürgerrecht von Athen erhalten hätte. Dies mag ein Grund dafür sein, warum die Milesierin Aspasia von Milet – der Legende nach Frau oder Geliebte des athenischen Herrschers Perikles und Mutter seines Kindes, in der griechischen Komödie als Hetäre dargestellt wird.

Aspasia von Milet, die sich mit Perikles einen mächtigen Beschützer gewählt hatte, scheint dennoch eine einflussreiche Frau gewesen zu sein. Sie gründete eine Art philosophischen Salon, der legendär wurde und den sie nicht nur als Gastgeberin, sondern auch als Philosophin leitete. Außerdem soll sie Initiatorin einer Mädchenschule gewesen sein, an der sie selbst unterrichtete. Als Rhetorikerin machte sie sich durch die legendären Reden des Perikles, an denen sie offenbar maßgeblich beteiligt war, einen Namen. Sokrates bezeichnet sie in einem von Platons Dialogen, in denen dieser seine philosophische Lehre darzulegen pflegte als seine Rhetoriklehrerin. Bisweilen wird sogar vermutet, dass die sogenannte „sokratische Methode" in Wahrheit von ihr stammt. Hierbei handelt es sich um eine philosophische Technik der Argumentation, die gemeinhin dem Philosophen Sokrates zugeschrieben wird. Denn von Aspasia sind keine Texte und Lehren erhalten.

Ein Beispiel weiblicher Philosophie, Astronomie und Mathemathematik ist Hypatia von Alexandria aus dem 4. Jahrhundert. Auch von ihren Lehren ist leider nichts erhalten. Hinweise auf ihr philosophisches Wirken finden sich aber in den Briefen ihres Freundes und Schülers, des späteren Bischofs Synesios von Kyrene. Diesen ist zu entnehmen, dass sie vor anderen Gelehrten, aber auch öffentlich auf der Straße unterrichtete. Hypatia wurde als Philosophin und Anhängerin heidnischer Religionen ein Opfer religiöser Machtkämpfe. So zerrte sie ein Mob aufgebrachter Christen in eine Kirche, ermordete sie und zerstückelte den Leichnam.

2 Gelehrte Frauen im Mittelalter

Als das dunkle Zeitalter „aetas obscura" wird das Mittelalter bezeichnet. Nur ein kleiner Personenkreis konnte lesen und schreiben, selbst Adlige waren dieser Kunst oft nicht mächtig. Dies war der Geistlichkeit vorbehalten, die naturgemäß auch Latein, die damalige Wissenschaftssprache, beherrschte. Das galt vor allem für Frauen. Ausnahmen davon bildeten lediglich Nonnen. So setzte sich im 12. Jahrhundert Hildegard von Bingen gegen alle Widerstände durch. Sie war Benediktinerin und Äbtissin ihres eigenen Klosters Rupertsberg bei Bingen. Zuvor hatte sie mit bereits 38 Jahren das dem Mönchskloster Disibodenberg angeschlossene Nonnenkloster geleitet. Hildegard gilt als eine Begründerin der Mystik und hat sich als Künstlerin, Ärztin, Ethikerin, Kosmologin und Poetin einen Namen gemacht. Ähnlich wie 800 Jahre vor ihr Hypatia, predigte auch Hildegard von Bingen öffentlich ihre Lehren, etwa auf dem Marktplatz von Trier. Liturgische Handlungen waren Frauen jedoch auch zu ihrer Zeit nicht gestattet, dies war allein den männlichen Priestern vorbehalten. So konnten sie als Äbtissinnen zwar durchaus mächtig werden, allerdings nur, solange sie nicht mit Männern in Konkurrenz traten. Hildegards Schriften zeigen, dass sie die Natur als Ausdruck des Geistes Gottes betrachtete. Hiermit ging ihrer Ansicht nach einher, dass der Mensch Natur und sich selbst gut und respektvoll zu behandeln habe. Der Gedanke der Einheit und Ganzheit ist auch ein Schlüssel zu Hildegards heilkundlichen Schriften. Diese sind davon geprägt, dass Heil und Heilung des kranken Menschen allein von der Hinwendung zum Glauben ausgehen können. Dabei sparten die Äbtissin und politisch engagierte Frau allerdings auch die Sexualität und Rolle der Frau in der damaligen Gesellschaft nicht aus. Wichtig für Biologie und Medizin sind vor allem ihre Ausführungen über Pflanzen und Krankheiten. Wobei ihre Leistung weniger darin besteht, komplett neue Heilverfahren entwickelt zu haben, als vielmehr das damalige Heilwissen aus der griechisch-lateinischen Tradition erstmals mit der Volksmedizin zu vereinen. Sie verwendete in ihren naturwissenschaftlichen Werken beispielsweise als erste die volkstümlichen Pflanzennamen. Unter anderem schrieb die Äbtissin das „Buch über das innere Wesen der verschiedenen Kreaturen und Pflanzen". Aufgrund dieser und anderer Abhandlungen, in denen sie neue Ansichten über Krankheitsentstehung und Sexualität darlegt, sowie ihrer Katalogisierung von über 280 Pflanzen und Baumarten mitsamt ihrer medizinischen Wirkung, wird sie häufig als erste deutsche Ärztin bezeichnet.

Abb. 2: Trotula und die Scuola Medica Salernitana

Auch im mittelalterlichen Italien gab es eine Ärztin: Trotula di Ruggiero. Für eine Frau waren zwar die Ausführungen über den Frauenkörper, die Gynäkologie und die weibliche Sexualität viel zu freizügig, so dass auch Zweifel an der weiblichen Identität Trotula di Ruggerios bei den Historikern aufkamen. Als Mitglied und Dozentin der medizinischen Schule von Salerno ging sie in die Annalen der späteren Universität als eine der sieben Großmeister ihrer Geschichte ein. Trotula arbeitete, neben ihren gynäkologischen Abhandlungen, offenbar gemeinsam mit ihren Söhnen und ihrem Mann an einer medizinischen Enzyklopädie, der „Practica Brevis". In Italien, als einem der wenigen Länder Europas, war es zur damaligen Zeit auch für Frauen möglich zu studieren, wobei auch hier fast nur die Medizin den Frauen zugänglich war. Trotulas Hauptwerk „Die Krankheiten der Frauen" ist eine Abhandlung zur Gynäkologie, die sämtliche Frauenkrankheiten umfasst. Das Buch beinhaltet sowohl praktische Anleitungen zu operativen Eingriffen wie auch Überlegungen zur Problematik der Frauen sich mit Beschwerden der Sexualität oder der Fortpflanzung an einen männlichen Arzt zu wenden. Das Werk zeugt von weitreichendem Wissen im Bereich der Gynäkologie. So beschreibt Trotula bereits den Zusammenhang von Unregelmäßigkeiten der Menstruation mit Ernährung, psychischem Stress oder Krankheit. Das Buch befasst sich weiterhin mit Verhütung und Unfruchtbarkeit, die sie als nicht rein weibliches Phänomen bezeichnet. Sie beschreibt außerdem die fruchtbaren Tage und riet Patientinnen ohne Kinderwunsch, sich während dieser Zeit abstinent zu verhalten. Weiter äußert sich Trotula zur Geburtshilfe, Säuglings- und Kinderpflege sowie allgemeinmedizinischen Themen wie Augenleiden, Krebs, Übergewicht, Gehörlosigkeit, Zahnschmerzen und Parasiten.

Abb. 3: Giovanni Boccaccio.

Eine besonders interessante Quelle über die Frauen liefert Giovanni Boccaccio. Er wollte mit seiner Sammlung von Biographien „De claris mulieribus", die er nach dem Vorbild von Francesco Petrarcas „De viris illustribus" verfasste, eine Darstellung des weiblichen Geschlechtscharakters in Form von Einzelporträts liefern: Sie sollte den Zustand der Frau in alltäglichen und extremen Situationen schildern, die historisch abgesicherten Quellen beruht. Da kann z. B. eine Frau erfahren, dass sie sich beim Ehebruch ihres Mannes bescheiden und demütig verhalten soll, wie dies Tertia Amelia, die Gattin des Scipio, tut; sie kann erfahren, wie gefährlich der Witwenstand ist und dass eine Frau, die sich wiederverheiratet, sich wie eine Prostituierte verhält; eine Vergewaltigung kann nur durch den Tod der Frau gesühnt werden, und von einer liebevollen Gattin erwartet man, dass sie ihrem Mann in den Tod folgt. Der Wunsch nach politischer Gleichberechtigung soll dagegen nur in den Köpfen von Prostituierten entstehen. Am Beginn des Buches „Berühmten Frauen" schreibt Boccaccio, das er sich gewundert habe, dass Frauen bei den Schriftstellern der Antike so wenig Anklang gefunden haben, dass man ihnen nicht einmal die Gnade einer Verewigung in einer nur ihnen gewidmeten Darstellung erwiesen hat, da doch ganz klar ist, dass Frauen viel geleistet haben. Damit die Frauen nicht um ihre Verdienste betrogen werden, kam ihm die Idee, sie zu rühmen und auszuzeichnen und diesen wiederum noch einige wenige hinzuzugesellen, die, wenn sie auch nichts Bemerkenswertes getan haben, doch Anlass zu großen Taten gegeben haben. Mit solchen Worten scheint sich Boccaccio als ein Freund der Frauen und ein Verteidiger ihrer Leistungen zu sein. Doch das Gegenteil ist der Fall. Das zeigt sich bereits bei seiner Darstellung mit der Mutter der Menschen Eva: „Sie war die erste Gebärerin, und wie sie die erste war, so trat sie auch in prächtigem Glanz auf. Denn sie wurde nicht in diesem unseligen Jammertal gezeugt, in dem wir anderen Sterblichen zu Müh und Plage geboren werden. ... Wem hätte bei seiner Geburt Größeres oder Prächtigeres zuteil werden können? Zudem können wir glauben, dass sie ein Wunder an Schönheit war." Aber vom Teufel verführt glaubte sie in ihrer Torheit, noch höher steigen zu können. Zunächst redete sie ihrem leicht beeinflussbaren Mann ihren Willen ein. Dann brachen beide das Gesetz, „kosteten von den Früchten des Baumes von Gut und Böse und stürzten durch ihre blinde Waghalsigkeit sich und das ganze künftige Menschengeschlecht aus dem ewigen Frieden in Mühe und Angst und armseligen Tod" (Boccacio 1995, S. 25).

Noch schlimmer als mit Eva geht Boccacio mit der Königin der Assyrer um: „Die berühmte Semiramis war mit Ninus, den großen Assyrerkönig, verheiratet, der jedoch als er ganz Asien und schließlich auch Bakterien unterworfen hatte, von einem Pfeil getroffen wurde und starb, als sie noch eine junge Frau und ihr Sohn ein Knabe war. Sie hielt es für unsicher, die Zügel eines so großen und noch nicht gefestigten Reiches dem Knaben in solch zartem Alter zu überlassen, In weiblicher Schläue dachte sie sich einen großartigen Betrug aus indem sie in die Rolle des Sohnes, schlüpfte. und führte, ihr Geschlecht verbergend, viele große Unternehmen aus, Sie scheute keine Mühe, ließ sich durch keine Gefahr beeindrucken, und als sie mit unerhörten Taten das allgemeine Misstrauen widerlegt hatte, trug sie keine Bedenken, öffentlich zu enthüllen, wer sie wirklich war und welchen Trug sie in weiblicher List eingefädelt hatte, gewissermaßen um zu zeigen, dass nicht Geschlecht, sondern Mut zum Herrschen gehöre. Das erstaunte alle, die davon hörten, und nicht weniger förderte es ihren Ruhm und ihre Herrscherwürde. Aber, um ihre Unternehmen etwas mehr ins rechte Licht zu rücken: Kaum hatte sie nach ihrem grandiosen Betrug mit dem Mut eines Mannes die Waffen ergriffen, so sicherte sie nicht nur das Reich, das ihr Mann zusammengerafft hatte, sondern forderte Äthiopien zu einem hitzigen Krieg, besiegte es und wandte sich dann in wildem Waffenlauf gegen die Inder, wohin außer ihrem Mann noch niemand gekommen war; Babylon, Nimrods uralte Gründung, stellte sie wieder her, umzog es mit mächtigen Mauern aus gebrannten Ziegeln, mit Sand, Pech und Teer verfugt, über deren Höhe, Dicke und enorme Länge man nur staunen kann. Übrigens gründete sie viele Städte und leistete Ungeheures, das jedoch im Schlund der Zeit versunken ist. Aber am Ende hat auch sie sich verleiten lassen und mit einer einzigen Tat alles beschmutzt, was sie Großes getan hat, Großes, womit jeder wackere Mann – und schon gar eine Frau – sich Bewunderung und dauernde Erinnerung verdient hätte. Denn wie alle Frauen brannte sie ständig in Gier und Geilheit, teilte mit mehr als einem Mann das Bett, so glaubt man zu wissen, und unter ihre Liebhaber zählt auch ihr Sohn Ninus. Semiramis glaubte in ihrer Schlauheit, ungeschehen zu machen, was sie in der Ausschweifung Schändliches tat, und so soll sie jenes unglaubliche Gesetz erlassen haben, das den Untertanen vorschrieb, in Liebesdingen zu tun, was ihnen beliebte. Sie fürchtete aber, die Frauen ihrer Umgebung könnten ihr ihren Sohn und Liebhaber abspenstig machen; deshalb verfiel sie als auf die Verwendung von Dessous und ließ sie alle Damen des Hofes tragen. Wie man berichtet, ist das so Sitte in Ägypten und Afrika. Andere Autoren geben indes an, sie sei erst in Liebe zu ihrem Sohn entbrannt, als er schon erwachsen war, und von ihm getötet worden, als sie ihn in ihr Bett ziehen wollte; zweiunddreißig Jahre habe sie damals schon regiert. Andere wiederum halten das für falsch und behaupten, sie habe immer Lust mit Grausamkeit gemischt, und die, derer sie sich bediente, ihre Liebeslust zu stillen, sofort nach dem Beischlaf töten lassen, um ihre Untat zu vertuschen. Als sie jedoch eines Tages schwanger wurde, da sei durch die Leibesfrucht ihr loser Lebenswandel offenkundig geworden. Die Wut ihres Sohnes konnte sie aber keineswegs besänftigen, mochte sie auch ihren Fehltritt und ihre Ungeschicklichkeit ein wenig verschleiert haben; sei es nun, dass er sich für die Ausschweifungen seiner Mutter schämte oder dass er fürchtete, das Kind, das geboren wurde, könne die Thronfolge übernehmen: jedenfalls ließ er zornig die lasterhafte Königin beseitigen" (verkürzt zit. Boccacio 1995, S. 29 ff.)

Boccacio geißelt aber nicht nur die offensichtlichen Freveltaten von gewalttätigen Frauen, sondern wendet sich auch in der Darstellung Niobes gegen die Dummheit der sonst unschuldigen Frau, wenn er sagt: „Schwer und widerwärtig ist es, dumme Menschen auch nur anzusehen, geschweige denn zu ertragen, ganz besonders abstoßend und unerträglich aber, wenn es Frauen sind; Männer hat die Natur meist hitziger geschaffen, Frauen aber sanft und zurückhaltend in ihrem Streben, mehr zu gutem Leben als zum Herrschen geeignet. Kein Wunder, dass sie sie mit härterem Spruch treffen, wenn sie die ihrer Schwachheit gezogenen Grenzen überschreiten, wie es Niobe tat, vom trügerischen Glück betört, ohne zu wissen, dass es nicht Verdienst der Mutter ist, Mutter vieler Kinder zu sein, sondern der Natur, wenn sie den Segen des Himmels auf sie lenkt. Niobe hätte sich damit begnügen können – und das wäre nichts als ihre Pflicht gewesen –, Gott für seine Gaben zu danken, statt sich göttliche Ehren anzumaßen, als sei es ihr Verdienst, so viele stattliche Kinder geboren zu haben." (Boccacio 1995, S. 47)

Eine weitere Steigerung der Verachtung Boccacios gegenüber den berühmten Frauen des Altertums demonstriert er in der Darstellung der Königin der Kolcher Medea: „Medea, das wüsteste Beispiel des Verrats in alten Zeiten, war eine schöne Frau und höchst bewandert in allen schlimmen Künsten. Denn wer auch immer ihr Lehrer gewesen sein mag, sie war mit der Wirkung der Kräuter mehr als irgendeine andere vertraut; unfehlbar verstand sie, mit einem Zauberlied den Himmel zu trüben, die Winde aus ihrer Höhle zu locken, Gewitter zu machen, Flüsse stillstehen zu lassen, Gifte zu brauen, Flammen aufflackern zu lassen und, wo immer sie wünschte, zum Brand zu bündeln – mit einem Wort: alles, was die Magie vermag. Was aber noch weit schlimmer war: Ihr Herz passte zu ihren Künsten; denn wenn diese keinen Erfolg brachten, bediente sie sich nur zu geschwind des Schwertes. Sie verliebte sich heftig in den Thessalier Jason, dessen Tapferkeit zu jenen Zeiten einen großen Namen hatte, und war von seinen Vorzügen hingerissen." (Boccacio 1995, S. 57) Nach langen Irrfahrten kam sie schließlich mit Jason nach Thessalien. Im Laufe der Jahre nun wurde Jason ihrer überdrüssig und nahm an ihrer Stelle Kreusa zur Frau, die Tochter Kreons, des Königs von Korinth. Wutschnaubend dachte sie sich tausend Dinge gegen Jason aus und ging in ihrem Zorn endlich so weit, Kreusa und den ganzen Palast Kreons von Flammen verzehren zu lassen. Und Jason musste zusehen, wie sie die Kinder, die sie ihm geboren hatte, hinschlachtete und nach Athen entfloh. An diese Geschichte der Medea knüpft Boccacio eine moralische Belehrung über die Verführung, die man durch die Augen erleidet: „Man darf den Augen nicht die Freiheit geben, alles anzusehen. Denn durch sie nehmen wir das Schöne wahr, lassen aber auch die Missgunst in uns und schleppen die vielfältigsten Begierden ein; sie bringen den Neid hervor, ihr Werk ist es, wenn man die Schönheit preist und Elend und trübselige Armut verflucht; weil sie aber unwissende Richter sind und nur glauben, was an der Oberfläche liegt, machen sie häufig genug aus Heiligem Gottloses, Lüge aus der Wahrheit und aus der Sorge Freude". Hätte die große Medea die Augen geschlossen oder abgewandt, statt sie begierig auf Jason zu richten, die Macht ihres Vaterlandes hätte noch lange gedauert, auch das Leben ihres Bruders; und ihre Jungfrauenehre wäre unberührt geblieben: „All dies ist verdorben durch die Schamlosigkeit der Augen." (Boccacio 1995, S. 59 f.)

Die Ägypterin Cleopatra kam nach Boccacio nur durch Verbrechen an die Macht, und Nichts findet man an ihr, was ihren Ruhm erstrahlen lässt, außer ihr schönes Gesicht, während sie andererseits der Welt durch ihre Habgier, ihre Grausamkeit und Genusssucht in Erinnerung geblieben ist.

Um mit dem Beginn ihrer Herrschaft anzufangen sagt Boccacio: „Ihr Vater, Dionysius (oder Mineus), ein enger Freund des römischen Volkes, legte vor seinem Tod – zur Zeit von Julius Caesars erstem Konsulat – testamentarisch fest, dass sein ältester Sohn seine älteste Tochter Kleopatra heiraten und mit ihr zusammen regieren solle. Sein Wille wurde erfüllt, da man in Ägypten die schändliche Sitte pflegte, nur die Heirat mit der Mutter oder der Tochter auszuschließen, nicht aber mit der Schwester. Wie einige berichten, vergiftete Cleopatra, die auf die Herrschaft brannte, dann den jungen Mann, der ihr nichts getan hatte, ihren Bruder und zudem noch Ehemann, als er gerade fünfzehn Jahre alt war, und riss die Macht an sich. Später soll Pompeius, der schon fast ganz Asien seinen Waffen unterworfen hatte und nun nach Ägypten zog, einen anderen Sohn, der noch am Leben war, an die Stelle des toten gesetzt und zum König Ägyptens gemacht haben. Cleopatra war darüber wütend und ergriff die Waffen gegen Pompeius.“ (Boccacio 1995, S. 179) So standen die Dinge, als Caesar, der Pompeius verfolgte, nach Ägypten kam. Er bestellte Cleopatra zu sich, um ihre Rechtfertigung zu hören. Cleopatra, eine von Natur aus böse Frau, aber mit hohem Selbstvertrauen begabt, trat im Schmuck ihrer königlichen Insignien auf. Sie machte sich Hoffnungen auf die Herrschaft, wenn es ihr gelänge, Caesar in ihre Ausschweifungen hineinzuziehen. Und da ihre Schönheit groß war und sie mit dem Spiel ihrer funkelnden Augen und ihrem beredten Mund in ihren Bann ziehen konnte, wen sie wollte, kostete es sie nur geringe Mühe, den lüsternen Fürsten in ihr Zelt zu ziehen: mehrere Nächte verbrachte sie mit ihm, während in Alexandria alles drunter und drüber ging, und empfing einen Sohn, den sie später nach dem Vater Caesarion nannte.“ (Boccacio 1995, S. 181) Bevor Caesar gegen nach Rom zurückkehrte übergab er Cleopatra die Herrschaft über Ägypten – gewissermaßen als Lohn für die mit ihr verbrachten Liebesnächte: „Cleopatra hatte sich also mit einem doppelten Verbrechen die Macht gesichert und ließ nun ihrer Geilheit freien Lauf. Sie wurde sozusagen zur Hure der Könige des Orients; süchtig nach Gold und Juwelen, zog sie nicht nur ihre Liebhaber mit allen Finessen bis aufs Hemd aus: es ist überliefert, dass sie auch die Tempel und Heiligtümer der Ägypter von Gefäßen, Statuen und Schätzen leer räumte.“ (Boccacio 1995, S. 181) Später als Caesar bereits ermordet worden war, ging sie zu Antonius, den sie mit ihren lüstern spielenden Augen ohne Schwierigkeit einfing und unsterblich in sie verliebt machte. Als es zum Krieg mit Octavian kam, der in Rom die Herrschaft ausübte und Antonius schließlich zu unterliegen schien, versuchte Cleopatra mit ihren altbewährten Künsten – ohne Erfolg – auch den jungen Octavian zu verführen, so, wie sie vorher Caesar und Antonius verführt hatte. Doch zu ihrem Unmut musste sie hören, man habe sie für den Triumphzug aufgespart.

Sie sah daher keine Aussicht auf Rettung mehr und folgte im Schmuck ihrer königlichen Insignien ihrem Geliebten Antonius. Sie legte sich neben ihn, öffnete sich die Adern an den Armen und legte zum Sterben entschlossen eine bestimmte Art von Giftschlangen an die Wunden. Es wird behauptet, diese Schlangen brächten den Tod im Schlaf. In den sank sie nun, und so hatte das Leben dieser unglückseligen Frau ein Ende, ein Ende auch ihre Gier und ihre Ausschweifungen.

Dass Boccaccios Schrift über die berühmten Frauen auch ganz anders verstanden wurde, zeigt eine kleine Schrift Christoph Martin Wielands (1733–1813), die der „Ehrenrettung dreier berühmter Frauen des Altertums", der Aspasia, der Julia und der jüngeren Faustina, gewidmet ist: „Wiewohl ich die zärtliche Achtung, die man dem schönen Geschlechte in so vielerlei Rücksichten schuldig ist, nicht so weit treiben möchte als der berühmte Boccaccio, der – in einem Buche, das zu seiner Zeit in den Händen aller Florentinischen Damen war – sogar von einer Messalina als von einer liebenswürdigen Unglücklichen spricht, und die Schuld ihrer Untaten auf den unvermeidlichen Einfluss der Sterne schiebt, unter welchen sie und ihre Liebhaber geboren worden."

Die Geschichten über Männer, die sich in Liebesabhängigkeiten verstricken und sich infolgedessen unmännlich betragen, sind beliebte Warnungen, die sich in Epen und Mären, Liedern und Predigten, auf Fußbodenmosaiken, Teppichen und Truhen vorfinden. Der von einer Frau gerittene Aristoteles, und Herakles, der aus Liebe zu einer Frau Frauenkleider anzieht und spinnen lernt, sind immer wieder auch bildlich dargestellte Beispiele.

Abb. 4: Der gerittene Aristoteles

Lucretia und die anderen Frauen, die sich wegen einer Vergewaltigung töten, werden zu Heldinnen eines angemessenen weiblichen Verhaltens angesehen, das vor allem den Besitzvorstellungen ihrer männlichen Verwandten entspricht. In der Literatur des Spätmittelalters wird immer wieder auch darüber diskutiert, ob man mit dem Leib der Frau auch ihr Herz besitze, oder ob die Frau auch in der Vergewaltigung Lust empfinde und sogar deswegen vergewaltigt werden will. Eines der folgenreichsten frauenfeindlichen Werke des Spätmittelalters, der französische Rosenroman, entscheidet sich für die „Lust an der Vergewaltigung". Bei Boccaccio ist die Schönheit der Lucretia das auslösende Moment der Vergewaltigung, und ihm folgen zahlreiche Autoren. Ist die naturgegebene Schönheit schon einer der Fallstricke, aus denen Unglück entsteht, um wie viel mehr bewirken dies die künstlichen Hilfsmittel. Die Schönheitsmittel werden so als Ausdrucksformen tödlicher „vanitas" und „luxuria" verstanden. Daher heißt es auch: „Ein süßes und todbringendes Übel ist die Frau – ein Übel, das nur wenige erkennen, ohne ihre eigenen Erfahrungen gemacht zu haben. Denn die Frauen haben sich fast sämtlich in naturgegebener Bosheit gegen die armen Männer verschworen, gewissermaßen unter Missachtung von Gottes Urteilsspruch – nicht um die Stellung in der menschlichen Gemeinschaft wiederzuerlangen, von der sie durch eigene Schuld stürzten, sondern um das Regiment zu erringen. … Wenn wir die Ketten, die wir uns, wie wir sehen, selbst bereiten, nicht brechen können, rennen wir regelmäßig in unser Unglück. Auch im Naturzustand genügte schon eine Frau das Menschengeschlecht zu verderben auch ohne, dass sie ihre Künste zu Hilfe genommen hätte. Durch jene ließ sich vielleicht der erste Mensch einfangen: Durch diese aber wurde Paris gefangen … in diesen Fallen verfing sich Herkules. So viel vermochten bei solchen Menschen die spielenden Augen der Mädchen, der Reiz ihrer Gestalt und ihr listenreicher Charme. Und – was noch schlimmer ist – sie ließen sich nicht in einem Alter verführen, in dem die Flammen der Begierde gewöhnlich am höchsten auflodern, sondern als sie schon fast alte Männer waren. Ach Frau, du zuckersüßes Übel der Sterblichen … Und so wollen wir, angesichts solch kampftüchtiger Feindinnen der menschlichen Freiheit, schon von Jugend auf klarsichtig an Troias Pfand denken, an Agamemnons Tod, Herkules' Tatenlosigkeit und an Samsons Blendung; bedenken wir auch die Erfindungsgabe, die Listen und Fallstricke der Frauen; halten wir uns ganz deutlich vor Augen, welche Ruchlosigkeit – selbst die Aasvögel würden davor zurückschrecken – unter den Farbschichten jenes Gesichts verborgen ist, unter den gold- und purpurfarbenen Gewändern. Eine unersättliche Bestie ist die Frau, zornsüchtig, wankelmütig, untreu, lüstern, blutdürstig, eher auf Eitelkeiten erpicht als auf Verlässlichkeit". (Boccacio 1995, S. 279 f.) Ein entsprechender anthropologischer Kommentar kommt im Dekamerone aus dem Mund einer Kupplerin: „Bei den Männern steht die Sache anders: sie sind zu tausend Dingen geboren und nicht nur zu einem, und die alten sind meist mehr wert als die jungen; aber die Frauen sind zu nichts anderem geboren als zu dem da und wegen der Kinder, und nur um dessentwillen gelten sie etwas." (Boccacio 1995, S. 284)

Abb. 5: Madame Pompadour und Madame du Barry

3 Die Kurtisanen

Durch ihr Leben unter Männern nahm die Kurtisane männliche Eigenschaften an; durch die Unabhängigkeit ihrer Sitten gelangte sie zu geistiger Selbständigkeit. Im 18. Jahrhundert nahmen Freiheit und Selbständigkeit der Frau noch zu. Die Sitten blieben im Prinzip zwar streng: Das junge Mädchen erhielt nur eine ziemlich summarische Erziehung; sie wurde verheiratet oder ins Kloster gesteckt, ohne dass man sie danach fragte. Das Bürgertum, eine aufsteigende Klasse, deren Existenz sich befestigte, zwang die Ehefrau unter strenge Moralbegriffe. Dafür aber gestattete die Auflösung, in der sich der Adel befand, den Frauen die größten Freiheiten, und auch die bürgerliche Oberschicht wurde von diesem Beispiel angesteckt; weder das Kloster noch der häusliche Herd vermochten die Frauen zu fesseln. Doch für die meisten von ihnen blieb die Freiheit negativ und abstrakt; sie beschränkten sich darauf, dem Vergnügen nachzujagen. Die klugen und ehrgeizigen unter ihnen jedoch schafften sich neue Möglichkeiten der Betätigung. Das Leben der Salons nahm einen neuen Aufschwung: Dank ihrer inspiratorischen Funktion bildeten die Frauen das Lieblingspublikum der Schriftsteller; sie interessierten sich auch persönlich für Literatur, für Philosophie, für Naturwissenschaft: Manche hatten wie Madame du Chatelet ihr physikalisches Kabinett oder chemisches Laboratorium, sie machten Experimente, sie sezierten sogar. Aktiver als je zuvor beteiligten sich die Frauen am politischen Leben. Nacheinander nahmen Madame Pompadour und Madame du Barry Einfluss auf Ludwig XV.

Ludwig XV. machte die bürgerliche Jeanne-Antoinette Poisson nicht nur zu seiner offiziellen Mätresse (frz. maîtresse en titre), sondern erhob sie im Juli desselben Jahres auch zur Marquise de Pompadour mit Landsitz und eigenem Wappen. Obwohl ihr vertrauter Verkehr mit dem König nur bis 1751 dauerte, behielt sie die Stellung als offizielle Mätresse bis zu ihrem Tod 1764. Als Mätresse des Königs nahm sie vor allem auf die auswärtige Politik Einfluss, vor allem auf die militärische Führung, auf Gesetze oder auch auf strategische Planungen. So riet sie dem König im Siebenjährigen Krieg zum Bündnis mit Österreich gegen England und Preußen. Trotz der verlorenen Schlacht wollte sie keinen Frieden schließen. Ihr bekannter Ausspruch „Après nous le déluge“ („Nach uns die Sintflut“) war der Grund dafür, dass man sie nach ihrem Tod für alle Fehlschläge des Siebenjährigen Kriegs verantwortlich machte. Am Hof hatte sie sich ständig gegen zahlreiche Rivalinnen zu behaupten. Darunter war auch Madam Dubarry. Aus ärmlichen Verhältnissen stammend fiel sie aber wegen ihrer Schönheit dem Grafen Jean-Baptiste du Barry auf, der plante, die 18-Jährige dem König als Mätresse zu vermitteln, um seinen eigenen Einfluss am Hof zu vergrößern. Um sie hoffähig zu machen, fälschte er ihre Geburtsurkunde und verheiratete sie am 1. September 1768 mit seinem Bruder Guillaume du Barry (1732–1811). So konnte er sie als Adlige am Hof einführen, wo sie sehr schnell den alternden König Ludwig XV. eroberte. Madame du Barrys Einfluss am Hof von Frankreich beschränkte sich jedoch im Gegensatz zu ihrer Vorgängerin Madame de Pompadour auf persönliche Intrigen. Bei den Hochzeitsfeierlichkeiten von Ludwig XVI. und Marie Antoinette nahm sie gegen den Widerstand des Hofes an der Seite des Königs teil. Das Thronfolgerpaar lehnte sie von Anfang an ab. In der Französischen Revolution wurde Madam Dubarry vom Tribunal zum Tode verurteilt und am 8. Dezember 1793 auf dem Schafott hingerichtet.

Madame Pompadour wurde nach dem Ausbruch der Französischen Revolution und der Hinrichtung Ludwigs XVI. in Paris verhaftet. Auch sie wurde vor ein Revolutionstribunal gestellt und wegen Unterstützung der Konterrevolution, Kontakten zu Emigrierten und Verschwendung öffentlichen Eigentums angeklagt. Diesen Ausführungen schlossen sich die Geschworenen an und verurteilten sie zum Tod durch die Guillotine. Sie wurde am 8. Dezember 1793 auf der Place de la Révolution hingerichtet. Im Gegensatz zu der Ludwigs XVI. und Marie Antoinettes verlief ihre Hinrichtung ungewöhnlich demütigend. Da sich die Gräfin bis zuletzt mit allen Mitteln gegen dieses Schicksal wehrte, kam es unmittelbar vor der Vollstreckung des Todesurteils mehrfach zur Anwendung physischer Gewalt durch den Henker und dessen Knechte.

Abb. 6: Hinrichtung von Marie-Antoinette

4 Marie Antoinette – Bildnis eines mittleren Charakters

Am französischen Hof war Marie-Antoinettes Stellung in ihren ersten acht Ehejahren durch ihre Kinderlosigkeit stark bedroht. Wie sehr sie darunter litt, geht vor allem aus dem Briefwechsel mit ihrer Mutter Maria Theresia hervor. Zu dieser Zeit begann sie aber auch die Möglichkeiten ihrer Stellung auszunutzen und besuchte Bälle und die Pariser Oper, auch unterstützte sie den Komponisten Christoph Willibald Gluck, ihren ehemaligen Gesangslehrer. Ein weiterer Sie entwickelte auch eine Vorliebe für einen eleganten und aufwendigen Lebensstil, der nach der Thronbesteigung ihres Mannes 1774 umso stärker hervortrat. Auf Grund ihrer Vorliebe für teuren Schmuck konnte Marie-Antoinette 1785 in die sog. „Halsbandaffäre" verwickelt werden, die den Kardinal Rohan in Bedrängnis brachte. Dieser kaufte ihr, weil er die Gunst der Königin erringen wollte ein kostbares Collier, das, wie eine Betrügerin, Madame de La Motte, ihm vorspiegelte, die Königin zu besitzen wünsche. Der Schmuck wurde jedoch von Madame de La Motte zerlegt und weiterveräußert. Als der völlig ahnungslosen Königin der Betrug bekannt wurde, strengte sie einen Prozess gegen La Motte und Rohan an, den sie zwar formal gewann, der aber ihrem Ruf noch mehr schadete. Nach der öffentlichen Meinung war mit Kardinal Rohan – obwohl freigesprochen – ein hoher geistlicher Würdenträger ins Zwielicht geraten, was die revolutionären Tendenzen beförderte, die es bereits im französischen Volk und sogar im Adel gab. Außerdem verstrickte sie sich durch die Umgestaltung ihres Schlösschens Petit Trianon in hohe Schulden. Da ein Großteil der Franzosen hungerte, trug diese Verschwendung nicht zur Beliebtheit Marie-Antoinettes bei.

In dieser kritischen Zeit besuchte ihr Bruder, Kaiser Joseph II., Frankreich. Er hinterließ der Königin ein Memorandum, das ihr die Gefahren ihres Verhaltens aufzeigte. Bezeichnend für ihren in ihrer Verschwendungssucht naiven Charakter ist die Anekdote Marie-Antoinette habe auf die Vorhaltung, die Armen könnten sich kein Brot kaufen, geantwortet: „Wenn sie kein Brot haben, dann sollen sie Brioche essen." Dieser Ausspruch wurde allerdings bereits Jahre vor Marie-Antoinettes Thronbesteigung 1774 von Jean-Jacques Rousseau um 1766 zitiert. Im sechsten Buch seiner 1770 vollendeten und 1782 veröffentlichten Autobiografie „Die Bekenntnisse" findet sich die Stelle: „Endlich erinnerte ich mich des Notbehelfs einer großen Prinzessin, der man sagte, die Bauern hätten kein Brot, und die antwortete: ‚Dann sollen sie Brioche essen!'" Als sie bei einem Theaterbesuch vom Publikum heftig angefeindet wurde ihr klar, was sich über Monate und Jahre an Hass und Feindschaft gegenüber dem Herrscherhaus beim Volke aufgestaut hatte. Sie war nun bereit, ihren Lebensstil zu ändern, und verzichtete auf kostspielige Annehmlichkeiten. Es gab keine Hasardspiele mehr in ihren Salons. Sie mied das Theater, Bälle und Empfänge. Sie zog sich in den Kreis ihrer Familie zurück, wo sie sich mit den Kindern beschäftigte, und versuchte ein neues, stilleres Leben zu führen. Diese Einsicht kam jedoch zu spät.

Mit der Erklärung des dritten Standes, sich als Nationalversammlung zu betrachten, begann die Französische Revolution. Am 5. und 6. Oktober 1789 zwangen die Revolutionäre die königliche Familie, von Versailles nach Paris in den Tuilerienpalast umzuziehen. Daraufhin stürmte das Volk am 10. August die Tuilerien und brachte die königliche Familie in den „Temple", eine ehemalige Festung des Templerordens. Bei der zwei Stunden dauernden Überführung saß die königliche Familie in einer von nur zwei Pferden gezogenen Hofkarosse, die von Nationalgardisten begleitet wurde, während von allen Seiten Spottverse und Beschimpfungen erschollen. Da er nicht mehr König war, wurde er von nun an nur noch Bürger Louis Capet (bezugnehmend auf Hugo Capet, den Ahnherrn des französischen Herrschergeschlechts) angesprochen. Ab dem 11. Dezember wurde ihm vor dem Nationalkonvent in der Salle du Manège der Prozess gemacht. Die Abstimmung zog sich vom 16. bis zum 17. Januar 1793 hin. Dann sprach der Konvent ihn schuldig der Abb. 17: „Verschwörung gegen die öffentliche Freiheit und die Sicherheit des gesamten Staates." Am Vormittag des 21. Januar 1793 wurde Ludwig auf der Place de la Révolution vom Henker Charles-Henri Sanson mit einer Guillotine enthauptet.

Nachdem Ludwig XVI. hingerichtet worden war, begann am 14. Oktober 1793 der Prozess gegen die „Witwe Capet", wie man Marie-Antoinette nach dem Vorbild ihres Mannes nun nannte. Man beschuldigte sie des Hochverrats und der Unzucht. Die Geschworenen entschieden einstimmig auf schuldig und verurteilten sie zum Tode. Die Hinrichtung fand am 16. Oktober statt. Um 12 Uhr wurde Marie-Antoinette ebenfalls auf dem Revolutionsplatz, dem heutigen Place de la Concorde, enthauptet. Das einzige Lebewesen, das sie heldenmütig verteidigte, war ihr Hündchen Jolicoeur. Bereits aus dem Gefängnis heraus ließ sie einem Vertrauten die Weisung zukommen, er möge versuchen, ihre Hündchen in der Provinz in Sicherheit zu bringen. Von ihrem allertreuesten Freund, dem weiß und braun gefleckten Jolicoeur, wusste ein ehemaliger Schlossheizer zu berichten, dass er monatelang vor dem Tor des Gefängnisses gewartet habe, in der Hoffnung, zu seiner Herrin schlüpfen zu können. Sein Leben, das früher so behütet war, fristete er von Abfällen. Als der berüchtigte Karren Marie Antoinette zur Guillotine abholte biss er einen der sie grob hinaufstoßenden Sansculotten mit aller Kraft ins Bein woraufhin ihn ein andrer mit dem Gewehrkolben erschlug. Keiner, außer dieser tapferen kleinen Kreatur, hat es gewagt, für sie einzutreten (vgl. Oeser 2004, S. 127). Marie-Antoinette wurde von den Biografen unterschiedlich beurteilt. Stefan Zweig beschrieb sie 1932 in „Marie Antoinette – Bildnis eines mittleren Charakters" als durchschnittliche Person ohne hervorragende Eigenschaften: „Marie Antoinette war eigentlich eine gewöhnliche Frau, nicht sonderlich klug, nicht sonderlich töricht, nicht Feuer und nicht Eis, ohne besondere Kraft zum Guten und ohne den geringsten Willen zum Bösen, die Durchschnittsfrau von gestern, heute und morgen, ohne Neigung zum Dämonischen, ohne Willen zum Heroischen und scheinbar darum kaum Gegenstand einer Tragödie." Seiner Ansicht nach war sie leichtfertig, eher passiv und sich ihrer Verantwortung kaum bewusst, da sie kaum jemals einen Schritt aus ihrer sehr begrenzten, luxuriösen Welt getan habe. Zweig betont aber auch, dass Marie-Antoinettes Sturz, ihre Leiden und Demütigungen sie zu einer verantwortungsbewusst und mutig handelnden Frau hätten reifen lassen.

Abb. 7: Caroline Schlegel und Marianne Willemer („Suleika")

5 Zwei deutsche Revolutionärinnen: Caroline Schlegel und Therese Forster

Zur Zeit der französischen Revolution gab es auch in Deutschland zwei Revolutionärinnen. Die ihren französischen Vorbildern nacheiferten: Caroline Schlegel (1763–1809) und Therese Forster (1764–1829). Caroline Schelling war nicht nur eine Revolutionärin, sondern zugleich eine Geliebte und Muse von Dichtern und Denkern der Romantik, wie Schlegel und Schelling. Sie wurde als Dorothea Caroline Albertine Michaelis in Göttingen geboren. Als Tochter des Professors für Theologie und Orientalistik Johann David Michaelis (1717–1791) verkehrte sie früh mit den dortigen Gelehrtenfamilien und war mit Therese Heyne sowie mit deren späterem Ehemann Georg Forster befreundet. Als ihr Vater starb, übersiedelte Caroline im März 1792 nach Mainz. Dort traf sie Georg Forster, der bereits mit Therese Heyne verheiratet war. Nicht nur Caroline, sondern noch viele andere junge Leute verkehrten im Hause Forster wie Wilhelm von Humboldt und später auch Alexander von Humboldt. Vor allem hielt sich dort auch der junge glücklose Schriftsteller Ludwig Ferdinand Huber auf, der bald der Geliebte von Therese Forster wurde und sie auch später heiratete.

Im Oktober 1792 wurde Mainz durch französisch-revolutionäre Truppen eingenommen. Georg Forster schloss sich den französischen Besatzern an. Am 18. März 1793 wurde die Mainzer Republik und drei Tage später ihr Anschluss an das revolutionäre Frankreich ausgerufen. Am 25. März 1793 reiste Forster im Auftrag der Mainzer Republik zu weiteren politischen Gesprächen nach Paris ab. Allein gelassen und unter dem Eindruck der drohenden Rückeroberung von Mainz durch preußische Truppen, verließ auch Caroline, die inzwischen mit ihren Jugendfreund, den Clausthaler Amts- und Bergarzt Johann Franz Wilhelm Böhmer, verheiratet war, fünf Tage später Mainz. Sie wurde aber schon am selben Tag im benachbarten Oppenheim vom preußischen Militär aufgehalten und als ihre Verbindung zu den führenden Mainzer Jakobinern bekannt wurde, festgenommen. Außerdem hielt man sie, der Namensgleichheit wegen, für die Ehefrau ihres Schwagers Georg Böhmer. Zunächst wurde sie auf der Festung Königstein im Taunus festgehalten. Dann wurde sie ab 14. Juni in Kronberg im Taunus unter Hausarrest gestellt. Freunde und Bekannte wie die Brüder Friedrich und August Wilhelm Schlegel versuchten ihre Freilassung zu erreichen. Die Eingabe ihres Bruders Gottfried Philipp Michaelis direkt an König Friedrich Wilhelm II. von Preußen brachte endlich Erfolg; in einem Brief vom 4. Juli 1793 verfügte der Monarch die Freilassung Carolines. August Wilhelm Schlegel kam aus Amsterdam und brachte sie von Kronberg nach Leipzig und schließlich im benachbarten Städtchen Lucka bei einem Arzt unter. Auch Friedrich Schlegel besuchte sie dort mehrfach. Caroline blieb aber nach ihrer Haftentlassung in Deutschland gesellschaftlich geächtet und wurde von der Obrigkeit misstrauisch beobachtet. Zur Beschädigung ihres Rufes hatte ein 1793 entstandenes satirisches Schauspiel unter dem Titel „Die Mainzer Klubbisten zu Königstein" beigetragen, das den Untertitel trägt: „Die Weiber decken einander die Schanden auf." Als Caroline ihre Heimatstadt Göttingen besuchte, wurde sie per Dekret zur unerwünschten Person erklärt. Sogar alte Freunde wandten sich von Caroline ab. Im Jahr 1795 fand sie schließlich bei ihrer Mutter Unterkunft in Braunschweig. Dorthin kam einige Monate später August Wilhelm Schlegel. Mit Rücksicht auf ihre schwierige wirtschaftliche und gesellschaftliche Lage, heiratete Caroline ihn am 1. Juli 1796. Eine Woche später zogen sie nach Jena um, wo sie sich in den akademischen Kreisen der Universitätsstadt besser aufgenommen fanden.

Auch Goethe stattete Caroline dort am 17. Juli einen Besuch ab. Daraufhin fuhren das Ehepaar Caroline und August Wilhelm Schlegel im Dezember auf einige Tage nach Weimar. Doch die politische Verfolgung hörte nicht auf. Aber die Brüder Schlegel wurden immer mehr zum Mittelpunkt der Jenaer Romantiker. So bedeutete diese zweite Ehe für Caroline endlich die Rückkehr in die bürgerliche Gesellschaft. Sie nahm an der literarischen Entwicklung des Kreises um Schlegel lebhaften Anteil. In diese Zeit fiel ihre Mitarbeit an Schlegels Übersetzung der Werke Shakespeares In den Jahren 1797 bis 1799 übersetzte Schlegel mit seiner Ehefrau Caroline sechs der bedeutendsten und bekanntesten Werke Shakespeares: „Julius Cäsar", „Was ihr wollt", „Romeo und Julia", „Der Sturm", „Hamlet" und „Der Kaufmann von Venedig". Caroline spielte auch in Friedrich Schlegels Roman „Lucinde" in dem Kapitel „Lehrjahre der Männlichkeit" noch bis 1799 eine wichtige Rolle. Dann aber kühlte sich das Verhältnis zwischen Schwager und Schwägerin ab und entwickelte sich sogar zu offener Feindschaft. In jene Zeit fiel auch die Entfremdung zwischen Friedrich Schiller und den Brüdern Schlegel. Die Ursache waren philosophische Gegensätze zwischen den Dichterschulen der Romantiker und Klassiker. Die Romantiker lehnten den rigiden Idealismus Schillers ab und machten sich über sein Pathos lustig. So berichtet Caroline über Schillers Lied von der Glocke, dass sie und ihre Gäste darüber fast vor Lachen von den Stühlen gefallen wären. Nach seiner Berufung nach Jena im Jahr 1798 kam der Philosoph Schelling nach Jena. Wie Novalis und Ludwig Tieck verkehrte auch er bald im Hause Schlegel. Es entwickelte sich eine Liebesbeziehung zwischen ihm und der zwölf Jahre älteren Caroline, die jedoch von ihrem Mann toleriert wurde. Aber Caroline verbot sich ihre Liebe zu Schelling und wollte ihn nur noch als geistigen Sohn sehen. Der geistige Vater sollte Goethe sein. Sie schrieb an Schelling: „Er liebt dich väterlich, ich liebe dich mütterlich, was hast du für wunderbare Eltern. Kränke uns nicht." (zit. nach Schmidt 1913, Bd. 2, S. 6) Doch schließlich ließ sich Caroline mit Unterstützung Goethes 1803 von August Wilhelm Schlegel scheiden und heiratete am 26. Juni des gleichen Jahres Schelling.

Schellings Vater traute die beiden. Caroline folgte Schelling im selben Jahr zunächst an die nach der 1803 unter bayerische Aufsicht gelangte Universität Würzburg. Als Würzburg 1806 im Frieden von Preßburg an den Habsburger Ferdinand fiel, der dadurch Großherzog von Würzburg wurde, verweigerte Schelling den Eid auf die neue Regierung. Denn er konnte sich von einem Habsburger Großherzog als Herrn der Universität nichts erhoffen. 1806 wurde Schelling nach München berufen. Im Mai desselben Jahres wurde Schelling außerdem noch Generalsekretär der neu gegründeten Akademie der Bildenden Künste in München, wobei sein Gehalt von 1200 auf 3000 Gulden jährlich aufgestockt wurde. Doch allzu viele gesellschaftliche Kontakte hatte das Ehepaar Schelling in der Münchner Zeit nicht, abgesehen von Clemens und Bettine Brentano sowie Ludwig Tieck mit seiner Schwester, die sich auch zu der Zeit in München aufhielten. Während eines Besuchs bei Schellings Eltern in Maulbronn starb Caroline am 7. September 1809 um 3 Uhr morgens. Schelling bezeichnete Caroline einige Monate nach ihrem Tode in einem Brief an ihren jüngsten Bruder, ein seltenes Weib von männlicher Seelengröße, von dem schärfsten Geist, mit der Weichheit des weiblichsten, zartesten, liebevollsten Herzens vereinigt: „Sie war ein eigenes, einziges Wesen; man musste sie ganz oder gar nicht lieben. Diese Gewalt, das Herz im Mittelpunkte zu treffen behielt sie bis ans Ende." Ähnliche Worte bewundernder Verehrung haben verschiedene hervorragende Zeitgenossen über sie geäußert. August Wilhelm Schlegel aber gab ihr noch 1828 das Zeugnis, dass sie alle Talente besessen habe, um als Schriftstellerin zu glänzen, ohne dass jedoch ihr Ehrgeiz darauf gerichtet gewesen wäre.

Therese Huber war die älteste Tochter des Altphilologen Christian Gottlob Heyne (1729–1812), des wohl einflussreichsten Professors der neu gegründeten Göttinger Universität. Die Grundlagen ihrer autodidaktisch erworbenen, unsystematischen Bildung erhielt sie in Göttingen. Dort hatte sie leichten Zugang zu den Beständen der von ihrem Vater geleiteten Bibliothek, wovon sie reichlich Gebrauch machte. Über ihre Bildung schreibt sie 1816: „Ich las, las, las und schwatzte mit meinem Vater, der mich über spekulative Gegenstände alles schwatzen ließ, las alles, was mir im Lesen vorgeführt wurde nur nichts als klassisches. Das langweilte mich … Ich hörte Archäologie von meinem Vater sprechen, Naturgeschichte von Blumenbach, Anatomie u Medizin von meinem Bruder (Karl Heyne), Politik Staatengeschichte von meinem Onkel Brandes, mit dem saß ich spät in der Nacht und ersannen Reden die wir auf dem Schafott halten wollten wenn wir wie Algemoor sterben dürften." Anfang 1779 hatte sie Georg Forster kennengelernt, der damals in Göttingen wohnte. 1784 fand die Verlobung und am 4. September 1785 die Hochzeit statt.

Viele junge Leute verkehrten im Hause Forsters: Wilhelm von Humboldt, später auch Alexander von Humboldt, und auch der junge Ludwig Ferdinand Huber, der bald der Geliebte von Therese Forster wurde, den sie später auch heiratet. Auch die junge Witwe Caroline Böhmer, geb. Michaelis, die Jugendfreundin von Therese, gehört zum ständigen Kreis um

Forster. Obwohl Forster die Ehe in Briefen als ein Idyll der Harmonie schilderte, scheint es in sexueller Hinsicht von Anfang an Probleme gegeben zu haben. So schrieb Therese 1794 an ihre Freundin Caroline: „Wie ich heiratete, war ich unschuldiger als ein Kind. Ich ward erst vier Wochen nach meiner Hochzeit Frau, weil die Natur uns nicht zu Mann und Frau bestimmt hatte. Ich weinte in seinen Armen und fluchte der Natur, die diese Qual zur Wollust geschaffen hatte – endlich gewöhnte ich mich daran." Forsters Ehe mit der 10 Jahre jüngeren Therese war wohl schon von Anfang an eher unglücklich. Gemeinsam hatten sie zwei Töchter. Zwei weitere Kinder, die später in Mainz geboren wurden, sollen angeblich nicht mehr Forster zum Vater haben. Sicherlich war Therese eine sehr geistreiche und emanzipierte Frau, aber Georg Forster gegenüber war sie eher prüde und garstig, vor allem in den späteren Jahren, wo sie mehr oder weniger offen im Hause Forsters mit Ludwig Ferdinand Huber zusammenlebte. Nach der Abreise Forsters, der als Deputierter der Mainzer Republik nach Paris gesandt worden war, um dort für den Beitritt der Mainzer Republik zur Französischen Republik zu werben und seine Frau Therese wie auch seine übrige Familie verarmt zurückgelassen hatte, kümmerte Huber sich um dessen Familie. Später ging Therese Forster mit den Kindern in die Schweiz, um dort mit Huber zusammenleben zu können. Bei Forster blieb jedoch Caroline Böhmer, vormals Michaelis, die bei ihm wohnte und ihn hausfraulich betreute. Nach dem Tod Georgs heiratete sie ihren Lebensgefährten Huber. Als Therese Huber zog sie im August 1816 nach Stuttgart, weil Johann Friedrich Cotta ihr die Möglichkeit einer Anstellung in seinem Verlag in Aussicht stellte. Zunächst übertrug er ihr die Redaktion des Kunst-Blatts, einer Beilage zum Morgenblatt für gebildete Stände, kurz darauf, Anfang Januar 1817, übernahm sie die redaktionelle Verantwortung für das ganze Morgenblatt, das sie bis Ende 1823 erfolgreich führte. Dabei gab es immer wieder Schwierigkeiten mit dem Verleger, der es sich nicht versagen konnte, in die Arbeit der Redaktion einzugreifen. Ärgerlich war für sie insbesondere die Anstellung von Adolf Müllner, dem Cotta die Leitung eines eigenständigen Literaturteils übertrug und dafür 2000 Gulden zahlte, das dreifache Gehalt der Chefredakteurin Therese Huber. Zudem versuchte Müllner, sie zu verdrängen. Im November 1823 zog sie nach Augsburg um, da Cotta die Redaktion des Morgenblatts dorthin zu verlegen dachte, was jedoch nicht geschah. Der Verleger nahm die Gelegenheit wahr, sich einer unbequemen Mitarbeiterin zu entledigen. Cotta kündigte ihr jedoch nicht, sondern schloss sie einfach stillschweigend von der Redaktionsleitung aus. Cotta zahlte aber ihr das ohnehin magere Gehalt drei Jahre lang weiter.

Therese fand sich damit ab, dass Cotta ihr den Stuhl vor die Tür gesetzt hatte, solange er den Chefredakteursposten des Morgenblattes als Anstellung für seinen Sohn verwendete, der von ihr als Taugenichts geschildert wurde. Als aber Cotta die Chefredaktion an den jungen Wilhelm Hauff übertrug, erboste sie das, zumal Hauff sich in den Mitteilungen aus den Memoiren des Satan über „Th. v. H." lustig gemacht hatte. In Augsburg ist dann Therese Huber am 15. Juni 1829 nach dreitägigem Todeskampf im Alter von 65 Jahren gestorben. In einem Brief an Wilhelm von Humboldt, der sie „eine der vorzüglichsten Frauen der Zeit" nannte, hatte sie über bewegtes Leben geschrieben: „Mein Leben löste seine Aufgabe: ich erbaute, ich erschuf mein geistiges Selbst." Doch ihre Briefe bezeugten ein gespaltenes weibliches Selbstbewusstsein. Denn sie schrieb auch: „Ich war ja Jakobinerin und Demokratin und Revolutionär, aber ich wusste stets, das Weib solle schweigen, wenn Männer sprächen, und nie außer dem innigsten Zirkel von Politik sprechen."

6 Goethes „Suleika“: Marianne Willemer

Marianne Willemer war als eine langjährige Geliebte, nicht an eine Gleichstellung mit ihm als Dichter interessiert, obwohl sie ganz offensichtlich eine Mitschöpferin seiner Dichtung war. Sie war nicht nur das Vorbild der „Suleika“ in seinem West-östlichen Divan, sondern Goethe ließ drei ihrer Gedichte in dieses Werk einfließen.

Marianne war die Tochter der Schauspielerin Elisabeth Pirngruber. Diese war eines von zwölf Kindern eines Gutsverwalters und wuchs in Oberösterreich auf. Mit 23 Jahren gebar sie ein uneheliches Kind. Nach eigenen Angaben war Marianne am 20. November 1784 in Linz zur Welt gekommen und wurde auf die Namen Maria Anna Katharina Theresia getauft. Weil ihre Mutter in Wien keine Engagements mehr erhielt, folgte diese 1798 gemeinsam mit ihrer Tochter einem befreundeten Tänzerehepaar nach Frankfurt am Main. Das Einkommen der mittlerweile 38-jährigen Elisabeth Pirngruber und ihrer Tochter muss gering gewesen sein, so dass Elisabeth nebenbei Handarbeiten ausführte, um ihren Lebensunterhalt zu sichern. Die Aussicht auf ein Engagement in Frankfurt sah sie als Chance, ihrer Notlage ein Ende zu bereiten. Doch sie erhielt nur eine Stelle als Theaterdienerin. Marianne selbst dagegen stand am 26. Dezember 1798 erstmals auf dem Frankfurter Theaterzettel. Die 14-Jährige übernahm Rollen in Opern, Singspielen und Ballettaufführungen. Ihre frühen Auftritte sorgten für Aufsehen, und sie wurde schon bald in Theaterkritiken erwähnt. Als sie im Frühjahr des Jahres 1800 im Ballett „Harlekin aus dem Ei“ einen großen Erfolg feierte, saß unter den Zuschauern neben Catharina Elisabeth Goethe, der Mutter des Dichters, Clemens Brentano, der sich nach eigenen Angaben spontan in die junge Darstellerin verliebte. Ein weiterer Bewunderer war Johann Jakob Willemer (1760–1838), Als Theaterliebhaber hatte Willemer Marianne schon längere Zeit beobachtet. Er überredete Mariannes Mutter, ihm die Tochter gegen eine Summe von 2000 Gulden sowie eine Rente als Ziehtochter zu überlassen. Dafür gab er das Versprechen, für Mariannes Erziehung und eine musische Ausbildung zu sorgen. Die Mutter Mariannes nahm dieses Angebot an, weil es eine Garantie dafür war, dass damit wenigstens für die Zukunft ihrer Tochter gesorgt war und reiste zurück nach Linz. Am 25. April 1800 stand Marianne zum letzten Mal auf der Bühne. Sie wurde im Willemer'schen Haus in Frankfurt als Pflegetochter aufgenommen und neben dessen Töchtern erzogen. Marianne erhielt Gitarrenunterricht, eine Ausbildung in Klavier und Gesang sowie Zeichenstunden. Daneben erlernte sie Latein, Italienisch und Französisch. Für eine weitere schauspielerische Karriere unternahm Willemer hingegen nichts, in diesen Beruf sollte Marianne nie mehr zurückkehren.

Als Willemer erfuhr, dass Goethe sich in Wiesbaden aufhielt, nutzte er die Gelegenheit, ihn dort am 4. August 1814 zu besuchen. Er stellte ihm seine Gefährtin Marianne vor und lud ihn zu einem Besuch auf seinen Wohnsitz, die Gerbermühle in Frankfurt am Main, Stadtteil Oberrad, ein. Wenige Tage später berichtete Goethe in einem Brief an seine Frau Christiane, dass Willemer ihn mit seiner „kleinen Gefährtin" besucht habe. Beeindruckt zeigte er sich, nachdem er der Einladung gefolgt war und das Paar am 12. August auf der Gerbermühle besucht hatte.

Die Begegnung fand zu einem Zeitpunkt statt, zu dem die fast 30-jährige Marianne mit Willemer bereits seit zwölf Jahren in „wilder Ehe" lebte. Goethe selbst kannte eine solche Konstellation aus eigener Erfahrung mit Christiane Vulpius. Sehr wahrscheinlich riet er seinem Freund Willemer zur juristischen Legitimierung der Beziehung. Denn die Hochzeit fand kurzfristig am 27. September 1814 und ohne Aufgebot statt. Währen der nächsten Monate setzte eine regelmäßige Korrespondenz zwischen Goethe und Marianne ein. Willemer lud Goethe in einem Brief vom 10. April 1815 zu einer erneuten Reise ein. Zu dieser Zeit hatte Goethes Frau Christiane bereits Anfang des Jahres einen Schlaganfall erlitten. Goethe reiste allein zum Landsitz der Willemers, wo er sich bis zum 17. September auf der Gerbermühle aufhielt, von einem zwischenzeitlichen Besuch in Willemers Stadthaus vom 8. bis 15. September abgesehen. Als Gast auf der Gerbermühle arbeitete Goethe vor allem am West-östlichen Divan, den er im Vorjahr begonnen hatte und der 1819 erstmals veröffentlicht werden sollte. Dann entstanden weitere Divan-Gedichte. Der 27. September 1815 war der letzte Tag, an dem sich Marianne und Goethe trafen, sie sahen sich danach nie wieder. Aus dem darauffolgenden Briefwechsel, der bis zu Goethes Tod andauern sollte, nahm Goethe einige Verse Mariannes in den Divan auf. Für Goethe war es das einzige Mal in seinem Leben, dass eine Frau Mitschöpferin seiner Dichtung wurde. Marianne von Willemer war nicht nur das Vorbild der Suleika, Goethe ließ drei ihrer Gedichte in sein Werk einfließen (Suleika, Ostwind, Westwind). Nach Weimar zurückgekehrt, berichtete er am 21. Oktober 1815 einem Freund in einem Brief, er könne „mit Vergnügen melden, dass für den Divan sich neue, reiche Quellen aufgetan, so dass er auf eine sehr brillante Weise erweitert worden ist." Sowohl Goethe als auch Marianne schwiegen über die wahre Urheberschaft von Mariannes Anteil. Sogar in seinen Lebenserinnerungen Dichtung und Wahrheit enthüllte Goethe die Umstände, unter denen große Teile des Divans entstanden waren, nicht. Sie wurden erst postum bekannt durch den Germanisten Herman Grimm (den Sohn Wilhelm Grimms), dem sich Marianne kurz vor ihrem Tod anvertraut hatte. Goethe starb am 22. März 1832. Marianne sagte dazu, nachdem ihr die Nachricht überbracht worden war: „Gott hat mir diese Freundschaft gegeben. Er hat sie mir genommen. Ich muss Gott danken, dass sie mir so lange Zeit zu Teil ward."

Abb. 8: Olympe de Gouges

7 Der Kampf um die Frauenrechte: Olympe de Gouges

Der Kampf um die Frauenrechte entstand erstmals im späten 18. und frühen 19. Jahrhundert als im Gefolge der bürgerlichen Revolutionen Verfassungen mit Grundrechtskatalogen verabschiedet wurden. Allerdings waren dabei Frauen als Träger dieser Grundrechte gar nicht oder nur eingeschränkt vorgesehen. Das war auch bei der Verfassung und der Menschenrechtserklärung der französischen Nationalversammlung der Fall.

Dagegen protestierte am 14. September, einen Tag nach dem der König Ludwig XVI. diese Erklärungen unterschrieben hatte, Olympe de Gouges mit scharfen Worten: „Von Paris bis Peru, von Japan bis Rom ist das dümmste Tier wohl doch der Mann. Allein der Mann hat sich aus seiner Ausnahme ein Prinzip zurechtgeschustert. Wunderlich, verblendet, aufgeblasen von den Wissenschaften und degeneriert, will er in diesem Jahrhundert der Aufklärung und des Scharfsinns in krasseste Unwissenheit zurückfallend despotisch über ein Geschlecht befehligen, das alle intellektuellen Fähigkeiten besitzt. Dieses Geschlecht beansprucht, aus der Revolution einen Nutzen zu ziehen und sein Recht auf Gleichheit einzufordern." (de Gouges 2018, S. 90) Daher stellte sie den 17 Artikeln der Erklärung der Menschen- und Bürgerrechte, die sich nur auf Männer bezogen, in 17 Artikeln die von ihr formulierten Rechte der Frauen gegenüber:

> „I Die Frau ist frei geboren und bleibt dem Manne gleich an Rechten. Soziale Unterscheidungen können nur auf den gemeinen Nutzen gegründet sein.
>
> II Der Endzweck jeder politischen Vereinigung ist die Erhaltung der natürlichen und unveräußerlichen Rechte der Frau und des Mannes. Diese Rechte sind Freiheit, Eigentum, Sicherheit und vor allem Widerstand gegen Unterdrückung.
>
> III Der Ursprung jeder Souveränität ruht seinem Wesen nach in der Nation, die nichts anderes ist als die Vereinigung von Mann und Frau: keine Körperschaft, kein Individuum kann eine Autorität ausüben, die nicht ausdrücklich von ihr ausgeht.
>
> IV Freiheit und Gerechtigkeit bestehen darin, alles zurückzugeben, was einem anderen gehört; die Ausübung der natürlichen Rechte der Frau hat mithin keine Grenzen außer in

der ständigen Tyrannei, die der Mann ihr entgegensetzt. Diese Grenzen müssen durch die Gesetze der Natur und der Vernunft reformiert werden.

V Die Gesetze der Natur und der Vernunft verbieten alle Handlungen, die der Gesellschaft schaden. Alles, was nicht von diesen weisen und göttlichen Gesetzen verboten wird, kann nicht behindert werden, und niemand kann gezwungen werden, etwas zu tun, was sie nicht vorschreiben.

VI Das Gesetz muss der Ausdruck des Gemeinwillens sein; alle Bürgerinnen und Bürger müssen persönlich oder durch ihre Vertreter an seiner Bildung mitwirken. Es muss für alle das gleiche sein: Alle Bürgerinnen und alle Bürger müssen, da sie vor den Augen des Gesetzes gleich sind, gleichermaßen zu allen Würden, Stellungen und öffentlichen Ämtern zu-gelassen werden, entsprechend ihrer Fähigkeit und ohne andere Unterschiede als die ihrer Tugenden und ihrer Talente.

VII Keine Frau hat Sonderrechte. Frauen werden in den vom Gesetz bestimmten Fällen angeklagt, festge-nommen und gefangengehalten. Frauen sind diesem strengen Gesetz ebenso wie Männer unterworfen.

VIII Das Gesetz soll nur solche Strafen verhängen, die unbedingt und offenkundig notwendig sind, und niemand kann bestraft werden außer aufgrund eines Gesetzes, das bereits vor der Tat erlassen und verkündet wurde und rechtmäßig auf Frauen anwendbar ist.

IX Jede für schuldig befundene Frau unterliegt der ganzen Strenge des Gesetzes.

X Niemand darf wegen seiner Ansichten, selbst wenn sie grundsätzlicher Art sind, behelligt werden. Die Frau hat das Recht, das Schafott zu besteigen; sie muss gleichermaßen das Recht haben, die Redner-tribüne zu besteigen, sofern ihre Äußerungen nicht die durch das Gesetz festgelegte öffentliche Ordnung stören.

XI Die freie Mitteilung der Gedanken und Meinungen ist eines der kostbarsten Frauenrechte, denn diese Freiheit sichert die Legitimität der Väter gegenüber ihren Kindern. Jede Bürgerin kann daher in aller Freiheit sagen: „Ich bin die Mutter eines Kindes, das von Euch stammt", ohne dass ein barbarisches Vorurteil sie zwänge, die Wahrheit zu verbergen. Allerdings unter dem Vorbehalt der Haftung im Falle von Missbrauch dieser Freiheit in den vom Gesetz bestimmten Fällen.

XII Die Gewährleistung der Rechte der Frau und Bürgerin muss einem höheren Nutzen verpflichtet sein; sie muss zum Wohle aller gereichen, nicht zum persönlichen Nutzen derer, denen sie anvertraut wird.

XIII Zum Unterhalt der Polizei und zu den Kosten der Verwaltung tragen Frauen und Männer gleichermaßen bei. Weil die Frau an allen Diensten und Lasten beteiligt ist, muss sie gleichermaßen beteiligt sein an der Verteilung der Posten, der Anstellungen, der Aufträge, der Würden und der Gewerbe.

XIV Die Bürgerinnen und Bürger haben das Recht, selbst oder durch ihre Vertreter die Notwendigkeit der öffentlichen Steuer festzustellen. Die Bürgerinnen können dem aber nur dann beipflichten, wenn ihnen ein gleicher Anteil nicht nur am Vermögen zugestanden wird, sondern auch an den öffentlichen Ämtern, und sie die Höhe der Abgaben, ihre Verwendung, Einziehung und Zeitdauer mitbestimmen.

XV Die Masse der Frauen, die zur Steuerleistung mit der der Männer zusammengeschlossen ist, hat das Recht, von jeder öffentlichen Instanz Rechenschaft über ihre Amtsführung zu fordern.

XVI Jegliche Gesellschaft, in der die Verbürgung der Rechte nicht gesichert und die Gewaltenteilung nicht festgelegt ist, ist ohne Verfassung. Die Verfassung ist null und nichtig, wenn nicht die Mehrheit der Individuen, die die Nation bilden, an ihrem Zustandekommen mitgewirkt hat.

XVII Eigentum steht beiden Geschlechtern zu, ob gemeinsam oder getrennt. Jedes von ihnen hat darauf ein unverletzliches und heiliges Anrecht. Niemandem darf das Eigentum, wahrhaftes Erbteil der Natur, genommen werden, es sei denn, die gesetzlich festgestellte öffentliche Notwendigkeit erforderte es offenkundig, und unter der Bedingung einer gerechten und vorherigen Entschädigung."

Olympe de Gouges schließt Ihre Aufzählung der Rechte der Frau mit einer emotional geladenen „Postambel" ab: „Frauen, erwachet; die Sturmglocke der Vernunft ist im ganzen Universum zu hören; erkennt eure Rechte! Das gewaltige Reich der Natur ist nicht mehr umlagert von Vorurteilen, Fanatismus, Aberglaube und Lügen. Die Fackel der Wahrheit hat alle Wolken der Dummheit und Anmaßung zerstreut. Der versklavte Mann hat zwar seine Kräfte vervielfacht, aber er hat der eurigen bedurft, um seine Ketten zu sprengen. Kaum in Freiheit versetzt, ist er nun selbst ungerecht geworden gegen seine Gefährtin. O

Frauen! Frauen, wann wird eure Verblendung ein Ende haben? Was sind denn die Vorteile, die euch aus der Revolution erwachsen sind? Ihr werdet noch mehr verachtet, noch offener verhöhnt." (de Gouges 2018, S. 93–97) Der im Artikel X enthaltene Satz: „Die Frau hat das Recht das Schafott zu besteigen; sie muss gleichermaßen das Recht haben, eine Rednertribüne zu besteigen," ist als die Grundeinstellung von Olympe de Gouges so berühmt geworden, dass keine Erwähnung und kein Kommentar ohne ihn auskommt. Er hat auch während der vielen Jahrzehnte weitergelebt, in denen seine Autorin vergessen war oder totgeschwiegen wurde. Er hat aber auch für viele Fehlinterpretationen der eigentlichen Meinung seiner Urheberin gesorgt. Erstens ist die Enthauptung kein Recht, sondern eine Strafe und zweitens so blutrünstig dieser Satz auch klingt, wollte de Gouges keineswegs damit die Todesstrafe für die Frauen befürworten. Denn sie war selbst eine radikale Gegnerin der Todesstrafe, wie sie sich auch öffentlich gegen die gerichtliche Verfügung ausdrückte, dass Ludwig XVI. durch die damals neu erfunden Guillotine hingerichtet werden sollte, der sie selbst zwei Jahre nach ihrer „Declaration" zum Opfer fiel. Im Vorwort ihrer „Erklärung der Rechte der Frau und der Bürgerin" hatte sie noch die Hoffnung ausgedrückt, Marie Antoinette werde sich an die Spitze ihres Geschlechtes stellen und damit die Sache der Gleichberechtigung zum Siege führen: „Diese Revolution wird sich erst dann verwirklichen, *wenn* alle Frauen von ihrem beklagenswerten Los und vom Verlust ihrer Rechte in der Gesellschaft überzeugt sind. Unterstützen eine so schöne Sache, Madame; verteidigt dieses unglückliche Geschlecht und bald werdet Ihr die eine Hälfte des Königreichs auf Eurer Seite haben von der anderen mindestens ein Drittel." Doch es kam ganz anders. Politische Mitwirkungsrechte, die in der Revolution zunächst erkämpft oder eingeräumt wurden, wurden bald wieder eingeschränkt. Und Olympe de Gouges wurde selbst 1793, auf Veranlassung des Revolutionstribunals hingerichtet.

Sie war aber nicht wegen der „Declaration" oder ihres sonstigen Einsatzes für Frauenrechte angeklagt, sondern wegen ihrer öffentlichen Kritik an Robespierre und dem „Wohlfahrts"-Ausschuss, der zum Organ der jakobinischen Terroristen wurde. Olympe de Gouges hatte sich schon vorher zu einer erbitterten Gegnerin jener „blutrünstigen Tiger" entwickelt, wie sie die Jakobiner in einem Brief an den Konvent vom 9. Juni 1793 bezeichnete. Bereits am 5. November 1792 zur Zeit seiner größten Macht hatte sie sich auf einem Plakat scharf gegen Robespierre gewandt; weitere Flugschriften folgten. Ihr zufolge war der Republikanismus von Robespierre, Marat und ihresgleichen eine bloße Maske, hinter der sich Anhänger einer Despotie verbarg; denn diese identifizierten „Freiheit" und „Tugend" mit Terror, agierten aus schierem Machthunger und Geltungsdrang und ließen dafür die Republik in Korruption und Menschenfeindlichkeit entarten. Die rasch wechselnden Parteien der Männer und ihre erbitterten Kämpfe untereinander waren für sie bloße Machtkämpfe: „Rolandisten, Brissotiner, Girondisten, Robespierristen, Maratisten, verschwindet – schändliche Namen!"

In ihrer immer wieder geäußerten Sorge um das Vaterland, um die Freiheit und die „wahre" Republik machte sie sich keinerlei Illusionen und verschickte schon am 4. Juli, lange vor ihrer Verhaftung, ihr Politisches Testament: „Ich habe alles vorhergesehen. Ich weiß, dass mein Tod unvermeidlich ist." Ihr Herz vermachte sie dem Vaterland, ihre Redlichkeit den Männern („sie haben sie nötig"), ihren Esprit den Fanatikern, ihre Religion den Atheisten, ihre Seele den Frauen und ihre Fröhlichkeit den Frauen in den Wechseljahren Wenige Tage später gab sie mit ihrem Plakat „Die drei Urnen oder das Wohl des Vaterlandes" selbst den letzten Anlass für das Todesurteil. Sie schlug ein Referendum vor, in dem sich alle Franzosen und Französinnen in geheimer Abstimmung zwischen einer republikanischen Regierung), einer konstitutionellen Monarchie und einer föderativen Regierungsform entscheiden sollten.

Abb. 9: Théroigne de Méricourt als Amazone

8 Frauenrechtsbewegung in Frankreich: Théroigne de Méricourt

Ein abenteuerliches Leben mit einem schrecklichen Ende im Irrenhaus führte Anne-Josèphe Théroigne de Méricourt (1762–1817). Sie wurde „Amazone der Französischen Revolution" genannt, weil sie für die Bewaffnung der Frauen eintrat. In Paris konnte sie ihre Träume von Gleichheit und Freiheit verwirklichen. In ihrer Autobiographie schreibt sie: „Ich hatte keinerlei Vorstellungen von den Rechten des Volkes, aber ich liebte die Freiheit von Natur aus. Ein Instinkt, ein lebhaftes Gefühl, das ich nicht genau benennen kann, ließ mich die Französische Revolution gutheißen, ohne genau zu wissen, warum. Denn ich hatte keinerlei Bildung, und das Wenige, was ich weiß, lernte ich allmählich in der Nationalversammlung." (Théroigne 1989, S.14)

Théroigne besuchte regelmäßig die Verhandlungen der Nationalversammlung. Zusammen mit einem Mitglied der Nationalversammlung, gründete sie im Januar 1790 den Klub der „Gesetzesfreunde" (Les Amis de la loi), in dem Männer wie Frauen Zutritt und Stimmrecht hatten. Als sie den Antrag stellte, auf den Ruinen der Bastille einen Palast für die Nationalversammlung zu bauen, wurde sie mit großem Applaus bedacht. Ihr Antrag auf beratendes Stimmrecht wurde jedoch zurückgewiesen. Dabei ließ die Versammlung keinen Zweifel daran, dass ihr Frauen zur Unterstützung der Revolution und „zum Nutzen des Vaterlandes" hoch willkommen waren, nur sollten sie daraus keine eigenen Rechte ableiten. Auf positive Resonanz stieß ihr politisches Engagement nur, wenn sie die Grenzen ihres Geschlechts nicht überschritten. 1790 wurde ein Haftbefehl gegen sie erlassen, sie floh in ihre Heimat, in die österreichischen Niederlanden Dort aber wurde sie von der kaiserlichen österreichischen Polizei festgenommen und ein Jahr auf der Festung Kufstein in Tirol gefangen gehalten. Danach überführte man sie nach Wien, aufgrund der Anklage, eine Verschwörung gegen die französische Königin geplant zu haben. Nach der ersten Befragung bat Théroigne um Bleistift und Papier, um ihre Lebensgeschichte niederschreiben zu können. Wie dem Protokoll der Untersuchung und den Briefen Blancs zu entnehmen ist, ging die Arbeit langsam voran. Théroigne war im Schreiben wenig geübt. Die Manuskripte weisen viele Schreibfehler auf. Manchmal brauchte sie zwei oder drei Entwürfe, bevor die Endfassung stand. Oft wurde sie auch durch Krankheit gehindert, weiterzuschreiben. Nach einem Monat lagen 28 Blätter (56 Seiten) ihrer Lebensgeschichte vor, die die Zeit von ihrer Geburt bis 1791, gegliedert in fünf Perioden, umfassen und in das Protokoll des Untersuchungsverfahrens aufgenommen wurden. Nur während der vierten und letzten Periode war damals Théroigne mit der Französischen Revolution konfrontiert. Sie schreibt darüber: „Die Nationalversammlung erschien mir ein großartiges und schönes Schauspiel, dessen Erhabenheit mich beeindruckte. Große Gefühle wurden in mir wach, und meine Seele nahm einen neuen Aufschwung. Zunächst verstand ich nicht viel von all diesen Debatten. Doch allmählich erwarb ich mir einige Kenntnisse, und es gelang mir schließlich, die Sache des Volkes und die der Privilegierten zu verstehen. Mein Patriotismus wuchs in dem Maße, wie ich davon überzeugt war, dass die Gerechtigkeit und das gute Recht auf Seiten des Volkes waren." (Théroigne 1989, S. 20) Théroignes darauffolgende politische Aktivität war die Gründung einer neuen Gesellschaft, da sich die alte Gesellschaft von 1790, der „Klub der Gesetzesfreunde" (Les Amis de la loi), selbst aufgelöst hatte. Sie und ihre Mitglieder Danton, de Villier, Boucher beschlossen diese neue Gesellschaft „Club der Menschenrechte" (Club des droits de l'homme) zu nennen (Théroigne 1989, S. 21). Auch diese Gesellschaft hatte nicht den Erfolg, den Théroigne sich gewünscht hätte. Wenn sie sich versammelte, waren es nie mehr als 9 bis 10, höchstens 13 bis 14 Personen, die nicht sehr gebildet waren. Nach ihrer Abreise aus Paris wusste sie nicht, was aus ihr geworden ist. Sie selbst musste sich eingestehen: „Ich hatte weder Talent noch Erfahrung, und ich war eine Frau. Und das ist ein großer Nachteil in den Augen des anderen Geschlechts." (Théroigne 1989, S. 21) Doch sie vergaß in ihrem Bericht nicht darauf hinzuweisen, dass sie „als erste auf den Galerien der Nationalversammlung den Bürgerschwur leistete. Als der Präsident, Abbé de Montesquiou, den Antrag stellte, das Volk aus der Galerie, die am meisten für die Patrioten eintrat, von den Debatten der Nationalversammlung auszuschließen, war ich die erste, die von Herzen Nein rief, man hörte mich von einem Ende des Saales bis zum anderen." (Théroigne 1989, S. 23)

Doch am Schluss hatte sie vor sich ganz in ihrem Heimatland niederzulassen. Damit schließt sie auch ihren im Untersuchungsverfahren verlangten autobiographischen Bericht, in dem sie beteuert: „Nichts lag mir also ferner, als nach Paris zu fahren. Ich wollte mich in Ruhe bilden und für die Interessen meiner Familie sorgen. Das ist die reine Wahrheit. Alle Vorkehrungen waren bereits getroffen, um in meinem Heimatland zu bleiben. Ich hatte sogar Wäsche für meine neue Einrichtung in Auftrag gegeben. Solche Kleinigkeiten scheinen wenig geeignet, um in einem Prozessprotokoll zu erscheinen, aber wenn man nichts anderes zu sagen hat, muss man solche Kleinigkeiten nennen. So sah meine Situation aus, als man das Meisterwerk vollbrachte, mich zu entführen. Schließlich am Ende angekommen will ich Sie tausendmal um Entschuldigung bitten, dass ich so lange gebraucht habe, um mein Leben niederzuschreiben. Meine schlechte Gesundheit hat mir nicht erlaubt, schneller voranzukommen, denn es gab Tage, an denen mich ein ständiges Fieber am Schreiben hinderte, wie man Ihnen sicherlich mitgeteilt haben wird. Ich erkläre hiermit, dass ich gesagt habe, was ich getan und gedacht habe. Sie sehen sehr wohl, meine Herren, dass ich nur in den aristokratischen Pamphleten berühmt bin, jeder weiß das, selbst die Aristokraten." (Théroigne 1989, S. 29) Die Anklage erwies sich jedenfalls als haltlos. Nach der Anhörung durch den Kaiser Leopold II. wurde sie entlassen und kehrte ins revolutionäre Frankreich zurück.

Lamartine, der Théroigne in der Rolle der blutrünstigen Revolutionärin sah, schreibt: „Gekränkte Liebe hatte sie einem ungeregelten Leben zugeführt; die Scham über ihre eigene Verworfenheit erzeugte bei ihr den Durst nach Rache. Wenn sie die Aristokraten bekämpfte, glaubte sie ihre Ehre wiederzuerlangen: mit Blut wusch sie ihre Schande ab." (Grubitsch Bockholt 1991, S. 61) Die royalistische Presse hielt sich beim Thema Frauenbewegung an Théroigne de Mericourt. Mit ihr hatte sie sich bereits eine Symbolfigur geschaffen, die den Lesern bekannt war und deren öffentliche Verhöhnung keiner besonderen Kenntnisse und Differenzierung bedurfte. Die „Sabats jacobites" veröffentlichten Mitte März eine Parodie auf eine Sitzung im Jakobinerklub, auf der eine mit Piken bewaffnete Frauendelegation erschienen war. „Frau Oberst dieser weiblichen Schwadron" war die „unvergleichliche Demoiselle Théroigne de Mericourt, diese neue Penthesilea." (Grubitsch Bockholt 1991, S. 286) Als Théroigne für die Frauenbewaffnung eintrat, wandte sie sich nicht an die Gesetzgeber, sondern an die Bürgerinnen. Sie formulierte keine Bittschrift, sondern hielt eine Rede (discours). Die Frauen wurden von ihr aufgefordert, sich selbst über die Aufstellung einer Amazonenlegion zu verständigen; sogar der Termin für das nächste Treffen stand schon fest, der 2. April 1792. Théroigne verzichtete auch darauf, die Nationalversammlung oder den Jakobinerklub um ein Recht zu bitten, das ihr ihrer Meinung nach zustand; sie machte keine Zugeständnisse an die Männer und enthielt sich jeden Vorschlags, männliche Militärs mit Führungsaufgaben zu betrauen. In ihrer Rede fehlten alle Hinweise auf die Schwäche des weiblichen Geschlechts und die besonderen Aufgaben der Frauen als Familienmütter (Grubitsch Bockholt 1991, S. 289): „Lasst uns unsere Ketten zerbrechen! Es ist schließlich an der Zeit, dass die Frauen aus ihrer schmählichen Nichtswürdigkeit heraustreten, in der die Ignoranz, der Stolz und die Ungerechtigkeit der Männer sie solange versklavt hielten." Als historische Reminiszenz für den Mut der Frauen erscheinen nicht, wie sonst in den revolutionären Reden üblich, die Römerinnen, sondern die Gallierinnen und Germaninnen, „die in den öffentlichen Versammlungen berieten und an der Seite ihrer Ehemänner kämpften, um die Feinde der Freiheit zurückzuschlagen." (Grubitsch Bockholt 1991, S. 289) Théroigne war sich bewusst, dass solche Vorstellungen die Grenzen der herrschenden Definition von Weiblichkeit sprengten. Sie scheute sich nicht, die Konsequenz offen auszusprechen: Wenn Frauen sich auf die Gebiete der Männer wagen, wird es Konkurrenz zwischen den Geschlechtern geben. Im Unterschied zu vielen anderen Frauen der Revolution, die gerade an diesem Punkt Offenheit vermieden und sich hinter die Geschlechtergrenzen zurückzogen, betonte Théroigne mit aller Selbstverständlichkeit: „Bürgerinnen, warum sollten wir nicht in Konkurrenz zu den Männern treten? Haben sie allein den Anspruch, ein Recht auf Ruhm zu haben? Nein, nein … Auch wir wollen uns eine Bürgerkrone verdienen und nach der Ehre streben, für eine Freiheit zu sterben, die uns vielleicht teurer ist als ihnen, da die Auswirkungen des Despotismus auf unseren Häuptern noch stärker lasten als auf den ihrigen." (Grubitsch Bockholt 1991, S. 291) Konkret schlug Théroigne dann vor, mit den Frauen, die sich angesprochen fühlten, zwei- oder dreimal wöchentlich auf dem

Marsfeld zu exerzieren. Eine „Liste französischer Amazonen“ sollte eröffnet werden, in die sich alle kriegswilligen Frauen eintragen sollten. Mit ihnen gemeinsam sollte dann die Aufstellung eines Frauenbataillons beraten werden.

Théroigne wurde am 27. Juni 1794 auf Anordnung des Revolutionsausschusses verhaftet. Mann warf ihr vor, seit ihrer Gefangenschaft in Österreich geheime Kontakte zum Ausland zu haben. Sie stand im Verdacht von Leopold II. nur deshalb freigelassen worden zu sein, um der österreichischen Monarchie nützliche Dienste zu leisten. Erschwerend kam hinzu, dass Théroigne Belgierin war. Robespierre hatte vor dem Konvent alle in Frankreich lebenden Ausländer als „Agenten der Despotie“ bezeichnet. Nach ihrer Einlieferung ins Gefängnis wandte sich ihr Bruder Nicolas-Joseph Terwagne mit einem formellen Antrag an den Allgemeinen Sicherheitsausschuss, in dem er um die Freilassung seiner Schwester nachsuchte (Grubitsch Bockholt 1991, S. 429). Nach ihrer Freilassung war jedoch Nicolas-Joseph Terwagne war nicht lange bereit die Kosten für die Unterbringung seiner Schwester zutragen und schob sie in das Armenspital Hotel-Dieu ab. Von dort wurde sie 1800 in die Salpetriere unter dem Aufnahmeregister für „Verrückte, Idiotinen, Blöde“ überstellt.

Théroigne war damals 47 Jahre alt. Bei ihrer Ankunft war sie sehr unruhig, verfluchte und bedrohte jedermann, sprach nur von Freiheit, von Wohlfahrts- und Revolutionsausschüssen usw. und klagte alle, die sich ihr näherten, an, Gemäßigte, Royalisten usw. zu sein. 1810 wurde sie ruhiger, sie fiel in einen Zustand der Demenz.

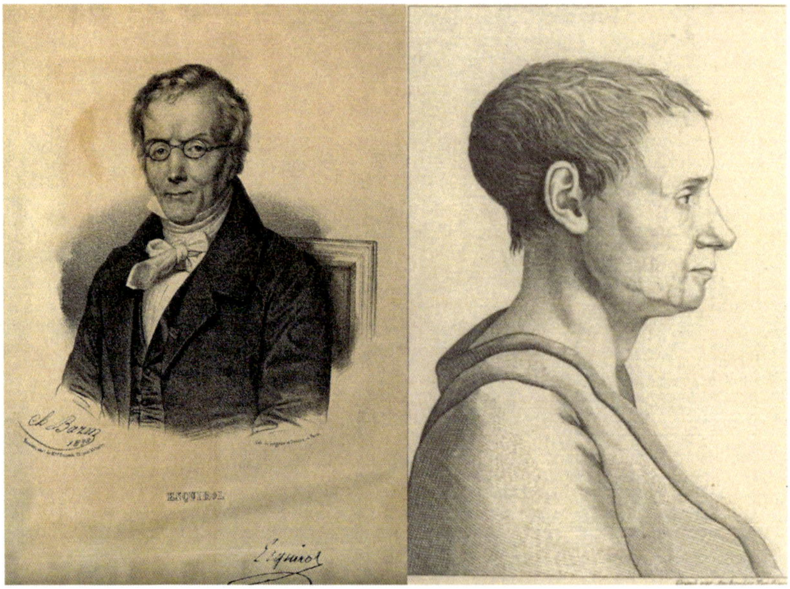

Abb. 10: Jean Étienne Esquirol und Théroigne

Als Jean Étienne Esquirol, 1811 Arzt an der Salpetriére wurde, berichtete er, über den Zustand und das Verhalten von Théroigne während ihres langen Aufenthaltes in dieser Anstalt. Doch dieser Bericht fußte nicht auf eigener Erfahrung, sondern auf Darstellung anderer Autoren (vgl. Grubitsch Bockholt 1991, S. 454): „Théroigne kann kein Kleidungsstück ertragen, nicht einmal ein Hemd. Jeden Tag, am Abend, am Morgen und mehrfach während des Tages überschwemmt sie ihr Bett oder besser das Stroh ihres Bettes mit mehreren Eimern Wasser, im Sommer bedeckt sie sich beim Schlafen mit ihrem Betttuch, im Winter mit ihrem Betttuch und ihrer Decke. Sie geht gerne mit nackten Füßen in ihrer steingepflasterten und wasserüberschwemmten Zelle spazieren. Die eisige Kälte ändert nichts an diesem Verhalten. Man hat sie niemals dazu bringen können, mit einem Hemd schlafen zu gehen oder eine zweite Decke zu nehmen. In den letzten drei Jahren ihres Lebens gab man ihr einen sehr großen Morgenmantel, den sie fast nie anzog. Wenn es friert und sie kein Wasser im Überfluss haben kann, bricht sie das Eis auf und nimmt das Wasser, was darunter ist, um ihren Körper und besonders die Füße nass zumachen. Obwohl sie in einer kleinen, düsteren und sehr feuchten Zelle ohne Möbel ist, fühlt sie sich sehr wohl, Sie gibt vor, mit wichtigen Dingen beschäftigt zu sein; sie lächelt die Personen an, die in ihre Nähe kommen; manchmal antwortet sie brüsk: ‚Ich kenne Sie nicht‘ und wickelt sich in ihre Decke ein. Es ist selten, dass sie richtig antwortet. Sie sagt oft: ‚Ich weiß nicht; ich habe vergessen.‘ Wenn man darauf besteht, wird sie ungeduldig, sie spricht zu sich selbst mit leiser Stimme; sie artikuliert Sätze, die von den Worten ‚Schicksal‘, ‚Freiheit‘, ‚Ausschuß‘, ‚Revolution‘, ‚Idioten‘, ‚Beschluß‘, ‚Erlaß‘ usw. unterbrochen werden. Auf die Gemäßigten ist sie sehr zornig. Sie wird ärgerlich, aufbrausend, wenn man ihr nicht ihren Willen lässt, vor allem, wenn man sie daran hindern will, sich Wasser zu nehmen. Einmal hat sie eine ihrer Gefährtinnen mit so viel Wut gebissen, dass sie ihr einen Fetzen Fleisch herausgebissen hat. Sie verlässt ihre Zelle fast nie, normalerweise bleibt sie darin auf dem Bett liegen. Wenn sie herausgeht, ist sie nackt oder mit ihrem Hemd bedeckt: sie geht nur einige Schritte, öfter läuft sie auf allen Vieren, streckt sich auf dem Boden aus; mit starrem Auge sammelt sie alle Krumen auf, die sie auf dem Pflaster findet, und isst sie. Ich habe gesehen, wie sie Stroh nahm und verschlang, Federn, trockene Blätter, Fleischstückchen, die im Schmutz lagen, usw. Sie trinkt Wasser aus dem Rinnstein, wenn man die Höfe sauber macht, obwohl das Wasser schmutzig und voll mit Abfällen ist, und zieht dieses Getränk jedem anderen vor. Jedes Gefühl der Schamhaftigkeit erscheint in ihr erloschen, sie ist normalerweise nackt, ohne beim Anblick von Männern zu erröten. Als man sie 1816 zeichnen ließ, hat sie sich dieses Verfahren gefallen lassen; sie schien dem, was der Zeichner machte, überhaupt keine Bedeutung beizumessen. Trotz dieses Verhaltens, das Théroigne im Laufe von zehn Jahren beibehielt hat sie gut und viel gegessen, war nie krank und hat sich keine Gebrechen zugezogen. Doch am 1. Mai 1817 kam Théroigne in einem sehr großen Schwächezustand auf die Krankenstation, sie verweigerte jede Nahrung, trank Wasser, blieb im Bett, sprach oft zu sich selbst, aber mit sehr leiser Stimme.

Magerkeit, extreme Blässe des Gesichts, trübe, starre Augen, einige krampfhafte Zuckungen des Gesichts, sehr schwacher Puls, leichte Schwellung der Hände, Ödeme an den Füßen; schließlich ist sie am 9. Juni im Alter von 57 Jahren gestorben, ohne auch nur einen Augenblick lang ihren Verstand wiederzugewinnen." (Esquirol 1976, S. 406 ff.). Unter Berücksichtigung der physischen und psychischen Qualen, die sie während der 23 Jahre ihres Anstaltsaufenthalts zu erdulden hatte, hat sie eine lange Lebensdauer gehabt. Nur ihre geistigen und seelischen Kräfte haben den Belastungen nicht standgehalten.

9 Frauenrechtsbewegungen in England, in den USA und in Deutschland

Sowohl in England und in den USA wie auch in Deutschland kam es zu einer Frauenrechtsbewegung: Im Einzelnen waren es Catherine Macaulay, Mary Wollstonecraft, Emily Caroline Langton Massingberd in England und Josephine Elizabeth Butler und die feministische Theologin Mary Daly in den USA. Wie radikal Dalys Männerfeindlichkeit war, geht aus einem Interview hervor, in dem sie sagte: „Ich denke nicht über Männer nach. Sie sind mir wirklich egal. Ich befasse mich mit den Fähigkeiten von Frauen, die unendlich unter dem Patriarchat herabgesetzt wurden. Nicht, dass sie verschwunden wären, aber sie wurden unterdrückt. Ich befasse mich damit, wie wir Frauen unsere Fähigkeiten erweitern, sie zur Verwirklichung bringen. Dies benötigt meine ganze Energie." Weiter sagt sie in demselben Interview: „Wenn Leben auf diesem Planeten überleben soll, dann muss es eine Dekontamination der Erde geben. Ich glaube, dass dies durch einen evolutionären Prozess begleitet werden wird, der zu einer drastischen Reduktion der Bevölkerung von Männern führen wird." (Mary Daly: Interview mit Susan Bridle, In: What Is Enlightenment? Nr. 16, 1999)

In Deutschland gab es ebenfalls mehrere Frauen, die sich für die Rechte Gleichstellung der Frauen einsetzten. Anita Augspurg und Lida Gustava Heymann waren die erfolgreichsten Vertreterinnen der bürgerlich-radikalen Frauenbewegung in Deutschland. Sie konnten aber ihre feministischen, radikaldemokratischen und pazifistischen Positionen nicht ihr Leben lang vertreten. Bereits 1923 hatten sie gemeinsam persönlich beim bayerischen Innenminister die Ausweisung des Österreichers Adolf Hitler wegen Volksverhetzung beantragt. Ihr Besitz wurde beschlagnahmt und ihre Aufzeichnungen gingen verloren. Sie lebten fortan gemeinsam im Schweizer Exil. Dort starb Anita Augspurg 1943 wenige Monate nach ihrer Lebensgefährtin Gustava Heymann, mit der sie mehr als vier Jahrzehnte zusammengelebt hatte.

Abb. 11: Mary Shelley

10 Schreibende Frauen auf einem langen Weg zum Ziel

Während des ganzen Ancien Regime war für die Frauen, die sich durchsetzen wollen, das kulturelle Gebiet das zugänglichste. Nach der Meinung von Simone de Beauvoire hat aber keine der schreibenden Frauen den Rang eines Dante oder Shakespeares erreicht. Die Kultur war immer nur das Privileg einer weiblichen Elite, nicht jedoch der Masse; die Genies unter den Männern aber sind oft aus dieser Masse hervorgegangen; doch selbst die Bevorzugten unter den Frauen stießen auf Widerstände. Alle verschworen sich gegen die Frau, die schreiben wollte. In England, bemerkt Virginla Woolf, sei man schriftstellernden Frauen immer feindselig begegnet. Doctor Johnson verglich sie mit „einem Hunde, der auf den Hinterbeinen geht: das ist zwar nicht schön, aber originell". Künstler sind immer an der Meinung der anderen interessiert; die Frauen sind vollkommen darauf angewiesen: Man versteht, welche Kraftanstrengung es für eine Künstlerin bedeutet, sich überhaupt als solche zu behaupten. Oft verbraucht sie sich schon in diesem Kampf.

Es war ausgerechnet Simone de Beauvoir, die Kritik an der Mittelmäßigkeit der schreibenden Frau übte. Bedauerlicherweise wagt die Frau nicht den kühnen Gedankenflug eines Edgar Allan Poe. Sie hat nicht den Mut als Schriftstellerin zu missfallen. Der originelle Schriftsteller erregt immer Ärgernis, solange er nicht tot ist. Das Neue beunruhigt und verärgert. Die Frau dagegen ist geschmeichelt über ihre Zulassung zur männlichen Welt des Gedankens und der Kunst. Daher benimmt sie sich in ihr sehr brav (vgl. de Beauvoir 1968 S. 661). Doch Simone de Beauvoir glaubt nicht, dass es den Frauen in ihrem Verhalten, ihren Empfindungen an Originalität mangelte. Vielmehr seien sie im Ganzen gesehen eigenwilliger, exzentrischer als die Männer, deren Disziplinierung sie ablehnen. Sie kann eine ausgezeichnete Theoretikerin werden, sich ein zuverlässiges Talent erwerben: „Es gibt tolle und es gibt talentierte Frauen: Keine hat jene Tollheit in ihrem Talent, die Genie heißt." (de Beauvoir 1968 S. 662) Keine hat nach Meinung Simone de Beauvoirs den Versuch gemacht, sich über die gegebene Welt zu erheben: „Alte Häuser, Parks und Gemüsegärten, malerische Ahnen, Kinder, Spülen, Marmeladen, Familienfeste, Toiletten, Salons, Bälle, schmerzbewegte, aber vorbildliche Ehefrauen, die Schönheit der Hingabe und des Opfers, kleine und große Ehefreuden, Jugendträume, Resignation der Reife, all diese Themen werden von den Romanschriftstellerinnen Englands, Frankreichs, Amerikas, Kanadas und Skandinaviens bis zur Hefe ausgekostet. Sie haben dabei Ruhm und Geld gewonnen, aber sicherlich unsere Weltanschauung nicht bereichert." (de Beauvoir 1968 S. 662) Man findet

Selbstbiographien von Frauen, die aufrichtig und anziehend sind: Aber nicht eine lässt sich mit Rousseaus Selbstbekenntnissen vergleichen. Noch ganz begeistert, dass sie nunmehr diese Welt erforschen dürfen, beschreiben sie die Welt, ohne zu versuchen, ihren Sinn aufzudecken.

Einer der Bereiche, welche die Frauen am liebevollsten erforscht haben, ist die Natur. Wenn die Romanschriftstellerin von der Heide oder vom Küchengarten spricht offenbart sie uns am intimsten ihre Erfahrung und ihre Träume. Aber sie stellen mit der Welt keine Vergleiche an, stellen ihr keine Fragen, decken ihre Widersprüche nicht auf. Die Beschränkungen, welche die Erziehung und das Herkommen der Frau auferlegen, begrenzen ihren Zugriff auf das Universum. Simone de Beauvoir behauptet, dass sich die Frau niemals selbstherrlich der Welt gegenüberstellt. Der Zwang, von dem sie umgeben ist, und die ganze Tradition, die auf ihr lastet, halten sie davon ab, sich wie manche Männer unter den Schriftstellern für die gesamte Welt verantwortlich zu fühlen. Das ist für Simone de Beauvoire der tiefere Grund ihrer Mittelmäßigkeit. Zur Erklärung der Grenzen der schreibenden Frau muss man daher nach Meinung Simone de Beauvoirs ihre Situation heranziehen und darf sie nicht in ihrem Wesen sehen. Die Zukunft steht weit offen. Erst wenn die Frau ihre Geschichte, ihre Probleme, ihre Zweifel, ihre Hoffnungen, mit denen der Menschheit vereinen wird können, erst dann wird sie in ihrem Leben wie in ihren Werken versuchen können, die ganze Wirklichkeit und nicht nur ihre Person zu enthüllen.

Virginia Woolf machte sich anlässlich der Vorbereitung zu einem Vortrag über Frauen und Literatur Gedanken zu den widrigen Lebensumständen dichtender Frauen in vergangenen Jahrhunderten. Dabei stieß sie auf die Dichterin Anne Finch, die sich in ihren Texten als eine der ersten über die Stellung der Frauen in ihrer Zeit empört: „Wie tief sind wir gefallen! – Bildung hat nur Narren aus uns gemacht, nicht die Natur. Den Geist zu schulen, hat man uns verwehrt, und öde Anstandsregeln uns gelehrt; und wenn dann doch sich eine höher schwingt, von kühnerem Geist und Phantasie beschwingt, wird sie so sehr von Gegnerschaft bekriegt, dass ihre Furcht die Hoffnung überwiegt."

Anne Finch begann frühzeitig zu schreiben. 1701 erschienen vier ihrer Gedichte in Charles Gildons New Collection of Poems on Several Occasions, 1713 kam ihre Sammlung Miscellany Poems heraus. 1683 wurde Anne Maid of Honour von Maria von Modena, der Duchess of York, und heiratete im Mai 1684 Heneage Finch. Im August 1712 erbte Heneage überraschend den Titel eines Earl of Winchilsea, 1715 wurde Anne Finch krank. Bis zu ihrem Tod im August 1720 war sie gesundheitlich beeinträchtigt. Viele Gedichte nach 1715 weisen einen religiösen Inhalt auf. Nach ihrem Tod blieben zahlreiche Gedichte unveröffentlicht.

Nach der französischen Revolution mit ihrem aufklärerischen Rationalismus setzte in der Literatur erneut eine Epoche der Empfindsamkeit ein. Es war die deutsche Übersetzung von Laurence Sternes Roman „A Sentimental Journey Through France and Italy" unter dem Titel „Yoriks empfindsame Reise", die dieser Epoche den Namen gab. Zu dem Wort „empfindsam" hatte Gotthold Ephraim Lessing geraten. Es wurde dann auf die ganze Epoche übertragen. Vor allem Sophie von

La Roche (1730–1807), die erste Autorin eines Briefromans in deutscher Sprache hatte großen Einfluss. Rückblickend äußert sich Sophie selbst über ihre literarischen Anfänge: „Mein erster Versuch, die Geschichte des Fräuleins von Sternheim, ist die Frucht des größten Unmuts, welchen ich damals empfinden konnte. Ich trennte mich ungern von meinen beiden Töchtern, welche durch Zwang der Umstände in Straßburg bei St. Barbara erzogen wurden.“ Ende 1753 heiratete Sophie von Gutermann von Gutershofen den kurmainzischen Hofrat Georg Michael Frank La Roche (1720–1788), mit dem sie ihre Tochter Maximiliane hatte. In dem Wohnort der Familie bei Koblenz, unterhielt Sophie von La Roche einen literarischen Salon, dessen Gäste die Tochter wegen ihrer Grazie und ihres Liebreizes umwarben. Madame de La Roche duldete den Kult um ihre Maximiliane, solange darüber die „chère Maman“ nicht vergessen wurde. Von Anfang an wurde Sophie von ihrem Freund Christoph Martin Wieland beraten. Bereits als sich die „Geschichte des Fräuleins von Sternheim“ noch in ihem Anfangsstadium befand, hatte Wieland Sophie von La Roche gedrängt, dass sie veröffentlich werden sollte: „Sie soll und muss gedruckt werden, und ich werde Ihr Pflegevater sein.“ Tatsächlich erschien der Roman im Sommer 1771 anonym mit Vorrede und Anmerkungen herausgegeben von Wieland. Schon im Erscheinungsjahr erschienen drei weitere Ausgaben. Im nächsten Jahr erschien dann eine Ausgabe in Bern. Und bis zum Jahr 1777 noch weitere Nachdrucke. Wenig später war die „Geschichte des Fräuleins von Sternheim“ schon so beliebt, dass sie über die deutschen Sprachgrenzen hinaus zu einer Übersetzung ins Holländische (1774), und zu zwei verschiedenen Übersetzungen ins Französische (1774) und zu zwei weiteren ins Englische (1775, 1776) führte. Sophiens Roman erweist sich vielschichtiger, als man es bei anderen Romanen bisher gewöhnt war. Darauf machen in aller Deutlichkeit Wielands Vorrede an die Frau Geheime Rätin von La Roche (so die Auflösung der Abkürzung „An D. F. G. R. V.*****“) und seine Anmerkungen aufmerksam. Der Roman weist nach Wielands Meinung Qualitäten auf, die den bisherigen Romanen abgingen. Die empirische Wirklichkeit ist überzeugender gestaltet, verdankt doch die Heldin mehr ihren eigenen Erfahrungen und Beobachtungen als dem Unterricht und der Nachahmung: „Man sieht, dass sie von Sachen spricht, welche sie in der Nähe gesehen hat.“ Tatsächlich bestätigt die Verfasserin später selbst diese Meinung des Herausgebers: „Ich benutzte Begebenheiten, die an einem benachbarten Hofe sich ereigneten, und verwebte sie in Sophiens Leben, welcher ich ganz natürlich meine Neigungen und Denkungsart schenkte.“

Ablehnende Stimmen fehlten zwar nicht ganz. Solche Urteile sind aber in der Minderzahl und finden sich nur in wenig einflussreichen Blättern. Nicht nur Herder wirft diesen Blättern „Niedriges und Ungerechtes im Tadel“ vor, sondern auch das führende Organ der Aufklärung und der Roman-Beurteilungen, die „Allgemeine Deutsche Bibliothek“, bringt eine lobende Besprechung. Herder sympathisiert so sehr mit dieser „vortrefflichen Frau, selbst in Kleinigkeiten, über die man nicht gerne Rechnung ableget: und die machen mich also wahrhaftig nicht bloß aufmerksam, sondern andächtig.“ Haller hält in den „Göttingischen Anzeigen“ 1771, Wieland für den Autor und glaubt, „das Feine, fast Subtile des Verfassers, seine lebhafte Einbildungskraft, und die Metaphysik des Herzens“ hier wiederzufinden. Noch Jahre nach Erscheinen des Romans über das Fräulein von Sternheim findet Lenz immer neuen Ausdruck seiner Bewunderung für „dieses herrliche Geschöpf“, ihn ärgert nichts mehr als „die dummen Noten, die mich allemal bei den seligsten Stellen in meinem Gefühle unterbrachen, grad als wenn einem kalt Wasser aufgeschüttet wird“.

Doch Sophie von La Roche war nicht fähig diesen literarischen Neuansatz selbst weiter zu entwickeln. Repräsentationspflichten nahmen sie so in Anspruch, dass sie ihre literarische Fertigkeit nicht weiter vervollkommnen konnte. Als Berufsschriftstellerin, die sich ganz auf den Geschmack eines breiten Publikums einstellt, verfasste sie ein umfangreiches, aber seichtes dilettantisches Oeuvre. Sie wertet ihre Begegnungen mit bekannten Größen ihrer Zeit literarisch aus und verarbeitet Reiseerlebnisse in romanhafter Form. „Frau von La Roche,“ so charakterisiert sie Goethe 1799, „gehört zu den nivellierenden Naturen, sie hebt das Gemeine herauf und zieht das Vorzügliche herunter und richtet das Ganze alsdann mit ihrer Sauce zu beliebigem Genuss an.“ Ein skeptischen Beurteiler war ihr gegenüber auch Joseph von Eichendorff: „Seltsam, während die Laroche die geistige Ahnfrau jener süßlichen Frauengeschichten geworden, ist sie, wie zur Buße, zugleich die leibliche Großmutter eines völlig andern genialen Geschlechts, und nimmt sich dabei wie eine Henne aus, die unverhofft Schwäne ausgebrütet hat, und nun verwundert und ängstlich das ihr ganz fremde Element umkreist, auf welchem diese sich wiegen und zu Hause sind.“ (Joseph von Eichendorff, Der deutsche Roman des achtzehnten Jahrhunderts in seinem Verhältnis zum Christentum 1851)

Die Tochter von Sophie von La Roche Maximiliane heiratete 1774 im Alter von 17 Jahren den verwitweten, 21 Jahre älteren italienischen Kaufmann und Geheimrat Peter Anton Brentano, einen der erfolgreichsten Kaufleute in Frankfurt. Für Goethe hatte die Tochter von Sophie von La Roche Maximiliane Brentano eine besondere Bedeutung. Der junge Goethe war wegen seiner unglücklichen Liebe zu Charlotte Buff von Frankfurt aus zu einer Wanderung an Lahn und Rhein aufgebrochen. Im Haus von la Roche lernte er die damals 16 Jahre alte Maximiliane kennen und fühlte sich bald von dem schönen Mädchen angezogen, das, wie er später in Dichtung und Wahrheit schrieb, „freilich nicht anders als liebenswürdig war: eher klein als groß von Gestalt, niedlich gebaut; eine freie anmutige Bildung, die schwärzesten Augen und eine Gesichtsfarbe, die nicht reiner und blühender gedacht werden konnte“. Knapp anderthalb Jahre später traf Goethe sie in Frankfurt wieder, wo sie inzwischen als Gattin von Peter Anton Brentano lebte. Obwohl sie als verheiratete Frau für Goethe unerreichbar war, umschwärmte er sie, und es kam zu heftigen Auseinandersetzungen mit ihrem Ehemann. Goethe entschloss sich danach zur Niederschrift seines Briefromans „Die Leiden des jungen Werthers“ und setzte damit auch Maximiliane ein literarisches Denkmal. Im Werther verschmolz er Charlotte Buff und Maximiliane Brentano zur Figur der Lotte.

In England entstand ein Roman mit einem ausgesprochen düsteren Inhalt, der von der Tochter der bereits erwähnten Frauenrechtlerin Mary Wollstonecraft stammt. Es war der Roman „Frankenstein oder Der moderne Prometheus", der am 1. Januar 1818 erstmals anonym veröffentlicht wurde. Wie dieses weltberühmte Werk zustande kam schildert Mary selbst in einer späteren unter ihren Namen erschienen Ausgabe. Anlass dazu war, dass sie und Percy B. Shelley im Jahre 1816 den Sommer am Genfer See verbrachten. Sie schreibt: „Im Sommer 1816 bereisten wir die Schweiz und ließen uns in der Nähe Lord Byrons nieder. Wir verbrachten mit ihm herrliche Stunden auf dem See oder an dessen Ufern ... Ein feuchter, unfreundlicher Sommer fesselte uns viel ans Haus. Da fielen uns gelegentlich einige Bände deutscher Gespenstergeschichten in die Hände. ‚Wir wollen alle eine Gespenstergeschichte schreiben,' schlug da Lord Byron vor, und alle stimmten wir diesem Vorschlage bei. Wir waren unser Drei. Der Urheber des Gedankens begann eine Geschichte, von der er ein Fragment am Schlusse seines „Mazeppa" verwendete. Shelley, der es besser verstand, Gedanken und Gefühle in die schönsten, glänzendsten Verse zu bringen, die unsere Sprache kennt, als eine Geschichte zu erfinden, erzählte ein Jugenderlebnis. Ich selbst gab mir Mühe, eine Geschichte zu erdenken, die es mit den von uns gelesenen aufnehmen könne. Eine Geschichte, die das tiefste Entsetzen im Leser hervorrufen, das Blut stocken und das Herz heftiger klopfen lassen sollte. Oft und lange diskutierten Lord Byron und Shelley, während ich als bescheidene, aber aufmerksame Zuhörerin dabei saß. Eine der philosophischen Hauptfragen, die diskutiert wurden, war die nach dem Ursprung des Lebens und ob es je möglich sei, ihm auf den Grund zu kommen. Man besprach die Experimente Darwins. Es handelt sich für mich nicht darum, dass der Gelehrte diese Experimente wirklich vornahm, sondern um das, was darüber gesprochen wurde. Darwin hatte in einer Glasdose ein Stückchen Maccaroni aufbewahrt, das dann aus irgendwelchen Ursachen willkürliche Bewegungen zu machen schien. Jedenfalls glaubte ich nicht, dass auf diesem Wege Leben erzeugt werden könne. Aber vielleicht wäre es denkbar, einen Leichnam wieder zu beleben, was ja auf galvanischem Wege bereits geschehen ist, oder die Bestandteile eines Lebewesens zusammenzufügen und ihm lebendigen Odem einzuhauchen. Unter diesen Gesprächen wurde es tiefe Nacht. Als ich mein Haupt auf die Kissen bettete, konnte ich nicht einschlafen; ein halbschlummerndes Nachsinnen bemächtigte sich meiner. Phantastische Bilder tauchten ungebeten vor mir auf und erreichten einen selten hohen Grad von Lebendigkeit. Ich sah mit geschlossenen Augen den bleichen Jünger der schrecklichen Wissenschaft vor dem Dinge knieen, das er geschaffen hat. Ich sah das schreckliche Zerrbild eines Menschen ausgestreckt daliegen und dann sich plump, maschinenmäßig regen. Furchtbar müsste es auf den Menschen wirken, wenn es ihm gelänge, den Schöpfer in seinem wunderbaren Wirken nachzuahmen. Der Erfolg müsste den Künstler aufs Tiefste erschrecken, so dass er entsetzt der Stätte seiner Arbeit entflieht. Er müsste hoffen, dass der schwache Lebensfunke, den er entzündet, sich selbst überlassen, wieder erlösche; dass das Ding, dem er eine Art Leben eingehaucht, wieder in die Materie zurücksinke; und er müsste einschlafen in dem Gedanken, dass das Grab sich wieder schlösse über dem hässlichen Leibe, den er als Triumph des Lebens bisher betrachtet hatte. Er schläft, aber nicht tief; er öffnet plötzlich die Augen – an seinem Bette steht das Ungeheuer, hält die Vorhänge auseinander und starrt auf ihn mit seinen gelben, wässerigen, aber aufmerksamen Augen. Auch ich öffnete erschreckt die Lider. Die Idee hatte mich derart gefangen genommen, dass es mich eiskalt überlief und ich vergebens mich bemühte, das gespenstische Bild meiner Phantasie wieder mit der Wirklichkeit zu vertauschen. Ich erinnere mich noch heute ganz genau an das dunkle Zimmer mit seiner Täfelung, auf der sich durch die geschlossenen Gardinen fahl das Licht des Mondes spiegelte. Ich wusste, dass draußen spiegelglatt der See lag und die Alpen ihre Häupter starr zum Himmel erhoben; aber trotzdem konnte ich meines Phantasiegebildes nicht ledig werden. Ich musste versuchen an Anderes zu denken. Da fiel mir meine Gespenstergeschichte ein, meine unglückselige Gespenstergeschichte! Oh könnte ich doch eine erfinden, die meine Leser ebenso erschüttern würde wie mich das Gesicht jener Nacht! Wie ein Licht flammte es in mir auf. Ich habe sie! Was mich erschreckte, soll auch andere erschrecken. Ich habe nur den unheimlichen Halbtraum jener Nacht zu beschreiben. Anfangs dachte ich daran, nur eine kurze Erzählung zu schreiben. Aber dann fesselte die Idee mich so stark, dass ich sie weiter ausgesponnen habe. Und nun, du unheimliches Kind meiner Muse, gehe hinaus und wirb dir Freunde!"

1818 ließen sich Mary und Percy B. Shelley für längere Zeit in Italien nieder. 1822 ertrank Percy B. Shelley während einer Segeltour im Golf von La Spezia. Ein Jahr später kehrte Mary Shelley mit ihrem letztgeborenen und einzigen überlebenden Kind nach England zurück, wo sie erfolgreich ihre Karriere als Schriftstellerin fortsetzte. Ihr letztes Lebensjahrzehnt war von Krankheiten gezeichnet. Sie starb im Alter von 53 Jahren vermutlich an einem Gehirntumor.

Nicht weniger erfolgreich war Jane Austen. Schon früh begann Jane Austen kurze Skizzen und Erzählungen niederzuschreiben. Drei Manuskriptbände füllten diese Arbeiten, die zwischen ihrem 15. und 18. Lebensjahr entstanden. Bald stellte sie sich größere Aufgaben, und in den folgenden fünf Jahren schrieb sie zu ihrer eigenen und zur Unterhaltung der Familie, der sie jedes neue Kapitel vorlas, drei Romane: „First Impressions" (Erste Eindrücke), „Elinor and Marianne" und „Susan". An die Möglichkeit einer Veröffentlichung dachte sie erst in zweiter Linie. Sie schrieb an einem Tisch im unruhigen Wohnzimmer und benutzte Papier von kleinem Format, das sie rasch zudecken konnte, wenn Besucher hereinkamen. Denn niemand außerhalb des engsten Familienkreises sollte von ihren schriftstellerischen Versuchen erfahren, die zwar wohlwollende Duldung fanden, aber nicht sehr ernst genommen wurden. Auch später vermied sie es, als Autorin an die Öffentlichkeit zu treten, und ließ alle Romane ohne Angabe ihres Namens erscheinen. Durch Indiskretion verbreitete sich jedoch ihr Ruf. Ihr Vater unternahm 1797 den ersten Versuch, einen Verleger zu finden. Auf sein briefliches Angebot eines Manuskripts erhielt er keine Antwort. Ein anderer Verleger kaufte 1803 ein Romanmanuskript für zehn Pfund an, ließ es dann aber nicht drucken. Danach versiegte ihre literarische Schaffenskraft während einer Periode von nahezu rund zehn Jahren. Lediglich einige Fragmente und Umarbeitungen liegen aus dieser Zeit vor.

Doch schließlich holte Jane Austen ihre Manuskripte aus der Schublade hervor und überarbeitete sie. Verhandlungen mit einem Verleger verliefen erfolgreich, und 1811 erschien als erster der aus „Elinor and Marianne“ umgearbeitete Roman „Sense and Sensibility“ (Verstand und Gefühl), dem 1813 der aus „Erste Eindrücke“ umgearbeitete Roman „Pride and Prejudice“ (Stolz und Vorurteil) folgte. Der bescheidene, doch immerhin achtbare Erfolg wirkte ermutigend. Zwischen 1811 und 1816 entstanden weitere drei Romane: „Mansfield Park“ (1814), „Emma“ (1816) und „Persuasion“ (Überredung; deutscher Titel: Anne Eliot), der, vereinigt mit „Northanger Abbey“ (Die Abtei von Northanger; umgearbeitet aus „Susan“), 1818 erschien. Jane Austen erlebte das Erscheinen der letzten beiden Romane nicht mehr. Sie starb am 18. Juli 1817 in Winchester.

Abb. 12: Jane Austen

Zur Zeit von Jane Austen standen im Mittelpunkt solcher Romane junge Frauen aus dem gehobenen ländlichen Bürgertum, die sich nach verschiedenen Schwierigkeiten und Lernprozessen selbst erkennen und denjenigen Mann heiraten, den sie lieben. Eine gute Heirat war in der damaligen Zeit die einzige akzeptable Möglichkeit für eine junge Frau sich eine respektable Stellung in der Gesellschaft zu sichern. Andernfalls war sie ihr Leben lang vom Wohlwollen und der Großzügigkeit wohlhabender Verwandter abhängig. Alle ihre frühen Romane behandeln den Zwiespalt der Hauptfiguren, diese gesellschaftlich auferlegte „Pflicht" zu erfüllen und trotzdem eine emotional und menschlich befriedigende Ehe einzugehen. Das war auch das persönliche Schicksal von Jane Austen selbst. Austens Haupttalent war ihre scharfsinnige Beobachtungsgabe, mit der sie die menschliche Natur und soziale Interaktionen kritisch betrachtete. Zu ihren wegweisenden stilistischen Entwicklungen zählt die erlebte Rede, die Ende des 18. Jahrhunderts als literarisches Stilmittel eingeführt wurde und von Jane Austen entscheidend weiterentwickelt wurde. Was die Frage des Verhältnisses von Mann und Frau betrifft, erfährt man von Jane Austen darüber im Bereich des Landadels und des oberen Bürgertums eine zum Teil auch scharfe Kritik über die Lage der von den Männern total abhängigen Frau. „Stolz und Vorurteil" ist der meistgelesene Roman Jane Austens. Sie selbst bezeichnete ihn einmal als ihr „Lieblingskind". Wie ihre anderen Romane spielt er in der Sphäre des Landadels und des gehobenen Bürgertums. Im Blickpunkt stehen Familie, Liebe und Ehe. Es ist eine begrenzte Alltagswelt, die von den großen Ereignissen der Zeit, der Französischen Revolution mit ihren Auswirkungen, der Umgestaltung Englands durch die industrielle Revolution, den napoleonischen Kriegen, nicht berührt wird. Natürlich wusste Jane Austen von diesen Dingen. In ihrer Familie lebte eine ihrer Kusinen, deren aristokratischer Ehemann während der Französischen Revolution hingerichtet worden war. Zwei ihrer Brüder, die es als Marineoffiziere beide bis zum Admiral brachten nahmen am Krieg gegen Frankreich teil. In ihren Romanen überschritt Jane Austen jedoch die Grenzen ihres unmittelbaren Erlebnisbereichs nicht. Die Welt, die sie darstellt, ist die, in der sie selbst lebte, die sie genau kannte und die sie daher mit überzeugender Wahrhaftigkeit zu gestalten vermochte. Was jenseits ihres Erfahrungsbereichs lag, schloss sie konsequent aus. Die Rezeption ihrer Werke im Ausland war zum Zeitpunkt der Veröffentlichung bereits sehr gut. Schon zu ihren Lebzeiten erschienen deutsche und französische Übersetzungen einiger ihrer Werke. Seitdem hat die Anerkennung, die man ihrer Arbeit zollt, zugenommen; heute gilt sie als eine der größten englischsprachigen Autorinnen. Der erste, der Austens Werk öffentlich und umfangreich würdigte, war Walter Scott, der anlässlich der Veröffentlichung des Romans „Emma" 1816 ein vierseitiges Essay für eine Literaturzeitschrift verfasste – in der damaligen Zeit eine außerordentliche Anerkennung. Er hob besonders die „Weltkenntnis und den besonderen Takt, mit dem sie Charaktere zeichnet" hervor und wies auf die Genauigkeit der Beobachtung, die sprachliche Eleganz und die vollkommene Beherrschung der Mittel in ihren Werken hin. Über ihren Roman „Stolz und Vorurteil" schrieb Scott am 14. März 1826 in seinem Tagebuch: „Miss Austens sehr fein geschriebenen Roman Stolz und Vorurteil wiedergelesen, und mindestens zum dritten Male. Die junge Dame hatte ein Talent, die Verwicklungen, die Gefühle und die Charaktere des alltäglichen Lebens zu beschreiben, das für mich das wunderbarste ist, das ich je angetroffen habe.“ Auch andere Literaten lobten Austens Werk, so Robert Louis Stevenson und Rudyard Kipling. Der Romanschriftsteller Trollope hielt „Stolz und Vorurteil“ für den besten Roman in englischer Sprache. Der Historiker Macaulay und der Dichter Tennyson verglichen Jane Austens Charaktergestaltung ihrer Romanfiguren sogar mit derjenigen Shakespeares. Negative Kritik äußerten Charlotte Brontë und Mark Twain. Brontë waren die realistischen Romane Austens zu alltäglich und zu kühl beobachtend, sie bemängelte das Fehlen der Leidenschaftlichkeit, die ihre eigenen Werke auszeichnete. Twain kritisierte die gesellschaftliche Wohlanständigkeit, die ihm zu christlich-moralisch erschien.

Abb. 13: Geschwister Brontë (Von links nach rechts: Anne, Emily und Charlotte)

Als Geschwister Brontë sind drei britische Schriftstellerinnen des 19. Jahrhunderts bekannt. Im Jahr 1834 malte Branwell ein Porträt der Geschwister. Da er mit seinem eigenen Porträt in der Mitte unzufrieden war, wischte er seine Darstellung nachträglich aus. Branwell Brontë war schon in seiner Kindheit gemeinsam mit seinen Schwestern schriftstellerisch tätig und erdichtete fiktionale Welten. Dem überlieferten Jugendwerk kann man entnehmen, dass er vor allem mit Charlotte eng zusammenarbeitete. Gemeinsam schufen sie die Phantasiewelt Angria. Zusammen erfanden die Geschwister, angeregt durch Branwells Spielzeugsoldaten, fiktive Welten, für die sie Spiele erfanden und Geschichten und Gedichte schrieben. Charlotte Brontë gibt am 12. März 1829 darüber Auskunft: „Meine Bettspiele wurden angefangen am 1. Dezember 1827; die andern im März 1828. Bettspiele heißt geheime Spiele; die sind sehr schön. Alle unsere Spiele sind sehr seltsam. Ihre Art brauche ich nicht zu Papier zu bringen, denn ich glaube, dass ich sie immer im Gedächtnis behalten werde. Das Spieljunge Männer ist entstanden aus ein paar Holzsoldaten, die Branwell hatte; unsere Kameraden aus Aesops Fabeln; und Die Inselleute aus verschiedenen Ereignissen, die passiert sind. Ich will den Anfang unserer Spiele ausführlicher hinschreiben, wenn ich kann. Zuerst junge Männer. Papa kaufte Branwell ein paar Holzsoldaten in Leeds; als Papa nach Hause kam, war es Nacht und wir waren im Bett, also kam Branwell am andern Morgen an unsere Zimmertür mit einer Schachtel mit Soldaten. Emily und ich sprangen aus dem Bett, und ich griff mir einen heraus und rief aus: ‚Das ist der Herzog von Wellington! Das soll der Herzog sein!' Als ich das gesagt hatte, nahm Emily ebenfalls einen heraus und sagte, der solle ihrer sein; als Anne herunterkam, sagte sie, einer solle ihrer sein. Meiner war der hübscheste von allen, und der größte, und der vollkommenste in jedem Körperteil. Der von Emily war ein gravitätisch aussehender Bursche, und den nannten wir ‚Gravey'. Der von Anne war ein seltsames kleines Ding, ziemlich wie sie selbst, und den nannten wir ‚Laufbursche'. Branwell wählte seinen aus und nannte ihn ‚Buonaparte'." Mit welch großer Phantasie die Geschwister in ihrem jungen Jahren ihre Geschichten ausmalten, zeigt eine poetische Beschreibung über das grauenhafte Land der Dschinnen: „Eine Überlieferung besagt, dass vor einigen tausend Jahren zwölf Männer aus Britannien, von höchst riesiger Statur, und zwölf Männer aus Gallien, ins Land der Dschinnen hinüber kamen und während sie dort weilten einander unablässig bekriegten; und, nachdem sie viele Jahre geblieben waren, wieder nach Britannien und Gallien zurückkehrten. Und in den bewohnten Teilen des Dschinnenlandes gibt es jetzt keine Spuren mehr von ihnen, obwohl man sagt, dass einige kolossale Skelette gefunden worden sind in diesem wilden, unfruchtbaren Land, der bösen Wüste." Dann aber folgt ein Erlebnisbericht über einen Wirbelsturm in dieser Wüste, der zu einem schrecklichen Ende führt: „Ungefähr einhundert Yards entfernt lag ein riesiges Skelett. Ich rannte sofort hin und untersuchte es eingehend. Während ich die lange, geisterhafte Gestalt anstarrte, die da auf dem Sand vor mir ausgestreckt lag, kam mir der Gedanke in den Sinn, dass dies das Skelett eines jener alten Britannier sein könnte, die, so sagt uns die Überlieferung, aus ihrer Heimat in dies böse Land kamen und hier elendiglich zugrunde gingen. Während ich diesem

Gedankenzug nachhing, bemerkte ich, dass es mit einer langen Kette aus rostigem Eisen gefesselt war. Plötzlich klirrte das Eisen, und die Gebeine machten Anstalten, sich zu erheben, aber ein großer Berg Sandes wälzte sich über das Skelett mit einem mächtigen Getöse, und als der Staub, der die Sonne verdeckt und alles in Dunkelheit gehüllt hatte, sich verzog, war keine Spur mehr zu entdecken, die einem zukünftigen Reisenden zeigen würde, wo die Gebeine gelegen hatten."

Doch es gibt nicht nur mit grausiger Phantasie ausgemalte Schreckensszenen, sondern auch poetische Schilderungen von der Schönheit dieser Trauminsel: „Die Insel hatte einen Umfang von fünfzig Meilen und wirkte gewiss mehr wie ein Werk der Zauberei und schönen Erfindung als der nüchternen Realität. In manchen Teilen – schrecklich erhaben gestaltet durch mächtige Felsen, rauschende Ströme und tosende Katarakte – standen vom Blitz versengte oder von der Zeit verdorrte Bäume. In anderen Teilen dieser Insel gab es grünen Rasen und glitzernde Fontänen, die in den blumigen Wiesen oder inmitten der gefälligen Wälder sprudelten, wo Elfen hausen sollten. Ein klarer See, dessen Gestade von der Trauerweide, der eleganten Lärche, der ehrwürdigen Eiche und dem immergrünen Lorbeer überhangen wurden, wirkte wie ein kristallener Smaragd, ein gerahmter Spiegel eines gewaltigen Riesen. Von einem der allerschönsten Seen heißt es, wenn alles still sei, könne man die Musik aus dem Elfenreich hören."

Doch schließlich musste Charlotte Brontë im Erwachsenenalter von ihren Jugendphantasien Abschied nehmen. Wie schwer ihr das gefallen ist zeigt ihr „Lebewohl an Angria": „Ich habe jetzt sehr viele Bücher geschrieben, und lange Zeit bin ich verweilt bei denselben Szenen und Sujets. Ich hab meine Landschaften in jeder Nuance von Schatten und Licht gezeigt, die Morgen, Mittag und Abend, die aufgehende, die mittägliche und die untergehende Sonne darauf legen können … Meine Leser wurden vertraut mit einer festen Zahl von Gesichtern, die sie einmal im Profil, dann wieder en face sahen, dann wieder im Umriss und wieder auch als fertiges Gemälde – unterschieden nur durch den Wechsel von Gefühl, Temperament oder Alter; leuchtend von Liebe, übergossen von Leidenschaft, umschattet von Kummer, entbrannt in Ekstase; in stillem Nachdenken und in Heiterkeit, in Sorge, voller Verachtung, und hingerissen; mit den rundlichen Umrissen des Kindesalters, der Schönheit und Fülle der Jugend, der Stärke des Mannesalters und zerfurcht von Gedankenreichtum bei nachlassender Lebenskraft. Wenn ich sie verlasse, so ist mir's fast, als stünde ich auf der Schwelle eines Hauses und sagte dessen Bewohnern Lebewohl. Doch wir müssen uns nun verändern, denn das Auge wird eines Bildes müde, das so oft wiederkehrt und so vertraut ist. … Und dennoch, ich sehne mich danach, für einige Zeit jene sengend heiße Region zu verlassen, in der wir zu lange verweilten – ihre Himmel stehen in Flammen – das Glühen des Sonnenuntergangs liegt immer auf ihr – das Gemüt würde von der ewigen Erregung endlich ablassen und sich kühleren Landstrichen zuwenden, in denen die Morgendämmerung grau und nüchtern heraufzieht und das Tageslicht eine Zeitlang wenigstens von Wolken gedämpft wird." Im späteren Erwachsenenleben endete die Zusammenarbeit als sich die Geschwister aus beruflichen Gründen räumlich trennten. Am längsten führten Emily und Anne ihr gemeinsames Fantasiewerk weiter, die Gondal-Saga schließt erst mit dem Beginn der Arbeit an den Manuskripten zu ihren später veröffentlichten Romanen.

George Sand ging in die Literaturgeschichte als „Vielschreiberin" ein. Denn sie veröffentlichte ungefähr 180 Bände. 1831 begann George Sand ihre Arbeit beim Figaro in Zusammenarbeit mit ihrem Geliebten Jules Sandeau, in der auch ihr erster Roman Rose et Blanche (veröffentlicht 1831) entstand. Aus dem gemeinsamen Pseudonym J. Sand leitete sie ihren Künstlernamen George Sand ab, unter dem sie eigene Artikel und 1832 ihren ersten eigenständigen Roman „Indiana". Durch den Roman „Indiana" und noch mehr durch „Lélia" (1833) wurde George Sand in Frankreich und bekannt. Bald gehörte sie zu den bestbezahlten Schriftstellern ihrer Zeit. Viele ihrer Werke wurden bald nach ihrem Erscheinen übersetzt. George Sands Wohnsitz in Paris sowie ihr Landsitz wurden von zahlreichen Künstlern besucht. Der Freundeskreis der eigenwilligen, Zigarren rauchenden Schriftstellerin umfasste neben Schriftstellern wie Honoré de Balzac und Alexandre Dumas u. a. den Maler Eugène Delacroix und den Komponisten Franz Liszt. George Sand – mit wirklichem Namen Aurore Dupin – war durch fast neun Jahre Chopins Lebensgefährtin. In dieser neunjährigen Beziehung publizierte sie 30 Romane und Essays. Chopin komponierte und veröffentlichte etwa 30 Werke.

Abb. 14: George Sand

George Sand war es auch, die Chopins Weise, Musik hervorzubringen, in ihren Lebenserinnerungen anschaulich beschreibt: „Sein Schaffen war spontan, bewundernswert. Seine Einfälle kamen, ohne dass er danach suchte, unvorhergesehen, manchmal ganz plötzlich am Klavier, und zwar bereits vollkommen und in ganzer Erhabenheit. … Manchmal schloss er sich tagelang in sein Zimmer ein, weinte, lief auf und ab, zerbrach seine Schreibfedern, wiederholte und änderte einen Takt hundertmal, schrieb ihn nieder und strich ihn ebenso oft wieder aus, um am nächsten Tag seine Arbeit mit der gleichen minutiösen, verzweifelten Beharrlichkeit fortzusetzen. So verbrachte er oft sechs Wochen lang an einer Seite, um sie schließlich wieder so aufzuschreiben, wie sie beim ersten Entwurf gewesen war." Als er 1841 nach sechsjähriger Konzertpause einmal wieder öffentlich auftreten soll, packt ihn die Angst. George Sand schildert ihren „Jämmerling" in einem Brief an eine Freundin: „Drei Viertel der Karten waren schon verkauft, bevor das Konzert überhaupt angekündigt war. Da erwachte er wie aus dem Schlaf. Er will keine Plakate, keine Programme und kein großes Publikum. Er will nicht einmal, dass man darüber spricht." George Sand hatte es nicht leicht mit Chopin. In den Salons war er der „Weltmann", elegant, charmant, brachte mit seinen Parodien über seine Pianisten-Kollegen die Gäste zu Lachkrämpfen, liebte alles Schöne und die Schönen. George Sand berichtet: „Sein Herz brannte vor Feuer und Zärtlichkeit … er war imstande, sich während einer Soirée in drei Schönheiten gleichzeitig zu verlieben. Aber wenn er dann alleine nach Hause ging, dachte er an keine mehr von ihnen." Aber zu Hause angekommen, konnte er im Laufe der Zeit, je mehr seine Kräfte verfielen, seine Launen und Wutanfälle kaum noch zügeln. George Sand schrieb: „Chopin im Zorn ist schrecklich." Ihre Liebe zu Chopin verfliegt, mütterliche Zuwendung zu dem Kranken hält die Verbindung noch eine Zeitlang aufrecht. Das Verhältnis wird für beide zunehmend zur Last. Nach einem letzten großen Zerwürfnis trennt sich George Sand 1847 von Chopin. Nach ihrer Trennung von ihm schreibt Franz Liszt in seiner Chopin-Biographie: „Chopin sprach damals oft und fast mit Vorliebe von George Sand, und zwar ohne Bitternis und ohne Anschuldigungen. Sprach er von ihr, dann traten ihm die Tränen in die Augen, doch er gab sich mit einer Art brennenden Schmerz der verliebten Rückerinnerung an vergangene Tage hin." Chopins Leben war geprägt von Krankheit. Zuletzt war er mittellos und auf die Hilfe von Freunden angewiesen. Er starb im Alter von 39 Jahren an einer Tuberkulose. Die letzten zehn Jahre ihres Lebens war Sand mit dem Schriftsteller Gustave Flaubert befreundet. George Sand starb auf ihrem Landsitz in Nohant im französischen Département Indre im Alter von fast 72 Jahren. Ihre vielen Werke und ihre Art zu arbeiten hatten ihr Bewunderer aber auch Verächter eingebracht. Charles Baudelaire schimpfte sie eine „Latrine", Friedrich Nietzsche bezeichnete sie als „fruchtbare Schreibe-Kuh, die etwas Deutsches im schlimmen Sinne an sich hatte." Sie hatte aber auch begeisterte Bewunderer. Zu diesen gehörten neben Musset, Balzac und Flaubert, auch Heinrich Heine und viele russische Schriftsteller, unter ihnen Fjodor Dostojewski.

Ein ebenso abenteuerliches wie erfolgreiches Leben als Schriftstellerin führte Baronin Anne Louise Germaine de Staël-Holstein geb. Necker, (1766–1817). Sie war schweizerischer Herkunft, lebte in Frankreich und schrieb ihre Werke in französischer Sprache. Schon früh versuchte sie sich literarisch; so verfasste sie mit zwölf Jahren eine Komödie. 15-jährig befasste sie sich eingehend mit Montesquieus Werk „De l'esprit des lois" (Vom Geist der Gesetze). Über ihren Vater hatte sie früh Kontakt mit der Politik. 1786 heiratete sie den 17 Jahre älteren schwedischen Botschafter in Paris Baron Erik Magnus Stael von Holstein. Sie wurde von ihm am Königshof eingeführt und profitierte auch anderweitig von ihrem Status als Botschaftergattin. Aber bereits im Jahr 1800 trennte sie sich von ihm Im Jahre 1788 ließ sie ein erstes Werk drucken: die „Lettres sur le caractère et les écrits de Jean-Jacques Rousseau" („Briefe über den Charakter und die Schriften von Jean-Jacques Rousseau"). 1789 sympathisierte Madame de Staël, wie so viele liberale Adelige und Großbürger, zunächst mit der Revolution. Ihr Salon war ein Treffpunkt der gemäßigten Revolutionäre. Große Teile der ersten Verfassung von 1790 wurden dort unter ihren Augen ausgearbeitet. Auch in der Folgezeit versuchte sie über die Einflussnahme auf einflussreiche Männer wie Narbonne die französische Politik mitzubestimmen. Als die Revolution sich 1792 zunehmend radikalisierte, floh Madame de Staël im September auf ihr Schlösschen in Coppet bei Genf. Coppet, das ihr Vater 1784 gekauft hatte, diente ihr von nun an immer wieder als Zufluchtsort für kürzere oder längere Aufenthalte. Hierbei beherbergte sie häufig auch andere Flüchtlinge und empfing Besuche von bedeutenden Zeitgenossen, z. B. Chateaubriand oder Lord Byron. Anfang 1793 ging sie für mehrere Monate nach England. Dort traf sie sich mit französischen Emigranten, unter anderem Narbonne, und begann die größere philosophisch-politologische Schrift „De l'influence des passions sur le bonheur des individus et des nations" (Vom Einfluss der Leidenschaften auf das Glück der Individuen und der Nationen), die 1796 gedruckt wurde. Im September 1793 setzte sie sich mit der Broschüre „Réflexions sur le procès de la Reine" (Überlegungen zum Prozess gegen die Königin) vergeblich für Marie-Antoinette ein. Nach dem Sturz Robespierres im Juli 1794 und dem Ende der Schreckensherrschaft kehrte sie im Mai 1795 nach Paris zurück. Dort wurde sie schon im Oktober von den neuen Machtinhabern des Direktoriums verdächtigt, Sympathisantin eines Aufstandes königstreuer Kräfte gewesen zu sein. Sie wurde aus Paris verbannt und durfte erst Ende 1796 zurück. Ende des Jahres 1797 lernte sie Napoleon Bonaparte kennen, den sie zuerst unterstützte. Als sie ihn 1798 bei einer weiteren Begegnung von einer Eroberung der Schweiz abzuhalten versuchte, wurde sie zu ihm feindlich gestimmt. Spätestens nach seinem Staatsstreich 1799 ging sie in Opposition zu ihm und wurde einer der Eckpfeiler des Widerstandes gegen sein zunehmend diktatorisches Regime. Später schrieb sie in ihrem Werk „Considirations sur la Revolution francaise" über ihre frühen Begegnungen mit Bonaparte: „Gegen Ende des Jahres 1797 traf ich mehrere Male mit Bonaparte in Paris zusammen, und immer hatte ich Mühe, in seiner Gegenwart frei zu atmen.

Eines Tages saß ich mit ihm beim Essen – eine merkwürdige Situation, wenn ich die Zukunft gekannt hätte! Ich betrachtete aufmerksam das Gesicht Bonapartes: aber jedesmal, wenn er meine beobachtenden Blicke bemerkte, wusste er seinen Augen jeden Ausdruck zu nehmen, so als ob sie zu Marmor geworden seien. Seine Züge waren dann unbeweglich, abgesehen von einem unbestimmten Lächeln, das er absichtlich um seine Lippen spielen ließ, um jeden in die Irre zu führen, der an äußeren Zeichen seine Gedanken ablesen wollte."

Nach zwei in Paris, Coppet und auf Reisen verbrachten Jahren publizierte sie im April 1800 die Abhandlung „De la littérature considérée dans ses rapports avec les institutions sociales" (Über die Literatur in ihren Verhältnissen mit den gesellschaftlichen Einrichtungen und dem Geiste der Zeit). Darin formuliert sie als eine der ersten die Theorie, dass literarische Werke durch das konkrete Umfeld, in dem sie entstehen, geprägt sind, worunter sie vor allem die jeweiligen gesellschaftlichen Verhältnisse verstand, allerdings auch die klimatischen und geographischen sowie sonstige äußere Bedingungen. In diesem Sinne rief sie französischen Literaten auf, sich nicht mehr nur an der heidnischen mediterranen Kultur der Antike zu inspirieren, sondern auch an der christlich-germanisch geprägten Kultur des mittelalterlichen Mittel- und Nordeuropas. Hiermit wies sie der beginnenden Romantik den Weg. Sie selbst begann, in Konsequenz ihrer Einsichten, Deutsch zu lernen und sich mit der deutschen Kultur zu befassen und unternahm sie eine halbjährige Reise durch Deutschland. Erste Station war im Winter Weimar, wo sie u. a. Wieland, Schiller und Goethe traf. Ihre nächste Station im darauffolgenden Frühjahr war Berlin. Dort lernte sie August Wilhelm Schlegel kennen, den sie als Mentor für sich selbst sowie als Hauslehrer für ihre Kinder gewann. Ende 1804 trat sie zusammen mit Schlegel eine mehrmonatige Italienreise an. Dieser inspirierte sie zu ihrem zweiten Roman, „Corinne ou l'Italie", der 1805/06 entstand und 1807 erschien. Er zeigt eine kunstbegeisterte Frau, deren Liebe zu einem zunächst zwar gutwilligen und scheinbar seelenverwandten Mann scheitert, weil er ihre Emanzipiertheit letztlich nicht verkraftet und es vorzieht, eine weniger anstrengende und auffällige Person zu ehelichen. Aus ihren Reiseeindrücken und Begegnungen mit prägenden germanischen Geistesgrößen wie Goethe, Wieland und vor allem August Wilhelm Schlegel entstand jenes Buch, welches das Deutschlandbild französischer Gelehrter auf Jahrzehnte hinaus prägen sollte: „De l'Allemagne". Dieses Buch wurde 1810 fertiggestellt, jedoch sofort nach dem Druck von der napoleonischen Zensur verboten, samt Manuskript konfisziert und eingestampft. Denn es zeigte den Franzosen ein stark idealisiertes Deutschland als Kontrast und teilweise auch als Vorbild für ihr von Napoleon diktatorisch regiertes eigenes Land. Das Bild eines philosophie- und literaturbegeisterten, allerdings auch etwas rückständigen und harmlosen Deutschlands, das Madame de Staël so entwarf, sollte nach 1815 jahrzehntelang die Sicht der französischen Eliten prägen. Die Bezeichnung Deutschlands als „Land der Dichter und Denker" geht auf De l'Allemagne zurück.

Abb. 15: Germaine de Staël-Holstein

Doch in Deutschland selbst stieß sie auf heftige Kritik. Allen voran durch Heinrich Heine, der Staël als „Sturmwind in Weibskleidern“ verspottete: „Die gute Dame sah bei uns nur, was sie sehen wollte: ein nebelhaftes Geisterland, wo die Menschen ohne Leiber, ganz Tugend, über Schneegefilde wandeln und sich nur von Moral und Metaphysik unterhalten!“ Schon im ersten Satz seines Buches „Die romantische Schule“ (1833) erwähnt Heine De l'Allemagne als „einzig umfassende Kunde, welche die Franzosen über das geistige Leben Deutschlands erhalten haben“ (Heine Bd. 5, 1976, 360). Allerdings nur um sogleich im Anschluss vor diesem Buch zu warnen: „Wo sie ganz selbst ist, wo die großfühlende Frau sich unmittelbar ausspricht mit ihrem ganzen strahlenden Herzen, mit dem ganzen Feuerwerk ihrer Geistesraketen und brillanten Tollheiten, da ist das Buch gut und vortrefflich. Sobald sie aber fremden Einflüsterungen gehorcht, sobald sie einer Schule huldigt, deren Wesen ihr ganz fremd und unbegreifbar ist, sobald sie durch die Anpreisung dieser Schule gewisse ultramontane Tendenzen befördert, die mit ihrer protestantischen Klarheit in direktem Widerspruche sind, da ist ihr Buch kläglich und ungenießbar. Dazu kommt noch, dass sie außer den unbewussten auch noch bewusste Parteilichkeiten ausübt, dass sie durch die Lobpreisung des geistigen Lebens, des Idealismus in Deutschland, eigentlich den damaligen Realismus der Franzosen, die materielle Herrlichkeit der Kaiserperiode, entgegensetzen will. Ihr Buch „De l'Allemagne“ gleicht in dieser Hinsicht der „Germania“ des Tacitus, der vielleicht ebenfalls, durch seine Apologie der Deutschen, eine indirekte Satire gegen seine Landsleute schreiben wollte.“ In seinem Buch über die Romantische Schule wollte Heine den Franzosen ein aktuelleres und realistischeres Bild der deutschen romantischen Literatur vermitteln als es das einflussreiche Werk De l'Allemagne von Madame de Staël aus dem Jahr 1813 gezeichnet hatte Die kritische Haltung Heines zielt vor allem auf die Charakteristik der romantischen Literatur als der Hauptströmung des deutschen Geistes. Er bezieht sich in seiner Kritik durchgängig auf das Phänomen ihrer „Schwatzhaftigkeit“ und blendet dazu noch seine Charakteristik der französischen Philosophie hinein: „Aber das große Frankreich, das geräuschvolle, bewegte, vielschwatzende Frankreich, war nie ein geeigneter Boden für Philosophie, diese wird vielleicht niemals darauf gedeihen“ (Heine Bd. 5, 1976, 553). Im Mai 1812 brach Madame de Staël unerlaubt zu einer langen Reise auf und blieb in London fast ein Jahr. Sie ließ ihr Buch De l'Allemagne drucken, von dem Schlegel einen Satz Korrekturfahnen gerettet hatte, und begann ihre Schrift „Considérations sur les principaux événements de la Révolution française“ (Betrachtungen über die Hauptereignisse der Französischen Revolution, gedruckt 1818). Im September 1818 ging sie nach Paris zurück und schloss sich demonstrativ dem neuen König Ludwig XVIII. an, von dem sie die zwei Millionen Francs erstattet bekam, die sein älterer Bruder Ludwig XVI. während der Revolutionszeit von ihrem Vater geliehen hatte. Im gleichen Jahr erlitt sie, knapp 51-jährig, in Paris einen Schlaganfall, der sie halbseitig lähmte und im Juli zu ihrem Tod führte.

Die britische Schriftstellerin George Eliot benutzte in ihrem Leben mindestens sieben Namen: Sie wurde als „Mary Anne Evans“ geboren, korrespondierte mit ihrer streng religiösen ersten Lehrerin und Freundin Maria Lewis als „Clematis“, nannte sich „Mary Ann Evans“ nach dem Tod ihrer Mutter, nach ihrem Umzug nach London hatte sie als „Marian Evans“ als Managerin der Westminster Review großen Erfolg, brüskierte als „Marian Evans Lewes“ die prüde Gesellschaft, kam als „George Eliot“ zu Weltruhm und starb schließlich als respektable Ehefrau „Mary Ann Cross“. Nach dem Tod ihres Vaters im Jahr 1849, den sie bis ans Lebensende gepflegt hatte, unternahm sie mit Freunden eine Reise durch Europa und ließ sich für mehrere Monate in Genf nieder. Zurück in England, zog sie nach London und arbeitete unter dem Namen Marian Evans als Redaktorin für die liberale Zeitschrift Westminster Review. Durch diese Arbeit kam sie in Kontakt mit vielen wichtigen britischen Intellektuellen der damaligen Zeit. Über die Bekanntschaft mit Herbert Spencer, in den sie sich verliebte, von dem sie aber zurückgewiesen wurde, lernte Evans den verheirateten Autor George Henry Lewes kennen, mit dem sie eine offene Liebesbeziehung zu führen begann. Diese „wilde Ehe“ war ein Skandal in der damaligen Zeit und wurde auch im Bekanntenkreis des Paars nicht akzeptiert. Als Romanautorin hatte George Eliot großen Erfolg. 1859 veröffentlichte sie ihren ersten Roman „Adam Bede“, der zum Bestseller wurde. Wie in ihren Kurzgeschichten porträtierte sie auch hier Charaktere, die sie aus dem ländlichen Leben ihrer Jugend in Warwickshire kannte. Schon vor der Veröffentlichung ihres nächsten Romans wurde bekannt, wer sich hinter dem Pseudonym verbarg. „Die Mühle am Floss“ kam 1860 heraus und war an ihre eigene Biografie angelehnt. 1861 folgte „Silas Marner“. In ihrem ab Dezember 1871 erschienenen Roman „Middlemarch“ beschrieb George Eliot das Leben in einer fiktiven gleichnamigen Kleinstadt in den Midlands um das Jahr 1830. „Middlemarch“ wurde zu ihrem größten Erfolg. Der letzte Roman von George Eliot „Daniel Deronda“ wurde 1876 veröffentlicht. In ihren späteren Arbeiten behandelte George Eliot philosophische und sozialpolitische Probleme. Ihre freien und revolutionären Gedanken trafen nicht überall auf Zustimmung. Aufgrund des großen Erfolgs wurde sie jedoch allmählich wieder von der Gesellschaft aufgenommen. Nach dem Tod von G. H. Lewes heiratete sie am 6. Mai 1880 den 20 Jahre jüngeren John W. Cross, der sich auf der Hochzeitsreise aus dem Fenster seines Hotelzimmers in Venedig in einen Kanal stürzte, jedoch überlebte. Mary Ann Evans war ein wichtiges Mitglied des geistigen Lebens Londons, wo sie am 22. Dezember 1880 verstarb.

Eine äußerst erfolgreiche und deswegen von ihren männlichen Kollegen ungerecht kritisierte und sogar diffamierte Schriftstellerin war Mary Elizabeth Braddon (1837–1915).

Abb. 16: Mary Elizabeth Braddon

Mary Elizabeth Braddon wurde am 4. Oktober 1837 in London geboren. Sie war das dritte Kind ihrer Eltern, die der Mittelschicht angehörten. Vater Henry war Anwalt, Mutter Fanny, eine resolute Frau, stammte aus Irland und litt unter den Eskapaden und Affären ihres Mannes. Als die Tochter vier Jahre alt war, trennte sich die Mutter von ihrem Mann und zog die Kin- der allein auf. Die Familie ließ sich nach kurzem Aufenthalt in Sussex wieder in London nieder, wo M. E. Braddon eine private Schule für junge Mädchen besuchte. Gleich anderen Töchtern der „middle class" schien auch für sie der Lebensweg vorgezeichnet: Heirat, Kinder, Häuslichkeit. Doch plötzlich änderten sich die äußeren Lebensumstände. Fanny Braddons finanzielle Mittel gingen zur Neige, und sie sah sich der harten Realität gegenüber, in einer Gesellschaft überleben zu müssen, in der es den Frauen des Bürgertums kaum möglich war, ihren Lebensunterhalt zu verdienen. Damit trat ein wesentliches Element in M. E. Braddons Dasein, das in den folgenden Jahren ihr Leben bestimmen sollte – der Kampf ums materielle Überleben. Doch M. E. Braddon fügte sich nicht passiv in dieses Schicksal. Sie entschloss sich selbst für den Unterhalt der Familie zu sorgen. Im Alter von zwanzig Jahren wurde sie Schauspielerin und trat unter dem Namen Miss Seyton, dem Mädchennamen der Mutter, während der folgenden drei Jahre vor allem in Yorkshire auf. Diese Erfahrung am Theater beeinflusste maßgeblich ihren Sinn fürs Dramatische, der später ihren Romanen zugutekommen sollte. Während dieser Zeit wendete sie sich nebenbei auch verstärkt dem Schreiben zu, das bereits in ihrer Jugend eines ihrer Freizeitvergnügen gewesen war. Ermuntert wurde sie dabei von einem Landedelmann aus Yorkshire, einem gewissen Gilby, der zugleich Vater, Liebhaber und Freund für sie war. Dieser Gönner, von dem sich M. E. Braddon bald wieder trennte, ermöglichte es ihr auch, ihren ersten Fortsetzungsroman (The Trail of the Serpent) zu veröffentlichen. Der Roman erregte zwar kein besonderes Aufsehen, er wies ihr aber eine Richtung, die sie bei ihrem Bemühen, Geld zu verdienen, verfolgen konnte. Sie war sich darüber im Klaren, dass sie nicht für immer auf der Bühne bleiben konnte, wenn sie gesellschaftlich als respektabel gelten wollte. Wohlerzogene junge Damen stellten sich nicht derart öffentlich zur Schau. Daher entschied sie sich, das Theater zu verlassen und sich ganz dem Schreiben als Broterwerb zu widmen. 1860 begann sie ihre schriftstellerische Karriere – zu Beginn freilich nur mit mäßigem Erfolg.

1861/62 aber kam der große Durchbruch. Im Juli 1861 erschien die erste Folge von Lady Audley's Secret in einem populären Magazin, das auf Fortsetzungsromane spezialisiert war. Der Roman wurde ein enormer Erfolg und machte sie berühmt. Der Herausgeber jenes Magazins war John Maxwell, der nicht nur bei M. E. Braddons beruflichem Fortkommen, sondern auch in ihrem Privatleben eine große Rolle spielen sollte. Obwohl ‚Max', wie sie ihn nannte, verheiratet war – seine Frau war geisteskrank und in einer Anstalt untergebracht –, lebten M. E. Braddon und Maxwell bereits kurz nach ihrem Kennenlernen, ab 1862 in ‚wilder Ehe' zusammen: ein unerhört skandalöses Verhalten im Urteil der viktorianischen Gesellschaft. Klatsch und Tratsch begleiteten die Liaison, und erst dreizehn Jahre später, nach dem Tod der Ehefrau, konnten die beiden ihre Partnerschaft legalisieren. Als aber J. Maxwell in geschäftliche Schwierigkeiten geriet, musste M. E. Braddon wieder die Ernährerrolle übernehmen: Nicht nur für ihn und seine fünf Kinder aus erster Ehe, sondern auch für die Mutter Fanny, deren Lebensstandard der ‚middle class' zu erhalten war. Doch damit nicht genug: M. E. Braddon bekam in den folgenden Jahren selbst noch sechs Kinder, von denen eines starb. Die ganze finanzielle Bürde, die der Unterhalt dieses riesigen Haushalts bedeutete, lastete auf ihren Schultern. Gelingen konnte ihr dieses Unterfangen nur, weil sie im Gegensatz zu vielen ihrer Zeitgenossinnen ein aktiver und initiativer Mensch war. Noch während sie Monat für Monat eine weitere Folge von ‚Lady Audley's Secret' verfasste, begann sie mit der Arbeit an einem weiteren Werk, nämlich ‚Aurora Floyd'. Sie schrieb also gleichzeitig an zwei Romanen und stand dabei ständig unter Zeitdruck, mit einem Verleger im Rücken, der nach der nächsten Folge verlangte. Und in dieser Zeit, im März 1862, bekam sie zudem noch ihr erstes Kind. In den nächsten Jahren durchlebte sie weitere fünf Schwangerschaften und schrieb trotzdem regelmäßig zwei Romane pro Jahr, wobei sie, wie sie Bulwer-Lytton gegenüber erwähnt, „sich immer zerrissen fühlt zwischen dem edlen Ziel, etwas Hervorragendes schaffen zu wollen, und dem ganz gewöhnlichen Wunsch, eine Menge Geld zu verdienen". Ab 1866 übernahm sie zusätzlich die Aufgabe, das neue Magazin Belgravia zu leiten, das J. Maxwell als Medium für ihre Romane lanciert hatte. Während der folgenden zehn Jahre erschien jährlich einer ihrer Fortsetzungsromane in diesem Magazin. Eine kurze Unterbrechung in ihrem produktiven Schaffen gab es nur im Jahre 1867, als ihre Mutter und ihre Schwester starben und ihr jüngstes Kind erkrankte. Doch schon bald war sie wieder voller Aktivität. Buch auf Buch folgte. Als sie am 4. Februar 1915 in Richmond starb, lagen über achtzig Veröffentlichungen, darunter auch einige weniger geglückte Theaterstücke, vor. M. E. Braddon hatte am Ende ihres Lebens – trotz ihres anrüchigen Lebenswandels – durch den Einsatz ihrer geistigen Fähigkeiten und ihre ungeheure Tatkraft große Popularität, gesellschaftliches Ansehen und auch beträchtlichen Reichtum erworben. Braddon verfasste das, was man mit dem Begriff „Sensationsroman" bezeichnet. Sie galt zu ihrer Zeit bei vielen Zeitgenossen als „the Head of the Sensation School", d. h. als die eigentliche Protagonistin dieser literarischen Gattung, die spannende Handlung, geheimnisvolle Vorgänge, Rache und Gerechtigkeit verhieß. Man nannte M. E. Braddon damals sogar „the Queen of Circulating Libraries (Königin der Leihbibliotheken) deren Romane durch diese sich zu jener Zeit überall im Land ausbreitende Institution eine ungeheure Reichweite erlangten. Die Leserinnen der Leihbibliotheken waren im Allgemeinen die Frauen der „middle class", deren eher passives, abhängiges Leben sich im beschränkten häuslichen Kreis der Familie abspielte. Die Heldinnen Braddons dagegen waren zumeist aktiv, lehnten sich manchmal sogar gegen ihre Lebensverhältnisse auf und artikulierten auf diese Weise die unterschwellig vorhandenen, unterdrückten Frustrationen und rebellischen Gedanken der Leserinnen. In der zweiten Hälfte des 19. Jahrhunderts war M. E. Braddon anerkanntermaßen beliebt und äußerst erfolgreich. Lady Audley's Secret beispielsweise erreichte 1862 in nur drei

Monaten acht Auflagen. Die Literaturkritiker der Zeit waren in ihrer Beurteilung parteiisch. M. E. Braddons Romane wurden als unmoralisch und gefährlich verteufelt, wobei diese Wertung zweifellos mit ihrem für damalige Zeiten bedenklichen, ungewöhnlichen und freizügigen Lebenswandel zusammenhing. Als nämlich die schwelende Debatte über die Moralität des Sensationsromans ihren Höhepunkt erreichte, wurde in der Presse M. E. Braddons eigenes Leben als ein warnendes Beispiel für die Unmoral dieser Gattung angeführt. Zur gleichen Zeit wurde M. E. Braddon aber andererseits von Literaten wie Charles Dickens, Thomas Hardy, Henry James, Charles Reade und Georg Edward Bulwer-Lytton, dem sie Lady Audley's Secret ausdrücklich in Dankbarkeit widmete, geschätzt und bewundert. Henry James etwa charakterisiert ihre Schriften als „brillant, lebendig, geistreich". Doch wie auch immer man M. E. Braddons Bedeutung für die englische Literatur bewerten mag, eines lässt sich mit Gewissheit sagen: Sie kann als die Begründerin des von Frauen für Frauen geschriebenen Sensationsromans bezeichnet werden.

Ein unglückliches Leben voller Depressionen führte Virginia Woolf (1882–1941) Sie entstammte einer wohlhabenden Intellektuellen-Familie, die zahlreiche Kontakte zu Literaten hatte. Ihr Vater war der Schriftsteller, Historiker und Bergsteiger Sir Leslie Stephen (1832–1904). Als Jugendliche erlebte sie noch die viktorianischen Beschränkungen für Mädchen und Frauen. Sie war früh als Literaturkritikerin und Essayistin tätig; ihre Karriere als Romanautorin begann im Jahr 1915 mit dem Roman „The Voyage Out" (Die Fahrt hinaus). Bereits Ende der 1920er Jahre war sie eine erfolgreiche und international bekannte Schriftstellerin. Ihre manisch-depressive Erkrankung hatte eine genetische Prädisposition aus ihrer Familie. So war von Virginias Vater bekannt, dass er unter Anfällen von Selbstzweifeln und Überlastungssymptomen litt, die sich in hartnäckigen Kopfschmerzen, Schlaflosigkeit, Reizbarkeit und Angstzuständen äußerten. Im Januar 1912 machte der im Kolonialdienst stehende Leonard Woolf Virginia einen Heiratsantrag. Er hatte sich vom Kolonialdienst beurlauben lassen und war im Juni 1911 nach England zurückgekehrt. Sie zögerte und erlitt erneut einen depressiven Krankheitsschub, der die Aufnahme in ein Krankenhaus erforderlich machte. Leonard durfte sie nicht besuchen. Vier Monate später willigte sie in seinen Heiratsantrag ein, obgleich, wie sie an Leonard schrieb, er auf sie keine körperliche Anziehungskraft ausübe. Aber seine Liebe zu ihr gab den Ausschlag für ihre Einwilligung. Der Freundin Violet Dickinson schrieb Virginia am 5. Juni 1912: „Ich werde Leonard Woolf heiraten. Er ist Jude und hat keinen Pfennig. Ich bin glücklicher, als je jemand für möglich gehalten hat." Die Trauung fand am 10. August 1912 im Standesamt St. Pancras statt. Ein Arzt riet den jungen Eheleuten von Kindern ab – die Gesundheit Virginias sei zu schwach. Ihre Depressionen wurden stärker, und am 9. September 1913 unternahm Virginia ihren ersten Selbstmordversuch mit Schlaftabletten. Dennoch bezeichnete sie ihre Ehe als glücklich – in Leonard hatte sie einen verständnisvollen und gebildeten Ehemann gefunden, der ihre zärtlichen Beziehungen zu anderen Frauen mit Gelassenheit sah und ihre Frigidität ihm gegenüber ertragen konnte. 1915 zogen Virginia und Leonard ins Hogarth House in Richmond bei London und gründeten den Verlag „The Hogarth Press". In seinen 1967 veröffentlichten Memoiren erinnert sich Leonard Woolf: „Wir druckten in der Speisekammer, banden die Bücher im Esszimmer und interviewten Autoren, Buchbinder und Drucker in einem Wohnzimmer."

Abb. 17: Virginia Woolf im Jahr 1902

Der Essay „A Room of One's Own" (Ein Zimmer für sich allein) wurde im Oktober 1929 veröffentlicht. Diese Abhandlung über die bedrückenden Bedingungen, unter denen Frauen in der Vergangenheit Literatur produzieren mussten, und in der Woolf Shakespeares fiktive dichtende Schwester Judith beschreibt, wurde zu einem der meist zitierten Texte der Frauenbewegung. Das Buch wurde ein Erfolg; innerhalb eines halben Jahres wurden in England und Amerika 22 000 Exemplare verkauft. Virginia wollte keine Integration der Frau, sondern eine Gleichstellung der Geschlechter: „Wir stehen ein für die Rechte aller – aller Männer und Frauen – auf Respektierung der großen Prinzipien Gerechtigkeit, Gleichheit und Freiheit in ihrer Person". Das Ehepaar Woolf hatte den Vorsatz, gemeinsam aus dem Leben zu gehen, falls es zu einer deutschen Invasion Großbritanniens kommen sollte, da Leonard Woolf Jude und Sozialist war. Sie besorgten sich vorsorglich Gift und horteten Benzin in der Garage. Nachdem Virginia 1941 ihren letzten Roman „Between the acts" (Zwischen den Akten) abgeschlossen hatte, fiel sie erneut in eine tiefe Depression. Sie fürchtete, die psychotischen Episoden der Vergangenheit, in denen sie Stimmen hörte und unfähig war zu arbeiten und zu lesen, würden sich wiederholen. Am 28. März, wählte Virginia im Fluss Ouse den Freitod. Da sie sehr gut schwimmen konnte, packte sie einen großen Stein in ihren Mantel, um eine eventuelle Selbstrettung zu verhindern. Ihre Leiche wurde erst nach drei Wochen, am 18. April, gefunden. Sie hinterließ zwei Abschiedsbriefe, einen an ihre Schwester Vanessa und einen an ihren Ehemann. Dieser begann mit dem Satz: „Liebster, ich spüre mit Sicherheit, dass ich wieder verrückt werde." Der Schluss lautete: „Alles, außer der Gewissheit Deiner Güte, hat mich verlassen. Ich kann Dein Leben nicht länger ruinieren. Ich glaube nicht, dass zwei Menschen glücklicher hätten sein können, als wir gewesen sind."

11 Frauen in der Wissenschaft

Im Laufe des 16. Jahrhunderts war die Meinung über gebildete Frauen besonders negativ: „Die Bücher trocknen den Weibern das Gehirn aus, und sie haben ohnehin schon zu wenig davon.“ (in: Friedrich Heer: Erasmus von Rotterdam, Bd. 2, Frankfurt a. M. und Hamburg 1962, S. 110). Man erwartete von intelligenten Frauen, die ausschließlich aus aristokratischen Familien oder aus der Oberschicht des Bürgertums stammten, dass sie ihre Bildung verbargen: „Wenn sie mehr Verstand hat, so soll sie den Anstand und die Weisheit besitzen, nicht zu zeigen, wie viel Verstand sie hat. Man will sie nicht als Herrscherin haben. Ein Mann soll in vielen Wissenschaften bewandert sein. Die Erziehung einer vornehmen Dame schreibt vor, dass eine Edelfrau, die anständig und von guter Abstammung ist, nicht zu viel Klugheit besitzt. Die Einfältigkeit steht den Damen gut an.“ (zit. nach Thomas von Zirklaere, in: Joachim Bumke, Höfische Kultur. Literatur und Gesellschaft im hohen Mittelalter Bd. 2, S. 482–483)

Die Humanisten nahmen sich jedoch, was die Frauenbildung betraf, die antiken, weisen Schriftsteller Plato und Plutarch zum Vorbild. Nach Plato soll die Frau „in allem am Leben des Mannes teilnehmen“ denn sie sei von Natur aus zu seiner Gefährtin bestimmt, und Plutarch verlangte vom Gatten, die Erziehung seiner Frau zu vollenden. Diesen Richtlinien folgend begannen die Humanisten dann auch ihre Ehefrauen und Töchter nach ihren Vorstellungen zu formen. Besonders Sir Thomas More († 1535) stopfte seine beiden Ehefrauen und seine drei Töchter geradezu mit Wissen voll. Seine erste Gattin, Jane Colt, zeigte sich dabei anfangs nicht sehr kooperativ. Ihre von ihrem Gatten zugeteilten täglichen Übungen in Dichtung und Musik erfüllte sie nur sehr oberflächlich und lieblos, so dass Thomas More, der selbst nie seine Frauen wegen Ungehorsam schlug, Jane zu ihrem Vater brachte, der seiner Tochter dann ein für alle Mal ihre Flausen aus dem Kopf prügelte. Thomas' Gattin erwies sich daraufhin als gehorsame Schülerin ihres Mannes, bis sie allzu früh nach nur sieben Jahren Ehe im Jahre 1511 starb. Leichter fiel es Thomas More dagegen, seine drei Töchter Margaret, Elizabeth und Cicley nach seinen Vorstellungen und Erziehungsprinzipien zu formen. Begonnen wurde dabei mit dem Erlernen der lateinischen Sprache, der das Lesen und Übersetzen der klassischen lateinischen und griechischen Literatur, der Werke der Kirchenväter und didaktischer und theologischer Texte moderner Autoren folgte. Schließlich mussten von seinen Töchtern noch lateinische und englische Aufsätze und Abhandlungen geschrieben werden. Kindliche Spiele mit dem Würfel, mit Karten oder dem Ball waren strikt untersagt. Lernen, lernen und nochmals lernen war die Devise bei Thomas More. Alle diese Kenntnisse wurden aber nur angehäuft, um sich im stillen Kreise mit ihnen unterhalten zu können. Denn ihr Wissen war nur zur Erbauung für ihren Vater und für ihren zukünftigen Gatten gedacht, dem sie so als hochbegabte Gefährtinnen neben der Hauswirtschaft, der Geburt ihrer Kinder auch noch die geistigen Probleme abnehmen konnten. Thomas More stand nicht alleine da. Conrad Peutinger unterrichtete seine junge Gattin Margarete Welser und seine Töchter ebenfalls nach seinen Vorstellungen. Seine erst vierjährige Tochter Juliana begrüßte im Jahre 1504 Kaiser Maximilian I. auf dessen Besuch in Augsburg mit einer lateinischen Ansprache. Zu diesen von ihren Vätern gezüchteten „Puellae doctae" gehörte auch Olympia Fulvia, die 1526 im Herzogtum Ferrara geboren wurde. Sie hielt bereits 1541 in der herzoglichen Akademie drei öffentliche Vorlesungen über die Paradoxa Ciceros. Olympia schrieb auch folgendes Gedicht in Altgriechisch über sich selbst: „Ich zwar, Frau von Geburt, verließ doch die Werke der Frauen. Mir schenken Freude die blühenden Auen der Musen, die Chöre auf dem hohen Parnass. Andere Frauen mögen an anderen Dingen sich freuen: Dies allein bringt mir Ruhm, dies allein ist mein Glück." Doch ihr weiteres Leben war nicht, wie sie hoffte, durch wissenschaftlichen und literarischen Ruhm, sondern durch unbeschreibliche Leiden und Qualen bestimmt. Bei der Ende März 1554 beginnenden Belagerung und Beschießung Schweinfurts musste sie aus der Stadt fliehen. Olympia musste dabei ihre sämtlichen Bücher, neben ihren eigenen Manuskripten für immer zurücklassen. Seit 1555 war Olympia permanent krank. Das hohe Fieber, ihre Appetit- und Schlaflosigkeit, ihre Erstickungsanfälle und ihre Schmerzen am ganzen Körper waren Anzeichen für die Schwindsucht. Schließlich schloss Olympia am 26. Oktober 1555 um 16 Uhr für immer die Augen. Drei Jahre nach ihrem Tode veröffentlichte Curione ihre erhalten gebliebenen Werke unter dem Titel „Olympiae Fulviae Moratae foeminae doctissimae ac plane divinae orationes, dialogi, epistolae, carmina, tam Latina quam Graeca (Die sowohl lateinischen wie griechischen Reden, Dialoge, Briefe und Gesänge der gelehrtesten und ganz unvergleichlichen Frau Olympia Fulvia Morata)". Mit diesem Buch sorgte er für die Unsterblichkeit seiner Freundin Olympia Fulvia Morata, wie er es ihrer Mutter in einem Brief prophezeite: „Deine Tochter lebt auch noch in dieser Welt in dem Gedächtnis aller hervorragenden Geister. Denn das ist nicht allein für Leben zu halten, das von Körper und Geist umfasst wird, sondern viel stärker das, was in der Geschichte aller Jahrhunderte seine Kraft zeigen, das die Nachwelt weiterhegen, ja, auf welches die Ewigkeit selbst immer blicken wird!" (zit. nach Gertrud Weiß-Hählin: Olympia Fulvia Morata in Schweinfurt, in: Zeitschrift für bayerische Kirchengeschichte 30, 1961, S. 183)

Die erste Frau, die einen Doktortitel bekam, war Elena Lucrezia Piscopia (1646–1684). Als Tochter eines einflussreichen venezianischen Prokurators kam sie 1646 in Venedig zur Welt. Am 25. Juni 1678 promovierte sie in der Kathedrale von Padua in Philosophie. Zwar hätte sie sich lieber einen Doktortitel in Theologie gewünscht – der aber wurde ihr von der Kirche unter Hinweis auf den Korintherbrief verwehrt. Der erste Brief an die Korinther besagt: „Wie es in allen Gemeinden der Heiligen üblich ist, sollen die Frauen in der Versammlung schweigen; es ist ihnen nicht gestattet zu reden. Sie sollen sich unterordnen, wie auch das Gesetz es fordert." Piscopia musste diese Ablehnung akzeptieren, denn sie war streng gläubig. Piscopia machte sich ihre Sprachkenntnisse als

Wissenschaftlerin zunutze. Sie übersetzte geistliche Werke ins Italienische und gelangte so schnell zu Bekanntheit. Seit 1669 war sie Mitglied verschiedener wichtiger Akademien geworden, so der Akademie der Ricovrati in Padua und der Akademien in Rom, Venedig und Siena. 1670 wurde sie sogar die Vorsitzende der Accademia dei Pacifici. Was aber ihren Wunsch nach einem Doktorat betraf, konnte schließlich mit Hilfe ihres Lehrers und ihres Vaters ein Kompromiss erzielt werden: Elena durfte über ein philosophisches Thema aus der aristotelischen Logik promovieren, was sie am 25. Juni 1678 in Padua auf ausgezeichnete Weise vollbracht hat. In ihrer Defensio sprach Piscopia über Passagen der Logik Aristoteles auf Lateinisch. Ihre Worte begeisterten das Publikum, das sich aus sämtlichen Senatoren Venedigs, den Professoren der Universität Padua sowie aus Gästen aus ganz Italien zusammensetzte. Für siebzig Jahre blieb sie die einzige Doktorin an der Universität Padua. Zweifellos ebnete Piscopia damit zahlreichen Frauen den Weg zu einer akademischen Laufbahn. Mit Frauenrechten setzte sie sich zeitlebens aber nie auseinander. Sie verbrachte ihr restliches Leben mit Übersetzungen, Studien und öffentlich Diskussionen. Es galt als eine Ehre, sie zu treffen oder mit ihr zu korrespondieren. Sie starb bereits im Alter von 38 Jahren an Tuberkulose.

Abb. 18: Juana Inés de la Cruz

Eine andere gelehrte Mexikanerin war Juana Inés de la Cruz (1648–1695). Sie schrieb mit acht Jahren ihre ersten Dichtungen und kam mit 13 Jahren als Hofdame an den Hof der Vizekönigin von Mexiko und erregte dort sofort Aufsehen aber auch den Neid der anderen Hofdamen wegen ihrer Schönheit und ihres Wissens. Solange das Vizekönigspaar sie protegierte, konnte Juana sich der Mahnung der Kirchenoberen, sich möge sich nur noch mit religiöser Literatur beschäftigen, widersetzen. In zwei Briefen an ihren Beichtvater und an den Bischof von Puebla verteidigte sie heftig das Recht der Frauen auf Wissen und Ausbildung. Zwischen 1687 und 1690 verfasste Sor Juana Ines ihr theologisches Werk „Crisis sobre un Sermón" (Krisis einer Predigt), das 1690 in Puebla in Mexiko unter dem Titel Carta Atenagórica (Athenagorischer Brief) gedruckt wurde. Der in Form eines langen Briefes verfasste Text ist Ergebnis von Gesprächen mit einem Ungenannten, der die Ordensschwester gebeten hatte, die Thesen schriftlich zu fixieren, die sie im Besucherzimmer des Klosters mündlich vorgetragen hatte. Hinter diesem Anonymus verbarg sich der Bischof von Puebla, Don Manuel Fernández de Santa Cruz, der mit der Nonne Gespräche zu führen pflegte und große Achtung von ihr empfand. Sor Juana Inés verfasste die Carta Atenagórica, um die Behauptungen zu widerlegen, die in einer Predigt des portugiesischen Jesuiten António Vieira (1608–1697) enthalten waren und eine bemerkenswerte Verbreitung gefundenen hatten. Die Veröffentlichung mit dem Begleitbrief vom 25. November 1690 hatte der Bischof von Puebla unter dem Pseudonym Sor Filotea de la Cruz geschrieben. Dieser Brief veranlasste dann Sor Juana Inés de la Cruz zu ihrer „Antwort an Schwester Philothea" (Respuesta a Sor Filotea) vom 1. März 1691. Denn der Begleitbrief des Bischofs enthielt auch einen und in mahnendem Ton gehaltenen Tadel, der an Deutlichkeit nichts zu wünschen übrig ließ: Die allzu gebildete Nonne möge sich an die kirchlichen Dogmen halten. Der Bischof spricht sich zwar nicht dagegen aus, dass Frauen studieren, doch er besteht darauf, dass das Studium weder von der Rolle der untertänig Gehorchenden fortführen noch zu jenem Stolz aufwiegeln dürfe, der gerade bei Frauen eine sorgsam zu meidende Gefahr sei: „Es ist zwar wahr, dass der heilige Paulus den Frauen nicht erlaubte zu lehren, er untersagte ihnen jedoch nicht zu lernen, um zu Wissen zu gelangen. Er wollte nur der Gefahr zuvorkommen, dass unser für die Eitelkeit immer anfälliges Geschlecht hochmütig werde. … Wissen, das Hochmut erzeugt, will Gott bei der Frau nicht, aber Wissen, das die Frau im Stande des Gehorsams lässt, verwirft der Apostel nicht." Es ist daher nicht zu verwundern, dass der Bischof mit der festen Empfehlung an Sor Juana Inés schließt, sie möge von den weltlichen Wissenschaften lassen und sich stattdessen den geistlichen zuwenden. Sie habe viel Zeit auf das Studium der Philosophen und Dichter verwendet, nun soll sie sich von den weltlichen Studien ab- und den verdienstvolleren Studien zuwenden wie der große Boethius, der den Scharfsinn der Philosophie mit dem Nutzen einer Tugendlehre verbunden hat. Der Bischof stellte damit nicht nur ihre Berufung als Nonne in Frage, die sie nicht mit „innerem Brennen und Verlangen" gewählt hat, sondern ihre gesamte Existenz. Sie sagt selbst:

„Ich wählte den Stand, dem anzugehören ich so wenig verdient habe. Ich dachte, dass ich auf diese Weise mir selbst entkäme; aber weh mir, ich brachte mich selber mit, schleppte meinen schlimmsten Feind ein, mit dieser Abneigung, von der ich nicht mit Bestimmtheit zu sagen weiß, ob sie mir als Glückspfand oder als Strafe vom Himmel zugeteilt worden ist. Denn die Unterdrückung und Störung durch die vielen Exerzitien, welche zum Ordensleben gehören, hatte zur Folge, dass die niedergehaltene Leidenschaft wie Schießpulverexplodierte; und es bewahrheitete sich an mir der Spruch: ‚Privatio est casa appetitas' (Mangel erregt Begierde)." Und doch war für sie das Kloster die einzige Möglichkeit, der Fluchtort. Sie blieb zunächst weiterhin auf ihrem Recht auf Bildung: „Um die höchsten Dinge zu verstehen, muss man erst einmal die Erde, das Leben und die Welt, in der wir leben, lernen und verstehen." Es drängt sie nicht zur Kontemplation, sie sucht die Erkenntnis, das Hinterfragen und sie schaut hinter die Dinge der sichtbaren Welt und ihre Phänomene und will sie all das Schöne und das Schreckliche verstehen und ihre Zusammenhänge von dem, was ist. Das ist neu und ist einem naturwissenschaftlichen Denken von Ursache und Wirkung näher als teleologischen Kausalitätsvorstellungen aber auch mit dem religiösen Transzendenzbegriff der Kirche unvereinbar. Auf der Höhe ihres Ruhms brach das aus Traum und Wirklichkeit von ihr erbaute Schicksal über ihr zusammen. Das Vizekönigspaar kehrte 1688 nach Spanien zurück und sie war damit ohne Schutz. Der neue Erzbischof von Mexiko und die Inquisition brachten sie zum Verstummen. Sie wurde gezwungen, das Schreiben aufzugeben und ihre gesamte Bibliothek wurde veräußert. 1694 unterzeichnete sie „freiwillig" und angeblich mit ihrem eigenen Blut „Yo, lapeor de todas" (Ich, die Schlechteste von allen) ein Schreiben, indem sie auf das Schreiben und die Literatur verzichtet und mit dem Versprechen, sich nur noch entsprechend ihrer Berufung als Nonne den geistlichen Dingen zu widmen. Bei einer Seuche, vermutlich die Pest, pflegte sie ihre Mitschwestern und infizierte sich dabei. Sor Juana starb am 17. April 1695 und wurde in einem Massengrab beigesetzt.

Gegenüber den Humanisten des 16. Jahrhunderts kam es im 17. Jahrhundert zu einem Rückfall in eine negative Bewertung gelehrter Frauen. Die gelehrte Frau war das Schreckgespenst der von Männern dominierten Welt. Ihr wurde vorgeworfen, dass sie ihren Haushalt vernachlässigte und überall mitreden wollte. Es war der französische Dichter Molière, der die satirische Komödie über die gelehrten Frauen (Les Femmes savantes) verfasste, die bis heute immer wieder aufgeführt wird. Sie wurde 1672 auf der Bühne des Palais Royal in Paris uraufgeführt. Es handelte sich dabei um eine Verskomödie, in der er das falsche Bewusstsein dreier emanzipierter Bürgerinnen karikiert und ihnen eine junge Frau gegenüberstellt, die ihre Rolle als bürgerliche Haus- und Ehefrau bejaht. Molière zählte „Die gelehrten Frauen" zu seinen Lieblingsstücken; an keiner seiner Verskomödien hat er länger gearbeitet. Es ist in jeder Hinsicht ein besonderes Werk: glänzend im Witz und in der schonungslosen Härte und Präzision der Sprache.

Abb. 19: Molière

Aber viele der von Molière gelästerten gelehrten Frauen waren äußerst erfolgreich. Vor allem gab es schon in frühen Zeiten Frauen, die in der Astronomie als Begleiterinnen ihrer berühmten Brüder tätig waren. Sophie Brahe (1556–1643) war die zehn Jahre jüngere Schwester des dänischen Astronomen Tycho Brahe. In einer Zeit, in der Frauen von der Ergreifung eines naturwissenschaftlichen Berufs ausgeschlossen waren, gelang es ihr, sich eigenständig Kenntnisse der Astronomie anzueignen. Sie assistierte ihrem berühmten Bruder, der die Fähigkeiten seiner Schwester hoch einschätzte. In ihrem Observatorium Uranienborg führten sie gemeinsam Himmelsbeobachtungen durch und verfassten einen neuen Fixsternkatalog von tausend Gestirnstandorten. Die Zusammenarbeit wurde 1576 von einer erzwungenen Heirat mit einem älteren Mann und der Geburt eines Sohnes 1580 unterbrochen. Nachdem Sophie Brahes Ehemann 1588 gestorben war, setzte sie die gemeinsamen Erforschungen der Gestirne mit ihrem Bruder fort.

Sie starb im Jahr 1643 in Helsingør.

Im Zusammenhang mit der Lehre des Nikolaus Kopernikus und Johannes Kepler taucht ein weiterer Name einer wissenschaftlich gebildeten Frau auf. Maria Cunitz (1610–1664) pflegte regen Briefwechsel mit bedeutenden Astronomen der Zeit, u. a. auch mit Johannes Hevelius, dem berühmten Danziger Astronomen. Nach Studien der Rudolfinischen Tafeln von Johannes Kepler entwickelte sie Methoden, um die Umlaufbahnen der Planeten zu berechnen und genauer vorhersagen zu können. In einem 2-bändigen Werk „Urania Propitia" mit lateinischer und deutscher Einleitung schrieb sie ihre Gedanken und Forschungsergebnisse nieder. Maria Cunitz war aufgrund ihrer Arbeiten von der Richtigkeit der Sonne als Zentrum der Planetenbahnen überzeugt war. Sie gehörte damit zu dem zahlenmäßig noch geringen Kreis der Astronomen der Zeit, die weit vorausschauend das Weltbild der Astronomie revolutionierten. Leider fielen 1656 die Briefe, Arbeitspapiere und die wissenschaftlichen Gerätschaften einem Brand, der das Wohnhaus mit der Bibliothek zerstörte, zum Opfer. Wahrscheinlich ist dies auch der Grund dafür, dass der Name dieser Frau in keiner der allgemein zugänglichen Listen bedeutender Astronominnen vorkommt. Ein Krater auf dem Planeten Venus ist Maria Cunitz gewidmet.

Elisabetha Koopmann Hevelius wurde 1647 als Tochter von Nicolas Koopmann, einem Mitglied einer wohlhabenden Handelsfamilie, und Johanna Mennings in der Hansestadt Danzig geboren. Schon früh bekam sie eine umfassende private Ausbildung, besonders in Sprachen wie Französisch und Latein. Durch ihr frühes Interesse an der Astronomie lernte sie den zu dieser Zeit bereits berühmten Astronomen Johannes Hevelius kennen, durfte in der Sternwarte an Beobachtungen teilnehmen und heiratete schließlich 1663 den um viele Jahre älteren Mann. Zusammen mit dem Assistenten Gottfried Kirch bekam Elisabetha Hevelius eine gründliche astronomische Ausbildung bei ihrem Mann. Später übernahm sie dann als alleinige Assistentin den größten Teil der Arbeiten an der Sternwarte. Nach dem Tod ihres Mannes gab sie drei gemeinsame Arbeiten heraus, u. a. einen Fixsternkatalog mit 1564 Sternen und einen Sternatlas mit 56 Kupferstichen, für den sie eine Widmung an den polnischen König verfasste. Elisabetha Hevelius führte die Geschäfte der berühmten Sternwarte weiter. Sie überlebte ihren Mann nur um 6 Jahre. Begraben ist sie in der Familiengruft ihres Mannes in der Katharinenkirche zu Danzig. Der Kleinplanet „12625 Koopman" und der Krater „Corpman" auf der Venus sind nach Elisabetha Hevelius benannt.

Eng verflochten mit der Geschichte von Elisabetha und Johannes Hevelius ist das Leben einer weiteren Astronomin. Maria Margaretha Kirch (1670–1720). Ihr Vater, ein lutherischer Pastor namens Mathias Winkelmann, hat das frühe Interesse seiner jüngsten Tochter an der Astronomie gefördert. Nachdem sie mit 13 Jahren Vollwaise wurde, trat sie als Dienstbotin in den Haushalt des Bauernastronomen Christoph Arnold, den sie durch den Mann ihrer Schwester kennen gelernt hatte, ein. Bei Arnold lernte sie ihren späteren Mann, den dreißig Jahre älteren, verwitweten Astronomen und Kalendermacher Gottfried Kirch kennen, der zeitweilig als Assistent von Johannes Hevelius in Danzig tätig war. Sein Sohn Christfried wurde 1716 zum Direktor der neu gegründeten Berliner Sternwarte berufen. Maria Margaretha Kirch unterstützte ihren Sohn bei den Beobachtungen auf dieser Sternwarte und hatte großen Anteil an seinen Kalenderberechnungen. 1702 entdeckte Maria Margaretha Kirch einen Kometen. Sie ist auch die Autorin einer Schrift über die 1712 erwartete Konjunktion von Jupiter und Saturn.

Abb. 20: Laura Bassi

Nicht nur in der Astronomie, sondern auch in Physik und Medizin waren Frauen trotz größter Hindernisse erfolgreich tätig. Laura Bassi (1711–1778) war die erste Universitätsprofessorin Europas. Sie hatte eine Professur für Philosophie und später auch für Physik inne. Ihr Vater, der Jurist Giuseppe Bassi unterrichtete sie, und später insbesondere der Hausarzt der Familie, der Medizinprofessor Gaetano Tacconi. Er war beeindruckt davon, wie sie seine mündlich erteilten Therapieanweisungen sowohl in Latein als auch in Französisch zusammenfasste. Tacconi war über ihre Unterrichtsfortschritte so erbaut, dass er sie zunächst 1732 vor Medizinerkollegen und anderen Wissenschaftlern debattieren ließ. Ihr Auftreten beeindruckte die Anwesenden so stark, dass sie als Ehrenmitglied in die Bologneser Akademie aufgenommen wurde. Im April 1732 bestand sie im Rathaus von Bologna eine zweistündige öffentliche Doktorprüfung, in der sie erfolgreich 49 Thesen vertrat und den Titel Doktor der Philosophie erhielt. Im Jahr darauf wurde sie als erste Frau in Europa zur Professorin für Philosophie an der Universität Bologna ernannt. Das aber bedeutete nur, dass sie im Vorlesungsverzeichnis der Universität geführt wurde und ein Jahresgehalt erhielt. Vorlesungen durfte sie ausdrücklich nur mit Genehmigung des Magistrats halten. Sie hielt aber öffentlich an anderen Orten Vorlesungen. Sie war über Bologna hinaus berühmt und viele Reisende besuchten sie. Später wandte sie sich der Physik zu und hielt in ihrem Haus regelmäßig öffentliche Vorlesungen, die großen Anklang fanden. Sie führte Experimente zur damals aufsehenerregenden Elektrizität, durch und unterstützte die Theorie der Elektrizität von Benjamin Franklin. Der 1752 installierte erste Blitzableiter Italiens fiel jedoch dem Aberglauben des ungebildeten Volkes zum Opfer und musste wegen Protesten der Einwohner vom Dach der Bologneser Akademie wieder entfernt werden. Laura Bassi war aber auch theoretisch versiert, arbeitete insbesondere über Hydromechanik und veröffentlichte in den Abhandlungen der Bologneser Akademie. Trotz ihres Rufs wurde die 1772 frei gewordene Physik-Professur am 1711 gegründeten Istituto delle Scienze zunächst nicht ihr angeboten, sondern ihrem Mann. Erst als dieser darauf verzichtete, wurde sie 1776 Professorin für Physik. Sie hatte zeitlebens gesundheitliche Probleme und starb an einem Herzanfall mit 66 Jahren.

Als erste Preußin promovierte Dorothea Erxleben im Jahr 1754 mit 38 Jahren im Fach Medizin. Zwar war das Studium für Frauen zu diesem Zeitpunkt noch nicht gestattet, doch kam sie dank des Privatunterrichts ihres Vaters, der ein Arzt war, bereits früh mit der Medizin in Kontakt. Als Dorothea von Erxleben selbst anfing zu praktizieren, wurde sie von den anderen Ärzten ihrer Heimatstadt, weil sie keine formelle, universitäre Ausbildung zur Ärztin hatte, als Dilettantin verschrien. In der Schrift „Gründliche Untersuchung der Ursachen, die das weibliche Geschlecht vom Studieren abhalten“ wehrte sie sich 1742 noch unter dem Namen Leporin gegen die Vorwürfe: „Die Verachtung der Gelehrsamkeit zeigt sich besonders darin, dass das weibliche Geschlecht vom Studieren abgehalten wird. Wenn etwas dem größten Teil der Menschheit vorenthalten wird, weil es nicht allen Menschen nötig und nützlich ist, sondern vielen zum Nachteil gereichen könnte, verdient es keine Wertschätzung, da es nicht von allgemeinem Nutzen sein kann. So führt der Ausschluss vieler von der Gelehrsamkeit zu ihrer Verachtung. Dieses Unrecht ist ebenso groß wie dasjenige, das den Frauen widerfährt, die dieses herrlichen und kostbaren Gegenstandes beraubt werden." 1747 übernahm sie die Praxis ihres verstorbenen Vaters. Nachdem eine ihrer Patientinnen während der Behandlung gestorben war, wurde sie von anderen Ärzten wegen „medicinischer Pfuscherey" angezeigt. Daraufhin entschloss sich die nun 39-jährige Dorothea ihre Promotion nachzuholen. Im Januar 1754 reichte sie ihre Dissertation mit dem Titel „Quod nimis cito ac iucunde curare saepius fiat causa minus tutae curationis" (Academische Abhandlung von der gar zu geschwinden und angenehmen, aber deswegen öfters unsicheren Heilung der Krankheiten), ein, und am 6. Mai desselben Jahres trat sie, allerdings erst nachdem der preußische König der Prüfung und Promotion zugestimmt hatte, an der Universität Halle zum Promotionsexamen an, das sie mit großem Erfolg ablegte. Am 12. Juni 1754 wurde sie von Professor Johann Juncker feierlich zum „Doktor der Arzeneygelahrtheit" erklärt. Nach der Promotion führte sie ihr Leben wie bisher weiter: Sie kümmerte sich um ihre Kinder, führte den Haushalt und behandelte ihre Patienten. In Quedlinburg blieb sie bis zu ihrem Tod im Jahr 1762 die angesehene Frau Pastorin.

Nicht nur das Immatrikulationsverbot, sondern auch die mangelnde Vorbildung hinderten die jungen Mädchen damals am Universitätsbesuch. Das Gymnasium blieb für sie unzugänglich. Mädchen durften allenfalls sogenannte höhere Töchterschulen besuchen, wo sie zur Unterhaltung des Ehemannes ausgebildet wurden. Belegbar ist das in einer Denkschrift von 1872, die den Sinn einer solchen Schule so beschreibt: „Sie soll dem Weibe eine Geistesbildung ermöglichen, damit der deutsche Mann nicht durch die geistige Kurzsichtigkeit und Engherzigkeit seiner Frau an dem häuslichen Herde gelangweilt werde." Im 18. Jahrhundert konnten somit nur Frauen studieren, die wie Dorothea Erxleben eine private Ausbildung erhalten hatten. Nach Erxlebens Promotion mussten noch mehr als 150 Jahre vergehen, bis die Frauenbewegung erste Erfolge für die Bildung von Mädchen errang. Das Abitur war jedoch nur der erste Schritt, denn selbst wenn eine Frau es geschafft hatte, die Hürde der gymnasialen Ausbildung zu nehmen, stand sie immer noch vor verschlossenen Universitätstoren. Ein Zugang zu Bibliotheken und Universitätsgebäuden war ihr versagt. Die offizielle Zulassung weiblicher Studentinnen erfolgte in Preußen erst um 1905–1909, nachdem zuvor mehrere Anträge auf Zulassung von Frauen abgelehnt wurden. Die Habilitation war offiziell sogar erst ab 1920 gestattet. In der Schweiz und anderen Ländern ging dieser Prozess schneller voran. So konnten in Zürich Frauen bereits ab 1863 eingeschrieben werden. Auch in der Türkei ließ man ab 1894 Frauen, zumindest in den medizinischen Fakultäten, offiziell zum Studium zu. In Preußen hatten es abermals die Frauenbewegungen mittels Massenpetitionen und viel Druck geschafft, die Öffnung der Universitäten für Frauen gegen den Widerstand vieler Dozenten und Direktoren zu erzwingen.

Bereits zu Newtons und Voltaires Zeiten gab es gelehrte Frauen. Das herausragende Beispiel war Émilie du Châtelete (1706–1749). Im Pariser Haus ihrer Familie genoss Émilie du Châtelet ein intellektuell offenes Milieu und lernte früh den seinerzeit bekanntesten Lyriker, Jean-Baptiste Rousseau, und den belletristischen und philosophischen Autor Fontenelle kennen, einen bedeutenden Vertreter der so genannten Frühaufklärung. Dank ihres Vaters, der ihre Begabung bemerkte, erhielt sie eine vorzügliche klassische Bildung. Weiterhin lernte sie auch Englisch und Italienisch. Sie wurde zudem am Spinett unterrichtet und lernte Opernarien singen sowie tanzen und Theater spielen. Mit 16 Jahren wurde sie von ihrem Vater am Hof eingeführt. Am 12. Juni 1725 wurde sie mit 18 Jahren mit dem 30-jährigen Marquis Florent Claude du Chastellet verheiratet.

Abb. 21: Madame Du Châtelet

Nach ihrer Heirat nahm Madame Du Châtelet die sexuellen und anderen Freiheiten in Anspruch, die einer hochadeligen Frau zugebilligt wurden. Entsprechend hatte sie mehrere kürzere Affären, unter anderem mit dem Marschall de Richelieu, einem Großneffen des und dem Mathematiker Alexis-Claude Clairaut. 1733 lernte sie bei einem Souper Voltaire kennen und begann ein Verhältnis mit ihm. Die Châtelets waren nicht besonders vermögend, hatten aber als Landsitz das kleine Schloss Château de Cirey.Voltaire dagegen war dank einer Erbschaft, aber auch wegen seiner Schriften wohlhabend. Bald nach ihrer Ankunft in Cirey ließ Madame Du Châtele, zum Teil nach Voltaires Ideen und auch mit seinem Geld, das Schlösschen umbauen und einen neuen Flügel anfügen, in dem eine Art naturwissenschaftliches Laboratorium und eine rasch wachsende Bibliothek Platz fanden. Hier experimentierten die beiden zur Optik und zum Phänomen des Vakuums. In einem im Dachstuhl eingerichteten kleinen Theater führten sie Voltaires Theaterstücke auf. Cirey wurde zu einem Treffpunkt von Literaten, Naturkundlern und Mathematikern. Auf Schloss Cirey verfasste Voltaire 1736/37 die „Elemente der Philosophie Newtons“ Die Newtonsche Physik war in Frankreich, wo die Physik noch von Descartes beherrscht wurde, bis dahin kaum bekannt, obwohl die Principia bereits 1687 erschienen waren. Zwar figuriert als Autor der „Elemente“ einzig Voltaire, doch hat er selbst die Kooperation mit Madame du Châtelet als wesentlich anerkannt. 1745 begann diese – die von sich selbst scherzhaft als „Emilia Newtonmania“ sprach – mit der Übersetzung der Principia, an der sie bis zu ihrem Tod arbeitete. Ihre wesentliche Leistung besteht dabei weniger in der Übersetzung aus dem Lateinischen ins Französische, sondern vor allem darin Newtons mathematische Argumentation in die von Leibniz entwickelte Notation der Infinitesimalrechnung übertragen zu haben, die sich auf dem Kontinent durchgesetzt hatte. Außerdem erläuterte sie in zahlreichen Kommentaren Newtons Text. Damit wurde die epochale Leistung des Engländers erst für weite Kreise auf dem Kontinent verständlich.

Anerkennung und große Ehrungen erhielt nach lebenslangen Bemühungen die Schwester des berühmten Entdeckers des Uranus Wilhelm Herschel Caroline. Ihr Brüder Wilhelm Herschel und Alexander Herschel waren sowohl als Musiker als auch als Astronomen tätig. Caroline schrieb in ihren Erinnerungen: „Mein Vater war ein großer Bewunderer der Astronomie und besaß einige Kenntnisse in der Wissenschaft. Ich erinnere mich, dass er mich in einer kalten Nacht auf die Straße führte, um mich mit einigen unserer schönsten Sternbilder bekannt zu machen, nachdem wir vorher einen Kometen, der eben sichtbar war, beobachtet hatten.“ Caroline wollte ein Leben führen, das auch geistige Anforderungen an sie stellte. Auf Wunsch ihres Vaters erhielt sie eine musikalische Ausbildung zur Konzertsängerin. 1772 folgte sie als 22-Jährige ihrem zwölf Jahre älteren Bruder Friedrich Wilhelm Herschel nach England, der als Organist und Konzertleiter im vornehmen Bath tätig war. Er brauchte sie als Haushälterin, wollte ihr aber auch Gelegenheit geben, der häuslichen Enge zu entfliehen, sich musikalisch weiterzubilden und als Solistin in seinen Konzerten mitzuwirken. Caroline widmete sich nun neben der Haushaltsführung und ihren Auftritten als Sängerin der Astronomie. Sie half Wilhelm beim Anfertigen von Spiegelteleskopen von bis dahin unbekannter Stärke. Ihre Hauptaufgabe bestand darin, die Spiegel zu polieren und zu schleifen; bei dieser Tätigkeit kam es auf absolute Genauigkeit an. „Mit der Zeit", sagte sie, „wurde ich ein so nützliches Mitglied der Werkstätte, wie es etwa ein Bursche im ersten Jahr seiner Lehrzeit für den Meister ist." (Caroline Herschel 1877, S. 48) Doch mit ihrer mathematischen Begabung übertraf sie ihren Meister. Denn neben den praktischen Tätigkeiten befasste sie sich mit astronomischer Theorie. Sie erlernte die algebraischen Formeln für Berechnungen und Reduktionen als Grundlage für das Beobachten und Durchmustern des Himmels. Die große Wende in Carolines Leben war die Entdeckung des Uranus, der „Georgicum Sidus" genannt wurde.

Abb. 22: Wilhelm und Caroline Herschel beim Polieren einer Teleskoplinse und am Tag der Entdeckung des Planeten Uranus

Über ihre Hilfe dabei berichtet sie in ihrer gewohnt bescheidenen Weise: „Sah ich nun, dass Hilfe nötig war, vielleicht zu seiner Messung mit dem Mikrometer u. s. w., dass Feuer angemacht werden sollte, oder dass bei den langen Nachtwachen eine Tasse Kaffee erwünscht war, so tat ich mit Vergnügen, was Anderen als eine Last erschienen wäre … Seit der Entdeckung des Georgicum Sidus (13. März 1781) verließen, glaube ich, wenige Menschen von Bildung oder Bedeutung Bath, ohne den Entdecker gesehen und gesprochen zu haben; sie schätzten sich glücklich, ihn nach wiederholten Besuchen zu Hause zu treffen, gesprochen zu haben." (Caroline Herschel 1877, S. 52) Die Entdeckung des Planeten Uranus machte ihren Bruder über die Landesgrenzen hinaus bekannt. Neben zahlreichen Ehrungen bekam er eine Stelle in der Stadt Slough als Astronom von König Georg III. angeboten, die er dankbar annahm. Nun konnte er sich ganz seiner wahren Leidenschaft der Astronomie widmen. Doch wie schwierig und von Unfällen belastet dieses Unternehmen war, lässt sich aus den Tagebuchaufzeichnungen seiner Schwester erkennen: „Mein Bruder begann seine Serie von Beobachtungen während das Instrument noch in unfertigen Zustand war, und ich fühlte mich dabei nicht eben in behaglicher Stimmung, denn jeden wurde ich durch einen Krach oder Fall aufgeschreckt, und wusste, dass mein Bruder auf einen interimistischen Gerüst von fünfzehn oder mehr Fuß Höhe stand, anstatt auf einer sichern Galerie. Die Staffeln waren noch nicht einmal mit Streben versehen und in einer windigen Nacht hatte er kaum den Boden erreicht, als der ganze Apparat zusammenbrach." Dass Carolines Angst vor Unfällen nicht nur eingebildete war, dafür konnte sie eine ganze lange Liste von Zufällen aufzählen die für ihren Bruder wie für sie hätten verderblich werden können: „Mit großen Maschinerien im Finstern Beobachtungen anzustellen ist nicht ungefährlich besonders, wenn die persönliche Gefahr das Letzte ist, woran man denkt." (Caroline Herschel 1877, S. S. 68 ff.) Besonders gefährlich war für ihre Brüder Wilhelm und Alexander, die Beschäftigung dem berühmten Riesenfernrohr: „Als der vierzigfüßige Spiegel aus dem Tubus genommen wurde, brach der Balken, an welchem das Hebezeug befestigt war, mitten durch, glücklicherweise aber erst, nachdem der Spiegel seine Bettung auf dem dazu bestimmten Wagen erreicht hatte. Meine beiden Brüder entkamen mit Mühe dem Schicksal zerquetscht zu werden." (Caroline Herschel 1877, S. 140) Als Caroline vom Hof einen Gehalt von 50 Pfund bekam, begann sie mit diesen geringen finanziellen Mitteln mit der eigenen Erforschung des Sternenhimmels. Sie beschäftigte sich mit ihren kleinen Newton-Teleskopen mit der Kometensuche. Ihren ersten Kometen entdeckte sie bereits im Jahre 1786. In ihrem Tagebuch notierte sie: „1. August. Ich habe heute einhundert Nebulae berechnet und diesem Abend erblickte ich ein Objekt, das sich, glaube ich, morgen Nacht als Komet ausweisen wird." Dann folgt tatsächlich nach einem langen Tag von weiteren Berechnungen von 150 Nebulae am 2. August die Entdeckung: „Ich fürchte, es wird heute Abend nicht klar sein. Es hat den ganzen Tag geregnet, scheint sich aber jetzt ein wenig aufzuhellen. 1 Uhr. Das Objekt i s t e i n K o m et." (Caroline Herschel 1877, S. 81) Bereits am 4. August teilte sie ihre Entdeckung ihrem Bruder Wilhelm mit, der seine Mutter zu dieser Zeit in Hannover besuchte, und forderte ihn auf „diesen Raum, den sie ihn angegeben hatte zu durchsuchen, denn der Komet musste bevor er den Brief erhielt, schon eine ziemliche

Strecke zurückgelegt haben." (Caroline Herschel 1877, S. 89) Später am 7. Juli 1842 in ihrem Alter musste sie sich gegen die Versuche anderer Astronomen wehren ihr die Entdeckung ihrer drei letzten Kometen abzusprechen: „Ich habe niemals einen Kometen den meinigen genannt, bis einige Posttage vorüber waren ohne irgend einen Bericht über ihn zu bringen. Und schließlich geht's wie bei jenem Kinderspiel: ‚Wer zuerst kick ruft, soll den Apfel haben.' Sie rufen dann alle kick! kick!" (Caroline Herschel 1877, S. 344) 1797 legte sie der Royal Society einen Index zu John Flamsteeds Beobachtungen vor, zusammen mit einem Katalog von 561 Sternen, welche in dessen British Catalogue fehlen, sowie zusätzlich eine Liste von Fehlern in dieser Publikation. Nächtelang blieb sie mit ihrem Bruder auf Beobachtungsposten, notierte die Sternpositionen, die er ihr vom anderen Ende des von ihnen selbst gebauten riesigen Fernrohrs zurief, wertete die nächtlichen Aufzeichnungen aus und rechnete sie nach, schrieb Abhandlungen für die Philosophical Transactions, entdeckte vierzehn Nebel, berechnete Hunderte von ihnen und begann einen Katalog für Sternhaufen und Nebelflecke, die heute Deep-Sky-Objekte genannt werden, anzufertigen. Des Weiteren verfasste sie einen Ergänzungskatalog zu Flamsteeds Atlas, der 561 Sterne umfasste, sowie ein Gesamtregister dazu. Für diese Arbeiten wurde ihr im Jahre 1828 die Goldmedaille der Royal Astronomical Society verliehen. Da der Präsident dieser Gesellschaft zu dieser Zeit ihr Neffe John Herschel war, der seine Tante nicht bevorzugen wollte, wurde der Antrag auf die Anerkennung dieser Ehre von dem Vizepräsidenten Mr. South gestellt, der auch die Festrede dazu hielt. In dieser Rede wies zwar gleich zu Beginn auf die Verdienste Sir W. Herschel hin, stellte aber dann mit vollem Recht die Frage: „Und wer teilte alle seine Anstrengungen? Wer trotzte mit ihm der Unbill des Wetters? Wer teilte seine Entbehrungen? Eine Frau. Wer war diese Frau? Seine Schwester. Es war Caroline Herschel, die ihm nachts als Assistent diente; und deren Feder seine Beobachtungen, so wie sie ihm von der Lippen flossen, zu Papier brachte. Sie war es, welche Rektaszension und Poldistanz der beobachteten Gegenstände niederschrieb; sie war es, die, nachdem sie die Nacht neben dem Teleskop verbracht, diese rohe Niederschrift bei Tagesgrauen mit in ihr Häuschen nahm, um am folgenden Morgen eine saubere Abschrift der Resultate fertig zu haben; sie war es, die den Plan für die Beobachtung jeder folgenden Nacht entwarf; sie war es, welche jede Beobachtung reduzierte und jede Berechnung machte; sie war es, die Alles in systematische Ordnung brachte; sie war es, welche Wilhelm Herschel half, seinen unsterblichen Namen zu erringen". Dann ging der Redner auf die selbständigen Leistungen Carolines ein, indem er auf die Entdeckung ihrer ersten fünf Kometen und auf eine große Anzahl von Nebeln aus dem Katalog Sir W. Herschels verwies, die sie selbständig entdeckt hatte. Schließlich ging der Festredner auf ihre Arbeit nach dem Tode ihres Bruders ein, die in Bezug auf die Größe und Wichtigkeit in den Annalen astronomischer Arbeiten ohne Beispiel dastehen. Dafür wurde sie sogar 1835 von der Royal Astronomical Society zum Ehrenmitglied sie ernannt wurde. Sie war die erste Frau, der Anerkennungen dieser Art zuteilwurden. Anlass dazu war ihr sogenannter Zonenkatalog, den sie zum Andenken an ihren Bruder erstellt hatte.

Er enthielt die reduzierten Beobachtungen sämtlicher von Wilhelm Herschel entdeckten Nebel und Sternhaufen.

Als Caroline durch ihren Neffen John Herschel von der Verleihung der Goldmedaille erfuhr, schrieb sie ihm in ihrer für sie charakteristischen Bescheidenheit: „Um die Wahrheit zu sagen, ich fühlte vom ersten Augenblick an durch die Auszeichnung mehr erschreckt als erfreut, denn ich weiß zu gut, wie gefährlich es für eine Frau ist, die Aufmerksamkeit zu sehr auf sich zu ziehen. Das Vergnügen, welches ich bei dem Empfang Deiner Zeilen empfand, war nur durch die Annahme veranlasst, dass Alles mit Deiner Einwilligung und auf Deine Empfehlung hin geschehen sei. Mein ganzes Leben lang habe ich nicht das Bedürfnis öffentlicher Anerkennung gefühlt und jetzt habe ich nur noch den einen Wunsch, Deine gute Meinung mit in's Grab zu nehmen." Über die, wie sie sagt, „plumpe Rede" des Vizepräsidenten meint sie: „Wer zuviel von mir sagt, sagt zu wenig von Deinem Vater, und das kann mir immer nur Unbehagen bereiten." (Caroline Herschel 1877, S. 260)

In ihre Heimatstadt Hannover, die sie fast 50 Jahre zuvor als junge Frau verlassen hatte setzte Caroline Herschel ihre astronomischen Studien fort. Sie ordnete das umfangreiche Material, das ihr Bruder hinterlassen hatte, indem sie die Aufzeichnungen der gemeinsam gemachten Beobachtungen nach Zenitdistanz und Rektaszension sortierte. Auf diese Weise ermöglichte sie auch ihrem Neffen John Herschel, die Arbeit seines Vaters systematisch fortzusetzen und auf den südlichen Sternhimmel auszudehnen. Die bedeutendsten Gelehrten suchten sie in ihrem einfachen Haus in der Marktstraße auf, um sie ihrer Gunst und Wertschätzung zu versichern. Selbst zum königlichen Hof hatte sie Kontakt. Zahlreiche Auszeichnungen wurden ihr verliehen –Außer der bereits erwähnten Ehrenmitgliedschaft der Royal Astronomical Society ernannte 1838 die Königliche Irische Akademie der Wissenschaften in Dublin die 88-jährige Caroline Herschel zu ihrem Mitglied. 1846 erhielt sie im Alter von 96 Jahren im Auftrag des Königs von Preußen die goldene Medaille der Preußischen Akademie der Wissenschaften. Noch an ihrem 97. Geburtstag wurde sie vom Kronprinzenpaar empfangen, unterhielt sich einige Stunden lebhaft mit ihnen und sang ihnen abschließend ein Lied vor, das ihr Bruder siebzig Jahre zuvor komponiert hatte. Caroline Herschel starb am 9. Januar 1848. Sie erreichte das hohe Alter von 97 Jahren und wurde auf dem Gartenfriedhof in Hannover beerdigt.

Der Name Lavoisier ist in Verbindung mit dem Vornamen Antoine in der Chemie berühmt. Dahinter verbirgt sich jedoch auch eine weitere Frau, die ihre Forschungstätigkeit der nahen Verbindung mit einem Mann zu verdanken hatte: Madame de Lavoisier oder Marie-Anne Pierrette Paulze, die Ehefrau des Antoine de Lavoisier. Gemeinsam mit ihrem Mann revolutionierte sie das im 18. Jahrhundert noch sehr alchemisch geprägte Bild der Chemie. Die Lavoisiers widerlegten die bis dahin vorherrschende „Phlogiston"-Theorie. Nach dieser gibt jede entzündbare Materie bei ihrer Verbrennung das sogenannte „Phlogiston" ab, eine hypothetische Substanz, die allen brennbaren Körpern gemeinsam sein sollte und als Flamme beobachtet wurde. Hierfür zeichnete Marie-Anne nicht nur detailliert die Versuchsaufbauten des Labors und übersetzte sämtliche Veröffentlichungen anderer Forscher aus dem Lateinischen und Englischen, sondern wirkte auch redaktionell an den Veröffentlichungen ihres Mannes, wie auch aktiv an der Auswertung der Experimente mit. Dabei arbeitete sie zwar meist als seine Laborassistentin, ihre Forschung war jedoch eine gemeinsame Leistung.

Die britische Mathematikerin Ada Lovelace (1815–1852) wird sie heute nicht nur als erste Programmiererin der Welt, sondern als erster Programmierer überhaupt bezeichnet. Als Ada acht Jahre alt war, starb ihr Vater. Aber die mathematisch interessierte Mutter, die in ihrer Jugend von Hauslehrern auch in Naturwissenschaften und Mathematik unterrichtet worden war, ermöglichte Ada eine naturwissenschaftliche Ausbildung. Im Verlauf ihrer mathematischen Studien lernte sie die Mathematikerin Mary Somerville kennen sowie Charles Babbage, dessen Salon sie im Alter von 17 Jahren besuchte, mit dem sie dann über Jahre korrespondierte und dessen Mitarbeiterin sie wurde. Sie entwickelte gemeinsam mit Charles Babbage Pläne für eine Rechenmaschine, die mittels Lochkarten mathematische Rechenaufgaben übernehmen sollte. Lovelace legte einen schriftlichen Plan vor, wie die Maschine die Bernoulli-Zahlen mittels heute noch verwendeter Programmiertechniken wie Schleifen, Verzweigungen und Rekursion berechnen könnte. Diese Anordnung gilt als das erste Computerprogramm der Welt. Für einen nie fertiggestellten mechanischen Computer, die „Analytical Engine" von Charles Babbage, veröffentlichte sie als Erste ein komplexes Programm: Es nahm wesentliche Aspekte späterer Programmiersprachen wie etwa ein Unterprogramm oder die Verzweigung vorweg. Die Programmiersprache Ada und die Lovelace Medal wurden nach ihr benannt. Ada Lovelace starb im Alter von 36 Jahren.

Clémence Augustine Royer (1830–1902) war eine französische Autorin, Anthropologin, Philosophin und Feministin. Bekannt wurde sie 1862 durch ihre viel diskutierte Übersetzung von Charles Darwins „Über die Entstehung der Arten". Royer begann als Assistentin bei Duprats Magazin Le Nouvel Économiste zu arbeiten. Duprat ermunterte sie zu schreiben und half ihr dabei, ihre Lesungen zu bewerben. Als sie im Winter 1859/60 eine neue Vorlesungsreihe über Naturphilosophie für Frauen begann, veröffentlichte Duprats Herausgeber in Lausanne ihren ersten Vortrag „Einführung in die Philosophie der Frauen." Der Vortrag ist ein frühes Zeugnis ihrer Ansichten über die Rolle der Frau in der Gesellschaft. Auch nach dem Umzug von Duprat nach Genf schrieb Royer weiter Literaturrezensionen für Duprats Magazin und lebte im Winter 1860/61 selbst kurz in der Stadt. Bis heute ist nicht genau bekannt wie Royer den Auftrag zur Übersetzung von Darwins „Über die Entstehung der Arten" erhielt. Darwins Wahl als Übersetzerin fiel auf Louise Belloc, die aber ablehnte, weil sie befürchtete, das Buch sei zu technisch. Royer kannte die Schriften von Jean-Baptiste Lamarck und Thomas Robert Malthus und erkannte schnell die Bedeutung der Arbeit von Darwin. In einem Brief vom 10. September 1861 bat Darwin seinen englischen Verleger Murray darum, Clémence-Auguste Royer eine Ausgabe des Buches zu schicken, da diese einen französischen Verleger gefunden habe. Der Schweizer Naturforscher René-Édouard Claparède hatte angeboten, Royer bei den biologischen Fachbegriffen behilflich zu sein. Royer übersetzte nicht nur den Text, sie verfasste auch ein langes Vorwort und erklärende Fußnoten. In ihrem Vorwort zweifelte sie nicht nur die göttliche Schöpfung an, sondern schrieb auch über die natürliche Auslese des Menschen und über das, was sie als negative Konsequenzen des Schutzes der Schwachen sah. Gerade diese Thesen steigerten bald ihre Bekanntheit. Ihr Vorwort nahm allerdings vor allem Bezug auf die Ideen von Lamarck und weniger auf Darwin. Im Juni 1862 schrieb Darwin in einem Brief an den amerikanischen Botaniker Asa Gray: „Vor zwei oder drei Tagen erhielt ich die französische Übersetzung von Fräulein Royer, die eine der klügsten und sonderbarsten Frauen in Europa sein muss: sie ist eine leidenschaftliche Gottgläubige & hasst das Christentum, & erklärt, dass die natürliche Auslese & der Kampf ums Überleben die Sterblichkeit, die Natur des Mannes, der Politik etc. etc. erklärt!!!. Sie landete einige ausgefallene und gute Treffer, & sagte, sie sollte ein Buch über diese Dinge veröffentlichen." Trotzdem schien Darwin von Zweifeln geplagt zu sein. Insbesondere unglücklich schien er über Royers Fußnoten zu sein, in denen sie immer wieder Darwins selbst geäußerte Zweifel zu zerstreuen versuchte. Royer publizierte noch eine dritte Auflage, ohne diese mit Darwin abzustimmen. Dafür schrieb sie ein neues Vorwort, in dem sie Darwin für seine Pangenesistheorie kritisierte, die dieser 1868 in seiner Arbeit „Die Variation von Tieren und Pflanzen unter Domestikation" veröffentlicht hatte. Als Darwin davon erfuhr, war er verärgert. Im November 1869 beschwerte sich Darwin in einem Brief an Hooker über Royer und deren Kritik an seinen Thesen und vermutete, dass Royer wütend sei, weil er nicht sie um die Übersetzung von „Die Variation von Tieren und Pflanzen unter Domestikation" gebeten habe. Auch wenn Darwin ihr die Erlaubnis zur Übersetzung seines Buches entzogen hatte, war Royer von seinen Ideen immer noch überzeugt und nahm auch ihre Vortragstätigkeit über die Evolution wieder auf. Darwins Theorien hatten nur wenig Einfluss auf die französischen Wissenschaftler gehabt und nur wenige Veröffentlichungen erwähnten sein Werk. Man war allgemein der Ansicht, dass es keinen Beweis für die Evolution gebe und Darwin auch nur wenig neue Beweise geliefert habe. 1870 war Royer die erste Frau in Frankreich, die in eine wissenschaftliche Gesellschaft aufgenommen wurde, als sie in die Société d'Anthropologie de Paris gewählt wurde. Mehr als 15 Jahre war sie das einzige weibliche Mitglied. Mehrfach durfte sie im Bulletin de la Société d'Anthropologie de Paris Beiträge veröffentlichen. Immer wieder setzte sie sich dabei für Darwins Ideen ein. 1891 war sie in das Altersheim Maison Galignani in Neuilly-sur-Seine eingezogen. Sie starb dort 1902.

Eine andere Zeitgenossin Darwins und Befürworterin seiner Evolutionstheorie gab es in den gerade unabhängigen gewordenen Vereinigten Staaten von Amerika: Antoinette Brown Blackwell (1825–1921). Sie war aber zugleich auch Kämpferin für die Frauenrecht, die sich als eine der ersten Frauen einen Studienplatz erkämpft hatte. Sie studierte erfolgreich christliche Theologie, durfte jedoch – da Frau – keinen Abschluss erwerben. Dennoch wurde sie schließlich von einer evangelischen Gemeinde zur ersten Pastorin der USA gewählt und wurde zudem eine landesweit gesuchte Autorin und Vortragsrednerin: unter anderem für das Frauenwahlrecht, gegen die Unterdrückung der Afroamerikaner und gegen Alkoholmissbrauch und schrieb wissenschaftliche Bücher, die weithin Beachtung fanden. In ihrem ersten Hauptwerk „Studies in General Science" stellte sie die Naturwissenschaften einschließlich der Evolutionstheorie dar und betonte, dass ein recht verstandener Glaube wissenschaftliche Erkenntnisse nicht fürchten, sondern begrüßen sollte: „Wenn die Evolution, angewandt auf die Geschlechter, eine Lektion deutlicher als alle anderen lehrt, dann ist es die Lektion, dass die monogame Ehe die Basis allen Fortschritts ist. Die Natur, die überall ihre Auswirkungen gerecht verteilt, verlangt nur, dass jeder Ehemann und jede Ehefrau zusammenwirken sollen, um ihre am wertvollsten ausgewählten Fähigkeiten zu entwickeln." (StN, S. 136). Als sie jedoch im 1871 erschienenen Buch „The Descent of Man, and Selection in Relation to Sex" ihres wissenschaftlichen Vorbilds Charles Darwin über die Abwertung der Frauen las, war sie entsetzt und beschloss etwas dagegen zu tun. Schon 1875 veröffentlichte sie „The Sexes throughout Nature" (Die Geschlechter in der Natur). Die Evolutionstheorie völlig anerkennend, widersprach sie Darwin in seiner für sie offensichtlichen Abwertung der Frau und hielt folgende Argumente dagegen:

1. Überall im Tierreich ergänzten sich die Geschlechter. Während also durchaus unterschiedliche Fähigkeiten evolvieren könnten, sei die Summe der Vorzüge von Frauen und Männern doch immer gleich.
2. Darwin hätte die Bedeutung von Kampf und Wettbewerb überschätzt. Dabei seien viele entwickelte Tiere und gerade auch Menschen auf soziales Miteinander und Kooperation angelegt – vor allem darauf, Nachwuchs gemeinsam aufzuziehen. Jedenfalls sei beim Menschen nicht der brutalste Kämpfer im Evolutionsprozess erfolgreich, sondern der Partner, der auch bei Kinderaufzug und Haushalt helfe.
3. Auch Frauen den Zugang zu Bildung und wirtschaftlicher Selbständigkeit zu eröffnen, sei das beste Mittel, um sicher zu stellen, dass künftige Generationen zunehmend durch charakterlich geeignete und einander wertschätzende Partner gezeugt und aufgezogen würden.

Die Vorstellung, dass Frauen im Sinne von Darwins populärwissenschaftlich falsch verstandenen „Survival oft he Fittest" den größten, und an Muskelkraft stärksten oder prächtigsten Mann wählen, und auch umgekehrt, dass ein Mann, der hässlich ist wie ein Affe sich um die Gunst einer besonders schönen Frau bemüht, war schon zu Lebzeiten Darwins ein beliebter Gegenstand zeitgenössischer Karikaturen.

Am Schluss ihres Buches von 1875 schrieb sie: „Eine Theorie ist, dass der Mann der Überlegene ist und immer war; die andere, dass die Frau dem Mann völlig gleichwertig ist und immer war. Die echte Komplexität dieser Frage muss ernsthaft wahrgenommen werden. Dies wird geschehen in dieser Generation, oder in der nächsten." (Brown Blackwell 1875, S. 239–240) Antoinette Brown Blackwell übersandte ihr frisch gedrucktes Buch an Charles Darwin. Dieser dankte der Kollegin mit einem dürren Brief; es ist nicht belegt, ob er „The Sexes throughout Nature" überhaupt jemals gelesen hat.

Elizabeth Garrett Anderson (1836–1917) war die erste Frau, die sich im Vereinigten Königreich als Ärztin qualifizieren konnte, die erste Frau, die in Frankreich zum Doktor der Medizin promoviert wurde, das erste weibliche Mitglied der British Medical Association (BMA) und der erste weibliche Dekan einer medizinischen Fakultät in Großbritannien. Sie gehörte zu den Gründerinnen des New Hospital for Women, der ersten britischen Frauenklinik mit ausschließlich weiblichem Personal. Garrett Anderson setzte sich zeitlebens für das Frauenwahlrecht und das Recht der Frauen auf Ausübung qualifizierter Berufe ein. Da es keine ärztliche Ausbildung für Frauen gab, arbeitete Garrett zunächst ab August 1860 als Operationsschwester im Londoner Middlesex Hospital. Sie nutzte die Gelegenheit zur Teilnahme an chirurgischen Verfahren und der Ausbildung der Medizinstudenten. Trotz Ablehnungen durch die Universitäten in Oxford, Cambridge und London besuchte Garrett weiterhin als Aushilfsschwester Patienten und arbeitete in der Apotheke. Sie entschloss sich, das Lizenziat der Society of Apothecaries (LSA) zu erwerben. Bisher durften in Großbritannien diejenigen, die fünf Jahre unter der Leitung eines Arztes gearbeitet, bestimmte Vorlesungen gehört und sich durch eine Prüfung (Zertifikat) vor der Apothekerinnung qualifiziert hatten, an der Universität Medizin studieren. Im Herbst 1865 weigerte sich die Society of Apothecaries jedoch, Garrett zur Eignungsprüfung zuzulassen; daraufhin drohte ihr Vater, die Zustände vor Gericht zu bringen, woraufhin Garrett 1866 doch noch die Lizenz erhielt.

Im Jahr 1866 eröffnete Garrett in der St. Mary's Dispensary ihr erstes Krankenhaus mit angegliederter Apotheke. Es war schwierig für Garrett, als Ärztin zu praktizieren, da ihr einerseits niemand Praxisräume vermieten wollte, andererseits die Patienten beiderlei Geschlechts einer Frau gegenüber sehr skeptisch waren. Gemeinsam mit Florence Nightingale (1820–1910) und Sophia Jex-Blake (1840–1912) bildete sie an der London School of Medicine for Women, dem später ein medizinisches College angegliedert wurde, Krankenschwestern und Ärztinnen aus. Da damals in England aber Frauen nur das Studium selbst, nicht jedoch ein Studienabschluss erlaubt war, wechselte Garrett 1870 nach Frankreich. An der Pariser Universität Sorbonne setzte sie ihr Studium fort, da Frauen dank der Intervention von Kaiserin Eugènie an der medizinischen Fakultät in Paris studieren durften. Noch im selben Jahr schloss Garrett mit dem Doktor der Medizin ab. 1872 wurde die School of Medicine for Women in die Liste der anerkannten medizinischen Schulen aufgenommen. Sechs Jahre später gelang Garrett Anderson, damals Ärztin für Gynäkologie am New Hospital for Women, als erster Ärztin die operative Entfernung von Eierstöcken. Von 1883 bis 1903 war Garrett Anderson der erste weibliche Dekan an der der School of Medicine for Women. Am 17. Dezember 1917 starb sie an den Folgen eines Herzinfarkts im Kreise ihrer Familie und wurde neben ihrem Ehemann Anderson auf dem Friedhof von Aldeburgh bestattet.

Madeleine Brès, geb. Madeleine Gebelin (1842–1921) war die erste Französin, die das Diplom des Doktors der Medizin erhielt. 1866 bittet sie den Dekan der Medizinischen Fakultät von Paris, Charles Adolphe Wurtz, um ihre Zulassung zur Registrierung in der Medizin. Alle Verheiratete Frauen mussten nach dem französischen Gesetz der damaligen Zeit das Einverständnis des Ehemannes für ihre Promotion haben. Mit dem Deutsch-Französischen Krieg und dem Militärdienst vieler Krankenhausärzte wurde sie auf Vorschlag von Professor Broca bis Juli 1871 zum „vorläufigen Praktikanten" ernannt. Madeleine Brès wollte auf dieser Erfahrung als Praktikantin eine Krankenhauskarriere aufbauen. Trotz der Unterstützung von Professor Broca lehnt der Direktor der Spitäler der Staatsanwaltschaft diese Möglichkeit ab. In Paris weist sie darauf hin, dass ihrer Aufnahme in den Unterricht für Medizin nichts im Wege steht, vor allem seit drei Ausländern – der Amerikanerin Mary Putman, der Russin Catherine Gontcharoff und die Engländerin Elizabeth Garrett dies gelungen ist. Sie bereitet ihre Doktorarbeit im Labor von Professor Wurtz vor. Sie erhielt die Auszeichnung sehr gut.

Die gelehrte Madam du Chatelet hatte eine mindestens ebenso berühmte Nachfolgerin unter den gelehrten Frauen: Marie Skłodowska Curie (1867–1934). Am 3. November 1891 schrieb sie sich als Marie Skłodowska für ein Studium der Physik an der Sorbonne in Paris ein. Unter den 9000 Studenten der Universität in diesem Jahr befanden sich 210 Frauen. Von den mehr als 1825 Studenten der Faculté des sciences waren 23 weiblich. Im Frühjahr 1894 wurde sie mit Pierre Curie bekannt, der an der „École municipale de physique et de chimie" industrielles" (Hochschule für angewandte Physik und Chemie der Stadt Paris) unterrichtete und das dortige Laboratorium leitete. Dort entwickelte sich aus der beruflichen Zusammenarbeit mit Pierre Curie eine gegenseitige Zuneigung. Am 26. Juli 1895 heiratete Marie Skłodowska im Rathaus von Sceaux Pierre Curie. Das Paar zog in eine Dreizimmerwohnung in der Rue de la Glacière.

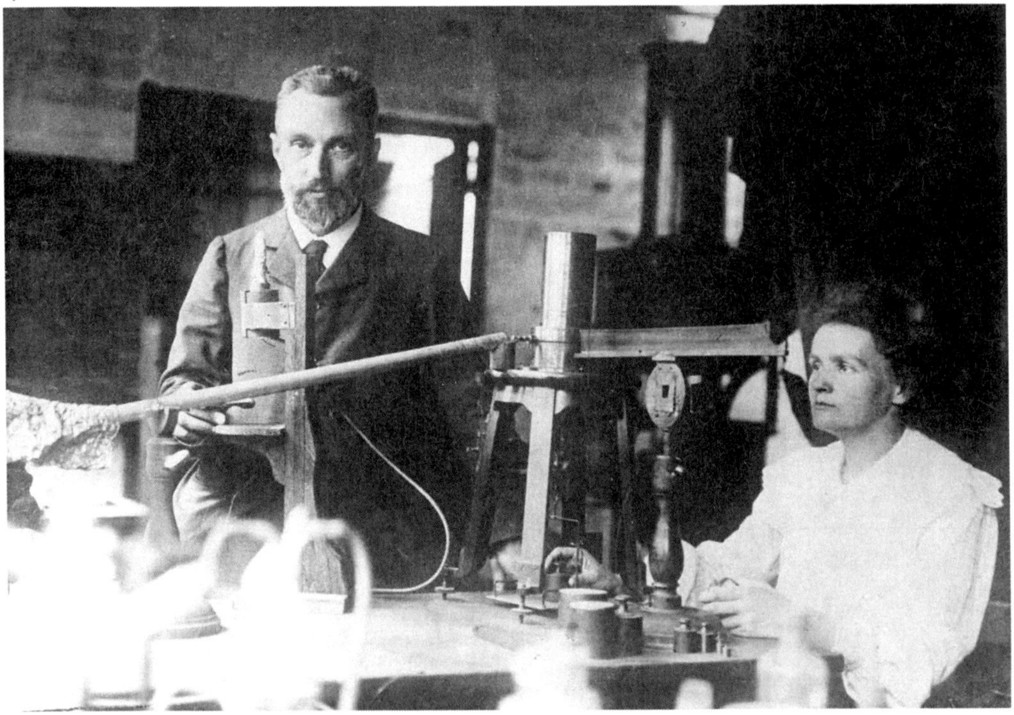

Abb. 23: Pierre und Marie Curie

Während sich Pierre Curie mit den physikalischen Wirkungen der Radioaktivität beschäftigte, konzentrierte sich Marie Curie auf die chemische Isolierung des Radiums. Daraus entstand schließlich ihre Dissertation mit dem Titel „Recherches sur les substances radioactives" (Untersuchungen über die radioaktiven Substanzen). Anfang 1903 traten bei Marie und Pierre Curie erste gesundheitliche Probleme auf, die sie jedoch auf Überarbeitung zurückführten. Marie Curie hatte im August 1903 eine Fehlgeburt, die sie gesundheitlich weiter schwächte. Als die Royal Society dem Ehepaar am 5. November 1903 die Davy-Medaille zusprach, die jährlich für die wichtigste Entdeckung auf dem Gebiet der Chemie vergeben wird, musste Pierre Curie allein nach London reisen, um den Preis entgegenzunehmen. Am 1. Oktober 1904 trat Pierre Curie seine Professur an dem eigens für ihn geschaffenen Lehrstuhl für allgemeine Physik an der Sorbonne an, und Marie Curie wurde die Leitung der wissenschaftlichen Arbeiten (chef des travaux) des Laboratoriums übertragen. Mitte November erhielten die Curies einen Brief von der Schwedischen Akademie der Wissenschaften, in dem ihnen mitgeteilt wurde, dass sie „in Anerkennung der außerordentlichen

Leistungen, die sie sich durch ihre gemeinsame Forschung über die von Professor Henri Becquerel entdeckten Strahlungsphänomene erworben haben" gemeinsam mit Henri Becquerel den Nobelpreis für Physik erhalten sollten. Die Einladung zum offiziellen Festakt im Dezember 1903 nahmen sie unter Hinweis auf ihre Unterrichtsverpflichtungen und ihre schlechte Gesundheit nicht wahr. Während Pierre Curie einen Nobel-Vortrag über radioaktive Substanzen und speziell Radium hielt, trat sie die Reise nach Stockholm, erst im Juni 1905 an.

Am 19. April 1906 geriet Pierre Curie unter die Räder eines Lastfuhrwerkes und starb noch am Unfallort. Marie Curie traf der Verlust schwer, hatte sie doch sowohl ihren geliebten Lebenspartner als auch ihren wissenschaftlichen Mitstreiter verloren. In den folgenden Jahren litt sie an Depressionen. Im Frühjahr 1907 zog sie in die Rue Chemin de fer in Sceaux, um näher an Pierres Grab zu sein. Die naturwissenschaftliche Fakultät der Universität musste entscheiden, wer Pierre Curies Lehrstuhl übernehmen sollte. Da Marie Curie die geeignetste Kandidatin war, um seine Vorlesungen fortzusetzen, schlug eine Kommission am 3. Mai vor, ihr die Kursverantwortung (chargé de cours) und die Leitung des Laboratoriums zu übertragen, den Lehrstuhl jedoch unbesetzt zu lassen. Marie Curie gab ihre Lehrtätigkeit an der Mädchenschule in Sèvres auf und hielt am 5. November 1906 ihre erste Vorlesung. Sie war die erste Frau, die an der Sorbonne lehrte. Die ordentliche Professur für Physik wurde ihr erst zwei Jahre später am 16. November 1908 übertragen. Nach dem Tod von Pierre Curie gab es auch massive Anfeindungen. Marie wurde als „eine Fremde, eine Intellektuelle, eine Emanze" bezeichnet und als eine Ausländerin angesehen, die ein französisches Heim zerstöre. Die Anfeindungen erreichten ihren Höhepunkt, als die Zeitung L'Œuvre Marie Curies zweiten Vornamen Salomea entdeckte und in ihrer Ausgabe vom 20. Dezember 1911 fragte: „Ist Madame Curie Jüdin?" und behauptete: „Ihr Vater ist in der Tat ein konvertierter Jude". Während des Ersten Weltkrieges widmete sich Marie Curie als Radiologin der Behandlung verwundeter Soldaten. Sie entwickelte einen Röntgenwagen, der es ermöglichte, radiologische Untersuchungen in unmittelbarer Nähe der Front vorzunehmen, und beteiligte sich an der Qualifizierung der notwendigen Techniker und Krankenschwestern. Nach dem Krieg engagierte sie sich in der Internationalen Kommission für Geistige Zusammenarbeit des Völkerbundes für bessere Arbeitsbedingungen von Wissenschaftlern. An dem von ihr geleiteten Pariser Radium-Institut setzte sie sich für die Förderung von weiblichen und ausländischen Studierenden ein.

12 Frauen in der Luftfahrt

Der Menschheits-Traum vom Fliegen bis hin zur Eroberung des Weltraums konnte erst sehr spät erfüllt werden. In der öffentlichen Wahrnehmung aber stehen vor allem die Männer als Pioniere im Vordergrund. Die Leistungen vieler wagemutiger Frauen auf dem Gebiet der Luft- und Raumfahrt werden bis heute dagegen nur am Rande wahrgenommen. Aber es gab nicht nur Männer in der Geschichte Luftfahrt. Außer ihnen haben sich erstaunlich viele Frauen als Fliegerinnen hervorgetan. Eine der ersten Frauen, die sich in die Lüfte wagte, war Sophie Blanchard (1778–1819). Sie war die erste professionelle Ballonfahrerin und war auch die erste Frau, die bei einem Flugunfall ums Leben kam. Um ihren Lebensunterhalt zu verdienen, stieg sie mit dem Ballon bei größeren Anlässen auf und manchmal führte sie artistische Kunststücke auf einer Schaukel unter dem Ballon vor.

Kaiser Napoleon I. machte sie zur Kaiserlichen Aeronautin und sie trat mit ihrem Ballon sowohl 1810 bei seiner Hochzeit mit Erzherzogin Marie-Louise von Österreich als auch 1811 bei der Geburtsfeier seines Sohnes Franz als große Attraktion auf. Insgesamt absolvierte Sophie Blanchard 67 Aufstiege als Ballonfahrerin. Für den 7. Juli 1819 plante sie in Paris einen besonderen Aufstieg mit ihrem Luftschiff: Aus 300 Metern Höhe wollte sie ein Feuerwerk über dem Vergnügungspark Tivoli entzünden. Einer der Feuerwerkskörper explodierte zu früh und der Ballon begann zu brennen. Die Zuschauer hielten den brennenden Ballon für eine besonders gelungene Darstellung und jubelten. Erst als der Ballon brennend auf die Häuser fiel und Sophie Blanchards Leiche gefunden wurde, begriffen sie, was geschehen war. Nach ihrem Tod sammelte die Pariser Bevölkerung Geld für ein Monument zu Ehren der Ballonfahrerin, das noch heute auf dem Pariser Friedhof Père Lachaise steht.

Als erste Frau der Welt, die einen Pilotenschein erwarb, ging Élise Léontine Deroche (1884–1919) in die Geschichte der Luftfahrt ein. Sie war die Tochter eines Klempners aus Paris. Als junge Schauspielerin nahm sie den Namen „Baronin Raymonde de Laroche“ an und stattete sich mit vornehmer Kleidung aus. Im Jahr 1909 traf sie den Flugpionier Charles Voisin, der ihr vorschlug, ihr das Fliegen auf einer Maschine seiner Flugzeugfabrik beizubringen. Die Voisin-Flugzeuge waren Einsitzer. Der Flugschüler saß am Steuer und der Fluglehrer gab von der Start- und Landebahn aus seine Anweisungen. Bei der ersten Lektion wollte Voisin seine Schülerin nur mit der Maschine vertraut machen und verbot ihr ausdrücklich abzuheben. Doch Élise Deroche nahm auf dem Führersitz Platz, brachte die Maschine in Startposition und hob nach einem Anlauf zum Erschrecken ihres Fluglehrers in die Luft ab. Sie flog etwa dreihundert Meter weit in einer Höhe von etwa fünf Metern. Es handelte sich dabei um den weltweit ersten Alleinflug einer

Frau. Von Charles Voisin zur Pilotin ausgebildet, bestand Raymonde de Laroche am 8. März 1910 als erste Frau der Welt die Pilotenprüfung des Aéro-Club de France. Noch im selben Jahr nahm sie als einzige Frau an der „Flugwoche von Heliopolis" teil und erreichte dort beim „Großen Preis von Ägypten" den 6. Platz. Beim Flugmeeting in Sankt Petersburg wurde sie Vierte. Doch bei den „Großen Flugwochen der Champagne" in Reims verunglückte sie schwer, als sie in die Wirbelschleppe eines anderen Flugzeuges geriet, das ihren Weg kreuzte. Ihr Flugzeug rutschte seitlich ab und schlug auf den Boden auf. Es wurde völlig zerstört.

Trotz schwerer Kopfverletzungen, eines Armbruchs und zwei gebrochener Beine wollte sie das Fliegen nicht aufgeben. Bereits zwei Jahre später nahm sie wieder an Wettkämpfen teil. Im Jahr 1912 wurde sie durch einen Autounfall, bei welchem einer der Brüder Voisin ums Leben kam, erneut sehr schwer verletzt. Trotzdem gewann sie 1913 den Frauenpokal des Aéro-Club de France sowie die „Coupe Femina". Nach dem Ersten Weltkrieges verbesserte sie 1918 den Frauenweltrekord im Dauerflug (323 Kilometer) und 1919 mit 4800 Metern den von Ruth Law aufgestellten Höhenweltrekord für Frauen. Im Sommer desselben Jahres meldete sie sich als Copilotin für den Testflug einer neuen Maschine in Le Crotoy in der Picardie. Das Flugzeug stürzte jedoch unweit von Paris ab und Élise Deroche sowie der Testpilot M. Barrault der Deroche sowie der Testpilot M. Barrault der Maschine wurden bei dem Unfall getötet.

Die jüngste Pilotin war Victoria van Meter (1982–2008) Mit zehn Jahren flog sie erstmals ein Flugzeug. Als Elfjährige überflog sie 1993 die USA von Augusta (Maine) nach San Diego (Kalifornien) in einer Cessna 172. Damit war sie zum damaligen Zeitpunkt die jüngste Frau die quer über die USA geflogen war und gleichzeitig der jüngste Pilot, dem dies in Ost-West-Richtung gelang. Obwohl ihr Fluglehrer Bob Baumgartner mit an Bord war, navigierte und flog sie selbständig.

Im Juni 1994 flog sie in einer Cessna 210 über den Atlantik nach Schottland mit Zwischenstopps in Kanada, Grönland und Island. Sie starb im Alter von 26 Jahren durch eine selbst zugefügte Schussverletzung. Der Bericht des Gerichtsmediziners wies ihren Tod als Selbstmord aus.

Sowohl in den USA als auch in Europa eiferten Frauen als Pilotinnen dem Atlantikflug von Charles Lindbergh nach, der 1927 mit seiner „Spirit of St. Louis" nonstop von New York nach Paris geflogen war. Eine der erfolgsreichsten Pilotinnen war ohne Zweifel Geraldine Mock, geboren am 22. November 1925. Im Alter von sieben Jahren nahm sie ihr Vater mit auf einen Rundflug. Damit war sie der Fliegerei verfallen und begann später ein Studium der Luftfahrttechnik. Das Studium brach sie aber ab, als sie den Piloten Russell Mock heiratete. Flugstunden nahm sie bereits seit einiger Zeit und das Ehepaar war sogar Miteigentümer einer kleinen Cessna. Dem elf Jahre alten Flugzeug ein neuer Motor eingebaut und das Abenteuer konnte beginnen. Mocks großes Vorbild Amelia Earhart war bei dem Versuch 1937 im Pazifik verschollen. Aber Geraldine Mock war nicht die einzige Frau, welche die Erde per Alleinflug umrunden wollte. Die Charterpilotin Joan Merriam Smith bereitete sich zur gleichen Zeit auf den Versuch vor. Die Konkurrentin war schon unterwegs, als Geraldine Mock am 19. März 1964 in Columbus (Ohio) abhob. Ihren Flieger hatte sie auf den Namen „Spirit of Columbus" getauft in Erinnerung an den legendären Atlantikflug von Charles Lindbergh. Kaum war sie in der Luft, traten die ersten Probleme auf. Das Funkgerät fiel aus. Zum Glück gelang es Mock auf einer Luftwaffenbasis auf den Bermuda-Inseln zu landen. Zunächst verhinderten Sturmfronten den Weiterflug. Dann sollte der Atlantik weitere unangenehme Überraschungen bieten. Eines Nachts, als der Autopilot steuerte, verlor die „Spirit of Columbus" an Höhe: Die Tragflächen waren vereist. Aber am nächsten Morgen schien zum Glück die Sonne und das Eis schmolz und sie konnte Saudi-Arabien erreichen.

Nach der Landung im saudischen Dhahran, wo Frauen nicht unverschleiert auf die Straße treten durften, umringten Dutzenden Männern mit Turbanen die „Spirit of Columbus". Staunend kletterten sie am 3. April 1964 in die Maschine und sahen keinen Mann, sondern eine Frau. Unbeirrt setzte Geraldine Mock ihre Reise. Mit ihrer Cessna überflog sie Wüsten und Dschungel, den indischen Sukkontinent und die Philippinen, bis sie am 17. April wieder in Columbus in Ohio eintraf. 29 Tage, 11 Stunden und 59 Minuten hatte Mocks Reise gedauert, 21-mal war sie unterwegs gelandet. Bei der Landung warteten zahlreiche Bewunderer und aus Washington, D.C. sandte Präsident Lyndon B. Johnson Glückwünsche. Aber ihre Ehe wurde geschieden. Im Alter lebte sie einsam in einem Haus in Quincy (Florida). Geraldine Mock starb am 30. September 2014.

Sowohl für Geraldine Mock als auch für Joan Merriam Smith war das große Vorbild die Flugpionierin Amelia Earhart. Der geheimnisvolle Tod von Amerikas Luftfahrt-Legende erschütterte das ganze Land. Immer wieder betonte Amelia Earhart, dass es ihr mit ihren wagemutigen Flügen auch darum gegangen sei, zu beweisen, dass Frauen zu technischen Höchstleistungen in der Lage seien. Sie setzte sich auch dafür ein, dass Frauen ihre Zulassung an technische Hochschulen bekamen, unterstützte junge Frauen bei der Berufswahl und half ihnen, in technischen Berufen Fuß zu fassen. Am 20. Mai 1932 flog Amelia Earhart als erste Frau mit ihrer einmotorigen „Lookheed Vega" in 14 Stunden 56 Minuten von Harbor Grace auf Neufundland (Kanada) über mehr als 3200 Kilometer Wasserwüste des Atlantiks bis fast nach Londonderry in Nordirland. Dies war ein schwieriges Unterfangen gewesen: Wenige Stunden nach dem Start flog sie in eine Schlechtwetterfront, fiel ihr Höhenmesser aus, vereisten die Tragflächen, wurde da, Flugzeug immer schwerfälliger und tropfte Benzin aus einem gerissenen Auspuffkrümmer. Als sie mit ihrer Maschine tiefer ging, geriet diese ins Trudeln und stürzte fast 1000 Meter senkrecht in die Tiefe, bevor sie wieder abgefangen werden konnte. Obwohl sie nicht – wie geplant – auf dem Flughafen von Paris, sondern auf einer Wiese inmitten einer Kuhherde in Nordirland gelandet war, galt ihr Flug als eine Sensation. Nach diesem Rekordflug wurde Amelia Earhart in London von Hunderttausenden umjubelt. Zwei Wochen später bereitete man ihr in New York

City einen triumphalen Empfang. Für ihren Rekordflug wurde Amelia von Präsident Herbert Clark, Hoover mit der Goldmedaille der National Geographic Society geehrt.

Am 20. Mai 1937 erhob sich Amelia Earhart in Miama (Florida) mit ihrem zweimotorigen roten Flugzeug „Lockhead Elektra" erneut zu einer Erdumrundung, wie sie zuvor noch kein Pilot gewagt hatte. Die Rückkehr nach Amerika war für den 4. Juli 1937, den Unabhängigkeitstag der USA, geplant, doch dazu sollte es nicht kommen. Nach Landungen in Brasilien, Westafrika, Kalkutta, Rangun und Neuguinea nahm Amelia Earhart am 2. Juli 1937 voll aufgetankt die gefährlichste Etappe ihres Fluges in Angriff. Sie war tags zuvor auf der Piste von Lae im heutigen Papua-Neuguinea gestartet. Schon beim Start gab es ein verhängnisvolles Missgeschick. Die Antenne des Kurzwellensenders der Electra brach ab. Weder die Fliegerin noch ihr Begleiter, der Navigator Fred Noonan, bemerkten das Fehlen der Antenne. Danach konnte Amelia Earhart zwar Funksprüche absetzen, selbst aber keine mehr empfangen. Etwa 20 Stunden nach dem Start in Lae hörten die Funker britischer und amerikanischer Schiffe SOS-Signale der Maschine von Amelia, mit denen Benzinmangel gemeldet wurde. Offenbar hatten die nach vierwöchigen Strapazen völlig erschöpfte Amelia Earhart und ihr Navigator Fred Noonan das nur drei Kilometer lange und weniger als einen Kilometer breite Atoll in den Weiten des Pazifik nicht gefunden. Bei der Suchaktion, an der sich 64 Flugzeuge und acht Kriegsschiffe beteiligten, entdeckte man nicht die geringste Spur von Maschine und Besatzung. Über das Verschwinde gab es verschiedene Spekulationen und Legenden. Untersuchungen ergaben jedoch, dass es keinen Grund gibt, anzunehmen, Amelia Earhart und ihr Begleiter Fred Noonan wären jemals aufgefunden worden oder seien noch am Leben. Am 5. Januar 1939 wurde Amelia Earhart für tot erklärt.

Elly Beinhorn (1907 geboren) begann bereits im Alter von 21 Jahren sie mit einer Fliegerausbildung in Berlin und erwarb 1929 einen Pilotenschein. Anschließend war sie als Kunstfliegerin tätig, bis sie 1931 durch einen Alleinflug nach Afrika von sich reden machte. Im Jahr darauf wurde sie wegen ihrer Weltumrundung mit dem Hindenburg-Pokal ausgezeichnet. Weitere Langstreckenflüge folgten, und Mitte der 1930er Jahre stellte Beinhorn mehrere Rekorde auf, wie das Überfliegen von drei Kontinenten an einem Tag. Nach dem Zweiten Weltkrieg erneuerte sie 1951 ihren Pilotenschein und war wieder als Kunstfliegerin erfolgreich. Sie starb im Alter von 100 Jahren in einem Seniorenheim bei München.

Die Luftfahrtpionierin Amy Johnson war die erste Frau, die allein von London nach Australien flog. Kurz nachdem sie den Euphrat überquert hatte, zwang sie ein heftiger Sandsturm, in der Wüste notzulanden. Die folgenden Stunden verbrachte sie sitzend auf dem Heck ihres Flugzeugs, den Rücken gegen den Wind gestemmt in dem verzweifelten Versuch, „Jason" am Boden zu halten. Als Amy in Bagdad ankam, war sie völlig erschöpft. Plötzlich begann auch die Presse, auf sie aufmerksam zu werden. Die „Daily Mail", die zuvor kaum Interesse gezeigt hatte, bot nun unglaubliche 10 000 Pfund für die Exklusivrechte an Amys Geschichte. Und auch die Menschenmengen, die sie in den Städten entlang ihrer Route in Empfang nahmen, wuchsen.

Die „fliegende Sekretärin", wie Amy Johnson inzwischen genannte wurde, war zum Liebling des britischen Empires geworden. Am 5. Januar 1941 macht Englands berühmteste Rekordpilotin dann ein letztes Mal von sich reden: Am Morgen dieses Tages bricht sie zu einem Routineflug auf, trotz dichten Nebels und gefrierendem Regen. Vier Stunden später wird ihre Maschine gesehen, wie sie über der Mündung der Themse abstürzt. Weit von ihrem eigentlichen Ziel entfernt.

Bessie Coleman war die erste Afroamerikanerin mit Pilotenschein und die erste Frau mit dem internationalen Pilotenschein. 1915 folgte sie zweien ihrer Brüder nach Chicago und lebte bei ihnen. Dort hörte sie die Geschichten von Piloten, die aus dem Krieg zurückgekehrt waren, und malte sich aus, wie es wäre, selbst Pilotin zu sein. Ihr Entschluss Pilotin zu werden, stand fest. Doch da sie eine Frau und eine Schwarze war, wurde sie von keiner Flugschule angenommen. Coleman reiste schließlich am 20. November 1920 nach Frankreich, um dort ihre Pilotenausbildung zu absolvieren. Als einzige nicht-weiße Schülerin erlernte sie dort innerhalb eines Jahres das Fliegen. Als sie im September 1921 in die USA zurückkehrte wurde sie zu zahlreichen Veranstaltungen eingeladen und erfuhr Anerkennung und Bewunderung sowohl von Schwarzen als auch von Weißen. Ihr Wunsch war es, die erste Flugschule der USA zu eröffnen, in der es auch Afroamerikanern ermöglicht werden sollte, das Fliegen zu erlernen. Im Frühjahr 1926 hatte Coleman in Dallas ein Flugzeug gekauft und wollte nach Jacksonville fliegen. Während des Fluges hatte Coleman ihren Sicherheitsgurt nicht angelegt, da sie für den nächsten Tag einen Fallschirmsprung geplant hatte und sich aus dem Cockpit lehnen wollte, um das Terrain zu untersuchen. Das Flugzeug geriet ins Trudeln und stürzte ab. In einer Höhe von etwa 600 Metern wurde Coleman aus dem Cockpit geschleudert und starb beim Aufprall auf den Boden. Bessie Coleman wurde auf dem Lincoln-Friedhof in Chicago beigesetzt. Zu ihrem Begräbnis kamen rund 10 000 Menschen, darunter viele prominente Mitglieder der schwarzen Gemeinde.

Die erste Frau im Weltraum war eine Kosmonautin aus der ehemaligen UdSSR. Erst knapp 20 Jahre schicken die USA dann die erste Astronautin in den Orbit. Der Kampf um Erfolge bei der Eroberung des Weltalls war in den 1960er Jahren bis in die 1990er Jahren vor allem auch ein Wettrennen zwischen Ost und West, zwischen UdSSR und USA. Und die UdSSR schickten mit Juri Gagarin den ersten Menschen überhaupt ins Weltall Danach sollte ihm eine Frau folgen. Dafür setzte sich Regierungschef Nikita Chruschtschow persönlich ein und ließ nach einer einfachen Arbeiterin suchen. Ihr Höhenflug sollte zeigen, dass im Sozialismus jedem alle Wege offenstehen – auch bis ganz nach oben, bis zu den Sternen. Aus Tausenden von Bewerberinnen wurde Valentina Tereschkowa ausgewählt, große Gagarin-Bewunderin und Funktionärin der Jugendorganisation der KPdSU. Am 16. Juni 1963 hob im kassachischen Baikonur das russische Raumschiff Wostok 6 ab, an Bord Valentina Tereschkowa. Die damals 26-jährige Tereschkowa umkreiste die Erde 46 Mal und verbrachte 70 Stunden und 50 Minuten im Weltall. Es ist der erste und zugleich letzte Raumflug von Valentina Tereschkowa. An Bord der Wostok 6 war nur

Platz für eine Person und so flog Walentina Tereschkowa alleine ins All. Auch die Ersatzmannschaft und die Unterstützungsmannschaft für die Wostok 6 waren weiblich. Als Ersatzfrau stand Irina Bajanowna Solowjowa und als Unterstützungsmannschaft Walentina Leonidowna Ponomarjowa bereit. Dieser erste Flug einer weiblichen Raumfahrerin war ein weltweiter Prestigegewinn für die UdSSR. Doch die Kosmonautin hatte von Anfang an mit der Raumkrankheit zu kämpfen, was sie allerdings gegenüber der Bodenkontrolle verschwieg. Tereschkowa ignorierte Weisungen für die handgesteuerte Orientierung ihrer Kapsel, reagierte stundenlang nicht auf Funkrufe, aß und trank nicht wie vorgesehen und klagte über die drückende Enge in der Kapsel. Zum Entsetzen der Ärztin, die am Landeort rund 620 Kilometer nordöstlich von Karaganda (Kasachstan) per Fallschirm abgesetzt worden war, verteilte Tereschkowa nach dem Flug ihre Weltraumnahrung an die örtliche Bevölkerung, aß Kartoffeln mit Zwiebeln und trank vergorene Stutenmilch, was alles streng verboten war.

Abb. 24: Walentina Tereschkowa und Svetlana Savitskaya

Die nächste Kosmonautin ist Svetlana Savitskaya, die an Bord von Sojus 7 vom Raumfahrtzentrum in Baikonur am 19. August 1982 ins Weltall startet. Sie flog noch vor der ersten US-Amerikanerin in den Weltraum. Am 25. Juli 1984 führte Sawitskaja den ersten Weltraumausstieg einer Frau durch. Zusammen mit Dschanibekow testete sie neue Werkzeuge und Verfahren zum Beschichten, Schneiden und Schweißen von Materialien unter Weltraumbedingungen. Die Rückkehr zur Erde erfolgte am 29. Juli 1984.

Die USA schicken erst 1983 erstmals mit der Physikerin Sally Ride eine Astronautin in die Erdumlaufbahn, und zwar an Bord der Raumfähre Challenger. Sally Kristen Ride war die erste US- Amerikanerin im Orbit und nach den beiden Kosmonautinnen Tereschkowa und Savitskaya damit die dritte Frau im Weltall. Sally Ride war bei ihrem ersten Start in den Weltraum am 18. Juni 1983 32 Jahre und 32 Tage alt. Sie war nicht nur die erste Amerikanerin im Weltall, sondern war auch die jüngste Astronautin. Sie war außerdem die erste US-Amerikanerin, die zwei Mal im All war. Kathryn Dwyer Sullivan unternahm während der Space-Shuttle-Mission STS-41-G am 11. Oktober 1984 als erste US-amerikanische Frau einen Weltraumausstieg. Es bleibt ihr erster und einziger EVA-Einsatz. Der dauerte 3 Stunden und 29 Minuten. Insgesamt unternahm Kathryn Dwyer Sullivan drei Raumflüge für die NASA. Den Rekord längster Weltraumaufenthalt einer Frau hält die Astronautin Shannon Lucid, die insgesamt 188 Tage am Stück im Weltraum verbrachte. Während ihrem fünften Raumflug verbrachte sie 179 Tage im Rahmen des Shuttle-Mir-Programms auf der russischen Raumstation Mir. Der Flug mit der Raumfähre Atlantis begann am 22. März 1996. Am 26. September 1996 gelangte sie mit der Atlantis auch wieder zurück zur Erde. Die erste Frau, die in das US-amerikanische Weltraumprogramm als Pilotin aufgenommen wurde, war Eileen Collins. Bis zu ihrer Aufnahme als Shuttlepilotin wurden von der NASA Frauen lediglich als Missionsspezialistinnen in den Astronautenkorps berufen. 1995 sitzt Eileen Collin erstmals auf dem Pilotensitz eines Space Shuttle in Mission. Und Eileen Collin ist dann auch die erste Frau, die Kommandantin eines US-amerikanischen Space Shuttles ist. Im März 1998 wird Eileen Collins dann ihr erstes eigenes Kommando übertragen, ein Medienereignis in den USA. 1999 war sie dann die verantwortliche Kommandantin der Space Shuttle Mission STS-93.

13 Reisende Frauen bis an die Grenzen des Horizonts

Simone de Beauvoir war im Irrtum, wenn sie behauptet eine Frau könnte sich nicht zu Fuß in ein halb verlassenes und gefährliches Land wagen. Denn sie übersieht dabei die Tatsache, dass es nicht nur in der Gegenwart, sondern auch in der Vergangenheit reisende Frauen gegeben hat, die sich in große Gefahr begeben hatten. Von den reisenden Frauen ist als erste Maria Sibylla Merian (1647–1717) zu nennen. Sie war nicht nur eine große Reisende, sondern auch eine bedeutende Biologin und Malerin. Ihr Vater war der berühmte Kupfer-Stecher und Buchverleger Matthäus Merian. Im Alter von drei Jahren verlor sie ihn der auf dem Totenbett gesagt haben soll: „Bin ich schon nicht mehr da, wird man noch sagen: Das ist Merians Tochter." Tatsächlich wurde sie eine der größten Wissenschaftlerinnen ihrer Zeit, die vor allem mit ihrer Surinamreise und ihre detailgetreuen Zeichnungen von Pflanzen und Tieren Aufsehen erregte. Diese wurden 1705 unter dem Titel „Metamorphosis Insectorum Surinamesium" in Amsterdam veröffentlicht. Maria Sibylla Merian wagte diese abenteuerliche Reise mit ihrer Tochter in die neue Welt hundert Jahre früher als Alexander von Humboldt. Nach drei Monaten auf See ging sie in Surinams Hauptstadt Paramaribo an Land. Die reichen Plantagenbesitzer belächelten ihre Pläne: „Die Menschen haben dort auch keine Lust, so etwas zu untersuchen, ja sie verspotten mich, dass ich in dem Land etwas anderes suche als Zucker." Sie ließ sich jedoch nicht abgehalten, ihren Weg zu gehen. Nur so konnte aus ihr eine geniale Malerin und Insektenforscherin werden und eine der ersten modernen Naturwissenschaftlerinnen überhaupt. Maria Sibylla lernte früh den Umgang mit Öl- und Wasserfarben, sie malte auf Papier und Pergament und übte sich im Kupferstich. Sie machte aber auch frühzeitig empirische Erfahrungen über die Tierwelt, für die sie sich interessierte. Mit etwa 12 Jahren brachte Maria Sibylla erstmals in einem Kistchen Raupen aus einer Seidenraupenzucht mit nach Hause und fütterte die Tiere mit Maulbeerblättern. Eines Tages sah sie, wie ihr „Seidenwurm" sich in einem Kokon eingesponnen hatte und schließlich aus dem Gespinst ein Falter schlüpfte. Diese wunderbare Verwandlung hielt sie in Zeichnungen fest. Seitdem sammelte sie alle Puppen der Schmetterlinge und verfolgte ihre Entwicklungsstufen: Ei, Raupe, Puppe und Falter. Diesem rätselhaften Zyklus widmete sie sich fast ausschließlich: „Ich entzog mich deshalb aller menschlichen Gesellschaft und beschäftigte mich mit diesen Untersuchungen." Zwischen ihrem 13. und 18. Lebensjahr fand Maria Sibylla das Arbeitsgebiet, dem sie ihr Leben lang treu bleiben sollte. Ihre Kunstfertigkeit stellte sie in den Dienst der Naturbeobachtung. Auch die Heirat mit dem Nürnberger Maler Johann Andreas Graff im Jahre 1665 und die Geburt der Tochter Johanna Helene drei Jahre später brachten sie nicht davon ab. Sie zog 1670 in die Heimatstadt ihres Mannes. In Nürnberg bewohnte die Familie ein großes Haus mit Garten am Milchmarkt. Dort bekam Maria Sibylla Merian Aufträge zur Bemalung von Vorhängen und Polsterungen von Möbeln. Diese Aufträge und kunstgewerblichen Arbeiten sicherten den Lebensunterhalt ihrer Familie. Trotz dieser Arbeiten betrieb Maria Sibylla Merian ihre Forschungen in Nürnberg weiter. Die Bewohner der Altstadt aber kritisierten diese seltsame Frau, die nach Gewürm in der Erde wühlte. Denn Mücken und Raupen galten im 17. Jahrhundert als aus Schlamm gezeugte Teufelsbrut, Schmetterlinge als Hexenwerk. Einem mittelalterlichen Volksglauben zufolge nahmen Hexen die Gestalt von Schmetterlingen, um so getarnt Milch- und Buttervorräte zu verderben. Das alte Wort „Schmetten" bedeutete Milch und Sahne, und der „Schmetterling" war ursprünglich eine Butterfliege (englisch: butterfly). Im Nürnberger Verlag ihres Mannes wurde das „Raupenbuch" veröffentlicht. Das bahnbrechende Werk trug den Titel: „Der Raupen wunderbare Verwandlung und sonderbare Blumennahrung". Es lieferte eine erste bildliche genaue Systematik der Schmetterlinge. Die Beobachtungen verteilen sich auf 50 Kupferstiche, die Maria Sibylla alle „nach dem Leben" gemalt, gestochen und auf Bestellung koloriert hat. Im Mittelpunkt jeder Tafel steht die Futterpflanze, auf die ein Falter angewiesen ist. Keiner der zeitgenössischen Insektenforscher stellte so deutlich die Abhängigkeit der Schmetterlinge von einer Futterpflanze dar. Denn sie setzte die verstehende und systematische Beobachtung an erste Stelle; sie sezierte und zerstörte nicht. Eine weitere Neuerung war, dass sie ihre Texte in Deutsch schrieb, obwohl damals Latein auf der ganzen Welt als Wissenschaftssprache galt. Frauen hatten damals noch keinen Zugang zu den Universitäten und kaum die Möglichkeit, Latein zu lernen. Im Jahre 1685 ging sie mit ihrer Mutter und den beiden Töchtern nach Holland, wo sie sechs Jahre blieb. Missionare schilderten die Pracht der Tropen. Maria Sibylla Merian fasste der Plan in dieser tropischen Pflanzen- und Tierwelt Forschungen zu betreiben. In Amsterdam traf sie Gelehrte und Forscher, lernte Latein und studierte wissenschaftliche Werke. Ihren Lebensunterhalt sicherte sie sich auch in Amsterdam durch Farbenhandel und den Verkauf von Tierpräparaten. Als sie nach acht Jahren schließlich noch einen staatlichen Reisezuschuss bekam, konnte sie die Reise nach Surinam wagen, auf der sie die 21-jährige Dorothea Maria begleitete. Im September des Jahres 1699 gingen die beiden Frauen in Surinams Hauptstadt Paramaribo an Land. Schon wenige Tage nach der Ankunft begannen sie mit ihren Beobachtungen, zunächst in den Plantagen des Küstenstreifens. Später wagten sie sich in den Dschungel vor, der so dicht war, dass Helfer mit Beilen einen Weg hauen mussten. Feuchte Schwüle und Hitze, Bienen- und Mückenschwärme erschwerten die Arbeit. Doch die Farbenpracht und die vielen Tiere entschädigten die beiden emsigen Forscherinnen.

Ihren geschulten Augen entgingen die Schmetterlinge und Raupen nicht, die sich gerne als Blatt oder Blüte tarnen. Sie sammelten, zeichneten und konservierten nach ihren erprobten Methoden. Sie erfragten die Namen unbekannter Pflanzen und Tiere und notierten die Rezepte der Heilmittel, die die Indianer aus Pflanzen herstellten. Die Malaria zwang Maria Sibylla Merian nach zwei Jahren aufs Krankenbett. Nach ihrer Genesung wollte sie die Falter der Tropen abbilden und in einen Prachtband in Großfolio herausgeben. Sie beauftragte zwei Kupferstecher, ihre gezeichneten Vorlagen auf Kupferplatten zu übertragen. Während sie mit dem Kolorieren begann und die Buchtexte fertigstellte, handelte sie wieder mit getrockneten Tieren und Farben und übernahm sogar Malaufträge, wenn Geldmangel ihr Projekt gefährdete. Nach drei harten Jahren, im April 1705 war das Werk fertiggestellt. Es trug den lateinischen Titel „Metamorphosis Insectorum Surinamensium". Carl von Linne, bewunderte Merians Arbeit und erwähnte sie in seinem „Systema Naturae". Linne und andere hatten die Tropen selbst nie bereist, sie kannten einige Falter nur aus Bildern. Doch das hinderte sie nicht daran, die Tiere unter ihrem eigenen Autorennamen einzuordnen. Maria Sibylla Merian, die erste und wirkliche Autorin, blieb deshalb oft ungenannt. Maria Sibylla Merian wurde 69 Jahre alt. Sie lebte bis zu ihrem Tod in Amsterdam und brachte dort das Raupenbuch neu heraus Sie arbeitete an einer Fortsetzung, bis sie zwei Jahre vor ihrem Tod einen Schlaganfall erlitt. Sie starb am 13. Januar 1717.

Eine andere von den mutigen reisenden Frauen war Mary Wortley Montagu (1689–1762). Mary erhielt eine für ihren Stand typische Erziehung. 1712 heiratete sie gegen den Willen ihres Vaters Edward Wortley Montagu. Lady Montagus Mann wurde Anfang 1716 als Botschafter an den Osmanischen Hof nach Istanbul gesandt. Im Gegensatz zu den Frauen ihrer Zeit begleitete sie ihn dorthin. In Istanbul wurde auch ihre Tochter Mary geboren. Doch schon 1717 wurde ihr Mann wieder abberufen, die Familie verblieb dennoch bis 1718 in der Türkei. Aus dieser Zeit stammt eine Serie von Briefen, die über ihre Reise und die Beobachtungen, die sie als Frau in einem islamischen Land machte, berichten. Nach ihrer Rückkehr nach London wurde sie schnell zum gesellschaftlichen Mittelpunkt. Ihr früherer Freund Alexander Pope wandte sich von ihr ab; der Grund war wahrscheinlich, dass Lady Montagu seinen Avancen nicht nachgab. Vielmehr lachte sie über ihn. 1739 siedelte sie auf den Kontinent über, wo sie sich 1742 zunächst in Avignon und vier Jahre später in Brescia niederließ. 1758 zog sie nach Venedig. Während dieser Zeit führte sie einen umfassenden Schriftverkehr mit ihrer Tochter und alten Bekannten in England.

Abb. 25: Mary Worthley Montagu während ihrer Reisen in Europa, Asien und Afrika

In ihrem berühmten aus Briefen zusammengesetzten Reisebericht erzählte sie auch von ihren Besuch im Harem des Großwesiers von Konstantinopel und von ihrer Begegnung mit der schönen Fatima, die sie bereits in Adrianopel kennengelernt hatte: „Sie kam mir an der Tür ihres Zimmers entgegen, gab mir die Hand mit der besten Anmut der Welt und sagte mit einem Lächeln, das sie holdselig wie einen Engel machte: ‚Die Christinnen stehen in dem Ruf der Unbeständigkeit, und ungeachtet aller Ihrer Güte, die Sie mir zu Adrianopel bezeigten, erwartete ich doch nicht, Sie je wieder zu sehen. Nun aber bin ich überzeugt, dass ich wahrhaftig das Glück habe, Ihnen zu gefallen. Und wenn Sie wüssten, wie ich von Ihnen unseren Damen gegenüber rede, dann würden Sie versichert sein, dass Sie gerecht gegen mich sind, wenn Sie mich zu Ihrer Freundin machen.‘ Sie ließ mich im Winkel des Sofas niedersitzen und ich brachte den Nachmittag mit dem größten Vergnügen in ihrer Gesellschaft zu.“ Lady Montagu schrieb in einem ihrer Briefe, dass sie geneigt sei, wie sie selber sagt, aus „wahrem weibliche Geist des Widerspruchs“ das Falsche eines großen Teils von dem anzuzeigen, was man bei den männlichen Autoren findet. Besonders lustig fand sie, wie diese Reisebeschreiber die „jämmerliche Einkerkerung der türkischen Frauen beklagen, die doch vielleicht freier als alle übrigen des Erdbodens und die einzigen Weiber in der Welt sind, die ein Leben von ununterbrochenem, sorglosem Vergnügen führen, ihre ganze Zeit zubringen mit Besuchen, Baden oder dem angenehmen Zeitvertreib, Geld auszugeben und neue Moden zu ersinnen. Man würde einen Mann für rasend halten, der den geringsten Grad von Sparsamkeit von seiner Frau forderte – ihre Ausgaben hängen von nichts als ihrer eigenen Phantasie ab. Es ist des Mannes Geschäft, Geld zu verdienen, und ihres, es zu vertun.“ Nach dem Tod ihres Mannes 1761 kehrte Lady Montagu in ihre Heimat zurück. Anfang 1762 erreichte sie England, starb jedoch im August des gleichen Jahres.

Eine Besonderheit unter den reisenden Frauen war Jeanne Baret (1740–1807), denn sie reiste notgedrungen als Mann verkleidet um die Welt. Geboren im Sommer 1740 als Tochter eines Tagelöhners im französischen Dorf La Comelle, beschäftigte sie sich als Mädchen viel mit Heilkräutern. Mit 20 Jahren macht Baret die Bekanntschaft mit dem zwölf Jahre älteren Naturforscher Philibert Commerson. Dieser war ein großer Liebhaber der Botanik. Sogar eine Stelle als Sekretär, die ihm Voltaire angeboten hatte, lehnte er ab, um sich weiter der Pflanzenkunde widmen zu können. Baret wurde von ihm zunächst nur als Haushälterin angestellt. Aber als er eingeladen wurde, im Auftrag von König Ludwig XV. die erste französische Weltumseglung als Naturforscher zu begleiten, wollte er Jeanne Baret, deren botanische Kenntnisse erkannt hatte, als ein Mitglied der zwischen 1766 und 1769 geplanten Expedition von Louis Antoine de Bougainville mit den Schiffen La Boudeuse und L'Étoile mitnehmen. Bereits 1765 entstand der Plan, sie als Mann verkleidet als seinen Kammerdiener und Assistenten bei der Expedition anzustellen. Diese Tarnung war notwendig, dazu dieser Zeit die französische Marine die Anwesenheit von Frauen auf ihren Schiffen grundsätzlich verbot.

Abb. 26: Jeanne Baret und Philibert Commerson ville

Die Fregatte und das Frachtschiff L' Etoile war klein und konnte nicht schnell segeln. Der Kapitän der L' Etoile La Giraudais bot beiden, Commerson und Baret, seine Kajüte an. Für Baret, die als Kräuterfrau viel in der freien Natur unterwegs war, war das Eingeschlossensein in eine nur 15 Fuß lange Kammer, in der man kaum aufrecht stehen konnte, eine unsägliche Qual. Auf Deck, wo die Matrosen arbeiteten, durfte sie nur in Begleitung gehen. Ihre Tarnung als junger Mann erforderte es auch, dass sie ihre Brüste fest in Bandagen wickelte. Außer einem Mitglied der Mannschaft der L' Etoile, ahnte noch Niemand ihr wahres Geschlecht als Frau. Nur der Schiffsarzt mit Namen Francois Vivès hatte diesen Verdacht. Er war von Vornherein ein Feind von Commerson, den er wegen dessen medizinischer Ausbildung als einen Konkurrenten ansah. Während der Zeit, in der Baret mit Commerson die Kabine teilte, streute er das Gerücht aus, dass ein Mädchen auf dem Schiff sei und dass dieses Mädchen „zweifellos unser kleiner Mann" sei. Danach kam es zu einer Unterredung mit dem Kapitän La Giraudais, bei der Baret als Notlüge angab, dass sie ein Eunuch sei. Während der Kapitän sich damit zufrieden gab, bezeichnete Vivès sie als Lügnerin und „falscher Diener". Und als sie seekrank wurde, kam sie in die Mannschaftsunterkünfte. Sie konnte dort kein Auge zu tun. Eine Verletzung von Commerson durch einen früheren Hundebiss erlaubte es ihr jedoch wieder in die Kapitänskajüte zurück zu kehren, um ihn zu pflegen. Der Kapitän hoffte außerdem, dass sich alle diese Gerüchte aufklären würden, wenn sie den Äquator überquerten. Denn dort wurden alle getauft, die dies zum ersten Mal taten. Befestigt an einem Seil, wurden alle ohne Oberkleidung ins Meer getaucht. Nur durch einen Trick gelang es Commerson zu verhindern, dass sich Bert entblößen musste, indem er zum Spaß angab, dass sich Baret als seine Frau als einzige nur bekleidet diese Taufe erdulden könne. Doch das Gerücht, dass der Diener Commersons in Wirklichkeit eine Frau sei verstärkte sich, als die Expedition Tahiti erreichte. Denn von den Männern Tahitis war bekannt, dass sie eine Frau bereits an ihrem Geruch erkennen. Das traf auch zu, als Baret auf den Tahitianer Aotourou, traf, der von Bougainville als Übersetzer auf seinen Schiffen mitgenommen wurde, und mit dem Geruchssinn eines Bluthundes sofort das wahre Geschlecht Barets erkannte. Auf Tahiti wurde sie daher als „mahu", das heißt als Transvestitin angesehen. Sie konnte aber ihre Arbeit mit Billigung Bougainvilles wegen ihrer Unentbehrlichkeit in Sachen botanischer Kenntnisse als Assistent Commersons fortsetzen. Commerson war auf sie angewiesen, da sie vor allem auch ein großes Wissen um mögliche nützliche Pflanzen hatte. Außerdem musste Commerson eine Hilfe haben, da er alleine nicht alle Geräte schleppen konnte. Bald war die Kapitänskabine mit vielen Fundstücken ausgefüllt. Alles musste sicher verstaut und konserviert werden.

Die Kabine war ein exotisches Kabinett, das Jeanne Baret aber auch Schutz bot. Sie konnte hier auch manchmal ihre Bandagen abnehmen. In New Ireland wurde ihre Verkleidung als Mann, die bisher nur wenigen bekannt war, der ganzen Mannschaft offenkundig. Bei einem Landausflug erlebte sie das schrecklichste traumatische Ereignis einer brutalen Vergewaltigung. Sie hatte zwar immer zu ihrem Schutz eine oder zwei geladene Pistolen aus dem Besitz von Commerson unter ihrer Bekleidung verborgen bei sich. Aber als sie mit kaltem Wasser ihr Gesicht und Nacken abkühlte, wurde sie von den Männern ihrer Begleitung mehrfach vergewaltigt. Dabei war der mit Commerson verfeindete Schiffsarzt ein „sadistischer Voyeur" dieses Verbrechens an der unglücklichen Frau. Die Schuldigen wurden zwar eruiert, aber Bougainville und auch Commerson verschwiegen die Vergewaltigung und bestraften niemanden. Jeanne Baret wurde in ihre Kabine gebracht Kabine, mit Opium ruhiggestellt und in einen tiefen Schlaf versetzt. Sie blieb wochenlang in ihrer Kabine. Auf Mauritius starb Commerson 1773 an den Folgen der Beinverletzung. Die ganze Pflanzensammlung wurde per Schiff nach Paris geschickt. In seinem vor der Reise aufgesetzten Testament überließ Commerson seinen Haushalt und seine botanischen Sammlungen Jeanne Baret, damit sie geordnet an das königliche „Cabinet des Estampes" gehen sollten. 1776 wurden ihr aus dem Vermächtnis von Commerson 600 Pfund übergeben. Vom Ministerium für Marine erhielt sie zudem eine jährliche Pension von 200 Pfund. Das erlaubte ihr den Kauf eines Hauses und ein sorgenfreies Leben. Die Sammlung mit den Funden ihrer Reise vermoderte in Kisten, ohne dass sie je die Gelegenheit bekam, alles zu ordnen. Jeanne Baret starb am 5. August 1807 im Alter von 67 Jahren.

Elizabeth Craven (1750–1828) war besonders bekannt für ihre Reiseberichte. Im Alter von 16 Jahren wurde Elizabeth mit Baron William Craven verheiratet. Das Paar trennte sich allerdings nach 13 Ehejahren, zur Scheidung kam es jedoch nie. Bereits drei Jahre vor der arrangierten Hochzeit mit Baron Craven lernte Elizabeth 1764 den deutschen Markgrafen Karl Alexander von Ansbach und Bayreuth auf einer Reise, anlässlich der Hochzeit ihrer Schwester Georgina nach Paris, kennen. 1782 hielt sich Elizabeth Craven wieder in Paris auf, wo es wieder zur Annäherung an den ebenfalls zwangsweise verheirateten Markgrafen Karl Alexander kam. Sie erhielt eine erste Einladung nach Ansbach. Von 1787 bis 1791 lebte sie am Hof des Markgrafen in Ansbach. Drei Jahre später unternahm sie eine Reise nach Italien, Österreich, Russland und Konstantinopel. 1786 veröffentlichte sie einen Reisebericht zu ihrer Reise in Briefen, der sich an das Vorbild der Reisebriefe der Lady Montagu aus dem Jahre 1716 anschließt. Neben ihrer Reisebeschreibung in Briefen verfasste sie eine umfangreiche Autobiographie, die 1828 erschien. Sie wurde auch ins Deutsche übersetzt und erschien unter dem Titel „Denkwürdigkeiten".

Nach dem Tod ihres Gatten William und der Ehefrau des Markgrafen Karl Alexander heirateten der Markgraf und Elizabeth Craven und gingen gemeinsam nach England. Dort verstarb der Markgraf 1806. Craven zog daraufhin nach Neapel, wo sie ihre Memoiren schrieb. Sie starb 1828 und wurde auf dem Cimitero degli Inglesi beigesetzt.

Hester Stanhope (1776–1839) wurde als Tochter des liberalen Politikers Charles Stanhope, 3. Earl Stanhope geboren. Ihr Onkel war der britische Premierminister William Pitt der Jüngere, bei dem sie später Haushälterin war. Als sie nach dem frühen Tode Pitts 1806 ihre herausgehobene Stellung verlor, zog sie in den Libanon. Als sie dort im Jahr 1812 ankam hauste sie zuerst in einem verlassenen Bergkloster in der Nähe der Stadt Sidon. Auf ihren häufigen Ritten zu Pferd entdeckte sie auf einem Hügel ein einsam gelegenes Haus, in dem sie sich eine Wohnung errichtete, in der sie bis zu ihrem Tode lebte. Außer ihrem eigentlichen Wohnhaus hatte sie im Laufe der Zeit eine Anzahl von Häuser erbauen lassen, schachtelmäßig ineinander standen und außerdem durch eine hohe Mauer umgeben worden waren. Ihre Absicht war dabei, dass Niemand unbemerkt ein- und ausgehen konnte, weil sie über alle Bewohner ihres kleinen Reiches die Kontrolle behalten wollte. Eine solche Befestigung war aber auch vor allem deswegen nötig, weil sie sich mit ihrem Anwesen mitten im Feindesland befand. Für ihren großen Bewunderer Leibarzt Charles Meryon, der von allem Anfang an schon beim Aufbruch in den Osten ihr treu ergebener Begleiter war, ist es jedoch „das menschenfreundliche Gemüt der Lady als der ihr von der Vorsehung zugeschrieben Aufgabe, Unglücklichen und Verfolgten Hilfe, Schutz und Beistand zu gewähren. Und darum richtete sie sich im Voraus darauf ein, möglichst viele Menschen bei sich aufnehmen und beherbergen zu können." Doch das gilt für sie nur für die in Bedrängnis geratenen wehrhaften Männer, nicht jedoch für ihre Familien. Für „Weiber und Kinder und sonstige unnütze Mitglieder" gründete sie ein Asyl in einem nahegelegenen Dorfe. Der britischer Arzt Charles Lewis Meryon begleitete Lady Hester auf ihren Reisen und blieb bei ihr, als sie sich in den Bergen des Libanon niederließ. Meryon, der im Libanon nicht nur oder sogar am wenigsten Lady Hesters Arzt war, sondern sich als Sekretär und Geschäftsführer betätigen musste, verfasste als er in London zurückgekehrt war seine dreibändigen Erinnerungen an das Leben der 1839 gestorbenen Lady Hester. Sie sind ein detailliertes Protokoll über ihre Lebensumstände, ihre Herrschaft über die Region und über ihre langen, teils verhörartigen Gespräche mit Meryon. Danach verfasste er eine ebenfalls dreibändige

Beschreibung seiner früheren Reisen mit Lady Hester. Aber welche Qual der arme Berichterstatter beim Zuhören des stundenlange ununterbrochen Redeflusses der Lady geduldig ertragen musste, schildert er selbst: „Es war fast unbegreiflich, wie lange sie eine Person im Gespräch festhalten konnte, wie lange er ihren Anekdoten und Bemerkungen über das Leben horchen musste." Doch Lady Hester wurde nicht nur zunehmend abgehobener, sondern auch krank und schwach. Zudem hatte sie sich hoffnungslos überschuldet. Nach und nach verkaufte sie ihr Inventar und musste ihre Bediensteten entlassen. Sie starb einsam. Der englische Konsul, der auf die Nachricht hin von Beirut hergereist kam, fand den Platz verlassen und Lady Hester mit nichts als ihrem Schmuck auf dem Leib. Er ließ sie in der Nähe unter Maulbeer-Feigen begraben. Fürst Pückler beschrieb in seinen „Orientalischen Reisen" seinen Besuch bei ihr: „Schon ehe ich diese Gegend betrat, wo in der Entfernung weniger Stunden Lady Hester Stanhope im Gebirge hauste, hatte ich mir fest vorgenommen, Syrien nicht eher zu verlassen, bis ich diese merkwürdige Frau gesehen und gesprochen." Das war jedoch besonders schwierig, weil sie in den letzten Jahren, besonders seit dem Besuch des Herrn von Lamartine, beharrlich jede Aufnahme eines Fremden abgelehnt hatte. Doch Fürst Pückler schrieb ihr fast jeden Tag halb leidenschaftliche, halb unterwürfige Briefe, bis seine Hartnäckigkeit ihren Widerstand besiegte. Dabei wurde er von dem Leibarzt der Lady Hester unterstützt, den er für sich gewonnen hatte. Dieser überbrachte Fürst Pückler schließlich einen Brief von ihr, in dem sie einwilligte ihn in ihrem Felsenschloss zu empfangen aber nur um ihn los zu werden. Der halb im Ärger, halb im Scherz geschriebenen Zusatz lautete, „dass er völlig närrisch (quite foolish) sein müsse, eine alte Frau wie sie mit so unglaublicher Hartnäckigkeit zu verfolgen." Es war ein wunderschöner Tag, als daraufhin Fürst Pückler, auf ausdrücklichem Verlangen der Lady Hester sein ganzes Gefolge von Dienern und Sklaven mitbringend, sich der kleinen Festung näherte. Dort angelangt, zeigte sich zum Teil auf mühsam angelegten Terrassen ein steiler Kegel, dessen Gipfel durch eine ringsum laufende Mauer gekrönt war, hinter der wiederum die Spitzen mehrerer getrennter Gebäude einzeln hervorragten. Hier residierte die Lady. „Als sich die Tore öffneten", schreibt Fürst Pückler, „empfing uns dort schon mein Freund, der Doktor, und wies mir sogleich einen kleinen Pavillon, von Blumengärten umgeben, zur Wohnung an. Eine geräumige Veranda, von grünem Flechtwerk mit Rosen überzogen, bildete den Eingang, und das Ganze erschien ebenso comfortabel wie ländlich einfach. Doktor Meryon benachrichtigte mich während der schnell servierten Mahlzeit, dass Lady Hester darauf rechne, mich acht Tage bei sich zu behalten, vor Mitternacht aber selten sichtbar sei, weshalb – fuhr er lächelnd fort – ich nicht sowohl acht Tage, als vielmehr acht Nächte bei ihr zubringen würde." Gerade das aber passte dem Fürsten vortrefflich und nicht nur zum Lande der Tausend und einen Nacht, sondern auch zu seinem eigenen Nachtwächterleben und er versicherte dem Doktor, dass er mit wahrer Ungeduld sein erstes mitternächtliches Rendezvous erwarte (Pückler – Muskau, 1955, S. 381). Zur bestimmten mitternächtlichen Stunde erschien ein türkisch-englischer Führer, um ihn zu seiner Gebieterin abzuholen. Von einem schwarzen Sklaven vorgeleuchtet, wandelten sie durch mehrere Gänge und

Höfe bis sie an den größten Pavillon gelangten, welchen Lady Hester allein bewohnte, und dem niemand ohne besondere Erlaubnis sich nahen darf. Eine ältliche Sklavin nahm den Fürsten in Empfang und geleitete ihn durch einen fast ganz dunklen Korridor bis zu dem so mühsam eroberten Heiligtum. Bei seiner regen Phantasie erwartete der Gast nach so manchen abenteuerlichen Erzählungen etwas ganz Wunderlichem, Phantastischem zu begegnen. Doch es fand das Gegenteil statt. In einem wenig geräumigen Zimmer, das ebenso einfach möbliert war wie das ihm angewiesene, saß auf einem schmucklosen Diwan die wirklich von den Folgen einer schweren Krankheit noch sehr angegriffen scheinende Lady Hester und winkte ihm freundlich, auf einem englischen Lehnstuhl vor ihr Platz zu nehmen. „Ihr Empfang war", stellt Fürst Pückler fest, „trotz ihrer sichtlichen Schwäche, lebhaft, und ihr Benehmen durchaus das einer Frau von Welt im europäischen Sinn, mit einer Eleganz und Grazie der Manieren, die bei Engländerinnen eben nicht alltäglich ist und der durch die orientalische Ruhe und Würde ihres Wesens ein eigentümlicher Reiz mehr beigelegt wurde. Statt der prachtvoll gekleideten Diener, die, sich zur Erde niederwerfend, der strengen Gebieterin nahen sollten, benahm sich die einzige Sklavin, welche uns Pfeifen und Kaffee brachte, nur so, wie es in jedem gut gehaltenen Hause hier Sitte ist, und nichts von Prunk war an ihr sichtbar. Ebenso einfach war Lady Hesters eigene Kleidung, ohne alle Spur von Prätension. Ein roter Turban, ein weißer, bis zu den Füßen herabwallender Burnus, rotseidene Pantalons mit gleichfarbigen Saffianstrümpfen (da man auf den dicken Teppichen keiner Pantoffeln bedarf) bezeugten nur, dass sie seit langem das bequeme orientalische Kostüm dem geschmacklosen europäischen vorgezogen habe."

Abb. 27: Pückler-Muskau und Hester Stanhope

Als sie bald nachher aufstand und an einem langen Stabe das Zimmer durchschritt, um dem Fürsten etwas zu zeigen, wovon sie eben gesprochen hatte, kam sie ihm wie eine Sibylle des Altertums vor. Das blasse, regelmäßige Antlitz, die dunklen feurigen Augen, die hohe weiße Gestalt, die strenge Haltung, das sonore, etwas tiefe Organ – es war wirklich viel Imposantes in der Erscheinung, doch nichts, was an Affekthascherei streifte (Pückler – Muskau, 1955, S. 181) „Man kann im Gegenteil nicht natürlicher und wahrer sein", meint Fürst Pückler, „als ich Lady Hester bis zum letzten Augenblick gefunden habe, ein durchaus starker, fast zu männlicher Charakter, der den bloßen Schein in allem verachtete." Seit ihr Vermögen geschmolzen ist, bedurfte sie des Luxus nicht mehr. Je älter sie wurde, je geringer wurden auch ihre Bedürfnisse, und desto eifriger suchte sie sich der Natur wieder zu nähern: „Meine Rosen," sagte sie, „sind meine Juwelen; zu Uhren dienen mir Sonne, Mond und Sterne; zur Nahrung Wasser und Früchte." Doch Pückler war nicht um sein leibliches Wohl besorgt, denn er hatte schon erfahren, dass ihre Gäste keineswegs auf die Frucht- und Wasserdiät gesetzt würden, und er wusste auch, dass selbst die Armut der Lady doch immer nur eine „englische Armut" sei, die, wie er meint, „dem deutschem Reichtum ziemlich äquivalent" ist. Doch war sie verhältnismäßig arm und in den letzten Jahren wohl auf den sechsten Teil ihres früheren großen Einkommens reduziert worden. Sie beklagte sich mit einiger Bitterkeit über die Härte und den Undank, die sie von ihrer Familie erfahren hatte. (Pückler – Muskau, 1955, S. 384)

Während seines achttägigen Aufenthaltes brachte Fürst Pückler jede Nacht sechs bis acht Stunden bei Lady Hester zu ohne einen Augenblick Ermüdung oder Langeweile empfunden zu haben. Ganze Bände könnte er, wie er meint, mit dem Inhalt ihrer Erzählungen ausfüllen, die sie aus ihrem Leben berichtete. Ihr Gedächtnis, bis in die entferntesten Perioden mit immer gleicher Sicherheit zurückgehend, war bewunderungswürdig; und da sie in der glänzenden Zeit ihrer Jugend zehn Jahre lang das volle Vertrauen ihres Onkels, des großen Pitt, so unbedingt genoss, dass sie damals in England allgemein für seine rechte Hand galt und dadurch den wesentlichsten Einfluss auf die Politik der Welt ausübte, sind nur wenige Leute imstande, interessantere Aufschlüsse über jene denkwürdige Epoche zu geben. Doch Fürst Pückler war nach seinen langen Gesprächen mit der Lady im Stande darüber einen Bericht zu liefern: Nach Pitts Tode wollte Fox, Pitts edler Gegner, sie durch eine Pension von 2000 Pfund Sterling ehren, die sie jedoch ausschlug, und da ihr mit dem Verluste ihres Onkels Pitt Europa keinen Reiz mehr bot, verließ sie ihre Heimat für immer, um ein langes romantisches Leben im Orient zu führen (Pückler – Muskau, 1955, S. 385). Es fing erregend genug an, denn sie litt Schiffbruch, verlor dabei ihren Schmuck, große Summen in barem Gelde und alles, was sie mit sich führte, kaum das nackte Leben rettend, nachdem sie eine ganze Nacht, den Elementen preisgegeben, auf einer Sandbank zugebracht und durch ihre Entschlossenheit viel zur Rettung der Mannschaft beigetragen hatte. Wenige Monate darauf bekam sie die Pest, überstand auch diese und ging in die Wüste. Es ist bekannt, welchen unglaublichen Einfluss sie sich bald über die Araber zu verschaffen wusste und wie lange sie ihn zu behaupten verstand, von allen fast als ein höheres Wesen angesehen und gleich einer Königin geehrt. Doch wurden vorher ihr Mut, ihre Geistesgegenwart und ihre Urteilskraft auf die härtesten Proben gestellt, in denen mancher männliche Held vielleicht unterlegen wäre. Erst nachdem sie diese, oft von der romanhaftesten Art, ruhmvoll bestanden, erlangte sie jene hohe Stellung in der Meinung der Orientalen, die, glücklich errungen, hier nicht so leicht wieder verloren gehen kann als, wie Fürst Pückler meint, „in unserem charakterlosen und wetterwendischen Europa". Ihre Macht wurde bald so groß, dass man sogar in Konstantinopel Besorgnisse vor der kühnen Abenteurerin zu hegen anfing. Aber seit der Zeit, als der Ägypter Mehemed Ali als Herrscher in Syrien erschien und zugleich auch ihr erschöpftes Vermögen Lady Hester nicht mehr den Nimbus königlichen Glanzes verlieh, sank ihr Ansehen bedeutend. „Ja, ehemals", rief Lady Hester einmal vor Fürst Pückler verzweifelt aus, „ehemals war ich voller Ehrgeiz und ging mit großen Plänen um, doch seitdem die ägyptischen Eindringlinge wie die Landplage der Heuschrecken über uns gekommen sind, hat mir Gott mit Alter und Krankheit viel Leid und Prüfung auferlegt. Mein Beruf ist nicht mehr der Streit, sondern in Ergebung die Ankunft des Messias zu erwarten, wozu ich seit langem berufen bin" (Pückler – Muskau, 1955, S. 386). Denn Lady Hester glaubte – nicht nur mit den Juden, sondern mit dem ganzen Orient –, der Messias werde noch erwartet. „Wir glauben", sagt dagegen Pückler, „er sei schon da gewesen. Lady Hester erwartet bei seiner Ankunft viele Wunder. Wir glauben, dass diese Wunder bereits stattgefunden haben. Ohne allen Zweifel haben wir recht und Lady Hester unrecht, verrückt können wir sie deshalb ohne Besorgnis der Ungerechtigkeit kaum nennen." (Pückler – Muskau, 1955, S. 387). In einer Nacht, wo der Mond fast so hell wie die Sonne bei uns schien, führte Lady Hester ihren Gast in den sonst jedem fremden Auge unzugänglichen kleinen Privatgartens, das Reizendste und südlich Üppigste, was man sich vorstellen kann. Eine ganze Rosenwelt von allen Größen und Farben, in vollster Blüte stehend, wunderbar im grünlichen Licht des Vollmondes schimmernd und die ganze Atmosphäre mit einem Duft erfüllend. Dann kamen die beiden an eine mit hohen Vasen umstellte Terrasse, die auf dem senkrecht herabstürzenden Felsen angebracht war, und wo man, ohne selbst gesehen zu werden, die schönste Aussicht auf das wogende Gebirge und die hinter ihm sich ausbreitende weite Fläche des Meeres genießen konnte. Dann machte die Lady Bemerkungen über die so charakteristischen Unterschiede abendländischer und morgenländischer Zivilisation, über die Mauren in Spanien, und dass wir ohne Karl Martell wahrscheinlich alle Muhamedaner geworden seien, was Lady Hester ganz recht gewesen wäre. Bei ihren letzten Zusammensein gab Lady Hester Fürst Pückler einige kabbalistische Zeichnungen mit, begleitet von verschiedenen Verhaltungsregeln hinsichtlich einer plötzlichen Ankunft des Messias, und zugleich mehrere ohne Zweifel praktischere Empfehlungen für die Reise. Der Fürst küsste ihr gerührt zum letzten Mal die dürre, aber noch immer schön geformte, aristokratische Hand (Pückler – Muskau, 1955, S. 404).

Ida Gräfin Hahn-Hahn galt als eine der meistgelesenen Autorinnen ihrer Zeit. Sie erfuhr Anerkennung von Literaten wie Eichendorff und Fontane, aber auch Ablehnung. Vor allem wurden ihre manierierte und mit Fremdwörtern gespickte Erzählweise und ihre elitäre aristokratische Haltung kritisiert. Als sie mit 38 Jahren zu ihrer Reise in den Orient aufbrach, war sie als Berufsschriftstellerin in Deutschland einer breiten Öffentlichkeit schon sehr bekannt.

Abb. 28: Ida Gräfin Hahn-Hahn

Ida von Hahn-Hahn reiste mit ihrem Lebensgefährten Bystram in den Orient. Aber sie erwähnt ihn nur am Rand. Dies erweckt den Eindruck, sie würde alleine reisen, was sie als sehr eigenständig und unabhängig wirken lässt. Sie reist komfortabel und überlässt die Reiseorganisation Bystram und ihrem Dragomanen Giorgio, ihrem Reiseführer. Außerdem schickt sie in Konstantinopel ihre Kammerjungfer nach Hause, weil sie den Eindruck hat, diese wäre nicht für die Weiterreise in den Orient geschaffen. Auch dass sie sich einen Hosenanzug schneidern lässt, spricht für ihr ausgeprägtes Selbstbewusstsein als reisende Frau. Dass Frauen im 19. Jahrhundert eher dem häuslichen Bereich zugeordnet waren und die Erfahrung der Weite fremder Länder immer noch hauptsächlich dem männlichen Geschlecht vorbehalten war, wird von der Autorin genutzt, um sich selbst zu stilisieren. So schreibt sie in selbstbewusstem Ton aus Damaskus an ihre Freundin Gräfin Schönburg-Wechselburg: „Es ist unser Dragoman, ein Zypriote, namens Giorgio, der uns in Konstantinopel aufs beste empfohlen wurde, und der unberufen! ein höchst brauchbarer und tüchtiger Mensch ist. Giorgio ist nicht mehr noch weniger als das, was man bei uns einen Kurier nennt, ein Diener der alle Reiseanordnungen zu machen hat. Da er die Reise mehrmals gemacht hat, so kennt er alle ihre Erfordernisse und hat uns mit ihnen ausgerüstet. Sie sind groß. Zwei Zelte, Matratzen und Zubehör, ein Tisch und zwei Stühle, Koch, Speise, Wasch- und Kaffeegeschirr, Servietten und Handtücher, Leuchter, Licht und Laterne, Lebensmittel von Reis, Makaroni, Tee, Schokolade, Kaffee, Zitronen und Zucker. Das Klügste was ich seit langer Zeit getan, ist, dass ich aus Konstantinopel meine gezierte Kammerjungfer zurückschickte, weil dergleichen Leute nicht für den Libanon und die Wüste taugen; und dass ich mir in Wien einen vollständigen, nicht Männer- aber Knabenanzug machen ließ, ein costume de gamin von größter Einfachhei.t" (Hahn-Hahn 1844. Bd.2, S. 2 ff.) Den aktuellen Reiseverlauf und die besuchten Orte und Sehenswürdigkeiten berichtet von Hahn-Hahn ihrer Mutter in fast chronologischer Reihenfolge. An ihren Bruder sind die spektakulären Erlebnisse vom Besuch des Harems und des Sklavenmarktes in Konstantinopel sowie von der dramatischen Besteigung der Cheops-Pyramide gerichtet. Ida von Hahn-Hahn schreibt ihre Reisebriefe von vornherein, um einen weiteren Bucherfolg zu erzielen. Ihre Briefe zeigen ihr Streben nach individueller Freiheit. So stellt sie erfreut und stolz heraus, dass sie als erste Frau einen osmanischen Reisefirman, eine Art Reisepass, beantragt hat, welchen sie für die Weiterreise benötigte: „Es hat aber Mühe gemacht ihn zu bekommen. Und nun rate weshalb! Weil noch nie eine Frau einen Reisefirman begehrt hat. Es war mir vorbehalten, diesen in den Annalen des osmanischen Reiches unerhörten Fall herbeizuführen" (Hahn-Hahn 1844. Bd. 1, S. 301). Der Gräfin ging es bei ihren Reisen um Selbststilisierung als Schriftstellerin. Sie schrieb für ein Lesepublikum und wollte damit bewusst Erwartungen erfüllen und ihren Lesern die Möglichkeit geben durch ihre vorgegebene Sichtweise, durch den Blick und die Worte der Autorin, den Orient zu erfahren. So schreibt sie im Juni 1844 einen Brief an ihre Mutter: „Das muss ich denn aber doch sagen: wer das Reisen wie eine oberflächliche Zerstreuung betrachtet, der gehe nicht in den Orient. Vergnügungen bietet er nicht, nur Lehren und

Offenbarungen. Das habe ich vorausgesetzt, sie gesucht und gefunden, und darum bin ich vollkommen mit meiner Reise zufrieden." (Hahn-Hahn 1844. Bd. 1, S. 4) Und an die Gräfin Schönburg-Wechselburg schreibt sie: „Wie viel hundert Meilen im Raum ich seit dem vorigen Sommer durchwandert sein möge, ist dagegen von geringer Bedeutung, dass ich in der Zeit wirklich durch Jahrtausende gepilgert bin und nicht in Büchern, oder auf dem Papier, oder in Gedanken: nein, in der Wirklichkeit, auf dem uralten Boden, zwischen den ursprünglichen Monumenten. Da rollt die Geschichte sich friedlich auf, wie ein künstlich gewirkter, reicher Teppich, der noch lange nicht unseren Erdball umspannt." (Hahn-Hahn 1844 Bd. 3, S. 260) Der Orient ist für von Hahn-Hahn stark an die Vergangenheit geknüpft. Deshalb wird die Geschichte des Orients von ihr verklärend dargestellt: „Von dem Weltteil der ist, will ich zu dem hin, der war; aus der europäischen Gegenwart in die orientalische Vergangenheit. In Europa sieht es so hoffnungslos aus, so unruhig. Keinem ist wohl auf seinem Platz, und er sucht die Stille oder öffentlich einen anderen. Alles was besteht, soll umgeändert, oder umgebildet, wenn nicht gar umgestoßen werden. Bin ich aber im Orient bedenke ich dabei, dass so viel Größe, Macht und Herrlichkeit untergehen, und dass dennoch unsre ganze große occidentalische Bildung frisch und neu ihnen folgen konnte: so gibt diese Betrachtung mir Zuversicht." (Hahn-Hahn 1844. Bd.1, S. 281 ff.) Äußerungen über Türken und Araber, ebenso wie offener Rassismus, wie er beispielsweise in ihren Schilderungen von Negersklavinnen in den Orientalischen Briefen erkennbar wird, machen ihre Reiseberichte über den Orient aus heutiger Sicht fragwürdig. Andererseits steht diesen Ansichten jedoch eine immer wieder betonte und angemahnte religiöse Toleranz in Bezug auf „Mohammedaner" und Juden gegenüber, und es macht sich zumindest der prinzipielle Wille der Autorin bemerkbar, auf die als fremd empfundenen Sitten und Gebräuche des Orients einzugehen. Über ihren Aufenthalt in Konstantinopel schreibt sie: „Mehr noch als die fürchterliche Unsauberkeit fällt mir die fürchterliche Unordnung auf; dass die Straßen sehr schmal, sehr krumm, sehr steil aufsteigend sind, ist ihr geringster Fehler; der Rinnstein in der Mitte ist bei ihrer großen Schmalheit schon viel unbequemer; aber welch ein Steinpflaster! Das von Sevilla ist dagegen ein köstliches Parkett. Dein Sonnenschirm bleibt alle drei Schritt zwischen diesen enormen, roh zusammengewürfelten Steinen stecken; Dein Fuß alle zehn Schritt. Weil die Gasse nach der Mitte zu abschüssig ist, so hast Du im Grunde nie einen sicheren Tritt, denn ihrer Enge wegen beginnt der Abhang unmittelbar an den Häusern. Du gehst also beschwerlich genug. Nun tritt nur ja nicht auf einen von diesen affrösen, räudigen, verwilderten Hunden, denen es nicht einfällt, Dir aus dem Weg zu gehen, die daher sehr oft getreten und gestoßen werden, dann mit ihrem Geheul die Luft erfüllen, und immerfort auf die widerlichste Weise Dir ins Auge fallen. Hier bringt eine Hündin ihre Brut zur Welt; da säugt sie sie; dort liegen ein paar tote; oder sie laufen Dir vor die Füße, oder sie beißen sich untereinander. Genug, wäre Konstantinopel nur von Hunden bewohnt, so würdest Du es schon schwer genug in diesen Straßen haben, wo Haufen von Kehricht, von Schutt, von Dünger, von Melonenschalen, von allem glaublichen und unglaublichen Material, besonders an den Ecken Barrikaden bilden. Aber nimm Dich in Acht! Da kommen Pferde, die auf jeder Seite einen Lederschlauch mit Öl gefüllt tragen, der auch von außen ganz eingeölt ist. O, nimm Dich in Acht! Hinter Dir kommt eine ganze Reihe von Eseln mit Baumaterial, mit Ziegelsteinen und Brettern schwer beladen. Weiche zur Rechten aus, vor diesen Männern, die große Kohlenkörbe auf dem Rücken tragen! Und weiche auch zur Linken aus vor jenen anderen, die zu vier, zu sechs, zu acht Mann so schwere Warenballen und Fässer schleppen, dass die zwei armdicken Stangen, woran die Last hängt, unter ihr sich biegen. Lass Dich nicht betäuben von dem Geschrei der Esel, der Zuckerwerk- und Kastanienverkäufer, der Hunde, der durch ihren Ruf warnenden Lastträger, und folge Deinem Dragoman, der fliegenden Schrittes mit der Hast der Geschäftigkeit und gewöhnt an diese Drangsale, Dir vorauseilt und bald im Gedränge – bald um diese oder jene Ecke Dir entschwindet. Du gelangst auf einen Gottesacker. Man kennt in Europa die Ehrfurcht, womit die Türken die Grabstätten behandeln, wie sie sie besuchen und nie gestatten, dass sie, wie dort, nach einer Reihe von Jahren wieder umgegraben werden. In der Idee ist das sehr schön; und stellt man sich Zypressenhaine vor, wo weiße aufgerichtete Leichensteine auf dem grünen Rasen stehen: so macht das ein edles, feierliches Bild. Jetzt betrachte es in der Wirklichkeit. Der Rasen ist abgetreten, die Leichensteine sind umgestürzt, abgebrochen, schief; einige holprig gepflasterte Straßen durchschneiden sie; hier weiden Schafe, da warten Esel, dort schnattern Gänse und krähen Hähne; auf diesem Fleck trocknet man Wäsche, auf jenem arbeitet ein Tischler; während von der einen Seite ein Zug Kamele daher schreitet, naht von der andren ein Leichenzug; da spielen Kinder, da beißen sich Hunde, da ist das gleichgültigste Treiben der Welt – eine wahre Profanation der Gräber.“ Über die türkischen Frauen fällt die Gräfin ein bösartiges Urteil, wenn sie schreibt: „In der schönen freien Natur, sind sie etwas leblos und plump, denn ich finde dies ewige Kauern auf der Erde höchst ungraziös, ich möchte sagen monströs, weil man die menschliche Gestalt immer nur zur Hälfte sieht. Aber wohl den Frauen, wenn man sie nur sitzend erblickt! Welch ein Gang, welche krummen Beine, welche einwärts gekehrten Füße! Nicht einen Tanzmeister – nur einen Exerziermeister möcht’ ich ihnen gönnen, damit sie nicht so grässlich einher watschelten.“

Abb. 29: Harem, das Brutnest böser Eigenschaften

Ganz anders als Lady Montagu beurteilt Ida von Hahn-Hahn die Situation der Frauen im Harem: „Ich kann mir vorstellen, wie ein Harem das Brutnest aller bösen Eigenschaften wird, deren Keime im Charakter des Weibes schlummern. Immer von Nebenbuhlerinnen umgeben, immer bewacht und umringt von diesen Scheusalen, den Eunuchen, immer unbeschäftigt, muss Eifersucht, Neid, Bitterkeit, Hass, Lust an Ränken, grenzenlose Gefallsucht als helle Flamme aufschlagen. Man will die gehassten Nebenbuhlerinnen besiegen – das liegt in der Natur jedes Weibes! Und sage man immerhin, dass die Orientalinnen an den Harem gewöhnt sind und dass Gewohnheit alles erträglich, ja leicht mache, so ist das eine von den vielen halbwahren, abgebrauchten Phrasen. Ja, sie treten in das Joch des Harems, und dessen Form ist ihnen zur Gewohnheit geworden; aber gegen den Inhalt sträubt sich ihr Instinkt – ich will nicht sagen ihr Bewusstsein, denn das mag bei wenigen erwachen – nur der Instinkt, der unabweisliche, allmächtige. Da keine Geistes- und Seelenbildung ihn bändigt und regelt, wie sollte es da nicht zu den heftigsten Ausbrüchen, zu den tiefsten Gemeinheiten, zu den größten Grausamkeiten kommen. Der Harem ist die wahre Anstalt, um den Charakter der Frau zu verderben." (Hahn-Hahn 1844. S. 25) An ihren Bruder schreibt sie über den Sklavenmarkt für Negerinnen: „Mein lieber Bruder, die weißen Sklavinnen werden abgesondert in Tophana gehalten, von dort in die Harems zur Schau geführt, und nur durch ganz besondere Protektion gelangst Du zu dem Ort, wo man sie aufbewahrt. Hier gibt es nur Schwarze, und mit diesem unholden Anblick musst Du Dich begnügen. Da sitzen sie! Ein grobes grauweißes Gewand verhüllt die Gestalt, bunte Glasringe umgeben die Handgelenke, bunte Glasperlen den Hals. Das Haar tragen sie kurz abgeschnitten; die deprimierte Stirn, tief eingedrückt über den Augenbrauen wie bei den Kretins, fällt zuerst auf, dann das große rollende nichtssagende Auge, dann die Nase, die ohne Nasenbein eine unförmliche Masse zu sein scheint, dann der Mund mit der tierischen Bildung der vorspringenden Kinnladen, und mit den klaffenden schwarzen Lippen, dann die langfingerigen äffischen Hände mit hässlich farblosen Nägeln, dann die spindeldürren Beine mit der heraustretenden Ferse; dann, und am meisten, das unerhört Tierische der ganzen Erscheinung, Form und Ausdruck inbegriffen. Die Farbe ist verschieden, bald glänzend schwarz, bald bräunlich, bald gräulich. Sie geben kein Lebenszeichen von sich, sie starren uns an mit demselben bewusstlosen Blick, mit dem sie sich untereinander anstarren. Ein Käufer kommt, mustert sie; Käuferinnen machen ihre Bemerkungen über sie; es ist ihnen gleichgültig. Sie werden gemessen in der Höhe und Breite wie Warenballen, untersucht an Händen, Hüften, Füßen, Zähnen wie ein Pferd, sobald es zum Handel kommt; sie lassen alles geschehen, ohne Scheu, ohne Zorn, ohne Schmerz. Übrigens geschieht das auch alles mit Anstand; natürlich mit dem sogenannten Anstand, dass sie ihre Gewänder nicht ablegen, die vom Halse bis zur Hälfte der Waden herabreichen. Dann wird gefordert, geboten, gefeilscht; wird man einig, so geht die Sklavin mit dem Herrn oder der Herrin fort; wird man's nicht, so setzt sie sich wieder auf die Matte unbekümmert um ihr Schicksal. Nun, wie gefällt Dir das? Ich muss ehrlich gestehen, dass mich bei der ganzen Prozedur nichts so anwiderte als ihre Hässlichkeit und dass mir der majestätische Königsgeier zu Schönbrunn mehr Mitleid mit seiner Gefangenschaft einflößte, als die Sklaverei dieser Geschöpfe." Die Gräfin besuchte ein arabisches Haus. Über ihre Erlebnisse mit den Frauen in diesem Haus berichtet sie ihrer Mutter: „Die Herrin wie die Sklavinnen sahen im höchsten Grade unsauber, nachlässig, recht widerwärtig aus, ganz als ob sie nach der hier herrschenden Sitte in ihren Kleidern geschlafen hätten – und zwar mehr als eine Nacht. Sie lärmten, lachten, schrien um mich herum, betrachteten mich, fassten meine Hände an – die Wilden der Südsee können nicht wilder in ihrer Neugier sein. Und dies war der Harem eines reichen und angesehenen Mannes! Aber der Harem macht stupid und roh, das ist gewiss. Welch ein Unterschied in dem Benehmen dieser Frauen und der schönen Jüdinnen, die, wie sie, in Syrien geboren und ohne alle Erziehung und Bildung sind. Aber das Eine: der freie Umgang beider Geschlechter gibt einen Takt und eine Gesittung, welche den Haremsbewohnerinnen für immer fremd bleiben. Mir war ganz unheimlich zwischen dieser Bande zu Mute und ich dankte Gott als ich wieder zu meinen Begleitern gelangte. So eine Masse roher Weiber zu sehen, ist nur schrecklich. Lieber sehe ich eine Herde Kühe oder Schafe. Der Harem erniedrigt das Weib zum Vieh. Nimm nicht übel den starken Ausdruck, Herzensmama! Ich kann's nicht sehen, nicht denken ohne Empörung. Die Männer, die sich die Erlaubnis nehmen über Dinge zu schreiben, die sie nicht kennen, haben denn auch oft behauptet, die Orientalinnen fühlten sich gar nicht unglücklich im Harem. Desto schlimmer für sie! Hat sich je eine Kuh auf der grünen Wiese unglücklich gefühlt? Der Harem ist eine Wiese, die den Bedürfnissen des animalischen Lebens genügt. Basta. Ich kann nicht darüber sprechen. Das Herz im Leibe kehrt sich mir um." Doch von den Beduinen war die Gräfin sehr beeindruckt: „Ach, die Beduinen! Friede über ihre Zelte, und Gott erhalte sie immer so wild und frei! Denn wild sind sie natürlich, und gebildet gar nicht. Eine Zeitung haben sie nie in Händen gehabt, nie eine Oper gehört, nie eine Kunstausstellung gesehen. Ihre Kleidung ist ein Hemd und ein Mantel, nackt laufen die Kinder herum – ohne ein bisschen Wildheit gehts in der Freiheit nicht zu. Mäßig sind sie in höchstem Grade; nur bei großen Gelegenheiten, bei einer Hochzeit, oder bei dem Besuch eines Gastes den sie hoch ehren wollen, wird ein Lamm geschlachtet. Das macht sie kerngesund bis ins tiefste Alter, und trägt zu der großen Sittenreinheit bei. Ein gefallenes Mädchen kommt nie vor, obgleich die Heiraten in frühster, kaum entwickelter Jugend nicht gebräuchlich sind. Die Ehe ist ernst und streng; der Mann ist der Herr, Weib und Kind gehorcht und bedient, aber nicht widerwillig und gedrückt einem launenhaften Gemahl und Vater, sondern dem Oberhaupt der Familie. Ein Harem kann unter dem Zelt natürlich nicht existieren, die Weiber leben unter sich und ziemlich abgesondert von den Männern, weil sie die häuslichen Geschäfte zu besorgen und die Männer sie nicht zum Zeitvertreib nötig haben. Die Kinder machen den Weibern wenig Mühe; sie werden leicht und schnell geboren, und die unendliche Verdrießlichkeit und Weitläufigkeit von dem was man bei uns ein Wochenbett nennt, kennen sie nicht. Es ist höchstens ein Tagebett! Ehe das Kind laufen kann tragen sie es meistens mit sich herum, es geniert sie gar nicht! Sie tragen Wasser, sie tragen Holz, sie mahlen Mehl. Ihre Kleidung besteht aus einem langen schleppenden Hemd und in einem dunkelblauen Schleier, der aber Gesicht, Busen und Arme ganz frei lässt. Letztere sind blau tätowiert und mit vielen bunten Glasringen geschmückt; auch mit silbernen oder bleiernen, worin hie und da ein kleines buntes Glasstück sitzt. Der sehr unschöne Busen wird zum Glück fast ganz verdeckt durch die Unzahl von Ketten, roten Perlenschnüren, großen Silbermünzen, die an Schnüren gereiht werden. Die Gestalt ist grade, fest; kräftig sind Schritt und Bewegung, stark die Gesichtszüge, lebhaft und groß die Augen. Verkümmerte Weiber sieht man ebenso wenig als verkrüppelte Männer. Ihr Alter ist nicht elend, einsam und traurig. Graues Haar ist eine Krone der Ehren bei dem Beduinen! Der Greis wird von den jüngeren Mitgliedern seiner Familie, von den heranwachsenden Knaben bedient, wie die Greisin von den Mädchen. Der Dienst ist leicht bei der Geringfügigkeit ihrer Bedürfnisse, etwa eine Pfeife anzuzünden, eine Matte hinzubreiten, eine Speise zuzutragen. Von der Geburt bis zum Grabe ist das Leben nie eine Last. Einfachheit der Gewohnheiten, Mäßigkeit der Genüsse und Sittenreinheit diese drei Dinge sind in Europa Undinge. Ein viertes kommt dazu: freie Luft. Tag und Nacht, Winter und Sommer, Regen und Hitze, gleichviel! Immer ist der Beduine der Einwirkung der frischen Luft ausgesetzt, und sie gibt ihm nicht bloß Gesundheit, sondern Freiheitsgefühl." (Hahn-Hahn 1844. Bd.1, S. 163) Die Gräfin schildert auch ihren Besuch der Pyramide des Cheops als ein schreckliches Ereignis: „Nun kam eine unausstehliche Partie: das Innere der Pyramide. Da muss man zuerst in einen Schacht gebückt hineingleiten dann befindet man sich in einer Vorkammer, und dann muss man gebückt – was sage ich gebückt! – zusammengeklappt wie ein Taschenmesser muss man sechzig Schritt in einem anderen Schacht sich fortbewegen, bis man zu einer zweiten Kammer kommt. Da war ich halb ohnmächtig. Draußen, im Licht, in der Luft, halte ich alles aus; aber zwischen diesen dicken Mauern, in fürchterlicher Hitze, in beklemmender Atmosphäre, in tiefer Finsternis, welche durch die Flamme von zwei Kerzen schwach gelichtet wurde, und vor allem: ohne irgend etwas zu sehen an Malerei oder Bildnerei – das war nicht auszuhalten! Und ob im Inneren der Pyramide noch andre Schachte und Kammern sich folgen, und ob in jenen, die ich nicht gesehen irgendeine Spur von Ausschmückung oder von Mumien und Sarkophagen sich findet – ich weiß es nicht! Ich gestehe ehrlich, dass ich, ohne irgend etwas gesehen zu haben schleunigst wieder umgekehrt bin." (Hahn-Hahn 1844. Bd.1, S. 21) Bei ihren Aufenthalt in Nubien stellt die Gräfin in den Friedhöfen seltsame Bräuche fest: „Wir sahen auf den Gottesäckern neben frischen Gräbern kleine irdene Näpfe stehen in denen Wasser gehalten wird; man glaubt dass nachts die Seelen der Verstorbenen herauskommen, um zu trinken. Mit der Zeit verlieren sie vermutlich diesen irdischen Durst, denn bei den alten Grabstätten befanden sich keine Trinkschalen; aber solch ein lebhaftes Bedürfnis ist für die Lebenden ein frischer Trunk, dass sie sich ihre Toten diese Entbehrung leidend nicht vorstellen können." (Hahn-Hahn 1844. Bd.1, S. 241)

Abb. 30: Ida Pfeiffer 1861

14 Die Weltreisende Ida Pfeiffer

Ida Pfeiffer (1797–1858) las schon als Kind mit Vorliebe Reiseberichte und träumte davon, an Expeditionen teilzunehmen und ferne Länder zu sehen. Nach dem Tod des Vaters bemühte sich die Mutter, die bisherige, männlich orientierte Erziehung der Tochter rückgängig zu machen. Um dem zerrütteten Verhältnis zu ihrer Mutter zu entkommen, willigte sie aber 1820 in die Vernunftehe mit einem 24 Jahre älteren Witwer ein, dem gut situierten Anwalt Mark Anton Pfeiffer aus Lemberg. Pfeiffer geriet bald in finanzielle Schwierigkeiten, weil er wegen eines Prozesses gegen korrupte Beamte gewonnen hatte und dadurch die gewohnten Aufträge aus öffentlichen Ämtern verlor. Nachdem er deshalb seine Kanzlei in Lemberg schließen musste, lebte das Paar getrennt – er in Lemberg, sie in Wien – ließ sich aber nie scheiden. Die Erbschaft nach dem Tod ihrer Mutter 1837 befreite Ida Pfeiffer schließlich von den drückenden Sorgen und sah endlich die Möglichkeit gekommen, ihrer Neigung zu Reisen und Abenteuern nachzugehen. Am 22. März 1842 im Alter von 44 Jahren verließ Ida Pfeiffer Wien. Ihr Ziel aber war Palästina und Ägypten. Die Reise ging über die Donau und das Schwarze Meer nach Konstantinopel, Beirut, Jerusalem, zum Toten Meer, nach Damaskus, Baalbek und Alexandria bis nach Kairo; von dort nach einem Kamelritt durch die Wüste zur Landenge von Sues zurück nach Wien, wo sie im Dezember ankam. Ihr Reisetagebuch erschien 1843 zunächst anonym unter dem Titel „Reise einer Wienerin in das Heilige Land" und wurde ein großer Publikumserfolg. Erst 1856, mit der vierten Auflage, gab Ida Pfeiffer ihren Namen als Autorin preis. Die Einnahmen aus diesem Buch ermöglichten es ihr, weitere Reisen zu finanzieren. Bereits im April 1845 brach sie zu ihrer Nordlandreise auf, die sie nach Schweden, Norwegen und Island führt. In Island besichtigt sie von einem einheimischen Führer begleitet auf anstrengenden Exkursionen Schwefelquellen und Geysire, Grotten und Vulkane. Doch ihr größtes Ziel ist eine Reise um die Welt, zu der sie zweimal aufbricht. Von Hamburg aus gelangte sie nach Rio de Janeiro. Doch sowohl von der Stadt als auch von den meisten ihrer Einwohner besonders der niederen Klassen war sie sehr enttäuscht: „Die Stadt bietet also an Plätzen, Straßen und Gebäuden dem Fremden durchaus nichts Anziehendes; wahrhaft abschreckend sind aber die Menschen, welchen man begegnet – beinahe durchgehends nur Neger und Negerinnen mit den plattgedrückten, hässlichen Nasen, den wulstigen Lippen und kurz gekrausten Haaren. Dazu sind sie meist noch halb nackt, mit elenden Lumpen bedeckt, oder sie stecken in europäisch geformten, abgetragenen Kleidungsstücken ihrer Herren. Auf 4 bis 5 solcher Schwarzen kommt dann ein Mulatte, und nur hie und da leuchtet ein Weißer hervor. Noch widerlicher wird das Bild durch die häufigen Gebrechen, die man überall gewahrt, und worunter ganz besonders die Elephantiasis in schreckliche

Klumpfüße ausartet; an Blindheit und andern Übeln ist auch kein Mangel vorhanden. Ja sogar auf Hunde und Katzen, die in großer Anzahl in den Gassen umherlaufen, erstreckte sich die allgemeine Hässlichkeit – auch diese sind meist schäbig oder voll Wunden und Räuden." (Pfeiffer 2005, S. 27) Erst nachdem sie dort manche Woche verbracht hatte, war sie etwas an den Anblick der Schwarzen und Mulatten gewöhnt, und sie fand dann auch unter den jungen Negerinnen artige Gestalten und unter den etwas dunkelgefärbten Brasilianerinnen und Portugiesinnen hübsche, ausdrucksvolle Gesichter.

Ida Pfeiffer bemerkte auch, dass in Brasilien alle schweren und unreinen Arbeiten in und außer dem Hause durch Schwarze verrichtet wurden, die hier überhaupt die Stelle des niederen Volkes vertreten. Doch lernen auch viele Handwerke, und manche derselben sind dabei den geschicktesten Europäern gleichzustellen: „Ich sah in den elegantesten Werkstätten", schreibt sie, „Schwarze mit Verfertigung von Kleidern, Schuhen, Tapezier, Gold- und Silberarbeiten usw. beschäftigt und traf manch zierlich gekleidetes Negermädchen am feinsten Damenputze, an den zartesten Stickereien arbeitend. Ich glaubte fürwahr oft zu träumen, wenn ich diese armen Geschöpfe, die ich mir als freie Wilde in ihren heimatlichen Wäldern vorstellte, hinter den Läden und Zimmern solch feine Geschäfte vollbringen sah! Und dennoch scheint es ihnen nicht so schwer zu fallen, als man glauben sollte. Sie verrichteten stets scherzend und munter ihre Arbeiten." (Pfeiffer 2005, S. 27 f.) Scharfe Kritik übt aber Pfeiffer an der Haltung der besser gestellten Weißen, wenn sie sagt: „Unter der hiesigen sogenannten gebildeten Klasse sind manche, die, nach all den Beweisen mechanischer Geschicklichkeit und auch geistiger Auffassung, welche die Schwarzen häufig entwickeln, noch immer behaupten, dieselben ständen an Geisteskraft so tief unter den Weißen, dass man sie nur als einen Übergang vom Affen- zum Menschengeschlecht betrachten könnte. Ich gebe zu, dass sie einigermaßen entfernt von der geistigen Bildung der Weißen sind; finde aber die Ursache nicht in dem Mangel an Verstand, sondern in dem gänzlichen Mangel an Erziehung. Für sie ist keine Schule errichtet, sie bekommen keinen Unterricht – kurz es geschieht nicht das Geringste, ihre geistigen Fähigkeiten zu entwickeln. Man hält ihren Geist wie in alten despotischen Staaten vorsätzlich in Fesseln, denn das Erwachen dieses Volkes dürfte den Weißen fürchterlich sein. An Zahl ist es ihnen um das Vierfache überlegen, und käme es zu dem Bewusstsein dieser Überlegenheit, dann könnten leicht die Weißen in jenen Zustand versetzt werden, in welchem sich bisher die unglücklichen Schwarzen befanden". Doch nach diesem Ausbruch gerechtfertigten Tadels zieht sich Pfeiffer wieder bescheiden zurück: „Aber ich versteige mich in Vermutungen und Abhandlungen, die wohl gelehrten Männern zukommen, nicht aber mir, die ich die dazu nötige Bildung durchaus nicht besitze." (Pfeiffer 2005, S. 28)

Im brasilianischen Urwald entkam sie nur knapp einem Mordanschlag, dessen Beschreibung noch während ihrer Reise in A. Frankls Sonntagsblättern in Wien erschien, wobei sie jedoch die Tatsache, dass sie dabei schwer verwundet worden war, verschwieg, um ihrem Freunde und Verwandte nicht zu beunruhigen: „Häufige Truppe von Negern geführt sowie einzelne Fußgänger, deren wir vielen begegneten, benahmen uns jede Furcht, so dass uns das fortwährende Folgen eines Negers gar nicht auffiel. Als wir uns aber auf einer etwas einsamen Stelle allein befanden, sprang er plötzlich vor, in einer Hand ein langes Messer, in der anderen einen Lasso haltend, drang auf uns ein und gab uns mehr durch Gebärden als Worte zu verstehen, dass er uns morden und in den Wald schleppen wolle. Wir führten keine Waffen bei uns, weil man uns diese Partie als ganz gefahrlos schilderte, und hatten zur Verteidigung nichts als unsere Sonnenschirme. Ich besaß außerdem noch ein Taschenmesser, welches ich augenblicklich aus der Tasche zog und öffnete, fest entschlossen, mein Leben teuer zu verkaufen. So gut es gehen wollte, wehrten wir mit den Schirmen die Stiche ab. Die Schirme hielten aber nicht lange aus; überdies bekam der Neger den meinigen zu fassen – wir rangen darum – er brach ab, und mir blieb nur ein Stückchen des Griffes in der Hand; doch war ihm bei diesem Ringen das Messer entfallen und einige Schritte weggerollt – rasch stürzte ich darnach und dachte schon, es zu erfassen, als er, schneller denn ich, mit Hand und Fuß mich davon wegstieß und sich desselben wieder bemächtigte. Er schwang es wütend über meinem Haupte und brachte mir zwei Wunden bei, einen Stich und einen tiefen Schnitt, beide in den linken Oberarm; nun hielt ich mich für verloren, und nur die Verzweiflung gab mir den Mut, auch von meinem Messer Gebrauch zu machen. Ich führte einen Stoß nach der Brust des Negers, er wehrte ihn ab und ich verwundete ihn nur tüchtig an der Hand. Der Graf (einer ihrer Begleiter) sprang hinzu und packte den Kerl von rückwärts, wodurch ich Gelegenheit bekam, mich wieder vom Boden zu erheben. Dies alles war in dem Zeitraum einiger Augenblicke geschehen; die erhaltene Wunde hatte den Neger wütend gemacht; er fletschte uns die Zähne entgegen wie ein wildes Tier und schwang sein Messer mit fürchterlicher Schnelligkeit. Bald hatte der Graf auch einen Schnitt über die ganze Hand erhalten, und unfehlbar wären wir verloren gewesen, hätte Gott nicht Hilfe gesandt. Wir vernahmen Pferdetritte auf dem Steinpflaster, und augenblicklich ließ der Neger von uns ab und entsprang in den Wald. Gleich darauf bogen zwei Reiter um die Ecke des Weges; wir eilten ihnen entgegen; die stark blutenden Wunden, so wie unsere zerschnittenen Schirme erklärten schnell unsere Lage. Sie befragten uns um die Richtung, die der Flüchtling eingeschlagen hatte, sprangen von den Pferden und suchten ihn zu ereilen; doch wäre ihre Mühe vergebens gewesen, wenn nicht zwei Neger des Wegs gekommen wären, die ihnen Hilfe leisteten und den Kerl bald einfingen.“ (Pfeiffer 2005, S. 38)

Eine nicht geringe Rolle spielten in diesem Zusammenhang auch die brasilianischen Ureinwohner. Die Indianer waren zwar bereits nur mehr in geringer Anzahl vorhanden, sollten aber ganz vorzüglich zum Aufspüren entflohener Neger zu gebrauchen sein, da ihre Geruchsorgane besonders ausgebildet sind. Sie riechen die Spur des Entflohenen an den Blättern der Bäume, und gelingt es dem Neger nicht, einen Strom zu erreichen, in welchem er eine große Strecke gehen oder schwimmen kann, so soll er dem ihm nachspürenden Indianer nur äußerst selten entkommen. Auch zu schweren Arbeiten, zum Holzfällen, zu Mais- und Maniok-Anbau usw.

hatte man diese Wilden gern, da sie fleißig sind und mit etwas Tabak, Branntwein oder farbigem Zeuge leicht entlohnt wurden. „Doch darf man sich ihrer durchaus nicht mit Gewalt bemächtigen," meint Ida Pfeiffer, „sie sind freie Menschen. Sie kommen gewöhnlich nur zur Arbeit, wenn sie schon halb verhungert sind." (Pfeiffer 2005, S. 38) Auf ihrem Weg im Urwald traf Pfeiffer auf ihre Hütten. Nachdem sie diese aufs Freundlichste eingeladen genau besichtigt hatte, ging sie mit einigen der Wilden auf eine Papageien- und Affenjagd. Sie brauchten nicht weit suchen, um beides zu finden, und sie hatte nun Gelegenheit, die Geschicklichkeit zu bewundern, mit welcher diese Leute ihren Bogen handhabten. Sie schossen Vögel auch im Flug und verfehlten selten ihr Ziel. Nachdem sie drei Papageien und einen Affen erlegt hatten, kehrten sie zu den Hütten zurück. Die guten Menschen boten ihr die beste ihrer Hütten zum Obdach an und luden sie ein die Nacht bei ihnen zuzubringen. Sie nahm dieses Anerbieten gerne an, da sich der Tag seinem Ende zuneigte und sie nicht mehr bis zur Ansiedlung der Weißen gekommen sein würde. Ihre Wirte bereiteten den Affen und die Papageien zu, indem sie diese auf hölzerne Spieße steckten und am Feuer rösteten. Sie brachten dann große frische Baumblätter herbei, rissen den gebratenen Affen mit den Händen in mehrere Teile, legten eine tüchtige Portion davon auf die Blätter, sowie auch einen Papagei, Mais und Knollengewächse und stellten es vor sie hin. Ihr Appetit war grenzenlos, da sie seit morgens nichts gegessen hatte; sie fing also gleich mit dem Affenbraten an, den sie „überaus köstlich" fand. (Pfeiffer 2005, S. 56).

Im Februar 1847 unternahm Pfeiffer die gefürchtete Schiffspassage durch die stürmischen Gewässer um Kap Hoorn nach Valparaíso in Chile. Die Erinnerung an diese gefährliche Fahrt war schrecklich: „Heftige Stürme trieben uns bis auf den 60. Breitengrad hinab, brachen den Topmast, der trotz der tobenden See aufgesetzt werden musste, und warfen das Schiff derart herum, dass wir oft nicht am Tische speisen konnten, sondern uns auf den Boden kauern und den Teller mit der Hand festhalten mussten. An einem dieser schönen Tage stürzte der Aufwärter mit der Kaffeekanne auf mich und übergoss mich mit ihrem heißen Inhalt; glücklicherweise kam nur ein ganz kleiner Teil auf meine Hände, und so war das Unglück nicht sehr groß. Nach 14tägigem Kampfe mit Stürmen und Wogen, mit Regen und Kälte erreichten wir endlich die Höhe der Magellanstraße an der Westküste und hatten somit den gefährlichsten Teil der Reise hinter uns." (Pfeiffer 2005, S. 64)

Auf Tahiti, wurde Ida Pfeiffer von der Königin empfangen. Doch die wohlerzogene Bürgersfrau machte dort die gleiche Erfahrung über die Sittenlosigkeit ihrer Einwohner, wie der berühmte Weltumsegler Cook: „Dass die Menschen hier so kräftig und schön gebaut sind, ist um so wunderbarer, wenn man weiß, wie ausgelassen und sittenlos sie leben. Mädchen von sieben bis acht Jahren haben ihre kleinen Liebhaber von zwölf bis dreizehn Jahren, worüber sich die Eltern sehr freuen. Je größer die Zahl der Liebhaber, desto mehr Ehre für das Mädchen. So lange ein Mädchen nicht verheiratet ist, lebt sie so ungebunden als nur immer ein Wüstling zu leben vermag – selbst als Weiber sollen sie nicht die getreuesten Gattinnen sein." Sie hatte auch mehrmals Gelegenheit ihren Tänzen beizuwohnen und war entrüstet darüber, was sie sah: „Es sind dies die unanständigsten, die ich je gesehen. Und dennoch würde mich jeder Maler um solch eine Szene beneiden. Man denke sich einen Hain von prächtigen Palmen und andern Riesenbäumen der heißen Zone, darunter offene Palmenhütten und eine Schar fröhlicher Indianer, die sich versammeln, um den herrlich herannahenden Abend nach ihrer Art zu feiern. Sie bilden vor einer der Hütten einen Kreis, in dessen Mitte zwei herkulische, halbnackte Indianer sitzen, die auf kleine Trommeln nach dem Takte tapfer schlagen. Fünf ähnliche Kolosse sitzen vor ihnen und machen mit dem Oberkörper die schrecklichsten und heftigsten Bewegungen – ganz besonders mit den Armen, Händen und Fingern; von letzteren wissen sie jedes Glied einzeln zu bewegen. Es schien mir, als wollten sie durch diese Gebärden vorstellen, wie sie den Feind verjagen, seiner Feigheit spotten, sich ihres errungenen Sieges freuen usw. dabei stoßen sie fortwährend ein misstönendes Geheul aus und verzerren die Gesichter auf das grässlichste. Im Anfange wüten die Männer ganz allein auf dem Schauplatze, bald aber stürzen zwei weibliche Gestalten aus den Reihen der Zuseher hervor und tanzen und toben wie Besessene; – je unanständiger, frecher und ausgelassener ihre Gebärden und Bewegungen sind, desto stürmischer fallen die Beifallsbezeigungen aus." (Pfeiffer 2005, S. 80)

Für Pfeiffer, die an der Unschuld der Wilden glaubte, stellte sich daher die Frage, ob die Unsittlichkeit der Indianer durch das Benehmen der französischen Eroberer Tahitis beeinflusst worden ist, wie es bereits längst vor ihr Denis Diderot im Jahr 1796 behauptet hat (vgl. Oeser 2015, S. 204 f.) Auch Pfeiffer ist der Meinung, dass die Eingebornen eine Menge unnötiger Bedürfnisse auf diese Weise kennen gelernt hatten, „infolge deren die Begierde nach Geld in ihnen schrecklich erwacht ist. Da sie nun von Natur aus sehr träge sind und durchaus nicht arbeiten wollen, so haben sie das weibliche Geschlecht zum Mittel des Erwerbes ausersehen. Eltern, Geschwister, ja Ehemänner führen ihre Angehörigen den Fremdlingen zu. Die Weiber sind es auch zufrieden, indem sie so auf leichte Art Putz für sich und Geld für die Ihrigen erlangen. Jedes Haus eines Offiziers ist das Stelldichein mehrerer eingeborener Schönen, die da zu jeder Stunde des Tages aus- und eingehen. Selbst außer dem Hause nehmen sie es nicht sehr genau, sie begleiten gleich jeden Mann, und keiner der Herren entzieht sich solch einer Begleiterin." Und Pfeiffer fügt hinzu: „Als Frau in vorgerücktem Alter ist es mir wohl erlaubt, über derlei Gegenstände Bemerkungen zu machen, und ich muss offen gestehen, dass, obwohl ich viel in der Welt herumgereist bin und viel gesehen habe, mir noch nie so ein öffentlich schamloses Betragen vorgekommen ist." (Pfeiffer 2005, S. 79)

Doch bereits als sie Indien erreichte stieß sie auf die dortigen Tänzerinnen, die ihr beträchtlich auf die Nerven gingen: „Die Tänzerinnen machten dabei sehr lebhafte Bewegungen mit den Armen, Händen und Fingern, weniger mit den Füßen – an letzteren trugen sie silberne Schellen, die sie zeitweise ertönen ließen. Mit den Oberkleidern machten sie schöne, graziöse Drapierungen und Figuren. Diese Aufführung währte ungefähr eine Viertelstunde, worauf sie den Tanz mit Gesang begleiteten. Die beiden Sylphiden kreischten so erbärmlich, dass mir für mein Gehör und Nervensystem bange wurde.“ (Pfeiffer 2005, S. 169)

Abb. 31: Indische Tänzerinnen und die Verbrennung einer Witwe

Doch das war nicht die schlimmste Erfahrung, die Pfeiffer in Indien machte. Erschütternd und furchtbar fand sie das Los jener Frauen, die sich mit der Leiche ihres Mannes verbrennen lassen: „Sie werden nach der Behauptung des Hindus dazu nicht gezwungen. Die Verwandten verspotten und verachten sie aber, wenn sie es nicht tun, und sie sind aus der menschlichen Gesellschaft verstoßen; gewöhnlich geben daher die Armen ihre freiwillige Zustimmung. Sie werden herrlich gekleidet und geschmückt und durch Opium oft bis zum Wahnsinn betäubt, unter Jubel und Gesang an den Ort geführt, wo die Leiche ihres Mannes in weißen Musselin gewickelt auf dem Scheiterhaufen liegt. In dem Augenblick als sich das Opfer über die Leiche wirft, wird der Holzstoß von allen Seiten angezündet. Zu gleicher Zeit ertönt eine lärmende Musik und alles fängt zu schreien und zu singen an, um das Geheul des armen Weibes zu übertäuben. Die Gebeine werden nach der Verbrennung gesammelt, in eine Urne gegeben und auf irgendeiner Anhöhe unter einem kleinen Denkmal vergraben. Nur die Gemahlinnen (darunter nur die erste oder die Lieblingsgemahlin) der Reichen oder Vornehmen haben das Glück, verbrannt zu werden. Seit der Eroberung Hindostans durch die Engländer dürfen diese Gräuelszenen nicht mehr stattfinden.“ (Pfeiffer 2005, S. 192)

In China traf Ida Pfeiffer im Unterschied zu den Reichen auf eine unbeschreibliche Verarmung der gemeinen Bevölkerung: „Dagegen lebt das chinesische Volk ungemein billig; ein Mann kann des Tages mit 60 Cash (1200 machen einen Dollar) ganz gut auskommen. Der Arbeitslohn ist daher auch sehr gering; man kann z. B. ein Boot den Tag um einen halben Dollar mieten, von welchem Einkommen oft eine Familie von sechs bis neun Köpfen lebt. Freilich sind die Chinesen in der Auswahl der Lebensmittel nicht besonders lecker – sie essen Hunde, Katzen, Mäuse und Ratten, das Eingeweide des Geflügels, das Blut jedes Tieres, ja sogar, wie man mir sagte, die Seidenraupen, Regenwürmer und das gefallene Vieh. Ihre Hauptnahrung ist Reis, der nicht nur als Speise, sondern auch statt des Brotes dient." (Pfeiffer 2005, S. 100) Vor allem die Mädchen der armen Bevölkerung sind zu bedauern. Auch darüber berichtet Pfeiffer: „Man beschuldigt die Chinesen, dass sie viele der neugeborenen oder schwächlichen Kinder töten. Sie sollen sie entweder gleich nach der Geburt ersticken und in den Fluss werfen oder in den Straßen aussetzen, welch letzteres das grausamste ist, da es viele Schweine und herrenlose Hunde gibt, die dann mit Heißhunger über die gebotene Beute fallen. Am häufigsten mag dies mit Mädchen geschehen, denn was die Knaben betrifft, so schätzt sich jede Familie glücklich, deren zu haben, da es ihre Pflicht ist, die Eltern in den alten Tagen zu ernähren – ja der älteste Sohn muss, falls der Vater stirbt, dessen Stelle vertreten und für seine übrigen Geschwister sorgen, wogegen diese ihm unbedingt zu folgen und in allem die höchste Achtung zu erweisen haben. – Auf Erfüllung dieser Gesetze wird sehr strenge gehalten und jeder Dawiderhandelnde mit dem Tode bestraft." (Pfeiffer 2005, S. 102)

Weniger schlimm ist das Schicksal der Mädchen der begüterten Klassen, dem Kleinhalten ihrer Füße als vornehmes Schönheitsideal aufgezwungen wird. Pfeiffer schreibt darüber: „Obwohl ich viel über die kleinen Füße der Chinesinnen gelesen hatte, überraschte mich doch deren Anblick im höchsten Grade. Durch Vermittlung einer Missionärsfrau gelang es mir, solch ein Füßchen in natura zu sehen. Die vier Zehen waren unter die Fußsohle gebogen, an dieselbe fest gepresst und schienen mit ihr wie verwachsen, nur die große Zehe ließ man ungestört auswachsen. Der Vorderteil des Fußes war mit starken breiten Bändern so zusammengeschnürt, dass er, statt in die Breite und Länge, in die Höhe ging und sich mit dem Rohre des Fußes vereinte; an der Stelle des Knöchels bildete sich daher ein dicker Klumpen, der sich an das Bein anschloss. Der Unterteil hatte kaum vier Zoll Länge und anderthalb Zoll Breite. Der Fuß wird stets in weißes Linnen oder in Seide gewickelt, mit starken, breiten Seidenbändern umwunden und in niedliche Schuhe mit sehr hohen Absätzen gesteckt. Zu meiner Verwunderung trippelten diese verstümmelten Geschöpfe trotzdem ziemlich schnell einher, nur mit dem Unterschied, dass sie dabei gleich Gänsen wackelten, sie stiegen sogar treppauf und -ab ohne Hilfe eines Stockes. Von dieser chinesischen Verschönerung sind nur die Mädchen der ärmsten Klasse ausgenommen; in den vornehmen Familien trifft alle das Los, in den geringeren gewöhnlich die erstgeborene Tochter. Der Wert der Bräute wird nach der Kleinheit der Füße bestimmt. Man nimmt diese Verstümmelung nicht an dem neugeborenen Kinde vor, sondern wartet damit bis zum vollendeten ersten, manchmal auch bis zum dritten Jahr. Auch wird der Fuß nach der Operation nicht, wie manche behaupten, in einen eisernen Schuh gezwängt, sondern nur mit festen Bändern zusammengeschnürt."

Die Strafen für Verbrecher waren in China hart und erbarmungslos. Davon konnte Pfeiffer sich selbst überzeugen: „Als ich eines Morgens ausging, begegneten mir mehr denn fünfzehn Verbrecher, die alle in das hölzerne Joch gesperrt waren und zur Schau in den Straßen umhergeführt wurden. Es besteht dieses Joch aus zwei großen Stücken Holz, die sich ineinanderfügen und eine bis drei Öffnungen haben, durch welche, je nach der Größe des Vergehens, der Kopf und eine oder beide Hände gesteckt werden. Ein solcher Block wiegt 50 bis 100 Pfund und drückt so schwer auf Achseln und Schultern, dass der arme Verbrecher nie die Nahrung selbst zum Munde führen kann, sondern warten muss, bis ihn irgendeine mitleidige Seele füttert. – Solche Strafen währen von einigen Tagen bis zu mehreren Monaten; im letzteren Falle erliegt der Verbrecher fast immer. Eine andere Strafe ist das Prügeln mit dem Bambusrohr, welches, wenn es auf zarte Teile des Körpers geschieht, das Opfer oft schon nach dem fünfzehnten Streiche seiner irdischen Leiden für immer enthebt. – Weitere Strafen, die jenen der christlichen Inquisition nichts nachgeben, sind: Haut abziehen, Glieder einquetschen, Sehnen aus den Füßen lösen usw. Die Todesurteile erscheinen dagegen milde – sie lauten auf Erwürgen und Köpfen; doch sagte man mir, dass in einzelnen, ganz besonderen Fällen noch das Zersägen und das Verhungernlassen stattfinde. Bei ersterem wird das arme Opfer zwischen zwei Bretter gepresst und von oben durchgesägt, bei letzterem entweder bis an den Kopf in die Erde gegraben und so dem Hungertode überlassen, oder es wird ihm das hölzerne Joch umgelegt und von Tag zu Tag weniger Nahrung gegeben, bis es am Ende nur einige Reiskörner bekommt. Ungeachtet der harten, grausamen Strafen und Todesarten soll man indessen doch Leute finden, die gegen Bezahlung sich für andere strafen, ja töten lassen. Im Jahre 1846 wurden in Canton 4000 Menschen geköpft. Es waren zwar die Verbrecher von zwei Provinzen, die zusammen neunzehn Millionen Einwohner zählen; dessen ungeachtet ist dies aber doch eine furchtbare Menge. Sollte die Zahl der Verbrecher wirklich so groß sein – oder verhängt man die Todesstrafe so leicht – oder ist vielleicht beides der Fall?! Ich kam einmal zufällig in die Nähe des Richtplatzes und sah zu meinem Entsetzen eine große Reihe noch blutender Köpfe auf hohen Stangen zur Schau ausgestellt. Die Körper dürfen die Verwandten hinwegnehmen und begraben." (Pfeiffer 2005, S. 103) Doch aus einem anderen zeitgenössischen Reisebericht erfährt man aber auch wie unbekümmert die Verbrecher auf dem Transport in die Stadt in heiteren Gesprächen sich untereinander unterhalten – „aus ihren Pfeifen den bläuliche Dampf kühn in die Luft puffend ergötzen sie sich an den gegenseitigen Erzählungen." (Kreitner 1881, S. 514) Trotzdem Hält Pfeiffer die Chinesen im höchsten Grad für feige: „Sie sprechen groß, wenn sie sicher sind, selbst keinen Schaden zu leiden, z. B. wenn es gilt, einzelne zu steinigen, auch wohl zu töten. Wo sie aber auf Widerstand zu rechnen haben, da greifen sie sicher nicht an. Ich glaube, dass ein Dutzend guter europäischer Soldaten wohl hundert chinesische in die Flucht schlüge. Mir ist noch kein feigeres, falscheres und dabei grausameres Volk vorgekommen als das chinesische. Ein Beweis dafür ist unter anderem, dass ihr größtes Vergnügen darin besteht, Tiere zu quälen". Außerdem meint Pfeiffer, dass die Chinesen heillose Betrüger sind: „Im Betrügen sind sie viel geschickter und überlisten ganz gewiss jeden Europäer. Auch haben sie dabei gar kein Ehrgefühl; kommt ihr Betrug an den Tag, so sagen sie höchstens: ‚Der war geschickter oder schlauer als ich.' – Man erzählte mir, dass, wenn sie lebende Tiere, Kälber, Schweine, u. dgl. verkaufen, sie dieselben, da ihr Wert nach dem Gewicht bestimmt wird, zwingen, Steine oder große Quantitäten Wasser zu verschlucken. Auch das Fleisch des getöteten Geflügels, wissen sie so aufzublasen und herzurichten, dass es vollkommen frisch, voll und fett aussieht." Und Pfeiffer fügt hinzu: „Aber nicht nur das gemeine Volk ist so schlecht und betrügerisch – diese schönen Eigenschaften erstrecken sich bis auf die höchsten Beamten." (Pfeiffer 2005, S. 103) Diese extrem kritische Einstellung zu den Chinesen wird aber aus der damaligen historischen Situation verständlich. Das Vordringen der europäischen Mächte nach dem Ende des Opiumkrieges führte in China zu einer extremen Feindseligkeit gegen über Ausländern. Deswegen verließ Ida Pfeiffer früher als geplant das Reich der Mitte.

In Wien traf sie im November 1848 ein, kurz nachdem der Fürst von Windisch-Graetz dort den Oktoberaufstand niedergeschlagen und damit die Revolution von 1848 in Österreich beendet hatte.

Zunächst wollte sich Ida Pfeiffer nun, im Alter von 54 Jahren endgültig zur Ruhe setzen – gab diesen Vorsatz aber wieder auf und verließ im Mai 1851 abermals Wien zu ihrer zweiten Weltreise. In Kapstadt überlegte sie, ob das Innere Afrikas und danach Australien ihre nächsten Ziele sein sollten, überquerte dann jedoch den Indischen Ozean Richtung Singapur. Von dort aus erkundete sie die Inselvielfalt Holländisch-Indiens, des heutigen Indonesien, mit den Hauptinseln Borneo, Java und Sumatra. Insbesondere ihr Weg durch das Innere Borneos, das sie als erste Weiße durchquerte, wurde später zum Vorbild für andere Forschungsreisende. Auf Sumatra wagte sie sich 1852 als erste Weiße, zu den Menschenfressern. Nachdem sie noch die Sundainseln und die Molukken besucht hatte, segelte sie über den Pazifik und traf im September 1853 in Kalifornien ein. Hier, in der letzten Phase des großen kalifornischen Goldrauschs, besuchte sie einige der Goldgräberstädte. Danach wandte sie sich südwärts nach Ecuador und Peru. Eine Revolution zwang sie, die geplante Reiseroute zu ändern. Statt über die Anden nach Brasilien zu gehen, fuhr sie zurück nach Ecuador, überquerte die Kordilleren und erreichte Ende Mai 1854 über Panama wieder Nordamerika. In New Orleans sah sie die Sklavenmärkte, reiste anfangs auf dem Mississippi nordwärts – unter anderem nach Chicago, zu den Großen Seen und den Niagarafällen. Nach Aufenthalten in New York und Boston betrat sie im November 1854 in London wieder europäischen Boden. 1856 ließ sie die vier Bände der neuen Reisebeschreibung über ihre zweite Weltreise veröffentlichen. Nach ihrer Rückkehr war sie schon so populär, dass Leserinnen der Modezeitschrift Die Wiener Elegante dringend nach einem Bild der Weltreisenden verlangten. Das Blatt veröffentlichte daraufhin eine leicht idealisierte Darstellung von Ida Pfeiffer im „Reise-Costüme" und mit Schmetterlingsnetz.

Abb. 32: Ida Pfeiffer nach ihrer Rückkehr und in ihrem Reisekostüm

Ziel der nächsten Reise, die im Mai 1856 begann, war Mauritius. Dort hielt sie sich mehrere Monate auf und reiste im April 1857 weiter nach Madagaskar. Als jedoch dort innenpolitische Unruhen ausbrachen, wurde sie der Spionage beschuldigt, inhaftiert und zusammen mit weiteren fünf Europäern ausgewiesen. Fieberkrank und von Soldaten eskortiert musste sie auf dem Weg zur Küste 53 Tage lang sumpfige und malariaverseuchte Gebiete durchqueren. Im September 1857 war sie wieder auf Mauritius. Aber nach einer erneuten Erkrankung im Februar 1858 war sie gezwungen nach Europa zurückzukehren und erreichte über London und Berlin im September 1858 ihre Heimatstadt. Trotz ihrer mangelhaften offiziellen wissenschaftlichen Qualifikation konnte Ida Pfeiffer das Wissen ihrer Zeit um neue geografische und ethnologische Fakten bereichern. Sie brachte insgesamt einige Tausend Pflanzen, Käfer, Schmetterlinge, Krebse, Fische, Vögel, kleine Säugetiere und Mineralien zurück, aber auch völkerkundliche und kulturhistorisch interessante Objekte. Diese Funde bot sie europäischen Museen zum Kauf an. In Wien gelangten diese in die Bestände des Naturhistorischen Museums und des Museums für Völkerkunde. Dadurch wurde sie auch der internationalen Fachwelt bekannt. Bei einem Aufenthalt in Berlin traf sie mit Alexander von Humboldt zusammen, der von ihr so beeindruckt war, dass er nach ihren eigene Angaben ausgerufen haben soll: „Sie haben Unglaubliches durchgesetzt!“ Humboldt verschaffte ihr auch eine Einladung an den preußischen Hof. Von König Friedrich Wilhelm IV. erhielt sie 1856 die „Goldene Medaille für Wissenschaft und Kunst“. Zusammen mit dem Geografen Carl Ritter setzte sich Humboldt dafür ein, dass die „Berliner Ethnographische Gesellschaft“ Ida Pfeiffer als erste Frau zum Ehrenmitglied ernannte. Auch die französische Geographische Gesellschaft nahm sie ehrenhalber auf.

15 Frauen als Afrikareisende

Frauen bereisten nicht nur den Osten Europas, Kleinasien, Persien oder China, sondern fuhren nach Brasilien und zu den Küsten Nordamerikas. Es gab sogar nicht wenige, die eine Weltreise unternahmen. Doch kaum Eine wagte sich in den dunklen Kontinent Afrika. Obschon diesen Weltteil nur ein schmaler Meeresarm von Europa trennt, war dieses Wunderland bis zum 18. Jahrhundert eine unbekannte Welt. Dass es sich bei diesem „dunklen Erdteil", vor allem Innerafrika, um eine noch völlig unbekannte Welt handelte, offenbarte jeder Schritt, den die Afrikareisenden in dieser Zeit unternahmen. Doch es gab eine mutige junge Frau, die sich allein auf eine Entdeckungsfahrt nach Innerafrika begab, aber diese Reise mit dem Leben bezahlen musste. Alexandrine Tinne träumte davon, die Quellen des Nils zu entdecken. Sie lernte Arabisch und machte sich 1861 allen Warnungen zum Trotz über Syrien und Palästina auf nach Kairo, wohin sie ganz übersiedelte und von wo aus sie sich im Januar 1862 auf den Weg nach Süden machte. Dort im Süden jenseits der zerklüfteten Barriere, war das echte, das unbekannte, fremde Afrika mit all seinen Geheimnissen, die es noch aufzudecken und Abenteuern, die es zu bestehen galt. Für die junge Holländerin war es ein Sehnsuchtsort. „Von meiner Kindheit an", schrieb sie später in einem Brief, „als ich Erdkunde lernte, sehnte ich mich immer danach, die Orte zu besuchen, die in der Mitte der Karte von Afrika durch einen großen, leeren Raum angedeutet wurden." Tinne machte sich zuerst an das gewagte Unterfangen Khartum zu erreichen.

Khartum liegt am Zusammenfluss des Weißen und Blauen Nil. Die Grafik stammt aus jenen Jahren, in denen Alexandrine Tinne mit ihrer Expedition dort auftauchte. Dort machte Alexandrine die Bekanntschaft von zwei deutschen Forschungsreisenden. Der deutsche Afrika- und Polarforscher (1824–1876) Theodor von Heuglin und Hermann Steudner waren auf der Suche nach einer günstigen Mitreisegelegenheit und schlossen sich Alexandrines Expedition in den Südsudan nach dem „Gazellenfluss" oder Bahr al-Ghazal an, nahmen dann aber Anstoß an deren langsamen Tempo. Da die zu Wasser und auf dem Landweg sich mühsam vorarbeitende Expedition zum Missfallen der beiden Deutschen zu langsam war entschlossen sich Heuglin und Steudner vorauszuziehen und im Sinn einer Vorhut das Gelände zu sondieren. Bisher war alles einigermaßen nach Plan verlaufen, doch bald schon brach eine Reihe von Unglücken über die Expedition herein. Die deutschen Forscher erreichten Ende März beide schwer an Malaria erkrankt, die Ortschaft Wau, wo der 30-jährige Steudner zwei Tage später der Krankheit erlag und von seinem Freund begraben wurde. Theodor von Heuglin, der sich leidlich erholt hatte, zog dann mit allein weiter nach Westen und fand schließlich einen Platz, der ihm perfekt erschien, um die Regenzeit abzuwarten. Ein halbes Jahr galt es nun an Ort und Stelle auszuharren, ehe die Regenzeit allmählich abklang und man die Rückreise antreten konnte. Schließlich gelangten Alexandrine und Theodor von Heuglin nach Sues in Ägypten. Hier trennten sich ihre Wege: Während von Heuglin nach viereinhalb Jahren Abwesenheit im Mai 1865 zum ersten Mal wieder deutschen Boden betrat, mietete sich Alexandrine in Kairo ein Haus, fest entschlossen, nie wieder in die Heimat zurückzukehren. Die Reise an den Bahr al-Ghazal war für sie zu einem Albtraum geworden, doch sie machte die junge Abenteurerin, die mit allen Konventionen brach, in Europa schlagartig bekannt. Auch die wissenschaftliche Erschließung des afrikanischen Kontinents brachte die Expedition voran. Theodor von Heuglin verarbeitete die auf der Reise gewonnenen Erkenntnisse zu einem Buch, das einen wichtigen Beitrag zur geo- und ethnografischen, zoologischen und botanischen Erforschung Afrikas geleistet hat. Auch Alexandrine Tinne hatte während ihrer Reise eine Sammlung mit unbekannten Pflanzen angelegt, die sie nach ihrer Rückkehr dem österreichischen Botaniker Theodor Kotschy mit dem Auftrag übergab, ein botanisches Werk darüber zu verfassen. Nachdem ihr Wunsch, sich einen märchenhaften Palast in Kairo zu bauen, an bürokratischen Hürden gescheitert war, mietete Alexandrine sich in Alexandria eine Jacht und durchkreuzte anderthalb Jahre lang das Mittelmeer, ehe sie im Herbst 1866 im Hafen von Algier vor Anker ging. Sie hatte jetzt einen neuen Traum: als erste europäische Frau jenen kaum erforschten Ozean aus Sand und Dünen zu durchqueren, der kurz hinter der nordafrikanischen Küste beginnt und sich tausende Kilometer nach Süden erstreckt. Ihr Ziel war es, von Algier aus bis in den Tschad vorzudringen, unterwegs Kontakt mit den Tuareg, den geheimnisvollen Herrschern der Wüste, aufzunehmen und über den Sudan zurück nach Kairo zu gelangen. Doch anhaltende Stammeskämpfe und Unruhen in der algerischen Sahara erstickten den Plan bereits im Keim. Mit dem Schiff erreichte Alexandrine samt Gefolge im Oktober 1868 Tripolis, die Hauptstadt des heutigen Libyens. Die Stadt war nicht nur ein wichtiger Knotenpunkt für den afrikanisch-arabischen Handel auch mit Sklaven, sondern zugleich eine wichtige Ausgangsbasis für europäische Forschungsreisende, die Nordafrika und die Sahara erkunden wollten. Einer davon war der Deutsche Gustav Nachtigal, der im Auftrag des preußischen Königs unterwegs war und später einer der bedeutendsten Afrikaforscher des 19. Jahrhunderts wurde. War das Verhältnis zu Theodor von Heuglin stets ein respektvolles, aber sehr distanziertes gewesen, verband Alexandrine und Nachtigal von Anfang an eine offene und gegenseitige Sympathie. So nahm man sich schließlich vor, die Reise durch die Sahara gemeinsam anzutreten. Die Tuareg sicherten ihr Unterstützung und Geleitschutz für die weitere Reise zu. Unterwegs kaufte sie unter anderem Frauen von Sklavenhändlern frei, die für Harems bestimmt waren. Als in der Nähe von Murzuk unter ihren Treibern Streit ausbrach, versuchte sie zu schlichten. Noch im Nachtgewand ruft die 33-Jährige nach dem Anführer ihrer Eskorte und verlangt Aufklärung. Da versetzt ihr ein Tuareg mit dem Säbel einen Hieb auf die linke Schulter. „Ihr Blut sprang bis vor unsere Füße", sagt Tinnes afrikanische Bedienstete Saäda. Weder Saäda noch die anderen Gefolgsleute dürfen ihr beispringen. Bis zum Nachmittag ruft die schwer verletzte Tinne um Hilfe, dann ist sie verblutet. Der Körper der Toten wird an ein Seil gebunden und aus dem Lager geschleift, die Leiche wird dann entkleidet und im Wüstensand Libyens liegengelassen. Erst nach einigen Tagen wurde sie von herbeigerufenen Soldaten gefunden und in der Wüste begraben. Weil die genauen Umstände ihres Todes nie zweifelsfrei geklärt wurden, ranken sich die wildesten Legenden um Alexandrine Tinne gewaltsames Ende. Ihren eigenen Tod nahm Tinne billigend in Kauf, wie sie einmal schrieb: „Ich habe nie das Glück begriffen, ganz alt werden zu wollenund ich finde nichts beängstigend an dem Gedanken, fröhlich und tapfer mein Ende zu finden anstelle ein langweiliges Leben weiterzuschleppen. Ich habe keine Eile zu sterben – aber wenn es passiert, gut. – Ein kurzes Leben, aber ein fröhliches Leben!"

Über Alexandrine Tinnes gewaltsames Ende stellten die Afrikaforscher Erwin von Bary und Gottlob Adolf Krause stellten später genauere Untersuchungen an. Die beiden Afrikaforscher fanden dabei heraus, dass die Forscherin und ihre europäischen Begleiter Opfer einer politischen Intrige geworden waren: Tinné reiste unter dem Schutz des alten Anführers der nördlichen Tuareg dessen Ansehen aber stark angeschlagen war. Jüngere Stammesführer versuchten ihn zu verdrängen, indem sie ihn als greisen Schwächling diffamierten. Um zu beweisen, dass er nicht einmal mehr in der Lage sei, seine Schutzbefohlenen sicher durch das Land zu geleiten, planten sie den Überfall auf die holländische Expedition, den sie später damit zu rechtfertigen suchten, dass sie Tinné und ihre Begleiter als christliche Spione ausgaben. Ihr politisches Ziel erreichten die Mörder jedoch nicht, denn der Mord an einer Frau, die unter dem Schutz der Stammesgemeinschaft reiste, war ein unverzeihliches Vergehen gegen den Ehrenkodex der Tuareg.

Am Schluss seien noch die anerkennenden Worte des deutschen Malers Wilhelm Gentz zitiert der sie persönlich kannte und auch ihren Ritt durch die Sahara dargestellt hatte: „Der mit einem Beigeschmack von Romantik vielgenannte Name von Alexandrine Tinne wird unter den kühnen Personen unvergessen sein, denen wir eine Erweiterung unserer geographischen Anschauungen schulden. Die Expedition des Fräulein Tinne in die Sumpfregionen des Ghasal (Gazellenstromes) war eine Bereicherung der geographischen Wissenschaft gewesen. Jetzt nun bleichen die Gebeine der kühnen Reisenden in den sonnenverbrannten Einöden, deren Reize ihre Phantasie so lebhaft fesselten, und dienen mit den anderen Überresten von Menschen und Tieren, die hier Durst und Hunger oder Mord überraschte, dazu, in den pfadlosen Bahnen der Sahara dem Wanderer die Straße zu zeigen."

Es sollte fast 30 Jahre vergehen, bis die nächste Frau den Boden Afrikas betreten konnte. Mary Kingsley (1862–1900) hatte nachhaltigen Einfluss auf die britischen Vorstellungen von Westafrika und seiner Bevölkerung. Sie wurde als die Tochter des Arztes George Henry Kingsley und seiner Hausangestellten, der Köchin Mary Bailey geboren. George Henry Kingsley selbst hielt sich selten zu Hause auf; als Leibarzt begleitete er häufig meist adlige Dienstherren auf deren Reisen. Entweder hatte er gerade ein Segelunglück überlebt, war in einen Waldbrand geraten oder stand so nah vor einem Grizzlybären, dass er „genauestens seine rosa Zunge betrachten konnte, mit der er sich die Lippen leckte". Mary Kingsley schrieb später zu dieser ständigen Aufschneiderei: „Ich war oft irritiert darüber, wie mein Vater seine Aufgabe, sich um Frau und Kinder zu kümmern, mit seiner fürchterlichen Gewohnheit vereinbarte, Grizzlybären in irgendwelchen Indianergebieten zu schießen." (Kingsley 2017, S. 9).

Während seiner langen Abwesenheiten beschäftigte sich Mary mit orientalischen Sprachen genauso wie mit Elektrotechnik und Physik. Ihr Bruder Charles war ihr keine Hilfe, im Gegenteil. Während dem Bruder eine Schulausbildung und daran anschließend ein Studium ermöglicht wurden, verbrachte Mary Kingsley die meiste Zeit mit ihrer später pflegebedürftigen Mutter zu Hause. Eine Schule besuchte sie nie; die einzige formale Bildung, die ihr Vater ihr finanzierte, war privater Deutschunterricht, damit sie ihn bei seinen ethnologischen Studien unterstützen konnte. Darüber hinaus eignete sie sich ihr Wissen vorwiegend aus der Bibliothek des Vaters an. Zu ihrer Lektüre gehörten Bücher über Physik, Chemie, Geografie, Ethnologie und Theologie, außerdem Reise- und Abenteuerliteratur. Im Abstand von sechs Wochen verstarben im Frühjahr 1892 zunächst Kingsleys Vater und dann ihre Mutter. Kingsley, die nun erstmals sowohl frei von familiärer Verantwortung als auch ohne Aufgabe war, entschloss sich bald darauf, auf Reisen zu gehen. Nicht nur die Dinge, die man mitnehmen muss, sondern auch die, in denen man diese verstaut, stellten sie vor eine Reihe von Problemen: „Angesichts all der quälenden Auswahl war ich zu durcheinander, um irgendetwas an Gepäck neu zu kaufen, außer einem langen, wasserdichten Sack, oben gut verschlossen mit einem Riegel und einem Griff. Dort hinein kamen die Bettlaken, Stiefel, Bücher, und letztlich alles, das weder in meinen Reisekoffer noch in meiner schwarzen Tasche Platz fand. Von Anfang an verfolgte mich die fixe Idee, der Boden des Sacks könne sich lösen, aber das geschah nie, und trotz der Tatsache, dass er bezüglich der Anordnung seines Inhalts seine eigenen Vorstellungen entwickelte, erfüllte der Sack seine Aufgabe während der gesamten Reise vorbildlich." (Kingsley 2017, S. 23) Motiviert durch ihre Lektüre entschied Mary Kingsley sich für Westafrika. Es war Anfang August 1893, als sie England zum ersten Mal in Richtung Westküste Afrikas verließ. Gleich zu Beginn ihrer ersten Reise kommt Mary Kingsley auf die Gefahren der Westküste, vor allem auf die Fieberepidemien, zu sprechen. Sie selbst war zwar vom Fieber verschont geblieben aber hatte einen ständigen Anblick eines Friedhofs mit offenen Gräbern „Nun ja", sagte ihr der Führer, „wir halten immer zwei Gräber für Europäer bereit. Wir müssen die Toten hier sehr schnell begraben, wissen Sie." Sie antwortete ihm: „Was Sie da tun, ist völlig falsch, Sie ängstigen die Menschen nur zu Tode. Es ist völlig unmöglich, dass Sie täglich frisch ausgehobene Gräber benötigen. Es gibt hier gar nicht genug Weiße, um so eine Todesrate lange aufrechterhalten zu können." – Doch dieser beharrte auf seiner Darstellung der Lage: „Wir benötigen sie aber dennoch – zumindest in dieser Jahreszeit. Neulich mussten wir bereits vor zwölf Uhr mittags zwei Weiße begraben, und um vier Uhr nachmittags brachte ein Dampfer einen weiteren Toten." (Kingsley 2017, S. 44) Tatsächlich erlebte sie unmittelbar danach, dass entlang der gesamten Goldküste eine jener fürchterlichen Epidemien ausbrach, der innerhalb weniger Wochen über die Hälfte der weißen Bevölkerung zum Opfer fiel. Kingsley hatte keinerlei Kontakt zu irgendwelchen Vertretern der Regierung. Was aber die Händler betraf, von denen sie auf jener ersten Reise völlig abhängig war, war sie voller Lob. Dank ihnen konnte sie Plätze besuchen, die sie andernfalls nie zu Gesicht bekommen hätte, und dem Respekt und der Zuneigung, die die Einheimischen einem Händler entgegenbringt, verdanke sie, dass diese Besuche für sie gefahrlos waren: „Egal, ob ich überraschend und ihm völlig fremd in einem Dampfer oder Kanu von einer Faktorei kam, oder ähnlich unangekündigt im heruntergekommenen Zustand aus dem Busch auftauchte, stets empfing er mich immer mit großzügiger Gastfreundschaft. Mit Bootshaken fischte er mich sowohl aus dem Meer wie auch aus Flüssen und Seen. Er gab mir kontinuierlich gute Ratschläge, die mich, hätte ich sie befolgt, aus dem Wasser und von jeder anderen Notlage ferngehalten hätten. Und obwohl er, da ich einen Ort wie Westafrika nur der Käfer, Fische und Fetische wegen besuchte, keine sehr hohe Meinung von meiner Intelligenz hatte, unterstützte er mich in meiner Arbeit sehr." (Kingsley 2017, S. 25 f.) Bevor sie ins Landesinnere aufbrach lieferte sie noch eine anschauliche Darstellung der Mangrovensümpfe: „Oft wird über die völlige Leblosigkeit der Mangrovensümpfe gesprochen. Wie man darauf kommt, vermag ich nicht zu sagen, tatsächlich leben dort eine Menge Tiere, nur die Anzahl der verschiedenen Spezies ist gering. Zunächst einmal sind da die Krokodile – zahlreicher, als sich irgendwer wünschen könnte – und die vielen Fliegen. Besonders erwähnt sei die große stille Mangrovenfliege, die Ihnen ihre Eier unter die Haut legt, wo eine Made schlüpft und dort verbleibt, bis sie es für an der Zeit hält, die Außenwelt kennenzulernen. Dann gibt es eine Vielzahl „schleimiger Dinger, die auf Beinen durch ein schleimiges Meer kriechen" und beliebig viele Schlammfische, Krebse, einen besonderen Vertreter der Weichtiere und im Wasser verschiedene Sorten Welse. Vogellos sind die Sümpfe jedoch tatsächlich, sieht man einmal von den Schwärmen grauer Papageien ab, die abends heiser krächzend über sie hinwegfliegen. Abgesehen von diesem Gekrächze ist es zumindest während der Trockenzeit den ganzen Tag über still. Während der Regenzeit gibt es in Westafrika keine Stille, weder tags noch nachts, nur das Getöse der herabstürzenden Regenmassen, monotoner und drückender, als irgendeine Stille je sein könnte. Morgens fehlt das lange, tiefe, weiche Pfeifen der Bananenfresser, die die Dämmerung begrüßen, und abends vermisst man den Kuckuck oder die ihrer Anzahl nach für Händel-Festspiele geeigneten Chöre der Frösche und Grillen, deren allabendlicher Streit auf dem trockenen Land so unversöhnlich ist. Doch die Mangrovensümpfe gehorchen den Grundregeln Westafrikas, wonach die Nächte in ihnen lauter sind als die Tage. Sobald die Dunkelheit einsetzt, füllt sich der Sumpf mit Geräuschen. Da ist das Grunzen von was-weiß-ich-was, das Platschen eines springenden Fischs, das eigenartig schwirrende Geräusch dahineilender Krebse, das malerische Knacken und Stöhnen der Bäume, und schließlich – unheimlicher als alles andere – das seltsame Jaulen und seufzende Husten der Krokodile." (Kingsley 2017, S. 88) Bevor Kingsley eine zweite Reise nach der Wesküste Afrikas unternahm baute sie Kontakte zum

British Museum auf. Der Zoologe Albert Günther des British Museum zeigte großes Interesse für die von ihr gesammelten Proben der Natur und stattete sie mit einer Ausrüstung aus mit dem Auftrag weitere Insekten- und Fischsorten zu sammeln. Am 23. Dezember 1894 brach sie von Liverpool aus zu ihrer nächsten Expedition auf. Sie fuhr erst mit dem Dampfschiff, dann mit dem Kanu den Fluss Ogooué hinauf, wobei sie Fische sammelte, die zum Teil in Europa noch nicht katalogisiert waren.

In Begleitung indigener Reiseführer und Gepäckträger nahm Kingsley dann eine Route durch den Busch durch ein Gebiet, das von Furcht einflößenden Fang blockiert war. Später schreibt sie, dass die Erinnerung an all die Dinge, die man ihr berichtet hatte „die Haare zu Berge stehen ließ." (Kingsley 2017, S. 189) Doch der mutigste ihrer Begleiter, „ein kraftstrotzender großer Kerl so schwarz wie der Rachen eines Wolfs mit gewaltigen Muskeln", sagte ihr, dass er sich auf die Freundschaft zweier Fang verlassen könne, die er einst getroffen hatte und mit denen er gehandelt habe.

Doch das erste Zusammentreffen mit den Fang war für Mary Kingsley so dramatisch wie noch nie: „Ich muss sagen, dass mir nirgendwo sonst – nicht einmal in einem Bilderbuch – so wilde, tückisch wirkende Wilde begegneten wie an diesem Abend. Für zwanzig der längsten Minuten meines Lebens stand es auf des Messers Schneide, ob wir kämpfen mussten – um unser Leben, hätte ich beinahe geschrieben, aber das wäre falsch, denn es wäre nur darum gegangen, dieses möglichst teuer zu verkaufen. … Der Lautstärke des Geschreis und Aggressivität der Gesten nach zu urteilen, hätte man meinen müssen, als Nächstes würden wir in Stücke gerissen, aber nicht eine einzige Hand berührte mich wirklich." (Kingsley 2017, S. 200) Schließlich wurde Friede geschlossen und Kingsley ging mit ihren Begleitern inmitten des Gewühls hinauf ins Dorf. Als sie das Dorf erreichten verdoppelte sich der Tumult, weil nun auch die Frauen, Kinder und Hunde mitmachten. „Jedes Kind, das mein weißes Gesicht sah", schreibt Kingsley, „ließ ein Geheul ertönen, als habe es seine infernalische Majestät selbst erblickt, samt Hörnern, Hufen, Schwanz und allem. Die Kinder flohen Hals über Kopf in die nächste Hütte, wo sie, wie ich wegen des anhaltenden Geschreis fürchte, weitere hysterische Anfälle hatten" (Kingsley 2017, S.). Die Siedlung war außerordentlich verdreckt – die Überreste des Krokodils, das sie in der vorletzten Woche gegessen hatten, Berge von Fischabfällen und die Reste eines Elefanten, Flusspferds oder einer Seekuh – da die Verwesung zu weit fortgeschritten war, sorgten gemeinsam für einen höchst eindrucksvollen Gestank. Nachdem Kingsley sich in die Hütte zurückgezogen hatte, erzählte man ihr, die Fang töteten Menschen, z. B. schwarze Händler, die in ihr Land eindringen, und schnitten sie anschließend in handliche Stücke, äßen davon, was ihnen gerade gefiel, und räucherten den Rest zum späteren Verzehr. Doch Mary Kingsley meinte mit ihrem Galgenhumor, dass sie eigentlich nicht in geräuchertem Zustand ihr nächstes Ziel erreichen wollte, selbst wenn ihre Einzelteile in dem Fall handlich wären. Außerdem gab es ja so viel verschiedene Arten, zu Tode zu kommen –

Leoparden, Kentern mit dem Kanu, Elefanten und so weiter – dass jede Hilfe zu spät käme, selbst wenn man eine Spur von ihr fände. Alles in allem war es wohl besser, nur drei Fang bei sich zu haben. „Hier draußen", meinte sie, „muss man die mit Sicherheit tödlichen Gefahren auf das Niveau sportlicher Herausforderungen senken, ansonsten kommt man nicht weiter." (Kingsley 2017, S. 205)

Zwischen den Fang und Kingsley entwickelte sich eine eigenartige Freundschaft. Beide Seiten erkannten, dass sie zu derselben Sorte Mensch gehören, mit der man besser einen trinken sollte, anstatt mit ihm zu kämpfen. Sie wussten beide voneinander, dass sie den jeweils anderen bei ausreichendem Anlass töten würden, und sahen sich daher ein wenig vor, es zu keinem solchen Anlass kommen zu lassen. Auch die übrigen Begleiter Kingsleys behandelten die Fang mit einer eigenen Sorte von Höflichkeit. Ohne die Rücksicht auf Kingsley selbst hätten die Fang diese freundlichen Männer mit ebenso viel Gewissensbissen getötet und gegessen wie ein englischer Jäger die gleiche Menge Hasen. Als sie in einer Hütte aufwachte, bemerkte sie einen üblen Gestank eindeutig organischen Ursprungs. Mit einem brennenden Ast verfolgte sie den Gestank zu den vom Gebälk hängenden Beuteln. Sie nahm den größten herab und schüttete den Inhalt dann in ihren Hut. Es handelte sich um eine menschliche Hand, drei große Zehen, vier Augen, zwei Ohren und andere Teile des menschlichen Körpers. Die Hand war frisch, die anderen Überreste so lala und verschrumpelt. Später erfuhr sie, dass die Fang zwar ihre befreundeten Stammesmitglieder essen, doch zur Erinnerung gerne ein kleines Stück von ihnen aufbewahren. Kingsley fand diesen Charakterzug „rührend", aber dennoch recht unangenehm, wenn die Überreste in jenem Schlafzimmer hängen, in dem sie die Nacht verbrachte – insbesondere, wenn der betreffende Trauerfall in der Familie ihres Gastgebers noch nicht lange zurück lag. (Kingsley 2017, S. 227). Kingsley war dennoch der Meinung, dass es sich nicht empfiehlt zu versuchen, sie auszurotten, bloß weil man glaubt, sie seien auf solch barbarische Weise abergläubisch. Und niemals, wirklich niemals sollte man zu früh schießen. „Ich musste noch nie schießen", sagt sie aus eigener Erfahrung, „und hoffe, das auch niemals zu müssen, denn solche Situationen bedeuten für einen einzelnen Weißen ohne Rückendeckung das sichere Ende. ... Was das Herumfuchteln mit einem Revolver und der Drohung zu schießen angeht, so halte ich das für die größte Idiotie. Ich habe es jedoch nie versucht, schreibe also voreingenommen im Gefühl dass solches Verhalten aus Feigheit entspringt. Man sollte seinen Revolver immer gut gepflegt ,und geladen bereithalten, wenn die Dinge anfangen, hitzig zu werden. Darüber hinaus sollte man ein qualitativ hochwertiges Bowiemesser zur Hand haben – kein Klappmesser, das man öffnen muss, denn das kann in einem Land, in dem alle Dinge mit Gelenken Rost ansetzen, schnell harte Arbeit werden. Außerdem neigen Klappmesser dazu, genau dann zuzuschnappen, wenn man noch die Finger dazwischen hat." Obwohl der Kannibalismus bei den Fang sehr verbreitet ist, birgt er, meint Kingsley, für die Weißen keine Gefahr – sieht man einmal von den Mühen ab, die es bereitet, seine schwarzen Begleiter vor einem Ende im Kochtopf zu bewahren. Die Fang sind nicht wie viele andere Schwarze aus rituellen Motiven Kannibalen, sondern aufgrund einer Variante vom gesunden Menschenverstand. Menschenfleisch, sagt der Fang, lässt sich gut, sehr gut essen und er wünschte sich, Kingsley selbst würde auch einmal davon kosten. Er selbst aber behauptet, dass er nie Menschenfleisch isst, auf keinen Fall – aber die im Nachbardorf tun es. Immer wird er dafür verachtet, sagt Kingsley, seine Verwandten zu essen. „Dabei stimmt das gar nicht. Er isst die Verwandten seiner Nachbarn und verkauft die Verstorbenen seiner eigenen Familie im Gegenzug an diese Nachbarn, doch er kauft keine Sklaven, um sie zu mästen und anschließend zu verzehren", wie Kingsley dies von einigen Stämmen vom Mittellauf des Kongo weiß. Er hält keine Sklaven, macht keine Kriegsgefangenen und es gibt auch keine Friedhöfe. (Kingsley 2017, S. 282 f.)

Nach ihrer Expedition durch den Busch fuhr Kingsley zurück zur Küste, in die damalige deutsche Kolonie Kamerun. Sie bestieg, wiederum in Begleitung von indigenen Gepäckträgern und Reiseführern, als erste europäische Frau den 4.095 m hohen vulkanischen Kamerunberg, Westafrikas höchsten Gipfel. Und zwar wie sie schreibt ganz allein während ihre Bergführer wegen des fürchterlichen Wetters zurück blieben: „Vor mir kann ich drei ziemlich hohe Kegel ausmachen, doch dann greift der Nebel zu Verzweiflungsmaßnahmen: Da er eingesehen hat, dass er mich anders nicht loswerden kann, attackiert er mich mit einem Sturm eisigen Windes und einem Vorhang aus blendendem, stechenden Regen. Ich kämpfe mich durch ihn hindurch auf einen Gipfel zu, der, wie ich schon bald durch eine Lücke im Nebel erkenne, nicht der höchste ist, also biege ich ab und besteige den zur Linken. Nach verzweifeltem Kampf erreiche ich den Haufen gesammelter Steine, der den eigentlichen Gipfel markiert. – Ach! Nur um festzustellen, dass ein tobender Sturm und dichter Nebel vollständig von ihm Besitz ergriffen haben und die Sichtweite keine zehn Meter beträgt. In der Nähe des Steinhaufens liegen einige verstreute Flaschen, von denen ein paar wohl die dynamischen deutschen Offiziere getrunken haben dürften, als sie auf ihren Erfolg anstießen. – Ein Erfolg, vor dem ich mich verneige, denn ihr Mut und ihre Ausdauer hatten sie in wesentlich kürzerer Zeit hier herauf gebracht, als ich benötigte." Kingsley spielt damit auf die Besteigung des Gipfels durch zwei deutsche Offiziere des Kriegsschiffs „Hyäne" einige Wochen zuvor über dieselbe Route an. (Kingsley 2017, S. 464) Schließlich stellt Kingsley fest: „Mein einziger Trost ist, dass mein Fehlschlag nicht meine eigene Schuld ist – sieht man einmal von meinem Erscheinen hier zur falschen Jahreszeit ab, ein Umstand, der ebenfalls außerhalb meiner Kontrolle lag. Da wir uns in der Tornadosaison befanden, aber nicht in der echten Regenzeit, gab es eben eine gewisse Chance, auf dem Gipfel einen klaren Tag zu erwischen. Ich versuchte es, und es ging schief – nichts, worüber man sich beklagen müsste." Als Mary Kingsley schließlich nach dieser Bergtour in ihr Hotel im Tal zurückkam konnte sie jedoch noch nicht schlafen, so faszinierend waren Wärme und Schönheit hier unten: „Ich setzte mich auf die Veranda, von der aus man Victoria und das Meer überblickt. Im vagen weichen Licht der Sterne, der Leuchtkäfer um mich und Victorias unter mir lauschte ich dem sanften Rauschen des Lukola, den Geräuschen der Brandung auf den Felsen, den Tomtoms und Gesängen der Einheimischen. Alles passte zusammen, vermischte sich miteinander. Warum ging ich nach Afrika?, fragte ich mich. Welch eine Frage! Wer würde angesichts all der Schönheit und all des Zaubers nicht Afrikas Zwillingsbruder, die Hölle selbst, besuchen!“ (Kingsley 2017, S. 480) Aus Kamerun trat sie im November 1895 über Calabar die Heimreise an.

Nach ihrer Rückkehr beschrieb Kingsley in schillernden Farben und mit selbstironischem Humor ihre Reise in ihrem 700-seitigen Reisebericht „Travels in West Africa.“ Neben ausgiebigen ethnologischen Betrachtungen und geografischen Beschreibungen enthält das Buch zahlreiche Anekdoten über Kingsleys Erlebnisse: Begegnungen mit Blutegeln, Flusspferden, Gorillas, Elefanten und Krokodilen. Als ein Krokodil versucht in ihr Einbaum zu klettern, zieht sie ihm einen Schlag mit dem Paddel über den Kopf. Bis zum Kinn im Wasser watet sie durch Sümpfe. Sie stürzt in eine Fanggrube für Tiere voller spitzer Pfähle, und dank ihrer guten Entscheidung, auch in Afrika Männerkleidung zu tragen, klettert sie unverletzt wieder heraus. Die Insekten, Reptilien und Fische, die sie auf der Reise gesammelt oder sammeln lassen hatte, überließ sie dem Britischen Museum.

Kingsley schrieb neben ihrem Reisebericht „Travels in West Africa“ ein weiteres Buch über ihre Reise, ein eher politisches Werk „West African Studies“ (1899), das sie als Beitrag zur Diskussion über die britische koloniale Praxis verstand; darin erörterte sie auch ihre Gedanken zu einer möglichen Zukunft der Verwaltung der britischen Kolonien. Dabei setzte sie sich zwar für die Selbstverwaltung der afrikanischen Länder ein, trotzdem ging es ihr nicht darum, den Kolonialismus abzuschaffen, sondern ihn zu reformieren und nicht zuletzt auch für Großbritannien lukrativer zu machen. Bei den verantwortlichen Politikern blieb die Rezeption ihrer als unzeitgemäß betrachteten Ideen jedoch hinter ihren Hoffnungen zurück. Die Missionare der anglikanischen Kirche kritisierte sie heftig für ihre Versuche, Afrikanerinnen und Afrikaner zu „europäisieren“. Praktiken wie Polygamie und Kannibalismus, die weiße Europäerinnen und Europäer schockierten, wollte Kingsley nicht abgeschafft wissen, sondern sie versuchte sie zu erklären. Ein Verbot des Verkaufs von Alkohol an Afrikaner lehnte sie ebenfalls ab – nicht zuletzt, weil sie auf ihren Reisen enge und freundschaftliche Kontakte zu Liverpooler Händlern geknüpft hatte, die vom Ginhandel lebten. Kingsley hatte eine dritte Reise an die Westküste Afrikas geplant, änderte ihre Pläne jedoch nach dem Ausbruch des Burenkrieges. Stattdessen fuhr sie nach Südafrika und bot ihre Dienste als Krankenschwester an. Sie starb, keine 38 Jahre alt, an Typhus in Simonstown bei Kapstadt in einem Kriegsgefangenenlager, wo sie internierte Buren behandelte.

Abb. 33: Gertrude Bell

16 Die Wüstenkönigin Gertrude Bell

Gertrude Margaret Lowthian Bell (1868–1926) entstammte einer angesehenen Familie britischer Industrieller. Gertrude Bells Vater Thomas Hugh Bell heiratete 1867 die Kaufmannstochter Mary Shield, die allerdings 1871 kurz nach der Geburt ihres zweiten Kindes Maurice Bell starb. Gertrude Bell war zu diesem Zeitpunkt noch keine drei Jahre alt. Die beiden Halbwaisen Gertrude und Maurice Bell wurden in den folgenden Jahren vorwiegend von Kindermädchen erzogen, wenn auch ihr Vater einen großen Teil seiner freien Zeit mit seinen zwei Kindern Gertrude und Maurice verbrachte. Er schickte die lernbegierige Gertrude 1884 auf das Queens College, eine Mädchenschule in London. Dies war für damalige Zeiten ein durchaus ungewöhnlicher Schritt. Mädchen ihrer gesellschaftlichen Schicht wurden in der Regel ausschließlich von Hauslehrern unterrichtet. Noch ungewöhnlicher war, dass ihr Vater ihr ab 1886 auch ein Studium in Oxford ermöglichten. Gertrude Bell wurde in Lady Margaret Hall aufgenommen. An den Vorlesungen nahmen sie und ihre Mitstudentinnen nur als Gasthörerinnen teil. Im Jahr 1888 kurz bevor sie zwanzig Jahre alt wurde schloss sie ihr Studium der Zeitgeschichte als erste Frau mit der höchsten Auszeichnung ab. Ihr wurde als Frau jedoch kein akademischer Grad verliehen.

Die Wintersaison 1888/1889 verbrachte Gertrude Bell in Bukarest. Frank Lascelle, der Schwager ihrer Stiefmutter, war dort als britischer Botschafter tätig. Gertrude Bell nahm an einer Reihe diplomatischer Dinner sowie der Ballsaison in Bukarest teil. Bevor sie mit dem Orient-Express nach Hause zurückkehrte, besuchte sie noch Konstantinopel. Nach ihrer Rückkehr nach Großbritannien wurde Gertrude Bell von ihren Eltern offiziell am britischen Hofe vorgestellt. Einen passenden Ehepartner fand sie jedoch nicht. Wenige von den Bewerbern konnten sich mit ihrer Bildung messen; aufgrund ihres Aufenthaltes in Bukarest und Konstantinopel übertraf sie die meisten der in Frage kommenden Männer auch an der Kenntnis fremder Länder. Im Herbst 1892 begann sie Persisch zu lernen und reiste im Frühjahr 1893 nach Teheran, wo Frank Lascelles als britischer Botschafter akkreditiert war. Sechs Monate hielt sich Gertrude Bell in Teheran auf. Das Leben der Einheimischen, ihre Gastfreundschaft sowie die sie umgebende Landschaft beeindruckte sie sehr: „Ich habe nie gewusst, was eine Wüste ist, bis ich hierher kam. Es ist etwas ganz Wunderbares! Und plötzlich, aus dem Nichts, aus einem bisschen kalten Wasser bricht ein Garten hervor. Und was für ein Garten! Bäume, Brunnen, Becken, Rosen und ein Haus darin, Häuser, wie in unseren Kindermärchen! Besetzt mit winzigen Spiegeln in zauberhaften Mustern, blaue Fliesen, Teppich, das Plätschern fließenden Wassers, und der Brunnen. Hier sitzt der verzauberte Prinz – feierlich, würdevoll, in lange Gewänder gekleidet. Er schreitet Dir entgegen, wenn Du eintrittst, sein Haus ist Deines, sein Garten ist Deiner, sein Tee und seine Früchte – alles ist Dein. Schließlich wird Eis und Kaffee serviert; und danach reitest Du erfrischt, verzaubert und mit vielen Segnungen auf Deinem glücklichen Haupt nach Hause. Ach, wir kennen keine Gastfreundschaft im Westen und keine Manieren." (Bell 1995, S. 14) Zu ihren ständigen Begleitern in Teheran zählte Henry Cadogan, einer der Mitarbeiter der britischen Botschaft. Er war intelligent und belesen, ein begeisterter Sportler und interessierte sich wie Gertrude Bell für Geschichte. Die beiden verliebten sich ineinander, und nach drei Monaten hielt er um ihre Hand an. Hugh und Florence Bell verweigerten jedoch die Zustimmung zu der Ehe. Gertrude Bell beugte sich der ablehnenden Entscheidung ihrer Eltern. Nach sechs Monaten kehrte sie wie vereinbart nach Großbritannien zurück. In London verkürzte sie sich das Warten auf Cadogan, indem sie ihre Reiseerlebnisse in dem Buch Persian Pictures niederschrieb und ihre bis heute wegen ihrer literarischen Qualität geschätzte Übersetzung der Gedichte des persischen Dichter Hafiz begann. Neun Monate nach ihrer Rückkehr aus Teheran erhielt sie jedoch ein Telegramm aus Teheran mit der Nachricht, dass Henry Cadogan nicht mehr am Leben sei. Er war bei einem Ausritt in eisiges Flusswasser gestürzt und hatte sich dabei eine Lungenentzündung zugezogen, der er wenig später erlag. Nach Europa zurückgekehrt entwickelte sich Gertrude Bell zu einer wagemutigen Alpinistin und bestieg die Ostwand des Finsteraarhorns. In ihrem Bericht an ihren Vater schildert sie das gefährliche Abenteuer: „Diesmal muss ich mit dem Bekenntnis beginnen, dass sich so manch düstere Prophezeiung von Euch beinahe bewahrheitet hätte und ich eigentlich recht erfreut bin, dass meine Knochen nicht verstreut und kalt in den Alpen herumliegen … Wir standen neben einem großen Felsturm, als es plötzlich krachte und sekundenlang eine blaue Flamme darauf tanzte. Mein Eispickel zuckte in meiner Hand, und ich hatte das Gefühl, durch meinen Wollhandschuh hindurch Hitze zu spüren. War das möglich? Ich habe den Handschuh nicht ausgezogen, um nachzusehen! Bevor wir wussten, wie uns geschah, schlug schon wieder ein Blitz ein – es war ein riesiger, hochaufragender Turm, der die Blitze anzog –, aber wir hielten uns nicht mit Vermutungen auf, sondern polterten so schnell wir nur konnten einen Kamin hinunter. Es ist nicht lustig, mitten im dicksten Gewitter einen Blitzableiter mit sich herumzutragen! Es war klar, dass wir in dieser Nacht nicht weitergehen konnten. Das Problem war, das bestmögliche Nachtquartier zu finden, solange es noch hell genug war. Wir stießen auf einen winzigen windgeschützten Felsvorsprung; er war gerade groß genug, dass ich mich ganz hinten auf einen sehr spitzen Felsbrocken setzen konnte. Wenn ich mich krümmte, konnte ich sogar meinen Kopf schützen." (Bell 1995, S. 24)

Während ihres Aufenthaltes in Teheran im Jahre 1892 drang Gertrude Bell in Regionen vor, die bislang nur eine Handvoll westlicher Männer und noch keine europäische Frau aufgesucht hatten. Gegen den Widerstand der osmanischen Verwaltungsbeamten, die einen Kontakt zwischen ihr und den Drusen verhindern wollten, wollte sie auch in die bislang kaum erforschte Gebirgsregion Dschebel ad-Duruz reisen. Einer ihrer Maultiertreiber Muhammad war Druse. Sie war berichtet von ihm: „Er ist ein großer, gutaussehender Bursche, sanft und ruhig und äußerst enthaltsam. Er isst nichts außer Reis und Brot und Feigen. Es macht mich nur noch neugieriger darauf, Hauran, das drusische Hauptzentrum, kennenzulernen, und die beiden Maultiertreiber möchte ich sehr gern mitnehmen: Sie sind sehr tüchtig und gefällig, und es wäre interessant, Muhammad in drusischem Land dabeizuhaben. Man mag von ihren religiösen Bräuchen vielleicht nichts erfahren oder sehen, aber er hat mir eine Menge von ihrem Leben und ihren Sitten erzählt. Er sagt, fast alle Menschen im Libanon sind Drusen." (Bell 1995 S. 40) Bereits am 2. Mai erreichte Gertrude Bell Bosra, eine Stadt im Südwesten von Syrien im Gouvernement Dar'a innerhalb der Region Hauran. Sie ging sofort zum Mudir der Stadt den sie in seinem schattigen Gewölbehof sitzend antraf. Er bot ihr Kaffee an, und die schwierigen Verhandlungen begannen: immer hin und her, bis Gertrude Bell ihm schließlich erklärte, heute ginge sie nirgendwo hin, und er sagte, er suche sie später auf (Bell 1995, S. 44). Ohne die ablehnende Haltung des Mudirs zu beachten brach jedoch Bell auf eigene Verantwortung ins Drusenland auf. Sehr bald erreichte sie den Gipfel eines Abhangs und sah weit vor sich fruchtbares, bewässertes Land, in dem vulkanische Hügel verstreut lagen, und dahinter höhere Berge und den spitzen Gipfel des höchsten Berges des Dschebel Drus: „Vor uns, keine halbe Meile entfernt, lag ein winziges Dorf. Ich eilte weiter. Am Fuß des Berges, auf dem es lag, befand sich ein Teich mit Feigenbäumen. Frauen füllten ihre Tonkrüge mit Wasser, drusische Frauen in langen blauen und roten Gewändern und weißen Musselinschleiern, die sie über ihre Köpfe und um ihre Gesichter gezogen hatten." Am Ufer stand ein junger Mann von 19 oder 20 Jahren. „Ich stieg ab, um mein Pferd zu tränken. Der Junge kam zu mir, nahm meine Hände und küsste mich zu meiner Überraschung auf beide Wangen. Mehrere andere Männer und Jungen kamen herbei und schüttelten mir die Hände. Ihre Augen sehen riesig aus, mit Khol geschwärzt, bei Männern und Frauen gleichermaßen. Sie sind dunkel, mit gerader Stirn, geraden Schultern und dem Ausdruck wacher und sanfter Intelligenz, was außerordentlich anziehend ist. Ich fragte den hübschen Jungen, ob er uns den Weg nach Areh zeigen würde; er bot uns seine Dienste an, indem er sein Herz und seine Stirn als Zeichen des Gehorsams berührte. So zogen wir weiter durch Wiesen, Kornfelder und Weinberge in diesem lieblichen, hügeligen Land. Die Maultiertreiber begannen zu singen, und die freundlichen Menschen mit den weißen Turbanen in den Weinbergen hielten in ihrer Arbeit inne und grüßten, als wir vorüberzogen, und ich lachte den ganzen Weg über vor Schadenfreude bei dem Gedanken an den Mudir und die Türken." (Bell 1995, S. 48) Ständig war Gertrude Bell bemüht, zu den Scheichs und Stammesführern in Kontakt zu kommen. Dabei halfen ihr ihre Sprachkenntnisse, durch die sie nur selten auf einen Dolmetscher angewiesen war, wenn sie mit ihnen bei Zigaretten und dem bitteren schwarzen arabischen Kaffee Höflichkeitsfloskeln und Informationen austauschte. Beispielhaft ist ihr Bericht vom 11. Mai 1900, in dem sie von einem Zusammentreffen mit dem Beg der Drusen erzählt, der erst kurz zuvor aus seiner fünfjährigen Haft im Gewahrsam der Osmanen entlassen worden war: „Und so erreichten wir gegen 8 Uhr 30 Areh. Einige Personen von augenscheinlicher Wichtigkeit standen vor ihren Haustüren am Fuß des Berges; ich ritt zu ihnen und grüßte sie mit einem Salam. Sie nahmen mich an beiden Händen und baten mich, abzusteigen und Kaffee mit ihnen zu trinken. Das war genau das, was ich wollte, denn ich brauchte Informationen. Wir gingen Hand in Hand auf drusische Art, unsere kleinen Finger, nicht die Hände, verschränkt zu den nächstgelegenen Häusern…. Mit vielen Maschallah! Türmten sie ihre gesamten Kissen zu einem erhöhten Sitz für mich auf, brachten einen Schemel für meine Füße und Wasser zum Händewaschen, und dann setzten sie sich im Kreis auf den sauberen, mit Matten ausgelegten Boden und bereiteten Kaffee für mich. Der netteste von allen, Hamma Hamid, saß neben mir und legte seine Hand auf meine Schulter, wenn er mit mir redete. … Nach dem Kaffee (der sehr gut war) fragte ich, ob ich den Scheich sehen können." Denn der Scheich war der Anführer aller Drusen im Land. Natürlich musste sie ihn besuchen. So stiegen sie und Hamma auf den Gipfel des Hügels, auf dem das Haus des Begs stand: „Wir gingen geradewegs in seinen Empfangsraum, wo er auf einem Teppich saß und mit sechs oder acht anderen von einer großen Platte aß. Er bat mich, in diesem Kreis Platz zu nehmen, und ich aß mit, wobei ich die dünnen Brotscheiben als Löffel und Gabel benutzte. Das Essen bestand aus Laban und einem ausgezeichneten Eintopf von Bohnen und Fleisch. Ich hätte gerne sehr viel mehr davon gegessen, aber der Beg war fertig, und ich fürchtete, es wäre unhöflich. Die Platte wurde entfernt, und er türmte Kissen für mich auf dem Boden auf. Ich wartete sehr höflich bis er sich hinsetzte. Denn er ist ein König, und ein sehr guter König dazu, obwohl sein Königreich zufällig nicht sehr groß ist.

Dann musste ich meine Geschichte erzählen, und der Beg schloss seine großen Augen und neigte hin und wieder sein Haupt und murmelte: ‚Daghi, daghi' – es ist wahr –, während ich sprach. Ich erklärte ihm, was ich alles besichtigen wollte und dass ich Suweidah wegen der Osmanen und auch wegen des Telegraphen dort – die größte aller Gefahren – meiden wollte, und er war äußerst mitfühlend und arrangierte alle meine Reisen für mich, und sagte, ich könne mit seinem Schutz rechnen, wo immer ich hinginge. So tranken wir Kaffee und dann schlug jemand (zu meinem größten Entzücken) vor, ich solle den Beg fotografieren, und ich setzte ihn auf seiner Veranda in Positur, er sah prächtig aus. Dann trennten wir uns, und ich ging hinunter zu einer herrlichen Rieselwiese, wo ich meine Pferde und Maultiere grasen sah, und brach mit meinen Treibern und Führern auf." (Bell 1995, S. 48)

Nach einem Aufenthalt in Paris, wo sie sich unter Leitung des Kustos des Nationalmuseums Salomon Rainach in Archäologie ausbildete, kehrte sie wieder im Januar 1905 in den Nahen Osten zurück, um erneut eine Reise zum Dschebel Drus mit einem arabischen Führer zu unternehmen. As sie die kleine Lavastadt Salkhad erreichte, die noch unter der osmanischen Herrschaft stand, versuchte sie der türkische Mudir von der Weiterreise abzubringen, indem er sagte, wie schrecklich gefährlich das ist. Aber Bell glaubte ihm nicht, weil sie aus ihren früheren Erlebnissen wusste, dass sie unter dem Schutz der Drusen steht. Während sie eines Abends darüber nachdachte, wie sie dem türkischen Mudir entgehen könnte, hörte sie lauten, wilden Gesang und dazu das Abfeuern von Gewehren. Es war ein Ruf zu den Waffen. Männer und Jungen standen im Kreis und sangen ein furchterregendes Lied: „O Herr unser Gott! Auf sie! Auf sie!" Sie waren alle bewaffnet; die meisten von ihnen trugen bloße Schwerter. An ihren Vater schreibt Bell ganz begeistert von diesem Erlebnis: „Wenn du dem Lied zugehört hättest, dann wüsstest Du, dass es nichts Besseres auf der Welt gibt, als hinauszuziehen und Deinen Feind zu töten." (Bell 1995, S. 74) Die Drusen hatten großes Interesse für sie, denn sie war die erste Ausländerin, die sich jemals in diesem Gebiet aufgehalten hat: „Alle Drusen saßen in Reihen um mich herum, und ich beantwortete alle ihre Fragen über fremde Länder und Sitten." (Bell 1995, S. 76)

Über Istanbul kehrte Gertrude Bell im Frühjahr 1905 wieder nach Großbritannien zurück. Die Ergebnisse ihrer Untersuchungen erschienen als Artikelserie in der Revue Archéologique. Sie schrieb außerdem Artikel und Buchrezensionen für die Londoner Times. Außerdem hatte sie vor, ein Buch über die Völker und die Kultur des Nahen Ostens zu schreiben. Geplant war, dass dieses Buch auch umfangreich mit Fotografien illustriert sein sollte. In London arbeitete sie vor allem intensiv an diesem Buch „Durch die Wüsten und Kulturstätten Syriens", das sie im Dezember 1906 abschloss. Das Buch erwies sich als großer Erfolg. Gertrude Bell war während ihrer Reisen stets der Gefahr ausgesetzt, von räuberischen Stämmen überfallen zu werden. Die Schutzzusage der Scheichs und Stammesführer war in diesen Regionen für sie notwendig, um ungehindert und weitgehend ungefährdet reisen zu können. Hielt sie sich auf ihren späteren Reisen in der Nähe räuberischer Stämme auf, ritt sie gewöhnlich gezielt in ihr Lager, hielt vor dem größten Zelt an und betrat es im Vertrauen auf die arabische Gastfreundschaft. In den meisten Fällen hatte sie mit dieser durchaus mutigen Vorgehensweise Erfolg. Bevor Bell zu einer weiteren Reise nach Syrien über Mesopotamien ins Osmanische Reich aufbrach, hatte sie im Winter 1908 daran gearbeitet, ihre Expeditionsfähigkeit zu verbessern. Bei der Royal Geographical Society in London hatte sie trainiert, Landkarten anzufertigen, Landvermessungen und astronomische Beobachtungen vorzunehmen. Die Reise sollte sie diesmal in noch nicht erforschte Gebiete der Wüste von Mesopotamien führen. Von Aleppo würde sie dazu die Syrische Wüste in Richtung Irak durchqueren, dem Flusslauf des Euphrat südwärts folgen, nach Bagdad reisen und dann dem Tigris hinauf bis ins Osmanische Reich folgen. Im Mai 1911 war sie erstmals dem Major Charles Doughty-Wylie und seiner Frau Judith begegnet. Der Major, der von seinen Freunden Richard genannt wurde, amtierte dort als britischer Konsul. 1912 begegneten sie sich erneut, als Richard Doughty-Wylie für das Rote Kreuz die Hilfsmaßnahmen für die Opfer des Ersten Balkankrieges organisierte. Im Frühjahr 1913 intensivierte sich die Bekanntschaft und Gertrude Bell fühlte sich immer stärker zu Richard Doughty-Wylie hingezogen. Wylie erwiderte ihre Gefühle, eine Scheidung von seiner Frau hätte für ihn jedoch das berufliche Aus bedeutet.

Gertrude Bell unternahm im November 1913 von Damaskus aus die schwierigste Reise ihrer Laufbahn. Sie wollte nach Ha'il ins Hauptquartier von Ibn Raschid. Diese Reise stand bereits seit einigen Jahren auf ihrem Plan. Ihren Eltern gegenüber stellte sie alles so dar, als ob sie nur einen seit acht Jahren gehegten Wunsch in die Tat umsetzte, doch in Wahrheit war die Reise ein Mittel zur Flucht. Denn Gertrude war hoffnungslos und äußerst unglücklich in Doughty-Wylie verliebt. Sie hatte den Plan jedoch immer wieder aufschieben müssen, weil der von den Briten unterstützte Ibn Saud und seine Stammesangehörigen sich im Krieg miteinander befanden. Für den Weg von Damaskus nach Ha'il würde sie etwa drei Monate benötigen. Räuberbanden trieben in der Wüste ihr Unwesen, die nicht einmal die Angehörigen ihres eigenen Stammes schonten und bei denen das Schutzversprechen eines Scheichs vermutlich wertlos war. Um kein Bargeld während dieser gefährlichen Reise mit sich zu führen, erwarb sie alle notwendigen Vorräte für den ersten Teil der Reise in Damaskus. Die Reise, zu der sie im Dezember 1913 aufbrach, begann bereits unter einem schlechten Stern. Sie hatten Damaskus kaum eine Woche verlassen, als ihre Karawane von einer Gruppe von Gebirgsdrusen überfallen wurde, die ihnen alle Waffen raubten. Gertrude Bell hätte nach Damaskus zurückkehren müssen, hätten zwei hinzukommende Scheichs der Drusen nicht ihren Karawanenführer erkannt. Bei Kaffee und Zigaretten und gegen Zahlung eines Bakschischs gelang es Gertrude Bell die Scheichs zu überreden, die Waffen wieder der Karawane auszuhändigen. Kurze Zeit später wurde sie von osmanischen Soldaten gestellt, die ihre Weiterreise aufhalten wollten. Die osmanische Regierung hatte sich an Louis Mallet, den britischen Botschafter in Konstantinopel mit der Bitte gewandt, Gertrude Bell von ihrer Reise nach Zentralarabien abzuhalten. Gegenüber den Beauftragten der osmanischen Regierung musste Gertrude Bell erklären, dass sie auf eigene Gefahr reiste. Erst dann ließen die Soldaten sie weiterziehen. In dem Tagebuch, das sie für Richard Doughty-Wylie zu führen begann, schreibt sie am 13. Februar: „Wir sind zwei Tage lang in der Wüste Nefud marschiert und campieren immer noch in ihrem Sand. Es geht sehr langsam voran, rauf und runter in tiefem, weichem Sand, aber es gefällt mir. Gestern um die Mittagszeit stießen wir auf einige sehr hohe Dünen, die ich erklomm – keine Kleinigkeit; ich sah von oben den ersten der Nedschd-Berge, im Westen die Hügel über Taima und um mich herum eine Wildnis aus Sandbänken und Dünen. Wir haben heute abend ein wunderbar friedliches Lager. Es ist wolkig und mild – gestern nacht fror es wie der Teufel –, und ich fühle mich, als ob ich in der Nefud geboren und aufgewachsen wäre und keine andere Welt gekannt hätte. Wir gehen noch zwei Tage durch die Nefud, weil es der sicherste Weg sein soll, und ich wünsche mir sehnlichst jetzt so nah bei Hail, nicht aufgehalten zu werden." (Bell 1995, S. 113) Am 24. Februar 1914 traf Bell in Hail ein. Auch hier machte sie schlechte Erfahrungen mit arabischer Gastfreundschaft. Sie wartete vor den Toren der Stadt, bis ihre Diener ihre Ankunft verkündet und ihre Geschenke überbracht hatten.

Sklaven geleiteten sie in den Roschan, die Empfangshalle des Palastes. Dort wurde sie von der Hausverwalterin und einer der Frauen aus dem Harem des verstorbenen Emir Muhammad Ibn Raschid begrüßt, die sie aushorchten. Kurze Zeit später traf auch der Onkel des herrschenden Emirs ein und empfahl ihr, den Roschan erst wieder zu verlassen, wenn man sie in die Stadt einlade. Ihr Kommen habe bei den religiösen Führern großen Unwillen erregt. Neun Tage ließ man sie einer Gefangenen gleich im Roschan, der Empfangshalle des Palastes, warten. Sie verbrachte lange Nächte mit dem Aushecken von Fluchtplänen. falls etwas schiefgehen würde. Schließlich verlangte sie eine Privataudienz bei Ibrahim und wurde, wieder bei Nacht, in einer oberen Halle des Palasts empfangen. Sie sagte ihm, dass sie nicht länger hierbleiben würde, und dass sie jetzt von ihm einen Führer verlangen müsste, der mich ins Grenzgebiet der Anaseh begleitete. Er war sehr höflich und versicherte ihr, dass ein Begleiter bereitstünde. Das war zumindest ein Zeichen dafür, dass man ihr keine Hindernisse mehr in den Weg legen wollte. Sie schreibt über ihre beängstigende Lage: „Ich habe das Gefühl, in der letzten Woche ein Kapitel aus Tausendundeiner Nacht durchlebt zu haben: die Tscherkessin und die Sklaven, der Zweifel und die Angst, Fatima, ihre Intrigen hinter den Mauern des Palasts spinnend, Ibrahim mit seinen lächelnden Lippen und seinem ruhelos verschlagenen Blick – und die ganze Stadt darauf lauernd, vom Schicksal der Armee zu hören, die mit dem Emir gezogen ist. Im übertragenen Sinne riecht der Ort nach Blut. Die Geschichten um mein Lagerfeuer herum handeln alle von Mord und Totschlag.“ (Bell 1995, S. 118 f.) Am 3. März erschien ein Eunuchen- Sklave, Said, eine Person von großer Wichtigkeit, und informierte sie, dass sie nicht reisen könne und dass sie ihr auch kein Geld geben könnten, solange vom Emir keine Nachricht eingetroffen sei. Am nächsten Tag ließ des Emirs Mutter Bell ausrichten sie möge sie besuchen: „Ich ritt feierlich durch die stillen, mondbeschienenen Straßen dieser merkwürdigen Stadt und verbrachte zwei Stunden – direkt aus Tausendundeiner Nacht – mit den Frauen des Palasts. Ich kann mir vorstellen, dass es nur noch wenige Orte gibt, wo man den unverfälschten Orient sieht, wie er seit Jahrhunderten gelebt hat, und zu diesen wenigen gehört Hail. Da waren sie, diese Frauen, in indische Brokatstoffe gehüllt, mit Juwelen behängt, von Sklaven bedient, und nichts verriet die Existenz Europas oder der Europäer – außer mir! Ich war der Schandfleck! Einige der Frauen des scheichlichen Hauses waren sehr schön. Sie gehen von Hand zu Hand – der Sieger nimmt sie. Und denke Dir, seine Hände sind rot vom Blut ihrer Ehemänner und Kinder!“ (Bell 1995, S. 119) Den nächsten Tag verbrachte Bell wie eine Gefangene in Einzelhaft nämlich in einem großen Haus, das man ihr zur Verfügung gestellt hatte. Wieder brachte sie ihren Wunsch, von Hail abreisen zu dürfen, zum Ausdruck, und wieder stieß sie auf Ablehnung. Später redete sie äußerst energisch mit Said und beendete das Gespräch abrupt, indem sie aufstand und ging: „Tatsächlich dachte ich, dass ich zu brüsk gewesen sei, aber um die Wahrheit zu sagen, ich hatte genug. Eine Stunde später kamen die Kamele; und nach Einbruch der Dunkelheit kam auch Said mit einem Beutel voll Gold und der Erlaubnis, zu gehen, wohin ich wolle und wann ich wolle. Warum sie jetzt nachgegeben haben, ist mir ein Rätsel … Ich verließ Hail erst am 8. März. Ich erhielt die Erlaubnis, die Stadt und den Palast bei Tageslicht zu besichtigen. Als ich in meine Unterkunft zurückkehrte, drängten sich alle Menschen auf die Straße, um mich zu sehen, aber sie schienen nur wohlwollendes Interesse an mir zu haben. Schließlich versammelten sich die Lahmen, die Verstümmelten und die Blinden vor meiner Tür, und ich warf ihnen einen Beutel voll Kupfermünzen zu. So endete mein seltsamer Besuch in Hail nach elf Tagen Gefangenschaft".

Hail hatte auf sie einen finsteren Eindruck gemacht. Der erfolglose Feldzug des Emirs und der Versuch diesen Misserfolg mit gefälschten Berichten zu vertuschen, die leicht zu widerlegen waren, milderten ihre Einstellung nicht. Sie glaubte mit Recht, dass die Raschids wegen ihrer grausamen Familienfehden ihrem Ende entgegen gingen. Nicht ein erwachsener Mann ihres Hauses ist am Leben geblieben. Ihre Geschichte ist eine einzige lange Geschichte von Mord und Verrat. Für Bell war es damit klar, dass die Zukunft bei Ibn Saud liegt. Ihre nächste arabische Reise sollte sie zu ihm führen. Dafür hatte sie schon alles geplant. Entgegen ihrem ursprünglichen Vorhaben wagte sie aber nicht, weiter nach Süden vorzustoßen, um dort Ibn Saud zu treffen. Sie kehrte stattdessen über Kerbela nach Bagdad zurück. Dort hielt sie sich bis Ende April 1914 auf. In Konstantinopel machte sie Zwischenhalt, um sich dort mit dem britischen Gesandten Louis Mallet zu treffen. Mallet hatte ihr zwar zuvor den Schutz der britischen Regierung verweigert, die Informationen, die sie von ihrer Reise über die Präsenz und den Einfluss der Osmanen in dieser Region, die Schwäche der Raschid-Familie und die mögliche Bereitschaft der Anaseh, sich in einem Aufstand gegen die Osmanen mit Ibn Saud zu verbünden, mitbrachte, hielt er jedoch für äußerst wichtig. In einem Telegramm an den britischen Außenminister Sir Edward Grey hielt er das Gespräch mit ihr fest. Ende Mai 1914 traf Gertrude Bell wieder in London ein. Die National Geographic Society zeichnete sie für ihre kühne Reise mit einer Goldmedaille aus.

Wenige Wochen später brach der Erste Weltkrieg aus. Das Osmanische Reich verbündete sich mit dem Deutschen Reich und war damit auch Großbritanniens Kriegsgegner. Die Briten sahen ihren Weg nach Indien und ihren Zugang zu den persischen Ölfeldern gefährdet. Gertrude Bell mit ihren intimen Kenntnissen Nordarabiens und der dort lebenden Menschen war nun plötzlich eine gefragte Quelle, um die geeignete britische Taktik zu bestimmen. Man bat sie um einen Bericht über ihre Erfahrungen. Sie empfahl Ibn Saud als Bundesgenossen der Briten, berichtete von der geringen Wertschätzung, die die Osmanen auf der arabischen Halbinsel genossen, und verwies auf die Möglichkeit einer arabischen Revolte gegen die Osmanen. Sie selbst wäre bereits 1914 gerne wieder in den Nahen Osten gereist; ihre Regierung untersagte dies jedoch. Wie viele andere britische Frauen hatte sie sich freiwillig gemeldet, die Kriegsanstrengungen ihres Heimatlandes zu unterstützen. Sie arbeitete zunächst in Boulogne beim Suchdienst für Vermisste und Verwundete. Von dort schrieb sie an Richard: „Liebster, Liebster, ich gebe Dir dieses Jahr und alle Jahre, die ihm folgen, dieses kärgliche Geschenk – das Jahr und mich und all meine Gedanken und Liebe … Du füllst meine Schale, diese flache Schale, die so tief geworden ist, um Deine Liebe und meine zu halten. Liebster, wenn Du mir sagst, dass Du mich immer noch liebst und willst, dann singt mein Herz – und weint vor Sehnsucht. Ich habe alle Höhlen der Welt mit meiner Sehnsucht nach Dir gefüllt; sie fließt über und kriecht zu den hohen Bergen hinauf, wo Du lebst." Wenig später übernahm sie die Leitung dieses Büros in London. Im Februar 1915 traf sie Richard Doughty-Wylie in London zum letzten Mal. Was bei dieser Gelegenheit auch immer geschah oder gesagt wurde, es war jedenfalls vom Wissen geprägt, dass Richard wenige Tage später abreisen musste, weil sich die britischen Streitkräfte in Gallipoli zusammenzogen. Am 26. Februar schreibt sie ihm: „Ich kann nicht schlafen – ich kann nicht schlafen. Es ist 1 Uhr früh am Sonntag. Ich habe versucht zu schlafen, jede Nacht wird es immer weniger möglich. Du und Du und immer Du stehst zwischen mir und meiner Ruhe. Leben nanntest Du mich und Feuer. Ich stehe in Flammen und werde verzehrt. Dick, es ist nicht möglich, so zu leben. Wenn alles vorbei ist, musst Du Dich bekennen. Du musst es wagen – bin ich es, die Dir Mut einhauchen muss, mein Soldat? Fordere mich vor aller Welt und halte mich für immer und ewig. Nur so kann es gehen … Wenn es Treue ist, woran Du denkst, dann ist dies Treulosigkeit – sei der Liebe treu. Nun hör zu – ich werde Dir so nicht mehr schreiben. Nimm diesen Brief und lege ihn in die Nähe Deines Herzens, damit seine Wahrheit in den langen Monaten des Krieges sich einen Weg zu Dir bahnen kann. Ich bin am Ende angelangt. Wenn du mich liebst, nimm mich – wenn Du mich nur für eine Stunde begehrst, dann nimm diese Stunde, und ich werde es akzeptieren und die Rechnung bezahlen … Und wenn Du stirbst, warte auf mich – ich habe keine Angst vor dieser letzten Reise; ich werde zu Dir kommen." (Bell 1995, S. 123) Am 1. Mai 1915 erfuhr sie auf einer Abendgesellschaft, dass sein Expeditionskorps beim Einlaufen in Gallipoli mit Maschinengewehrfeuer belegt worden war. Ein Kopfschuss hatte Richard Doughty-Wily getötet. Es heißt, Doughty-Wylie habe den Angriff unbewaffnet nur mit seinem Offiziersstock geführt. Er wurde an Ort und Stelle beigesetzt. Doughty-Wylies Grab ist das einzige Einzelgrab eines Soldaten des Commonwealth auf Gallipoli.

Bells alter Bekannter David Hogarth führte seit Ausbruch des Krieges in Kairo eine kleine Abteilung des militärischen Geheimdienstes. Der Geheimdienst hatte sich in seiner Informationsbeschaffung zunächst darauf konzentriert, Details über die osmanische Armee zu gewinnen, die in den Dardanellen stationiert war. Als nach dem Debakel von Gallipoli der Geheimdienst sein Interesse Mesopotamien, Arabien und dem Golf zuwandte, konnte Hogarth seine Vorgesetzten davon überzeugen, auch Gertrude Bell als inoffizielle Mitarbeiterin zu rekrutieren. Im November 1915 brach sie nach Kairo auf. Sie war froh, London zu verlassen, wo nur wenige von ihrer engen Beziehung zu Richard Doughty-Wily wussten und sie mit kaum jemandem ihre Trauer über seinen Tod teilen konnte. Noch im selben Jahr wurde sie offizielle Korrespondentin und Informantin im Arab Bureau, dem in Kairo ansässigen Nachrichtendienst, der die Nahostpolitik Großbritanniens entwickeln sollte. Ihre Arbeit umfasste die Auswertung der Informationen, die sie auf ihren Reisen gesammelt hatte, die Kartierung der Wüstengebiete, Eisenbahnlinien und lebenswichtigen Quellen und Oasen. Von großer Wichtigkeit für eine Allianz der Briten mit den Arabern gegen die Türken jedoch war, dass sie sich mit ihrer perfekten Kenntnis des Arabischen und mit der ihr eigenen Kühnheit Einblick verschafft hatte in die intrigante arabische Stammespolitik. Ohne ihre Berichte wäre der von dem legendären T. E. Lawrence organisierte Aufstand in der Wüste, der Unabhängigkeitskampf der Araber gegen die Osmanen, vielleicht nicht so erfolgreich gewesen. Auch persönlich hatte Bell Lawrence getroffen: „Wir hatten heute einen ganz reizenden Lunch mit Lord Robert und T. E. Lawrence – nur wir vier. Lord Robert ist, glaube ich, die herausragende Figur der Konferenz und T. E. Lawrence die malerischste. Ich verbringe die meiste Zeit mit letzterem, und der erstere ist unfehlbar hilfsbereit." (Bell 1995, S. 146) Gertrude Bell und T. E. Lawrence pflegten einen regen politischen Austausch; er nannte sie freundschaftlich „Gertie", sie redete ihn mit „mein lieber Junge an.

Hauptquartier des britischen Militärs in Kairo war das Hotel Savoy und dort war auch der militärische Geheimdienst untergebracht. Auf das Auftauchen einer Frau in ihren Reihen waren die britischen Militärs nicht gefasst, und viele reagierten eisig und irritiert über ihr Kommen. Gertrude Bell war unter ihnen diejenige, die sich am besten mit den Stämmen im Irak, am Golf und in der Nedschd auskannte. Sie war auch die letzte Europäerin gewesen, die in dieser Region gereist war und damit aus erster Hand Informationen über das Denken der dort ansässigen Stämme hatte.

Während T. E. Lawrence alles zusammentrug, was sich über Eisenbahnen, Truppenbewegungen, die verfügbare Anzahl von Pferden und Kamelen und die Beschaffenheit des Landes finden ließ, arbeitete Gertrude Bell an der Katalogisierung der einzelnen Clans. Den Briten gelang es sehr bald, Scherif Hussein auf ihre Seite zu ziehen. Gertrude Bell war der Ansicht, dass die Unterstützung Ibn Sauds für eine erfolgreiche Revolte ebenso notwendig war. Ihre Ansicht wurde auch von anderen geteilt, und so gelangte auch Ibn Saud auf die Lohnliste der Briten.

Nach ihrer Übersiedlung nach Basra traf Gertrude Bell wie zuvor in Kairo traf Gertrude Bell auch in Basra auf eine weitgehende Ablehnung seitens der britischen Militärs. Bells inoffizieller Status bedingte, dass sie darauf angewiesen war, sich die Wertschätzung der Militärs zu erarbeiten – ihre Ortskenntnisse, ihr Wissen über und ihre Beziehungen zu den mehr als fünfzig unterschiedlichen Stämmen zwischen Basra und Bagdad stellten jedoch sicher, dass die britischen Generäle ihr zumindest Arbeitsräume zur Verfügung stellten. Ähnlich wie in Kairo waren es neben Percy Cox nur einzelne Militärs, die eng mit ihr zusammenarbeiteten. Trotz ihrer weitgehenden Isolierung und der Versuche des britischen Büros in Kairo, Gertrude Bell zur Rückkehr nach Kairo zu bewegen bevorzugte sie es, in Basra zu bleiben. Basra bot ihr anders als Kairo mehr Möglichkeiten, direkt mit den Einheimischen Kontakt aufzunehmen. Darüber hinaus hatte ihre zunehmende Unzufriedenheit mit ihrem inoffiziellen Status Wirkung gezeigt.

Gertrude Bell wurde Mitglied des politischen Stabes von Percy Cox. Sie war nun offiziell Verbindungsoffizier mit dem Rang eines Major und gehörte dem Indischen Expeditionskorps D an. Wenige Monate später verlieh Percy Cox ihr auch noch den Titel einer „Orientsekretärin", eine Schlüsselposition beim Geheimdienst. Während die Araber ihr den Ehrennamen „Wüstenkönigin" gaben. Im März 1917 eroberten britische Truppen Bagdad und Gertrude Bell verlegte ihr Büro von Basra nach Bagdad. Gertrude Bells Arbeit in Bagdad war zunächst die klassische Arbeit eines Geheimdienstmitarbeiters: Informationen sammeln, sie auf ihre Richtigkeit bewerten und interpretieren, sie verdichten und weiterleiten. In jedem Fall besaßen wenige so aktuelle Kenntnisse über die Beziehungen zwischen den einzelnen Stämmen, über ihre politischen Rivalitäten und ihre Absichten wie sie und wenige waren in der Lage, einzelne Stammesführer so maßgeblich zu beeinflussen. In Anerkennung ihrer Verdienste wurde ihr bereits im Oktober 1917 die Auszeichnung eines „Commander of the British Empire" verliehen. David Cox begann unmittelbar mit der Bildung einer provisorischen arabischen Regierung, die die ersten allgemeinen Wahlen im Irak vorbereiten und abhalten sollte. Bell, die zukünftig als Verbindungsglied zwischen dem Hochkommissar und der arabischen Regierung fungieren sollte, unterstützte und beriet Cox in der Auswahl geeigneter Regierungsmitglieder. Im Januar 1921 erschien Gertrude Bells Bericht Review of the Civil Administration of Mesopotamia, der die Entwicklungen in Mesopotamien in den letzten Jahren zusammenfasste. Die Presse reagierte positiv auf ihre Arbeit, widmete aber viel Raum der Tatsache, dass eine Frau die Autorin des Berichtes war. In einem Brief an ihre Familie in Großbritannien kommentierte Bell aber sehr verärgert: „Die Presse scheint es ganz allgemein höchst bemerkenswert zu finden, dass ein Hund auf den Hinterbeinen stehen kann – das heißt, dass ein weibliches Wesen einen Informationsbericht zu Händen der Regierung schreibt. Ich hoffe, dass sie von ihrer albernen Verwunderung ablassen und dem Bericht selbst Aufmerksamkeit schenken, damit er ihnen begreifen hilft, was in Mesopotamien vorgeht." Auf Grund ihrer Kenntnisse des Landes und der arabischen Sprache gelang es Gertrude Bell den von den Briten als zukünftiger König favorisierten Feisal nach Bagdad einzuladen. „Sidi Feisal stand, in seinen arabischen Gewändern großartig anzuschauen, an der Wagentür und salutierte vor der Ehrenwache. Sir Percy und Sir Aylmer gingen ihm entgegen, als er ausstieg, und begrüßten ihn feierlich, und alle Leute klatschten. Er schritt die Ehrenwache ab, inspizierte sie … Sir Percy begann, die arabischen Würdenträger, Vertreter des Nakib usw. vorzustellen. Ich versteckte mich hinter Mr. Cornwallis, aber Feisal sah mich und schritt herüber, um mir die Hand zu schütteln. Er sah aufgeregt und nervös aus – man ist kein König auf Probe ohne seelische Anspannung –, aber es verlieh seiner natürlichen Würde nur einen menschlicheren Charme. Dann ging er in der Menge verloren." Gertrude Bell berichtete auch darüber, was sie an Unterstützung für Feisal unternahm: „Heute morgen auf meinem Weg ins Büro ging ich zum Serail und gab Feisals Adjutant meine Karte. Er bat mich, eine Minute zu warten, der Emir wolle mich sprechen. Es war kurz nach sieben, ziemlich früh für einen Vormittagsbesuch. Ich wartete, unterhielt mich mit dem Adjutanten, und bald darauf ließ mich Feisal rufen. Ich wurde in einen großen Raum geführt. Feisal kam in seinen langen weißen Gewändern herübergeeilt, nahm meine beiden Hände und sagte: ‚Ich hätte nie geglaubt, dass Sie mir so viel Hilfe zuteil werden ließen, wie Sie es getan haben.' Dann setzten wir uns aufs Sofa. Ich versicherte ihm, dass Sir Percy vollkommen auf seiner Seite sei."

Bald darauf kam es zur Krönung Feisals: „In der Hofmitte des Serails war ein Podium aufgebaut worden; dahinter befinden sich Feisals Räume, die großen Empfangs- räume der Regierung; davor saßen englische und arabische Beamte, Stadtväter, Minister, lokale Abordnungen, insgesamt etwa 1500. Pünktlich um sechs sahen wir Feisal in Uniform, Sir Percy in weißer Diplomatenuniform mit all seinen Bändern und Sternen, Sir Aylmer, Mr. Cornwallis und eine Folge von Adjutanten die Stufen der Serails aus Feisals Unterkunft hinunter- und den langen Teppichpfad an der Ehrenwache vorbei bis zum Podium entlangschreiten. Wir standen alle auf, als sie hereinkamen, und setzten uns, nachdem sie ihre Plätze auf dem Podium eingenommen hatten. Feisal sah sehr würdevoll, aber angespannt aus – es war ein bewegender Augenblick. Er blickte die vordere Reihe entlang und fing meinen Blick auf, und ich salutierte leicht. Dann wurde Sir Percys Erklärung verlesen, mit der er verkündete, dass Feisal von 96 Prozent des Volkes von Mesopotamien zum König gewählt worden war, lang lebe der König! Damit erhoben wir uns und salutierten. Die Nationalflagge wurde am Fahnenmast neben ihm gehisst, und die Kapelle spielte ‚God Save the King' – sie haben noch keine Nationalhymne. Es folgte ein Salut aus 21 Kanonen … Es war ein erstaunliches Ereignis, ganz Irak, vom Norden bis zum Süden, versammelt zu sehen. Dies ist zum ersten Mal in der Geschichte geschehen."

Doch eine weitere Aufgabe war für Gertrude Bell zu bewältigen. Es war notwendig die südliche Wüstengrenze des Irak herauszufinden. Es musste endgültig geklärt werden, welche Stämme und Länder zum Irak gehören und welche zu Ibn Saud. Schließlich aber konnte Bell zufrieden feststellen: „Ich glaube, irgendwie ist es mir gelungen, daraus eine vernünftige Grenze abzuleiten." Und das erforderliche Treffen zwischen Feisals und ibn Saud zur Abgrenzung ihrer Herrschaftsbereiche konnte stattfinden. Folgendes hat Sir Henry Dobbs der Nachfolger von Percy Cox dem Kolonialministerium in seinem Jahresbericht über seine Beamten über Gertrude Bell geschrieben: „Es ist schwierig, über Miss Bells Dienste sowohl für die britische als auch die irakische Regierung zu schreiben, ohne in den Verdacht der Übertreibung zu geraten. Ihre erstaunlichen Kenntnisse dieses Landes und seiner Menschen und ihr Mitgefühl mit ihnen versetzen sie in die Lage, in ihre Seele zu blicken, während ihr unerschütterlicher Glaube sie daran hindert, über das, was sie dort manchmal vorfindet, den Mut zu verlieren. Ihre lange Bekanntschaft mit den Stämmen und Scheichen macht ihren Rat bei den immer wiederkehrenden Krisen in Stammesangelegenheiten unschätzbar, und ihre Vitalität und umfassende Bildung machen ihr Haus zum Mittelpunkt von allem, was in der europäischen wie arabischen Gesellschaft in Bagdad Wertschätzung verdient. Sie ist tatsächlich ein Bindeglied zwischen dem britischen und dem arabischen Volk." (Bell 1995, S. 225)

Der Höhepunkt ihrer politischen Laufbahn war die Konferenz in Kairo im Jahre 1921. Am 12. März 1921 schlug Churchill auf der Konferenz von Kairo Faisal als König für den Irak vor.

Nach einer Volksbefragung, bei der Faisal 96 Prozent der abgegebenen Stimmen erhielt, traf Faisal Ende Juni 1921 im Irak ein.

Bell aber hatte vor ihr Amt niederzulegen und die irakische Regierung zu bitten, sie als Direktorin für Altertümer einzustellen: „Ich bin bis jetzt nur ehrenamtliche Direktorin, wie Ich sollte sowieso nicht länger beim Hochkommissariat bleiben; es ist wirklich nicht mehr meine Aufgabe. Die Politik macht großen administrativen Aufgaben Platz, die mich nicht interessieren und für die ich mich nicht eigne. Andererseits ist die Abteilung für Altertümer jetzt eine Ganztagsarbeit. Ich versuche, das Kabinett dazu zu bringen, mir die Verantwortung für die Ausgrabungen zu übertragen, die die Deutschen in Babylon zurückgelassen haben. Ich warte ab, wie sich all dies entwickeln wird, aber ich weiß jetzt schon, dass ich dem Museum meine ganze Zeit widmen sollte. Im Moment gehe ich jeden Morgen von 7 bis 8 Uhr 30 dorthin und komme gegen 9 Uhr ins Büro. Das bedeutet dann viereinhalb ziemlich anstrengende Stunden, aber ich finde, daß ich die Arbeit gerade so schaffe, obwohl ich auch manchmal Unterlagen zum Lesen abends mit nach Hause nehmen.“ (Bell 1995, S. 239)

Zwei Tage vor ihrem 58. Geburtstag am 12. Juli 1926 starb sie in den frühen Morgenstunden. Über Gertrude Bells Tod wird immer ein Fragezeichen stehen; für einige steht es außer Frage, dass es Suizid durch eine Überdosis Schlaftabletten war. Bei Bekanntwerden ihres Todes trafen Botschaften aus allen Teilen des Irak, aus Bagdad, aus der Wüste, von Beamten und Repräsentanten beim Hochkommissariat ein; und die meisten waren nicht nur förmliche Kondolenzschreiben, sondern enthielten tiefe Anteilnahme. In ihrem eigenen Land kamen Beileidsbezeugungen, welche die Empfindung persönlichen Verlusts ausdrückten, von den Höchsten im Land, von Leuten von Rang, aus Kunst und Literatur, der Politik, der Gesellschaft, und auch aus den Dörfern ihrer Heimat Yorkshire. Gertrude Bell wurde am Nachmittag des 12. Juli auf dem Friedhof außerhalb Bagdads mit militärischen Ehren beigesetzt. Viele Menschen, Iraker und Briten, waren anwesend, der Hochkommissar und der gesamte britische Stab, Zivilisten, Heer und Luftwaffe, der Premierminister des Irak und die Mitglieder des Kabinetts sowie eine große Anzahl arabischer Wüstenscheichs. Die Truppen der irakischen Armee säumten die Straße, und eine riesige Menschenmenge erwies einer Frau die letzte Reverenz, die im ganzen Land verehrt wurde. Auf Wunsch König Feisals, der, bei ihrem Tod im Ausland weilte, erhielt das Museum für Altertümer in Bagdad Gertrude Bells Namen.

17 Die Reisen Simone de Beauvoirs

In ihrem Tagebuch der Jahre 1929 bis 1945 macht Simone de Beauvoir uns im September 1936 mit einer Reihe von Persönlichkeiten bekannt, die ihr in ihrem „Hauptquartier" im Montparnasse, dem Café du Dôme, besonders aufgefallen sind. Simone de Beauvoir war zeit ihres Lebens auf Reisen. Die drei wichtigsten, auf denen sich vor allem mit der Lage der Frauen, ihrer Unterdrückung und ihrer Befreiung beschäftigte, waren China, Kuba und die Sowjetunion. Die erste Reise in ein Land, das durch eine Revolution die Frauen von ihrer jahrhundertealten Unterdrückung befreite, war die Reise nach China. 1957 erfolgte die Veröffentlichung von „La longue Marche" (deutsch: „China – das weitgesteckte Ziel" 1960), ein mit historischen, soziologischen und ökonomischen Informationen sowie zahlreichen Statistiken versehenes Buch, in dem sie ihre Eindrücke aus der China-Reise des vergangenen Jahres darlegt, wobei sie Vergleiche zwischen den Lebensumständen im vergangenen Kaiserreich zieht. Dabei ist zu bemerken, dass Simone de Beauvoir zu einer Zeit China besuchte als noch Tschiang Kai Schek Präsident sowie als Marschall und Generalissimus militärischer Oberbefehlshaber der Republik China war.

Abb. 34: Tschiang Kai Schek in Generalsuniform und seine Heirat

Solange China noch ein Kaiserreich war, konnte eine Frau die Familie ihres Gatten nur verlassen, indem sie aus dem Leben schied; diesen Weg haben viele Chinesinnen gewählt: Sie erhängten sich an irgendeinem Pfosten oder ertränkten sich im nächsten Weiher. Außerdem war es dem Gatten gestattet neben seiner Ehefrau noch weitere Frauen zu besitzen. Der Status einer Nebenfrau hing ganz davon ab, welchen Rang der Gatte den Konkubinen zubilligte. Gebaren sie ihm Söhne, nahmen sie eine bevorzugte Stellung ein; und blieb die legitime Gattin, der sie sich üblicherweise unterzuordnen hatten, kinderlos, wurden sie bisweilen dieser gleichgestellt. Doch war man ihrer überdrüssig, konnten sie jederzeit verstoßen werden, denn das Gesetz schützte sie nicht. Erst im Alter war das Leben der Chinesin einigermaßen gesichert: Ihre Kinder schuldeten ihr den Respekt, den man in China allen alten Menschen bezeigt. Das war der Trost, den man der jungen Ehefrau verhieß, damit sie ihr qualvolles Dasein geduldig ertrug.

Ein Symbol für die Unterwürfigkeit der chinesischen Frau ist der Brauch der „eingebundenen Füße", der mutmaßlich im 8. Jahrhundert n. Chr. aufkam. Am Hof der Tang-Kaiser erregten die zierlichen Füße und die an der Spitze aufgebogenen Schuhe einiger Tänzerinnen und Kurtisanen lebhafte Bewunderung. Ein Herrscher von Nan-tang, der Verse schrieb, die zur klassischen Dichtung Chinas zählen, kam auf den Gedanken, den weiblichen Fuß künstlich zu verkleinern. Die erotische Phantasie der Chinesen erhob diesen Einfall zum Gesetz. Der Mandschu-Kaiser Kang-hsi wollte diese Mode wieder abschaffen, weil er sie abscheulich fand, doch ist seine Verfügung später widerrufen worden: Die Mandschus waren von dem Raffinement der Chinesen so angetan, dass sie auch ihren Frauen die Füße einbinden ließen. Im 18. und 19. Jahrhundert gab es mehrere Autoren, die gegen diese Verstümmelung zu Felde zogen, aber erst viel später wurde sie gesetzlich verboten; In Peking scheint man sie jedenfalls noch praktiziert zu haben, denn dort sieht man häufig ältere Frauen mit solch gewaltsam verkleinerten Füßen über die Straße trippeln. Erstaunlich ist, dass dieser Brauch nicht nur eine der erotischen Extravaganzen darstellte, durch die sich die sogenannten oberen Schichten auszeichnen; denn er wurde – zumindest in Nordchina – den Frauen aller Schichten aufgenötigt. Deutlich brachte er das Los zum Ausdruck, das die Männer den Frauen zugedacht hatten: ans Heim gefesselt zu sein. Eine Bauersfrau mit verstümmelten Füßen war nicht imstande, auf dem Acker zu arbeiten, und musste sich also auf ihre häuslichen Pflichten beschränken. Im Süden Chinas, wo die Frauen von der Feldarbeit nicht ausgeschlossen worden sind, hatte sich die Mode nicht durchgesetzt.

Die Nordchinesin aber genoss den traurigen Vorzug, dem Manne zugleich als Magd und als Objekt seiner sexuellen Begierde zu dienen, was in der Regel nicht von ein und derselben Frau gefordert wurde. „Diesem braven Haustier, das sich vom Morgengrauen bis in die Nacht hinein abrackerte, wurde das schmerzhafte Raffinement abverlangt, das zum Rüstzeug der verwöhnten Kurtisane gehörte." (Simone de Beauvoir 1960, S.) Doch die Chinesen nach der Revolution sind darüber so entsetzt, dass auf der Bühne keine Frau mit eingebundenen Füßen gezeigt werden darf. Schon in früheren Jahrhunderten haben sich in China Stimmen erhoben, die das Los der Frauen beklagten und ihre Partei ergriffen. Bereits im 12. Jahrhundert, hielt man es für unwürdig, dass man die Frau als minderwertiges Wesen behandle. Vier Jahrhunderte später verwies Lin Chien auf die Ungerechtigkeit der Gesetze für die Ehescheidung. Gegen Ende des 18. Jahrhunderts wollten schon manche der gebildeten Männer, vorwiegend Literaten, dass die Ehe sich auf die Gleichberechtigung der Geschlechter gründe. Diese Ansichten fasste man in dem Ausspruch zusammen: „Durch die Erniedrigung der Frauen werden auch die Männer erniedrigt." (de Beauvoir 1960, S. 136)

Was aber nach der Revolution in China bei den armen von Hunger bedrohten Bauern gesetzlich verboten wurde, war, dass die weiblichen Kinder verkauft wurden. Früher war es ganz natürlich, dass ein notleidender Familienvater mit einem Haufen Kinder in einer Tochter lediglich eine überflüssige Last erblickte; und von dem Recht, das man ihm über Leben und Tod seiner Nachkommenschaft zugestand, machte er tatsächlich Gebrauch: Millionen Säuglinge weiblichen Geschlechts wurden gleich nach ihrer Geburt ertränkt oder in den Schweinetrog geworfen. Sich auf solche Weise der unerwünschten Töchter zu entledigen, wurde von der armen Landbevölkerung für so selbstverständlich gehalten, dass man sich genötigt sah, in dem neuen Ehegesetz ausdrücklich zu erklären, dass Kindesmord ein Verbrechen ist. Pearl S. Buck erzählt in ihren Erinnerungen: „Als ich einmal mit einigen Chinesinnen beisammensaß, mit denen ich mich angefreundet hatte, kam das Gespräch auf die schreckliche Gewohnheit, die neugeborenen Töchter umzubringen; und von diesen elf Frauen, die nicht alle arme Bäuerinnen waren, gestanden mir neun, auch sie hätten auf diese Weise eine Tochter eingebüßt. Sie weinten, als sie davon sprachen. In den meisten Fällen hatten sie es nicht verhindern können: der Gatte oder die Schwiegermutter hatte der Hebamme befohlen, das Kind zu töten, weil es in der Familie schon zu viele Töchter gab." (zit. nach Simone de Beauvoir 1960, S. 130) Aber entgingen die Mädchen auch dem Schicksal, gewaltsam umgebracht zu werden, blieben doch viele von ihnen nicht lange am Leben. jahraus, jahrein wurden die chinesischen Bauern von Hungersnöten heimgesucht, und die Existenz ihrer Kinder hing von einer Handvoll Reis oder Hirse ab. Die Söhne erhielten natürlich die größeren Rationen, und die Töchter starben an Unterernährung oder fielen als erste einer der zahlreichen Epidemien zum Opfer.

Der überlebenden Töchter suchte man sich so bald wie irgend möglich zu entledigen. Die reichen oder wohlhabenden Familien hatten es leicht, sich billige Dienstboten zu verschaffen: Die armen Familien verkauften ihnen ihre halbwüchsigen Töchter, die sich einem wahren Sklavendasein ausgeliefert sahen. In einem 1925 veröffentlichten Bericht der „Untersuchungskommission von Shanghai über die Kinderarbeit" heißt es am Schluss: „Sobald die kleinen Mädchen physisch dazu fähig sind, fangen sie an zu arbeiten und werden dann von den Vätern als Dienstboten verkauft. Das ist eine im ganzen Land verbreitete Gepflogenheit, die offensichtlich die schlimmsten Folgen hat." Viele dieser jungen Sklavinnen werden in den Bordellen missbraucht. Obwohl jedwede Form von Mädchenhandel gesetzlich verboten ist, wird von Seiten der Justiz nicht dagegen eingeschritten.

Die Bodenreform wurde von der großen Masse der Landbevölkerung mit Freude begrüßt, aber das Ehegesetz stellte in den Augen vieler Bauern schlechthin einen Skandal dar. Die Mitglieder der Frauenvereine sind oft auf starken Widerstand gestoßen. So erzählte man Simone de Beauvoir in Peking die folgende Geschichte: Ein alter Bauer, der zwar auf Grund der Bodenreform das neue Regime großartig fand, aber von seinen patriarchalischen Rechten nach wie vor fest überzeugt war, tötete eine seiner Schwiegertöchter, die nach mehrjähriger Witwenschaft wieder geheiratet hatte. Als man ihn festnahm, erklärte man ihm, dass dieser Mord ein Verbrechen sei, das mit der Höchststrafe geahndet werde. „Wer hat denn dieses Gesetz gemacht?" fragte er. „Präsident Mao", gab man ihm zur Antwort. Verdutzt schüttelte der Alte den Kopf und sagte: „Ich hätte nie gedacht, dass ein so rechtschaffener Mann imstande wäre, solch ein blödsinniges Gesetz zu machen." (Simone de Beauvoir 1960, S. 142) „Zwar findet mancher Bauer Mittel und Wege, das Gesetz zu umgehen," schreibt Simone de Beauvoir, „immerhin kommt es nur noch vereinzelt vor, dass ein kleines Mädchen verkauft oder als künftige Schwiegertochter adoptiert wird; Auch die Zahl der Morde und Selbstmorde ist erheblich zurückgegangen; die jungen Frauen werden nicht mehr geschlagen, weder von ihren Männern noch von den Schwiegereltern, denn die Frauenvereine würden es nicht dulden. Im Übrigen sieht der Chinese in der Frau keine Rivalin. Da ein Mädchen noch vor kurzem nur dafür erzogen wurde, dem Mann zu gefallen und zu dienen, hatten die chinesischen Männer es nicht nötig, sich ihre Überlegenheit zu beweisen." Einen Kampf der Geschlechter hat es in China nie gegeben; der Mann bedurfte der erotischen Beziehung zu einer Frau zur Steigerung seines Lustgefühls und nicht um sein Selbstbewusstsein zu stärken. „Die jungen Chinesen und Chinesinnen von heute," schreibt Simone de Beauvoir in ihrem Chinabuch, „haben also, weil sie den feudalistischen Anschauungen nicht mehr unterworfen sind, eine Etappe übersprungen und erblicken in ihren Beziehungen zueinander keine belastende Kraftprobe. Sie nehmen sie jedenfalls nicht allzu wichtig." (de Beauvoir 1960, S. 152)

Die nächste wichtige Reise mit dem politischen Hintergrund über das Schicksal der Frauen zu berichten, war die Reise nach Kuba, die Simone de Beauvoir mit Sartre unternahm.

Sartre hatte einen Vertrag mit dem France-Soir, für den er eine Artikelserie über das neue Kuba schreiben sollte. De Beauvoir und Sartre trafen sich privat mit Che Guevara, machten mit Castro eine Rundfahrt auf der Insel und führten mehrere Gespräche. „Es war ein erregendes Erlebnis", schreibt Simone de Beauvoir in ihren Memoiren, „zuzusehen, wie sechs Millionen Menschen gegen die Unterdrückung, den Hunger, die Mängel, die Arbeitslosigkeit, den Analphabetismus kämpfen, den Mechanismus dieses Kampfes zu begreifen und seine Perspektiven zu entdecken. Die Diskussionen, die Besuche, die Informationssitzungen hatten nur sehr selten einen offiziellen Anstrich. Unsere Führer und unser Dolmetscher Arcocha wurden schnell zu Freunden. Nach einigen Augenblicken steifer Reserviertheit verlief unsere dreitägige Rundfahrt in Gesellschaft Castros in einer zwanglosen Atmosphäre. Wenn wir uns zusammen mit ihm unter die jubelnde Menge mischten, erlebten wir eine Freude, die uns seit langem nicht mehr vergönnt gewesen war. Satre kannte das alte Havanna von früher. Er zeigte mir die engen, altmodischen Gassen, die Arkaden, die Plätze, wo die Menschen auf Bänken saßen und nach spanischer Art vor sich hin träumten."

Von Havanna flogen de Beauvoir und Sartre zunächst nach New York weiter, bevor sie nach Paris zurückkehrten. Sartre veröffentlichte dort seine Reportage über Kuba in mehreren Fortsetzungen im „France-Soir". Vor allem ging es ihm darum die grundlegenden Veränderungen der Lebenssituation der Frauen und Kinder auf Kuba nach der erfolgreichen Revolution zu schildern. Dadurch wurde ihr unbestrittener Führer Fidel Castro zu einer enthusiastisch verehrten Erlöserfigur: „Eines Abends fand ein Ministerrat statt", schreibt Sartre in seinem Bericht, „Alle waren sie zur vorgesehenen Stunde da außer Castro. Schließlich entdeckten sie ihn, als sie aus dem Fenster schauten, inmitten von etwa hundert jungen Frauen und Mädchen, die weinten und schrien. Endlich gelang es Fidel, durch eine zufällig vorhandene Tür zu entschlüpfen. Nach einem Irrweg durch die Gänge erschien er im Sitzungssaal." Seine Miene war düster. „Die jungen Frauen haben mich aufgehalten." Er sagte: „Man muss ihnen etwas geben." Alle fragten, warum. Er antwortete mit Überzeugung, aber ohne eine andere Erklärung: „Weil sie es fordern!" Er wies durch das Fenster auf den Hof und sagte: „Sie sind gekommen, sie haben gewartet, sie haben geweint." Seine Kameraden fragten überrascht: „Und das genügt?" Er warf den Kopf hin und her und sagte mit solchem Nachdruck: „Ja, das genügt!", dass sie es vorzogen, die Angelegenheit sofort zu regeln. Sartre sah Castro zum ersten Mal als er eine Schule einweihte. Dabei war er umgeben von einem Meer unzähliger kleiner Menschen. Castro beendete seine Ansprache. Er fühlte offenbar, wie von Minute zu Minute seine Stimme heiserer wurde. Er kürzte seine Rede ab und schloss sie nach einigen Minuten. Alles schien zu Ende – in Wirklichkeit jedoch fing es jetzt überhaupt erst an. Mehr als eine Viertelstunde lang schrien diese Kinder mit zurückliegenden Köpfen und offenen Mündern wie Besessene. Sartre beobachtete, wie sich ein kleines blondes Kind an seinen linken Stiefel an klammerte. Im Grunde wussten die Kinder nicht was sie wollten. Auch Fidel war beinahe ratlos. Er hob das Kleine vom Boden auf und fragte. „Was willst du denn?" Dieses schrie: „Komm zu uns, komm ins Dorf!" Castro versprach wiederzukommen und setzte es wieder auf den Boden.

Aber ein richtiges Dorf war nicht zu sehen, nur ein paar armselige Baracken. Doch Castro verstand die Bauern, die Zeit für den Anbau von Zuckerrohr und Getreide sparen wollten: „Ihr hattet nicht unrecht", sagte er. Er zögerte, und sagte dann: „Gebt mir einen Stock." Man brachte ihm einen. Er versuchte damit einen Plan in den Staub der Erde zu zeichnen, der den gegebenen Umständen angepasst war. Zuckerrohr zu schneiden ist die härteste Art der Feldarbeit. An den scharfen Kanten des geschnittenen Zuckerrohrs holt man sich Verletzungen und zieht sich nach jahrelanger Feldarbeit eine Krümmung des Rückgrats zu. Fidel Castro kam erstmals 1965 auf die Idee, dass sich jeder als Zuckerrohrschneider betätigen sollte. Er wollte, dass Kuba in der Zuckerindustrie an erster Stelle steht. Es war ihm sehr ernst damit, und wenn er davon sprach, dass sich jeder ausnahmslos daran beteiligen sollte. Er ließ sogar die Minister eine Woche lang Zuckerrohr schneiden. Auch er selbst hat sich nicht davon ausgenommen.

Sartre und Simone de Beauvoir begegneten nicht nur Fidel Castro bei ihrem Aufenthalt auf Kuba, sondern auch Che Guevara, mit dem sie ein ausführliches Gespräch über den von ihm angeführten Partisanenkrieg hatten, über den Guevara auch ein eigenes Buch zur Belehrung für künftige Revolutionäre geschrieben hatte. Simone de Beauvoir hatte sich vor allem für die Rolle der Frau in der Revolution interessiert, die Guevara keineswegs unterschätzt, sonders besonders hervorhebt.

Im „Partisanenkrieg" schreibt Guevara: „Die Frauen können mit den schwersten Aufgaben betraut werden, Schulter an Schulter mit den Männern bestehen sie die schwersten Kämpfe und – entgegen den Beteuerungen mancher Leute – zersetzen sie durch ihre Anwesenheit in keiner Weise die Moral einer Partisanenarmee. Die Frauen sind den schweren Bedingungen des Partisanenlebens durchaus gewachsen. Sie werden mit den Schwierigkeiten dieses Lebens ebenso gut fertig wie die Männer. Ohne Zweifel besitzen die Frauen weniger Kräfte als die Männer, aber sie sind nicht weniger ausdauernd. Die Frauen können die vielfältigsten Kampfaufgaben lösen. In bestimmten Perioden der kubanischen Revolution haben die Frauen eine hervorragende Rolle gespielt. Im Allgemeinen gibt es unter den Partisanen nur wenig Frauen. Und wenn sich die innere Front soweit konsolidiert hat, dass man sie nicht mehr unbedingt in den im Kampfeinsatz stehenden Einheiten benötigt, kann man ihnen verschiedene andere Aufgaben übertragen. Eine der wichtigsten ist die Wahrnehmung von Verbindungen mit anderen Kampfeinheiten, besonders mit solchen, die auf feindlichem Territorium operieren. Die Überbringung bestimmter Gegenstände, Post, Geld oder Mitteilungen sollte man zuverlässigen Frauen anvertrauen. Die Frauen können diese Dinge leichter übermitteln als Männer. Sie können sich besser tarnen und bei Repressalien oder Visitationen des Gegners mit mehr Nachsicht rechnen als Männer. Deshalb sind gerade die Frauen besonders dazu in der Lage, solche Aufgaben mit Erfolg durchzuführen. Der feindliche Soldat, dem bekannt ist, dass die Partisanen ihre Angriffe immer überraschend durchführen, wird aus Angst vor ihnen jedem fremden Mann größtes Misstrauen entgegenbringen. Eine Frau aber wird bei ihm den wenigsten Verdacht erregen. Ihr wird es deshalb leichter sein, Nachrichten oder anderes über die Grenzen des Partisanengebietes zu bringen oder sogar die Grenzen des Landes zu übertreten." (Guevara, Der Partisanenkrieg, S. 97 f.) Nachdem sie sich im Krieg gegen Batista bewährt hatten, war auch Fidel Castro ein starker Befürworter von Frauen in Uniform. Gemeinsam mit Camilo Cienfuegos, dem Guevara sein Buch über den Partisanenkrieg gewidmet hatte, sorgte Castro für eine entsprechend Ausbildung der Frauen zu Soldaten, die „miliciana" genannt wurden.

Als Simone de Beauvoir und Sartre einige Jahre später zu ihrer zu ihrer zweiten Reise nach Kuba aufbrachen hatte sich Havanna verändert. Es gab keine Nachtlokale mehr, Spielsäle, keine amerikanischen Touristen. Überall in den Straßen, auf den Dächern exerzierte Miliz. Die ‚Flitterwochen der Revolution' waren vorbei.

Moskau stellt den Abschluss von Simone de Beauvoirs Aufenthalten in kommunistischen Ländern dar, von denen sie hoffte, dass dort die endgültige Befreiung der Frauen zustande käme. Als es 1961 zum Bruch mit dem Stalinismus gekommen war, wurde Sartre wieder vom sowjetische Schriftstellerverband nach Moskau eingeladen. Simone de Beauvoir begleitete ihn und beschrieb diesen Aufenthalt ausführlich in ihrem dritten Band ihrer Memoiren „La Force de choses“ (deutsch: Der Lauf der Dinge). Am Flugplatz wurden sie von ihrem alten Bekannten Simonow empfangen. Simone de Beauvoir schildert ihren ersten Eindruck: „Ich sah den Roten Platz wieder, den Kreml, die Moskva, die Gorki-Straße, die Altstadt, das Labyrinth ihrer Gässchen, ihre Gärten, ihre friedlichen Plätze, wo die Leute Schach spielten. Die Frauen waren bunter gekleidet als 1955, die Schaufenster – trotz des spürbaren Mangels – ansprechend. Die Reklame hatte Fortschritte gemacht. An den Hauswänden klebten Plakate, die oft an Majakowskis Dessins erinnerten und recht amüsant waren, außerdem Fotos aus Filmen, die gerade liefen. Abends flammten Leuchtschriften auf. Die Straßen machten einen freundlichen Eindruck. Viel Betrieb, aber ohne Lärm und Hast, Geschäftigkeit, aber auch Müßiggang, Jugend, Lachen. Auf den Landstraßen ein recht intensiver Verkehr, vor allem Lastautos und Lieferwagen. Die neuen Viertel aber sind trotz der vielen Bäume genauso langweilig wie bei uns. Sie liegen rings um die Stadt, die jetzt acht Millionen Einwohner hat.“ (Simone de Beauvoir 1996, S. 592) Beauvoir und Sartre hatten beschlossen, sich auf Begegnungen mit Intellektuellen zu beschränken: mit Schriftstellern, Kritikern, Film- und Theaterleuten, Architekten. Sie hatten den Eindruck, nach einem düsteren Mittelalter die Anfänge einer Renaissance zu erleben. Die Anfänge der Sowjetunion waren schwierig und stürmisch. Zwischen Neuerern und Konformisten war der Kampf entbrannt. Die meisten jungen Leute gehörten zu den Neurern. Die Söhne machten ihren Eltern einen Vorwurf daraus, dass sie den Stalinismus unterstützt hatten. „Was aber hätten sie an ihrer Stelle getan?“ fragt Simone de Beauvoir, „Man muss leben: Man hat gelebt. Mit Widersprüchen, Kompromissen, Zerwürfnissen, feigen Ausflüchten, zuweilen aber auch mit einer Treue, einer Großmut, einer Kühnheit, die mehr Mut erforderten, als ein 25-jähriger Sowjetbürger je zu zeigen Gelegenheit hatte.“ (Simone de Beauvoir 1996, S. 592) Über Stalins Lager wurde freimütig gesprochen. Eine junge Frau erzählte Simone de Beauvoir: „Ein Jahr lang saß mein Vater jeden Abend in seinem Sessel und wartete mit starrem Blick, dass man käme, um ihn zu verhaften. Alle seine Kameraden sind erschossen worden. Er hat nie begriffen, was ihm das Leben gerettet hat.“ – „Mein Vater war sechs Jahre lang in einem Lager“, sagte eine Lehrerin. „Trotzdem habe ich in der Nacht, als Stalin starb, geweint.“ – „Ich wurde im Jahre 1942 ins Lager gesteckt weil ich Humanist war“, erzählte ein Professor, „weil ich dagegen war, Kriegsgefangene zu erschießen. Ich habe fünf Jahre dort verbracht.“ (Simone de Beauvoir 1996, S. 599) Aber auch viele Häftlinge hatten die Lager im Prinzip gebilligt, weil sie fanden, dass ihre Mitmenschen zu Recht eingesperrt worden seien: Sie selber aber seien Opfer eines Irrtums geworden, der das System nicht in Frage stellte.

Bis 1936 schienen die Lager wirklich Umschulungszentren gewesen zu sein: mäßige Arbeit, eine liberale Verwaltung, Theater, Bibliotheken, Vorträge, familiäre, fast freundschaftliche Beziehungen zwischen den Beamten und den Häftlingen. Von 1936 an betrug die Höchststrafe nach wie vor zehn Jahre, aber der Gefangene hatte entweder das Recht, mit seinen Angehörigen zu korrespondieren, oder er hatte es nicht. Das letztere bedeutete, dass er erschossen worden war. Die Häftlinge wurden auch noch nach 1944 so grausam behandelt, dass viele starben; aber es fanden keine Erschießungen mehr statt. Niemand hatte Simone de Beauvoir und Sarte Einzelheiten über das Leben in den Konzentrationslagern berichtet, sei es aus Widerwillen, sei es aus Mangel an Informationen, sei es, dass Weisung ergangen war, diesem Thema auszuweichen. Simone de Beauvoir berichtet weiter: „Wir wurden durchaus nicht so empfangen, wie man Sartre im Jahre 1954 empfangen hatte. Keine Bankette, keine pompösen Trinksprüche, keine Propaganda. […] Der Zug brachte uns in einer Nacht nach Leningrad, das zu den schönsten Städten der Welt zählt. Es war ein genialer Einfall Katharinas II. gewesen, Rastrelli zu beauftragen, das italienische Barock an die Ufer der Newa zu holen, zu denen im nordischen Licht die roten, blauen, grünen Farben so gut passen. Genau wie Rom hat auch Leningrad eine magische Ausstrahlung – besonders der riesige Platz mit den funkelnden Fenstern des Winterpalastes. Leningrad hat, genau wie vor dem Kriege, vier Millionen Einwohner. Aber fast alle sind neu dort hingezogen." In Moskau wohnten Simone de Beauvoir und Sartre im Hotel „Peking". Aber sie hielten sich dort möglichst wenig auf. Sie stellten sich lieber zusammen mit den Moskauern vor den Restaurants an. Bis auf die Restaurants einiger großer Hotels, wo man bis halb eins essen, trinken und tanzen kann, schließen die öffentlichen Lokale um elf Uhr. Trotzdem sind die Straßen noch nicht ausgestorben: Die Leute besuchen einander. Noch sind sie schlecht untergebracht, 80 Prozent wohnen in Gemeinschaftswohnungen, aber es wird fleißig gebaut, und von innen sind die neuen Wohnungen ganz annehmbar. Im alten Moskau dagegen, berichtet Simone de Beauvoir (1996, S. 603), muss man mehr oder weniger schmutzige Höfe durchqueren, halb verfallene Treppen erklimmen oder Fahrstühle benützen, die Lastenaufzügen ähneln. Man muss wegen der Warenknappheit von einem Laden in den anderen laufen und überall Schlange stehen. Und auch dann bekommt man noch nicht alles, was man haben möchte. Das liegt daran, dass die UdSSR mit ernsten wirtschaftlichen Schwierigkeiten zu kämpfen hatte. Zweifellos trugen auch die Erfolge im Weltraum zu dieser Armut mit bei. Simone de Beauvoir zieht am Schluss das Fazit aus ihrer dreiwöchigen Reise: „Sie war für uns von Nutzen. Seit dem Beginn des Kalten Krieges hatten wir uns für die UdSSR entschieden. Seit sie eine Politik des Friedens führt und die Entstalinisierung fortschreitet, beschränken wir uns nicht nur darauf, sie vorzuziehen: ihre Sache, ihre Chancen sind die unseren. Unser Aufenthalt hat diese Bindung in eine lebhafte Freundschaft verwandelt. Eine Wahrheit wird erst durch ihre Entstehung wertvoll. Es wäre falsch, die Leistungen der russischen Intellektuellen geringzuschätzen – in ihnen verbirgt sich alles, was sie überwunden haben. Die Widersprüche in ihrer Erfahrung – unter anderem das verworfene Erbe der stalinistischen Vergangenheit – zwingen sie, selbständig zu denken, und schenken ihnen damit eine Tiefe, die in dieser Zeit oberflächlicher Anpassung ungewöhnlich ist. Besonders bei der Jugend spürt man den leidenschaftlichen Wunsch, alles kennenzulernen und alles zu verstehen. Kinos, Theater, Ballettabende, Rezitationen, Konzerte sind viele Tage im Voraus ausverkauft. Die Museen und Ausstellungen müssen Scharen von Besuchern abweisen. Die Bücher gehen beim Erscheinen weg wie heiße Semmeln. Überall wird diskutiert und gestritten. In der technokratischen Welt, die der Westen uns aufzwingen will, zählt nur das Werkzeug und die Organisation, Mittel, um weitere Mittel zu erzielen, ohne dass ein Ende abzusehen ist. In der UdSSR ist der Mensch dabei, sich selber zu gestalten, und wenn das auch nicht schmerzlos vonstatten geht, wenn es harte Schläge, Rückfälle, Irrtümer gibt, so ist doch alles, was ihn umgibt, alles, was ihm widerfährt, voller Bedeutung." (Simone de Beauvoir 1996, S. 604)

18 Die Sehnsucht nach der Ferne

„Ein Leben voller Reisen, Abenteuer und Gefahr, Sehen und Lernen, verherrlicht durch die Liebe – das wünsche ich mir“, schrieb Isabel Arundell mit Anfang 20 in ihr Tagebuch. Dieses Ziel erreichte die streng und konventionell erzogene Tochter aus gutem Hause durch eine Ehe. In einem Brief an die Mutter heißt es: „Ich möchte leben. Ich möchte ein wildes, wanderndes Leben. Ich möchte ein Mann sein. Wenn ich es wäre, wäre ich Richard Burton; aber als Frau möchte ich Richard Burtons Frau sein“ Diesen Wunsch erfüllte sie sich, indem sie den zehn Jahre älteren Orientalisten und Forschungsreisenden 1861 heimlich gegen den Willen ihrer Mutter heiratete. Für Isabel bedeutete diese Ehe, die ihr von einer Zigeunerin vorausgesagt worden war, die Erfüllung ihrer romantischen Sehnsüchte. Burton war ein unsteter Mann, der es vorzog, auf Reisen zu gehen, anstatt Geld für seine Familie zu verdienen. Doch der weltberühmte Erforscher Afrikas war von seiner Frau in hohem Maß abhängig. Denn sie ermöglichte ihm überhaupt erst seine Reisen, indem sie ihm immer wieder auf Grund ihrer guten Beziehungen in der englischen aristokratischen Gesellschaft Anstellungen bei Konsulaten verschaffte. Darüber hinaus übernahm sie sogar im Geheimen seine beruflichen Aufgaben. Sie redigierte auch seine Bücher und Texte und sorgte für deren Publikation.

Abb. 35: Isabel Burton und Richard Francis Burton

In den fast dreißig Jahren ihrer Ehe bis zu Richard Burtons Tod 1890 setzt Lady Isabel ihre ganze Willenskraft und Stärke ein, um ihren schwierigen und kompromisslosen Mann zu stützen und vor dem Abgleiten in Armut und Vergessenheit zu bewahren. Durch ihre Familienkontakte und eine unglaubliche Beharrlichkeit verschafft sie ihm immer wieder Konsulatsposten und macht teilweise seine Arbeit selbst. 1865 wurde Richard mit dem Konsulat von Santos in Brasilien betraut. Isabel wird einen Monat später zu ihm kommen, aber sie mag den Ort nicht, es ist nicht der Orient ihrer Träume! Trotz der Schwierigkeiten bei der Akklimatisation und Cholera geht sie barfuß in den Bächen spazieren, fängt Schlangen ein, malt und restauriert zerstörte Kapellen, begleitet ihren Mann auf Expeditionen durch unerforschte Regionen des Landesinneren. Richard bringt ihr das Fechten bei und sie hilft ihm, Berichte für das Auswärtige Amt zu schreiben: zweiunddreißig Seiten über Cotton Report; einhundertfünfundzwanzig Seiten Geographischer Bericht; und achtzig Seiten allgemeiner Handelsbericht. Im Jahr 1867 machten sich Richard und Isabel auf den Weg, um das Innere Brasiliens zu erkunden, indem sie den Rio de la Plata erkundeten. Dieses Ereignis ist für Isabel so außergewöhnlich, dass sie bei ihrer Rückkehr nach England einen detaillierten Bericht darüber schreibt, um es zu veröffentlichen. „Wer die Bucht von Rio nicht gesehen hat", schreibt sie darin, „sollte sie sehen, bevor er stirbt. Alle großen Reisenden sagen, dass es mit dem Goldenen Horn konkurriert. Es ist wie ein breiter und langer See, umgeben von Bergen und voller Inseln und Felsbrocken. Aber es ist absurd zu versuchen, die Bucht mit dem Stift zu beschreiben; man könnte es malen; denn ein Großteil seiner Schönheit liegt in der Färbung. Jedem, der die Bucht von Rio nicht gesehen hat, würde es gut tun, sie zu sehen, bevor er stirbt. Alle großen Reisenden sagen, dass sie mit dem Goldenen Horn konkurriert. Es ist wie ein großer und langer See, umgeben von Bergen und übersät mit Inseln und Felsen. Aber es ist absurd zu versuchen, die Bucht mit dem Stift zu beschreiben, man könnte sie malen, ein Großteil ihrer Schönheit beruht auf ihren Farben." Im Jahr 1869 kam Isabel nach Damaskus, wo Richard Francis Burton die Stellung eines britischen Konsuls erhalten hatte, natürlich wie immer durch ihre Intervention. Es war „der Traum ihrer Kindheit", schrieb Isabel glücklich an ihre Mutter. Der Orient mit den Städten Salahiyyeh, Palmyra und Qaryatayn erweist sich als berauschendes Getränk. Das wie ein Araber gekleidete Pferdekleid in Puffhosen und ein Paar Stilettos im Gürtel nimmt Isabel Burton in die Wüste mit und zieht sich so bei zeremoniellen Besuchen bei den Beduinenstämmen an. „Ich habe immer versucht, mich so weit wie möglich an die Gepflogenheiten des Landes anzupassen, in dem ich mich befand, und ich glaube, ich kann ohne Schmeichelei sagen, dass ich viele Möglichkeiten hatte, die Frau eines Reisenden zu sein. Ich konnte reiten, gehen, schwimmen, schießen und mich verteidigen, wenn ich angegriffen wurde, so dass ich nicht von meinem Ehemann abhängig war. Und ich konnte mich auch allgemein nützlich machen – das heißt, ich konnte Betten machen, das Zelt einrichten, das Abendessen kochen, wenn nötig die Kleidung am Flussufer waschen, sie flicken und zum Trocknen ausbreiten. Ich konnte Kranke pflegen und Wunden verbinden. Ich konnte mein eigenes Pferd pflegen, es satteln und lernen mit ihm durch die Flüsse zu waten. Ich konnte mit dem Sattel als Kissen auf dem Boden schlafen und im Allgemeinen ohne Komfort auskommen." Ihre Reisen und Erlebnisse hielt Isabel Burton in ihren Büchern und Schriften fest. Als ihr Hauptwerk gilt die Biographie ihres Mannes (The Life of Captain Sir Richard F. Burton). Ihre Autobiographie wurde durch William Henry Wilkins vollendet und unter dem Titel The Romance of Isabel Lady Burton 1897 veröffentlicht.

Zuletzt arbeitete Richard Francis Burton als britischer Konsul in Triest (1871–1890). Dort starb er am frühen Morgen des 20. Oktobers 1890 an den Folgen eines Herzinfarkts. Isabel Burton lässt Richard in Triest, wo sie seit 1871 wohnten, mit katholischem Pomp beerdigen und verbrennt seine Tagebücher sowie seine Übersetzung des „Gartens der Düfte", eines Kompendiums über orientalische Liebespraktiken. Die Biographie ihres Mannes, die sie trotz schwerer Krankheit noch vor ihrem Tod 1896 beendet. Ihre Autobiographie hinterlässt sie unvollendet (vgl. Gabriele Koch 1995).

Die nächste Frau eroberte bereits selbständig die ferne Welt. Isabella Bird (1831–1904) kam 1831 als älteste Tochter des Pastors Edward Bird und dessen zweiter Ehefrau Dora zur Welt. Von Kindheit an hatte Isabella Bird immer wieder mit gesundheitlichen Problemen zu kämpfen. Aufgrund einer Wirbelsäulenerkrankung verordneten ihr die Ärzte viel Bewegung an der frischen Luft und so lernte Bird bereits in jungen Jahren das Reiten.

1854 schickte ihr Vater sie auf eine Schiffsreise nach Nordamerika, um dort Verwandte zu besuchen. Ein von ihr verfasster Reisebericht erschien 1856 anonym unter dem Titel „The Englishwoman in America". Im darauffolgenden Jahr unternahm sie eine Reise nach Kanada und erkundete danach Schottland. Ihre nächste größere Reise fand jedoch erst statt, als ihr Vater und ihre Mutter gestorben waren. 1872 brach sie nach Australien auf, reiste dann weiter nach Hawaii, begab sich nach Colorado und ritt schließlich 1873 im Pferdesattel durch die Rocky Mountains. Die Briefe, in denen sie der Schwester von ihren Reise-Erlebnissen berichtete, wurden in Birds wohl bekanntestem Werk, „A Lady's Life in the Rocky Mountains", veröffentlicht.

Abb. 36: Isabella Bird

Nach ihrer Rückkehr aus Amerika lebte Bird bei ihrer Schwester auf der schottischen Isle of Mull. Der Arzt John Bishop aus Edinburgh machte ihr einen Heiratsantrag, den Bird jedoch ablehnte. Stattdessen zog es sie in den Fernen Osten, wo sie Japan, China, Vietnam, Singapore und Malaysia bereiste. Nachdem 1880 ihre Schwester an Typhus gestorben war, gab sie schließlich Bishops Werben nach und heiratete ihn im Februar 1881. John Bishop starb 1886. Ihre Reisetätigkeit führte sie 1889 im Alter von fast sechzig Jahren auf den indischen Subkontinent. Sie durchquerte Tibet und bereiste Persien, Kurdistan und die Türkei. 1892 wurde Isabella Bird als erste Frau in die Royal Geographical Society aufgenommen. Ihre letzte große Unternehmung führte sie 1897 nach Korea und China, wo sie entlang des Jangtsekiang und des Han Jiang, einem Nebenfluss des Jangtsekiang, reiste. Ihr letztes Reiseziel war Marokko. Auch eine neuerliche Reise nach China war bereits in Planung. Wenige Monate nach ihrer Rückkehr starb Isabella Bird im Alter von fast 73 Jahren am 7. Oktober 1904 in ihrem Haus in Edinburgh.

Anna Harriette Leonowens (1831–1915) wurde berühmt durch ihre Bücher und Erzählungen über ihren fünfjährigen Aufenthalt von 1862 bis 1867 in Siam wohin sie gerufen wurde, um die etwa fünfzig Kinder des Königs von Siam, König Mongkut in englischer Sprache zu unterrichten.

Sie nahm das Angebot an und reiste nach Bangkok. Sie trat ihren Dienst am 3. April 1862 an. International bekannt wurde Leonowens Geschichte erst 1944 durch den biographischen Roman „Der König und ich" (Anna and the King of Siam) der amerikanischen Schriftstellerin Margaret Landon. Im Vorwort beschreibt Landon wie sie dazu gekommen ist diesen Roman zu verfassen: „Mir gefiel die Idee, Anna Leonowens dem modernen Leser vorzustellen – ihre Lebensgeschichte war schließlich mehr als interessant. Wenn ich nach den inhaltlichen Quellen des Buches gefragt würde, kann ich sagen, dass es zu 75 Prozent aus Fakten besteht und zu 25 Prozent aus Erzählungen, die auf Tatsachen basieren." (Landon 2000, S. 8) Doch diese Angaben sind nach Ansichten heutiger Historiker zu bezweifeln. Denn Leonowens originale Arbeit „The English Governess at the Siamese Court" (1870) enthält historische Ungenauigkeiten, Ausschmückungen, eine übertriebene Darstellung ihrer eigenen Rolle sowie eine betont feministisch-kritische Betrachtung des Lebens am siamesischen Hof. Ihre heutigen Kritiker sind der Meinung, die Lehrerin habe ihre eigenen Fähigkeiten übertrieben und den König als Narren diffamiert, obwohl sie in Wirklichkeit kaum mit ihm in Berührung kam. Schon der Titel ihrer Erinnerungen ist demnach unpassend, da sie nicht als governess (Erzieherin) angestellt wurde, was eine umfassende Betreuung der Prinzen und Prinzessinnen bedeutet hätte, sondern ausschließlich als Lehrerin für englische Sprache. Mongkuts Sohn soll sich soll sich sogar persönlich bei Leonowens beschwert haben, warum sie ein so „boshaftes" Buch geschrieben habe, das seinen Vater „äußerst lächerlich" dastehen lasse und ihn dem Spott der Welt aussetze. Landon beschreibt die erste Begegnung Leonowens mit ihren zukünftigen Schülern folgendermaßen: „Die Kinder erschienen ihrem Alter nach: Zuerst kam ein etwa zehnjähriges Mädchen, dessen zierliche Gestalt und verträumt glänzende Augen Anna völlig faszinierten. Die kleine Prinzessin nahm Annas Hände zwischen die ihren und berührte damit ihre Stirn. Auf ein Wort des Königs zog sie sich auf ihren Platz an der rechten Seite zurück. Auf diese Weise wurden Anna alle Königskinder vorgestellt. Der König wandte sich an seine Kinder und übersetzte für Anna seine Worte: ‚Liebe Kinder', sagte er, ‚wir freuen uns, dass ihr eure Erziehung in Englisch und in unserer Sprache erhaltet. Da dies hier eine englische Schule ist, werdet ihr ab sofort die englische Art zu grüßen, Gespräche zu führen sowie die englische Etikette lernen.' Alle Kinder verneigten sich zum Zeichen ihrer Ergebenheit, bis ihre Stirn und die gefalteten Hände den Boden berührten." Während Anna noch überlegte, wie sie den Unterricht am besten organisieren konnte erschienen die Sklavinnen und trugen die Kinder davon. Sie war sehr erstaunt darüber, dass nicht nur die Kleinen, sondern auch Jungen und Mädchen von acht, neun und zehn Jahren anscheinend nicht gewohnt waren, auch nur kleine Strecken gehend zurückzulegen. Sie wurden von ihren Sklavinnen auf den Armen weggetragen, als wären sie Säuglinge, worüber Anna völlig entsetzt war. (Landon 2000, S. 135)

Noch entsetzter war Leonowens über das Schicksal der Sklavinnen am siamesischen Hof: „Ganze zwanzig Minuten trennen die Sklaverei von der Freiheit oder dem, was man in Siam unter Freiheit versteht! Nur zwanzig Minuten liegen zwischen diesen düsteren Mauern und den grünen Feldern und dem strahlenden Himmel. Ich habe noch nie zuvor ein solches Elend gesehen oder die wahren Schrecken der Sklaverei erkannt. Auch war ich mir der Vollkommenheit meines bisherigen Lebens in Licht, Glückseligkeit und Schönheit nicht bewusst, bis ich den Gegensatz kennenlernte – den Schmerz, die Hässlichkeit, den Tod und die ewige Leere. Das Elend, das man in den großen Städten Europas sieht, ist nur halb so schlimm wie die Not dieser Frauen." (Landon 2000, S. 200) Schließlich wurde sie selbst vom König derart schlecht behandelt, dass sie sich entschloss Bangkok zu verlassen. Eines Tages kam der Privatsekretär des Königs in Begleitung einer Gruppe von Sklavinnen aus dem Palast zu ihr. Er überreichte ihr ein Schriftstück, auf dem mehrere Beschuldigungen aufgeführt waren, die sie lesen, bestätigen und unterzeichnen sollte. Fassungslos überflog Anna die Taten, die man ihr vorwarf:

> „1. Sie haben ein wertvolles Sanskritbuch aus der Bibliothek gestohlen.
>
> 2. Sie sind den Befehlen des Königs nicht nachgekommen.
>
> 3. Sie haben seine Wünsche durchkreuzt.
>
> 4. Sie haben es gewagt, Seine Majestät wegen Angelegenheiten, die sie nichts angehen, zu tadeln.
>
> 5. Sie haben ihm nicht die nötige Achtung erwiesen, weil Sie oft standen, während er saß, und Sie haben schlecht von ihm gedacht, ihn verleumdet und ihn böse genannt.
>
> 6. Sie haben immer wieder über den Kopf Seiner Majestät hinweg gehandelt" (Landon 2000, S. 374).

Was die Lage Siams betraf, schrieb Anna, kurz bevor sie Bangkok verließ: „Der körperliche und geistige Gesundheitszustand des Königs verschlechtert sich unglaublich schnell, und auch sein Regime weist deutliche Anzeichen der Schwäche auf, wenn er weiter seine eigenen Wege geht." (Landon 2000, S. 432) Und weiter heißt es: „Literatur und Künste sind rückläufig, das Kunstgewerbe hat viel von seiner Bedeutung verloren, und die gesamte Nation hat sich dem Spielteufel verschrieben. Die Regierung hat zwar bedeutende Reformen durchgeführt, doch die Lage der Sklaven ist derart schlecht, dass sie Erstaunen und Schrecken hervorrufen muss. Wie das endgültige Schicksal Siams unter diesem verabscheuenswerten System aussehen mag und ob es sich jemals von den Fesseln befreien wird, kann niemand erraten." Doch wann immer Anna an den Sohn und Nachfolger König Mongkuts, Prinz Chulalongkorn, dachte, stieg ein wenig Hoffnung in ihr auf. (Landon 2000, S. 433) Diese Hoffnung war nicht unberechtigt, wie sie viele Jahre später durch den siamesischen Botschafter in England erfahren konnte: „Er sagte, dass ich das Land und die Menschen kaum wiedererkennen würde, so sehr habe sich alles verändert. Das Niederwerfen, die Sklaverei, die Einkerkerung von Frau und Kind für die Schuld des Gatten oder des Vaters seien jetzt abgeschafft, neue Straßen und Kanäle seien gebaut, und die Schulen, in denen europäische und orientalische Wissenschaften gelehrt werden, würden vom Staat finanziert. Er hat sogar betont, dass all dies nur das Ergebnis meiner Erziehung sei." (Landon 2000, S. 447)

Anne Blunt (1867–1917) war die Tochter von Ada Lovelace und Enkelin von Anne Isabella Noel-Byron, 11. Baroness Wentworth sowie Lord Byron. Sie sprach fließend Französisch, Deutsch, Italienisch, Spanisch und Arabisch. Nach ihren Aufzeichnungen verfasste ihr Mann Wilfred Scawen Blunt „Bedouin Tribes of the Euphrates" und „A Pilgrimage to Nejd".

Als Lady Blunt und Wilfred Blunt am 20. November 1877 zu ihrer Reise aufbrachen war der Euphrat für England von großem Interesse. Denn er war der wichtigste Weg zum Persische Golf, von wo aus man Indien erreichen konnte. Vor zweihundert Jahren war das Gebiet noch unter türkischer Herrschaft. Als jedoch der Sultan Mahomet IV. mit dem Kampf um die Stadt Wien beschäftigt war, überrannten die Beduinen die südliche Grenze seines Imperiums und beherrschten seitdem diese Strecke zum Golf. Deswegen war es auch besonders wichtig nähere Kenntnis über die dort lebenden Stämme der Araber zubekommen. Bis zwanzig Jahre zuvor war dieses Gebiet um den Euphrat für Asiaten als auch für Europäer eine gefährliche Gegend. Lady Blunt war die erste Touristin, die den Weg am Euphrat in Frieden und Freundschaft vollziehen konnte. Obwohl ihr Besuch bei den Beduinen nicht von einem arabisch kundigen Übersetzer und auch nicht von einem arabischen Führer begleitet war, gab es keine Gefahr oder Schwierigkeit. Die Beduinen wurden sogar ihre neuen Freunde. In wenigen Wochen konnte sie mehr reale Kenntnisse über die Wüste und ihre Bewohner erreichen, als wenn man mehrere Jahre in den angrenzenden Städten Syriens verbracht hätte. Nach den Angaben der Lady Blunt ist „der arabische Beduine von reinem Blut selten größer als fünf Fuß und sechs Zoll. In ihren jungen Jahren sind sie meistens gutaussehend, mit großen Augen, bezaubernden Lächeln und strahlend weißen Zähnen". (Blunt 1879, S. 198 f.) Sie liefert in ihrem Buch nicht nur eine genaue Beschreibung der physischen Konstitution der arabischen Beduinen, sondern berichtet auch von ihrer Lebensweise und von ihrer Heirat, von der soziale Position ihrer Frauen, von ihrer Religion, von ihrem Drang nach Freiheit, von ihrem Kriegsrecht. Ganz anders als die Kriege der zivilisierten Nationen, in den es immer darum geht „zu töten, zu brandschatzen und solange den Feind umzubringen, bis er aufgibt, gibt es in der Wüste viel mildere Regeln. Nicht die feindliche Person ist der das Objekt des Kampfes, sondern sein Eigentum, von dem man wünscht, dass es nicht zerstört wird." (Blunt 1879, S. 239) Vor allem lieferte Lady Blunt genaue Angaben über Aussehen und Größe des rein gezüchteten Beduinenpferdes. Es ist vierzehn bis fünfzehn Handbreiten hoch. Der Unterschied zum englischen Vollblut besteht besonders in den Ausmaßen des Kopfes. Die Länge von den Ohren bis zur Schnauze beträgt 24 inches. Hauptunterschied liegt in der Dicke der Backen. Ihr Umfang hat ein Ausmaß von 36 inches und der Umfang der Schnauze beträgt 14–15 inches. Auch sonst hat das Pferd der Beduinen einen kräftigen und muskulösen Körper dessen Beine mit sehr harten Hufen ausgestattet sind, die sich vorzüglich für den schnellen und ausdauernden Lauf in der Wüste eignen. Bewundernswert ist vor allem ihre einzigartige Ausdauer. Auch am Ende des längsten Marsches ist es noch immer bereit zu galoppieren (vgl. Blunt 1879). Der einzige Nachteil des arabischen Pferdes ist seine geringe Größe. Anne und Wilfred Blunt kauften zahlreiche Araberpferde und gründeten in England das Gestüt Crabet. Wilfred Scawen Blunt und Lady Anne Blunt waren seit 8. Juni 1869 verheiratet. Wilfred hatte eine Vielzahl von Geliebten. 1906 verließ Lady Anne ihn, als die damalige Mätresse ihres Mannes in das Anwesen der Eheleute einzog. Das Gestüt wurde geteilt und Lady Anne siedelte nach Sheykh Obeyd Garden nahe Kairo über, wo sie den restlichen Teil ihres Lebens verbrachte.

Alexandra David-Néel geb. Louise Eugénie Alexandrine Marie David (1868–1969) war durch ihre Reisebeschreibungen und durch ihre Forschungen über die tibetische Kultur und den Buddhismus bekannt. Sie wurde als Tochter eines Lehrers, der bei der Revolution von 1848 ein militanter Republikaner gewesen war, und einer streng katholischen Mutter geboren. Durch den Freund ihres Vaters den Geografen Elisée Reclus wurde sie mit anarchistischem Gedankengut vertraut gemacht.

Abb. 37: Alexandra David-Neal

Von ihren Eltern erbat sie sich nie andere Geschenke als Reisebeschreibungen und Landkarten: „Ich träumte von wilden Bergen, von riesigen verlassenen Steppen und unzugänglichen Gletscherlandschaften." (David-Neel 1928, S. 9) Mit 17 Jahren unternahm Alexandra David ihre erste Reise. Sie war von zu Hause ausgerissen, in die Schweiz gefahren und über den Gotthardpass gewandert. Mit 20 interessierte sie asiatische Schriften und sie beschloss, Sprachen zu studieren unter anderem Sanskrit und Chinesisch. Als sie 1891 Geld erbte, bereiste sie eineinhalb Jahre lang Ceylon und Indien. Danach kehrte sie nach Paris zurück. Anschließend ging sie nach Tunis, wo sie Philippe Néel kennenlernte, den sie 1904 heiratete. Ab 1903 hielt sie Vorträge über ihre Reisen und studierte weiter. 1911 trat sie ihre zweite Asienreise an, die 14 Jahre dauerte. In Indien lernte sie den Dalai Lama kennen und wurde von ihm nach Tibet eingeladen. Sie lebte ein Jahr lang im Himalaya als Einsiedlerin und wurde sowohl ordiniert als auch in den Stand eines Lama erhoben. Sie wurde der Einweihung in die Geheimlehren des tibetischen Buddhismus für würdig befunden, die sie zwei Jahre im Kloster Kum-bum studiert hatte: „Ich habe mehr als zwei Jahre in dem berühmten Kloster Kum Bum in Amdo, im nordöstlichen Tibet, jenseits der großen Graswüste, tibetische Bücher übersetzt." (David-Neel 1928, S. 384) So sehr sie auch unter dem Zauber ihres Gelehrtendaseins in diesem Kloster stand, sie wollte sich schließlich doch ihren alten Wunschtraum von einem Einsiedlerleben in der Wildnis erfüllen, um sich dort ungestört dem Studium okkulter Mächte zu weihen. Sie ließ sich daher von den Lamas tief im Wald unter riesigen Bäumen eine winzige Hütte bauen. Die Lamas taten dies teils aus Achtung vor ihrer Gelehrsamkeit, aber sicher, wie sie vermutete, nicht ohne den boshaften Wunsch, ihren Mut zu erproben und um zu sehen, ob sie es wirklich ihren Mystikern gleichtun und wagen würde, dort allein nur in Gesellschaft von Phantomen zu leben. Als sie im Frühling wiederkamen, fanden sie die Hütte von Blumen umgeben und sie selbst von blühender Gesundheit. Die Lamas glaubten nun, sie hätte die bösen Mächte besiegt. Dadurch sieg sie riesig in deren Achtung. Später hatte Alexandra Neel-David in einer noch entlegeneren Einsiedelei ganz nahe dem ewigen Schnee gewohnt.

Zwischen 1921 und 1923 durchstreifte sie die Wüste Gobi. Anschließend reiste sie durch Japan, Korea und China, immer in Begleitung ihres Adoptivsohnes, des jungen Lama Yongden.

Am 28. September 1923 brach sie zu ihrer Reise zur verbotenen Stadt Lhasa in Tibet auf: „Mein Hauptansporn zur Reisen nach Lhasa", sagt sie, „war das unsinnige Verbot, Tibet zu betreten. Das Verbot erstreckt sich, man sollte es kaum für möglich halten allmählich auf mehr und mehr Gebiete." (David-Neel 1928, S. 12) Tibet war nicht immer den Fremden verschlossen. Bis Ende des 18. Jahrhunderts standen nur physische Hindernisse dem Betreten der Stadt entgegen. Aber seit der im Jahre 1904 von Edmund Chandler geleiteten britischen Militärexpedition war es, außer den politischen Beamten und ihren Ärzten, keinem Ausländer mehr erlaubt worden, Lhasa zu betreten. Das galt natürlich auch für Alexandra David-Neel, die als einheimische Tibeterin verkleidet, diese gefährliche Reise mit ihrem Adoptivsohn Lama Yongden unternahm. Sie schwor sich, dass sie Lhasa allen Hindernissen zum Trotz erreichen zu wollen „schon um zu zeigen, was der Wille einer Frau vermag". (David-Neel 1928, S. 17) Gefährlich war diese Reise schon deswegen, weil sie mitten durch die Wildnis hindurchführte, die wegen der dort hausenden bewaffneten Räuberbanden einen besonders schlechten Ruf genoss. Dass die mutige nur 1,56 Meter große David-Néel nicht nur mit den Grenzbeamten, sondern auch mit den Räubern der tibetischen Graswüste fertig wurde zeigt folgende Episode: „Ich ging voran und schaute eben nach einem Lagerplatz aus, als ich sah, wie sieben Männer uns entgegenkamen. Ich ahnte plötzlich Böses bei diesem Zusammentreffen. Immerhin Kaltblütigkeit ist bekanntlich die beste Waffe, und meine vierjährige Gewohnheit an ein Leben voll Abenteuer hat mich gegen derartige Lagen gewappnet. Ich ging also ruhig un mit der ganzen Teilnahmslosigkeit einer müden Pilgerin weiter. Einer von der Bande blieb in der Mitte des schmalen Weges stehen und fragte mich, woher und wohin. Ich murmelte die Namen einiger Wahlfahrtsorte und ging zwischen ihm und dem Gebüsch durch." Doch ein großer Bursche nahm ihrem Begleiter Yongden seine zwei Rupien weg und einige der Räuber legten Hand an Last auf meinem Rücken und wollten sie gerade öffnen: „Nun wurde die Sache ernst. Ein Kampf war ausgeschlossen, denn wenn ich einen der Männer erschoss, würden die anderen meinen wehrlosen Begleiter sofort mit den langen Schwertern erstochen haben, die sie im Gürtel trugen. Andererseits konnten wir sie nicht ohne Gefahr den Inhalt der Ranzen untersuchen lassen" denn am meisten fürchtete sich die verkleidete Pilgerin als Ausländerin erkannt und an der Weiterreise verhindert zu werden. Da ergriff die schauspielerisch begabte Alexandra David-Neel zu einer List: „Verzweifelt aus vollem Hals heulend und schreiend beklagte ich, während dicke Tränen mir an den Wangen herunter rollten, den Verlust der zwei Rupien, unseres allereinzigsten Geldes! Was sollte aus uns werden, und wie konnten wir uns noch auf der langen Reise nach Lhasa zu essen verschaffen? Nun ging ich in von Tränen zu Flüchen über, was mir gar nicht schwer fiel. Wohl bewandert mit den verschiedenen tibetischen Göttern wandte ich mich gleich an die am meisten gefürchteten unter ihnen, wie die Göttin, die im Sattel aus blutiger Menschenhaut auf ihrem wilden Pferd daherjagd. Dann flehte ich zu den zornigen Göttern, die sich von Menschenfleisch nähren und deren Leibgerichte frische Menschengehirne sind, im Schädel serviert. Ich bin eigentlich nur ein kleines Weiblein und habe für gewöhnlich nichts Dramatisches an mir, aber in diesem Augenblick fühlte ich mich jeder großen Tragödin ebenbürtig. Die sieben Räuber standen wie versteinert da. Einer von ihnen kam mir vorsichtig etwas näher und versuchte aus einiger Entfernung Friedensverhandlungen: ‚Sei mir nicht böse, altes Mütterchen! Hier sind eure zwei Rupien, weine nur nicht und hör auf mit Fluchen! Wir wollen auch ganz friedlich nach unserem Dorf zurückgehen.' Ich darauf Wut und Verzweiflung abflauen und nahm die beiden Geldstücke so entgegen, als habe ich einen unersetzlichen Schatz zurückerobert." (David-Neel 1928, S. 229 f.)

Die mutige, aber falsche Pilgerin setzte ihre Reise fort und erreichte in ihrem 57. Lebensjahr sie nach einer insgesamt viermonatigen abenteuerlichen Himalaya-Überquerung zu Fuß dieses Ziel. Zwei Monate lang hielt sich David-Néel mit ihrem Sohn Yongden unentdeckt in Lhasa auf.

1925 kehrte sie nach Frankreich zurück und veröffentlichte 1927 ihr erfolgreichstes Buch Voyage d'une Parisienne à Lhassa, durch das sie weltberühmt wurde. In schneller Folge schrieb sie nun weitere Bücher über ihre Tibetreisen. 1937 brach sie als fast 70-Jährige erneut zu einer großen Asienreise auf, noch immer von ihrem Adoptivsohn begleitet. Sie geriet in den Japanisch-Chinesischen Krieg und musste sechs Jahre in China ausharren. 1941 erreichte sie die Nachricht, dass ihr Mann gestorben und sie als Erbin eingesetzt worden war. Über Indien kehrte sie 1946 nach Paris zurück. Von ihrem Alterssitz Digne aus ging sie auf Vortragsreisen, schrieb wissenschaftliche und populäre Abhandlungen. Alexandra David-Néel wurde noch in sehr hohem Alter zum Ritter der Ehrenlegion ernannt. Sie starb am 8. September 1969 im Alter von 100 Jahren nachdem sie vorsorglich ihren Pass hatte verlängern lassen. Einige Jahre später wurde ihre Asche nach ihrem letzten Willen, zusammen mit der Asche ihres Sohnes Lama Yongden, bei Benares in den Ganges gestreut.

Nur ein kurzes aber umso abenteuerlicheres Leben war der Schweizer Schriftstellerin Isabelle Eberhardt (1877–1904) beschieden. Sie war die Tochter anarchistischer russischer Emigranten. Schon als Kind weigerte sich Isabelle, Mädchenkleider zu tragen. Nordafrika war das Land ihrer Sehnsucht. Mit zwölf Jahren lernt das sprachbegabte Kind Arabisch, mit 14 Jahren war sie bereits fest entschlossen, zum Islam überzutreten. An ihren Bruder schreibt sie 1895 aus Genf: „Mein Körper ist im Okzident, aber meine Seele ist im Orient". Ihre große Leidenschaft war das Schreiben. Sie beschloss bereits in früher Jugend Schriftstellerin zu werden: „Ohne Schreiben," sagt sie, „gibt es keine Hoffnung für mich in diesem verfluchten Leben in ewiger Finsternis". Seit 1897 lebte sie mit ihrer Mutter in Anaba einem kleinen Ort in Algerien südwestlich der Hauptstadt Djibouti. Dort traten beide Frauen zum Islam über. Isabelle legte ihre europäische Kleidung ab und kleidete sich als arabischer Mann und hielt sich streng an die Rituale des Islam, wie Waschung, Gebet und Fasten.

Als ihre Mutter an Herzversagen starb, reiste die inzwischen 20-jährige Isabelle nach Tunis. Unter dem Decknamen Si Mahmoud streifte sie in Männerkleidung durch die Wüste. In Algerien kaufte sich Isabelle den Araberhengst Souf und ritt erneut unter dem Pseudonym Si Mahmoud Saadi in die Wüste. In einer Oase lernte sie den Quartiermeister der französischen Garnison Slimène Ehnni kennen, der die französische Staatsbürgerschaft erlangt hatte. Um selbst die französische Staatsbürgerschaft zu bekommen heiratete Isabelle Slimène. 1901 zunächst auf dem Standesamt in Marseille, dann nach islamischem Ritus in einer Moschee. Sie selbst schrieb über ihr zum Teil sehr anstößiges Leben am 1. Januar 1900 in ihrem Tagebuch: „Für das Publikum setze ich die Maske des Zynischen, des Ausschweifenden, des großspurig Unbekümmerten auf ... Bis heute hat es niemand verstanden, diese Maske zu durchdringen und meine wahre Seele zu erkennen, diese feinfühlige und reine Seele, die sich so hoch über jene Niedrigkeiten und Entwürdigungen erhebt, durch die ich mein physisches Dasein aus Verachtung gegenüber den Konventionen und auch aus einem eigentümlichen Bedürfnis nach Leiden schleppe … ja, niemand hat verstanden, dass in dieser, anscheinend nur durch Sinnlichkeit belebten Brust ein großzügiges Herz schlägt, das einst überfloss von Liebe und Zärtlichkeit und jetzt noch erfüllt ist von grenzenlosem Mitleid für alles ungerechte Leid, für alles, was schwach und unterdrückt ist … ein stolzes, unbeugsames Herz, das sich einer geliebten Sache freiwillig ganz und gar ergeben hat …, der Sache des Islam, für die ich einmal das glühende Blut, das in meinen Adern pocht, leidenschaftlich gern lassen möchte. Niemand hat all das verstanden und mich danach behandelt; und unglücklicherweise wird es auch in Zukunft nie jemand verstehen!" (Eberhardt 1983, S. 40)

Abb. 38: Isabelle Eberhardt

Nordafrika war das Land ihrer Sehnsucht. Mit 12 Jahren lernt das sprachbegabte Kind Arabisch, mit 14 ist sie fest entschlossen, zum Islam überzutreten. An ihren Bruder schreibt sie 1895 aus Genf: „Mein Körper ist im Okzident, aber meine Seele ist im Orient", und „ohne Schreiben gibt es keine Hoffnung für mich in diesem verfluchten Leben in ewiger Finsternis". Ausbrechen will sie, schreiben will sie. Seit 1897 lebt sie mit ihrer Mutter in Algerien. Dort treten beide Frauen zum Islam über. Als die Mutter im November 1897 stirbt, beginnt Isabelle Eberhardt ihr Nomadenleben. Sie nennt sich jetzt Si Mahmoud und streift als Araber verkleidet durch Bars und Bordelle, besucht die heiligen Stätten des Islam, nächtigt in den Zelten der Beduinen. Erste Prosaskizzen entstehen. Von ihrem Honorar kauft sie sich einen Araberhengst und reitet allein durch die Wüste, ins Innere der Sahara. Dort, in den Sandmeeren, findet sie ihre zweite Heimat. Immer wieder wird sie dorthin zurückkehren, auch wenn sie 1901 Slimene Ehnni, den Leutnant der einheimischen Hilfstruppen Algeriens heiratet. Denn „einsam und Nomade und nur den Islam als Heimat betrachtend, ohne Familie und ohne Freunde, allein, allein für immer werde ich meinen Weg durchs Leben gehen, bis die Stunde des großen ewigen Schlafes schlägt". Sieben Jahre lang reiste sie durch Algerien, Tunesien und Marokko. Auf ihren Reisen überlebt sie auch ein Attentat. Im Militärhospital, in das sie nach dem Attentat eingeliefert wird, erinnert sie sich plötzlich an die Einzelheiten des fatalen Tages: „Da sitze ich, ein Schlag auf den Kopf, ich hebe die Augen; vor mir steht der Mörder mit hoch erhobenen Armen … Ich kann nicht erkennen, was er in den Händen hält … Stöhnend lasse ich mich auf einen Koffer fallen … Mein Kopf dreht sich, alles schmerzt, mir wird schlecht … meine Gedanken gleiten ab … Auf einmal ist alles dunkel, alles erlischt … Ich versinke in einem bodenlosen Abgrund … Ein einziger Gedanke in meinem benommenen Hirn: Der Tod … Ohne Qual und ohne Furcht … Es gibt keinen anderen Gott als Gott, und Mohammed ist sein Prophet!" (Eberhardt 1983, S. 113) Später kommt es zu einem Prozess. Das Gericht verurteilt den gedungenen Mörder zu lebenslanger Zwangsarbeit, ohne nach seinen Auftraggebern zu fragen, während Isabelle als unerwünschte Ausländerin aus der Kolonie abgeschoben wird. In einem offenen Brief an die Presse hat sie gegen die Ausweisung aus Algerien protestiert und sich gegen damit verbundene politische Unterstellungen gewehrt: „Ich habe niemals an irgendeiner antifranzösischen Aktion teilgenommen, weder in der Sahara, noch im Tell … Ich habe Frankreich, das mir zur zweiten Heimat geworden ist, den Eingeborenen gegenüber immer und überall verteidigt. Warum bin ich dennoch das Opfer einer Polizeimaßnahme, welche nicht nur die Gefühle, die ich als Russin gegenüber Frankreich hege, zutiefst verletzt, sondern mir obendrein großen persönlichen Kummer auferlegt, da sie mich auf unabsehbare Zeit von meinem Verlobten trennt, der mich nicht nach Frankreich begleiten darf, weil er in Batna stationiert ist? Ich verlange einzig und allein, dass man mich ungestört in Batna leben lässt, um dort den Mann zu heiraten, der mir in meinem Unglück beigestanden hat und der meine einzige moralische Stütze in der Welt ist." Im Juni 1901 trifft Isabelle nach einer stürmischen Überfahrt – sie reist, als Matrose verkleidet, unter dem Pseudonym Pierre

Mouchet – in Marseille ein und nimmt in der winzigen Wohnung ihres Bruders Quartier, wo sie vier Monate lang vergeblich auf ein Wiedersehen mit Slimne hofft. Durch Vermittlung eines ihr wohlgesonnenen Offiziers erreicht sie Ende Oktober Slimnes Versetzung nach Marseille, wo das junge Paar sich zuerst auf dem Standesamt und anschließend in der Moschee nach islamischem Ritus trauen lässt – einer der wenigen Tage in ihrem Leben, an dem Isabelle Frauenkleider getragen haben soll. Obwohl sie damit naturalisierte Französin geworden ist, kann Isabelle nicht ohne weiteres nach Algerien zurückkehren; wiederum vergehen Wochen, ehe sie, mit Hilfe des oben erwähnten Offiziers, die erforderliche Genehmigung erhält. Doch mit ihrem Leben in Algier ist sie genauso unzufrieden wie in Marseille: „Oh! diese Epochen meines Lebens wie die von Marseille oder die von Algier! wie schwarz sind sie in meiner Erinnerung! Wahrhaftig ich bin nicht geschaffen für das Allerweltsleben, für das überdrehte Leben der großen banalen Städte … Nomadin war ich schon als Kind, damals träumte ich, den Blick auf die Straße gerichtet, die anziehende weiße Straße, die unter der mir besonders strahlend scheinende Sonne geradewegs ins zauberhafte Unbekannte führte … Nomadin werde ich mein ganzes Leben bleiben, verliebt in wechselhafte Horizonte, in noch unerforschte Fernen." (Eberhardt 1983, S. 114) Noch im selben Jahr wurde Isabelle von der Dépêche algérienne als Kriegsreporterin an die marokkanische Grenze geschickt. 1904 litt Isabelle an so heftigen Malariaanfällen, dass sie die Militärstation von Aïn Sefra aufsuchen musste und am 1. Oktober trat Isabelle in das örtliche Militärkrankenhaus ein, von wo aus sie Slimne telegrafisch zu kommen bittet. Ohne ihre Genesung abzuwarten, verlässt sie vorzeitig das Hospital und mietet zusammen mit Slimne eine Lehmhütte in einem Slumviertel, am Ufer eines ausgetrockneten Flussbetts. In der Nacht vom 20. zum 21. Oktober geht ein tropisches Gewitter über Ain-Sefra nieder; der ausgetrocknete Fluss verwandelt sich innerhalb weniger Minuten in einen reißenden Strom, der die schlecht gebauten Hütten fortspült und mitsamt ihren Bewohnern unter Bergen von Schlamm begräbt. Slimne bringt sich vor der drohenden Gefahr in Sicherheit, während Isabelle sich weigert, das von der Überschwemmung eingeschlossene Haus zu verlassen, als wolle sie sich widerstandslos in das über sie verhängte Schicksal fügen; es könnte aber auch sein, dass sie nur einen Haschischrausch ausschlief.

Erst nach tagelanger Suche wird ihr halbverwester Leichnam unter den Trümmern des eingestürzten Hauses entdeckt, in dessen Keller ein von General Lyautey abkommandierter Legionärstrupp zwischen entwurzelten Bäumen und aufgedunsenen Tierkadavern einen schlammverkrusteten Sack mit Manuskripten sicherstellt. Bei Isabelles Begräbnis auf dem islamischen Friedhof von Ain-Sefra hält der General selbst die Trauerrede: „Wir haben uns gut verstanden, die arme Mahmoud und ich, und ich werde unsere nächtlichen Gespräche stets in bester Erinnerung behalten. Sie war das, was mich auf der Welt am meisten fasziniert: ein Außenseiter. Was für ein Vergnügen, jemanden zu treffen, der ganz er selbst ist, jenseits aller Vorurteil aller Heuchelei und aller Klischees, und der ein freies Leben führt wie der Vogel in der Luft! Ich habe sie geliebt für alles, was sie war, und für alles, was sie nicht war. ich habe ihr großartiges künstlerisches Talent ebenso geschätzt wie ihre Fähigkeit, Advokaten, Obergefreiten und Mandarinen jedweder Couleur das Fürchten beizubringen. Pauvre Mahmoud!“

Annemarie Schwarzenbach (1908–1942) stammte aus der reichen Zürcher Industriellenfamilie der Schwarzenbachs. Ihr Vater Alfred Emil Schwarzenbach war ein wohlhabender Industrieller und einer der größten Seidenfabrikanten der Welt.

Annemarie wuchs in der Seegemeinde Horgen auf dem stattlichen Landgut Bocken auf und promovierte im Alter von 23 Jahren mit einer Arbeit zur Geschichte des Oberengadins im Mittelalter und zu Beginn der Neuzeit. Erste journalistische Veröffentlichungen sowie literarische Texte entstanden noch während ihrer Studienzeit. Im Jahr 1931 hielt sie sich öfter in Berlin auf und stand in engem Kontakt mit Klaus und Erika Mann in München. In diese Zeit fallen auch ihre ersten Erfahrungen mit Morphin. Schwarzenbachs Verhältnis zu ihrer Mutter war sehr gespannt, unter anderem aufgrund ihrer antifaschistischen Einstellung. Einige Mitglieder der Familie Schwarzenbach/Wille sympathisierten nach 1933 mit der „Schweizer Front“, die eine Annäherung der Schweiz an Nazideutschland befürwortete, während sich in Annemarie Schwarzenbachs Freundeskreis zahlreiche jüdische und politische Emigranten aus Deutschland befanden. So führte sie nach 1933 selbst teilweise das Leben einer Migrantin und reiste mehrere Jahre hintereinander in verschiedene Länder, öfter zusammen mit Klaus Mann, dessen literarische Exilzeitschrift Die Sammlung sie finanziell unterstützte. 1934 reise sie nach Moskau, wo sie zusammen mit Klaus Mann am ersten Allunionskongress sowjetischer Schriftsteller teilnahm. 1935 kehrte sie nach Persien zurück und heiratete dort – trotz ihrer lesbischen Orientierung – den ebenfalls homosexuellen französischen Diplomaten Claude-Achille Clarac. In die Schweiz zurückgekehrt hielt sich Annemarie Schwarzenbach längere Zeit für einen Drogenentzug in Kliniken auf.

Im Dezember 1938 besuchte sie die Schweizer Schriftstellerin Ella Maillart. Diese hatte sich durch Berichte über ihre abenteuerlichen Reisen nach Asien international einen Namen gemacht. Auch Annemarie Schwarzenbach genoss in der Schweiz einen gewissen Bekanntheitsgrad durch ihre Artikel und Fotoreportagen über Reisen in Europa und nach Asien. Beide waren Pionierinnen in ihrem Bereich und zählten zu den Vertreterinnen einer neuen, unabhängigen und unerschrockenen Generation von Frauen. Beide planten nun eine gemeinsame Reise nach Afghanistan zu unternehmen. Maillarts Wunsch, dieses Land, das sie 1937 bereits mit dem Bus bereist hatte, nochmals aufzusuchen, war an den fehlenden Finanzen und einem für die strapaziöse Reise geeigneten Auto gescheitert. Durch Schwarzenbachs Hinweis, ihr Vater würde ihr ein neues Auto – einen Ford – schenken, war zumindest eine Bedingung für die Realisierung dieser Idee erfüllt. Doch zuvor musste sich Ella Maillart darüber klar werden, ob Annemarie Schwarzenbach, die sich von der mehrmonatigen Entziehungskur noch kaum erholt hatte, gesundheitlich eine solch anstrengende Fahrt bestehen würde und ob sie es mit einer solchen von persönlichen und politischen Katastrophen betroffenen Gefährtin überhaupt lange aushalten könnte. einer von persönlichen und politischen Katastrophen terrorisierten Gefährtin überhaupt lange aushalten könnte. Trotz dieser Bedenken ließ sich Ella Maillart von Annemarie Schwarzenbachs Wesen und Ausstrahlung bezaubern. Damit war dann die Durchführung des Unternehmens endgültig beschlossen.

Keine der vielen Reisen Annemarie Schwarzenbachs wurde so professionell und perfekt vorbereitet wie diese nach Afghanistan. Im Mittelpunkt stand dabei die Wahl des Autos. Man entschied sich, nach für einen Ford Roadster de luxe, 18 PS. Dieser wurde in einer Zürcher Garage für die extremen Anforderungen speziell ausgerüstet. Zudem ließ sich Annemarie Schwarzenbach in die technischen Geheimnisse ihres neuen Wagens einweihen, da man in den abgelegenen Gegenden kleinere Reparaturen selbst ausführen musste. Außerdem musste Kartenmaterial und Fahrausweisen und besorgt werden. Es gelang Annemarie Schwarzenbach sogar von der Schweizer Behörde einen Diplomatenpass zu bekommen.

Mit dem Ausbruch des Am 3. September 1939 hatte der Zweite Weltkrieg auch den fernen, weltabgeschlossenen Staat Afghanistan erreicht. Zwar konnte Schwarzenbach bis im Oktober noch an Ausgrabungen mitarbeiten, aber dann wurden die Kriegsereignisse auch in Kabul zu einer persönlichen Bedrohung. Verzweifelt über den Kriegsausbruch und geschwächt durch Krankheit, konnte Schwarzenbach den Verführungen des Giftes nicht mehr widerstehen. Ella Maillart interpretierte dies als einen Bruch des vor der Reise geschlossenen Paktes mit der Freundin, verließ sie und kehrte nach Europa zurück (Schwarzenbach 2008, S. 148). In einer der in Persien spielenden Erzählungen Schwarzenbachs macht eine Amerikanerin folgende Aussage über ihre Schwierigkeiten mit diesem Land: „Die Natur ist hier so stark, dass sie einen tötet. Man müsste aufhören, ein Mensch zu sein, an die menschlichen Bedingungen gebunden. Man müsste ein Stück Wüste und ein Stück Gebirge werden können, und ein Streifen Abendhimmel. Man müsste sich dem Land anvertrauen und darin aufgehen. Dagegen zu leben ist ein solches Wagnis, dass man vor Angst umkommt." Diese Sätze führen geradewegs zu „Tod in Persien", wo Annemarie Schwarzenbach ihre eigenen – vergeblichen – Versuche, in Persien leben zu können, offen gesteht und aus lauter Angst vor der Fremde darin aufzugehen und umzukommen scheint (Schwarzenbach 2008, S. 126). In der Vorbemerkung zu diesem Buch, das zu ihren Lebzeiten nicht erschienen ist, schreibt sie: „Dieses Buch wird dem Leser wenig Freude bereiten. Es wird ihn nicht einmal trösten und aufrichten, wie traurige Bücher es sehr oft vermögen, denn es ist eine verbreitete Ansicht, dass Leiden eine moralische Kraft besitzen, wenn sie nur auf rechte Weise ertragen werden. Ich habe gehört, dass selbst der Tod erhebend sein kann, aber ich gebe zu, dass ich daran nicht glaube: denn wie soll man sich über seine Bitterkeit hinwegsetzen? Er ist eine zu unverständliche, zu unmenschliche Gewalt … und er verliert sie nur, wenn man ihn erwartet als den einzigen uns zugestandenen und unwiderruflichen Weg aus unseren Irrwegen. Ja, um Irrwege handelt es sich in diesem Buch, und sein Thema ist die Hoffnungslosigkeit." (Schwarzenbach 1995, S. 9)

Obwohl „Tod in Persien“ hauptsächlich über den dritten Aufenthalt von Annemarie Schwarzenbach in diesem Land – von Mai bis September 1933 – berichtet und sie sich eben mit Claude Clarac verheiratet hatte, taucht er im Text nur einmal und lediglich mit der Nennung des Vornamens au£ So schnell und überstürzt Schwarzenbach ihn geheiratet hatte, so leicht und schnell verschwand er auch wieder. War er noch von ihr als Gegenbeispiel eines „enorm fremdartigen, weil enorm männlichen Wesens“ und deshalb einziger für sie in Frage kommender Heiratskandidat gegen den Widerstand der Familie und vor allem der Mutter durchgeboxt worden, offenbarte sich die Ehe mit einem Diplomaten, kaum geschlossen, als Irrtum. Schon im ersten Brief an Klaus Mann aus Persien äußerte die frisch Verheiratete, dass für sie nur die Tätigkeit des Schreibens zähle und dass sie das „Eigentliche im Leben nur mit ihm und vor allem mit seiner Schwester Erika erleben könne!“ Trotz schöner Wohnlage in Farmanieh in der Nähe von Teheran und allen materiellen Privilegien einer Diplomatenehe in sonst ärmlicher Umgebung fühlte sich Annemarie Schwarzenbach isoliert und von den damit verbundenen Verpflichtungen überfordert. Die intime Freundschaft mit der Türkin Jale verstärkte vollends die Entfremdung zu ihrem Ehemann, von dem sie sich nach dem Persien-Aufenthalt trennte.

Erika und Klaus Mann waren bereits über die Verlobung Schwarzenbachs mit Clarac mehr als gekränkt und meinten das wäre wahrscheinlich das Ende ihrer Freundschaft mit ihr. Die als „Bruderverrat“ und Flucht empfundene Heirat konnte das Vertrauen der beiden in sie nie restlos wiederherstellen. Klaus Mann, Annemarie Schwarzenbachs „seelischer Ehemann“, plante zwar, sie in Persien zu besuchen. Ihr immer schlechterer psycho-physischer Zustand und eine Malaria- Epidemie in Teheran ließen ihn aber das Vorhaben aufgeben. Trotzdem sinnt er nach ihrer Rückkehr über ein gemeinsames Leben mit der so Gefährdeten nach. Doch vor ihrer „Hölle an unfasslichen Zuständen“ schaudert er zurück. Aber auch Schwarzenbachs Leitstern Erika kann, angesichts der unfassbaren Vorgänge mit ihrer Freundin in der Ferne, nur noch bemerken: „Das Unglückskind, die wirre, irre, grausliche Annemarie“. Annemarie selbst fasst ihre Reisen in Persien folgendermaßen zusammen: „Während der ersten Monate reiste ich mit neuen Freunden zusammen und lernte alles kennen: Persepolis und Isfahan, die Gärten von Schiras, die Einsiedeleien der Derwische im nackten Fels, die großen Moscheetore, die endlosen Straßen, die endloseren Ebenen. Ich fuhr über die Pässe und ritt auf den Saumpfaden im Elbursgebirge. Ich sah das Ufer des Kaspischen Meeres, Dschungel und Reisfelder, Zebus am sturmgepeitschten Strand, Strohdächer unter dem schweren Regen, turkmenische Holzfäller und Hirten.“ Aber dann muss sie bekennen: „Ich habe auf alle Arten in Persien zu leben versucht. Es ist mir nicht gelungen. Ringsum sah ich Menschen, die auch nichts anderes versuchten, als eben zu leben. Sie kämpften gegen die gleichen Gefahren, und solange es noch wirkliche Gefahren waren, war es gut. Wie ich überstanden sie die großen Gebirgswege, die Nächte an überschwemmten Ufern, die Anfälle von Müdigkeit und Entmutigung. Wie ich kehrten sie eines Tages in die Hauptstadt zurück, wohnten in Gesandtschaften, badeten, aßen gut und schliefen lang. Sie glaubten wie ich, dass man sich auf diese Weise erholen und für neue Abenteuer stärken könne. Sie überstanden Dysenterie und Fieber, begannen zu trinken und gingen wochenlang jeden Abend in die traurigen Lokale von Teheran, wo es Whisky, Musik und Tänzerinnen gab. Es ging ähnlich zu wie in europäischen Städten. Eines Tages raffte man sich auf … aber wie lange würde es dauern? Denn jetzt kam der Augenblick der ungreifbaren Gefahr: Moralische Vorsätze konnte man nicht mehr fassen, es half nichts mehr, sich zusammenzunehmen. Die Gefahr hat verschiedene Namen. Manchmal heißt sie einfach Heimweh, manchmal ist es der trockene Höhenwind, der an den Nerven reißt, manchmal der Alkohol, manchmal schlimmere Gifte. Manchmal gibt es keinen Namen, dann, wenn man von der namenlosen Furcht heimgesucht wird." (Schwarzenbach 2008, S. 66)

In die Schweiz zurückgekehrt stürzte sie am 7. September 1942 im Engadin mit ihrem Fahrrad und zog sich eine schwere Kopfverletzung zu, an der sie nach einer Fehldiagnose und anschließenden Fehlbehandlungen am 15. November starb.

Abb. 39: Marina Raskowa

19 Frauen im Kriegsdienst

Dass Frauen auf grausame Weise auch kriegerisch sein können war seit der Antike durch die Berichte über die Amazonen bekannt. Solche Berichte unter der Bezeichnung „Amazonen“ gab es noch bis zum 19. Jahrhundert. Der König des westafrikanischen Staates Dahomey unterhielt dort ein Amazonenkorps von etwa 5000, die gegen den eindringenden Franzosen kämpfen sollte Für Diskussion sorgte in der Gegenwart vor allem auch die Leibgarde Muammar al-Gaddafis, die er selbst als seine Amazonen bezeichnete. Darüber hinaus gab es für Frauen im Kriegsdienst noch anderen Bezeichnungen. So wurden die Angehörigen des sowjetische Nachtbomberregiment 588 von den deutschen Wehrmachtsangehörigen im Zweiten Weltkrieg „Nachthexen“ genannt. In der Sowjetunion nannte man sie „Stalins Falken“. Ihre Gegner sprachen ihnen übernatürliche Fähigkeiten zu. Es hieß, man habe diesen „Nachthexen“ chemische Substanzen gespritzt, damit sie in pechschwarzer Nacht genau so gut sehen konnten wie am helllichten Tag. Später wurde das Nachtbomberregiment 588 in 46. Garderegiment unbenannt, und gleich nach Kriegsende 1945 wieder aufgelöst. Das Regiment wurde von Marina Raskowa 1941 gegründet, es erhielt die Bezeichnung Fliegergruppe 122. Am 28. Dezember 1942 ist Marina Raskowa bei der Überführung einer Pp-2 zu ihrer Einheit beim Landeanflug abgestürzt und einige Tage später am 4. Januar 1943 im Alter von 30 Jahren ihren Verletzungen erlegen. Die Urne mit ihrer Asche wurde an der Kremlmauer in Moskau beigesetzt.

Ab dem Frühjahr 1942 operierte das 588. Nachtbomberregiment im Don-Raum. Weitere Einsätze folgten im Kaukasus und auf der Krim. In diesem Regiment diente während des gesamten Krieges kein einziger Mann am Boden oder in der Luft. Die letzten Kampfeinsätze wurden bei Danzig, Stettin Köslin und gegen den Hafen von Swinemünde geflogen. Das Flugzeug (Polikarpow Pp-2) war sehr langsam, aber gut zu manövrieren, deshalb hatte die Deutsche Luftwaffe Schwierigkeiten sie abzuschießen. Auch konnte die Maschine nicht viel Bomben tragen, deshalb musste es pro Nacht bis zu sieben Mal in den Himmel. Das Flugzeug erreichte lediglich eine Geschwindigkeit von maximal 150 Stundenkilometern. Bis 1944 verfügte es über keine Bremsen, keinen Funk, kein Radar und außer den Bomben über keine Waffen. Wegen ihres surrenden Motors wurden diese Maschinen von den Deutschen als „Nähmaschinen“ bezeichnet. Die Pilotinnen und das Bodenpersonal lebten am Rand des physischen Zusammenbruches. Sie leisteten Tag und Nacht bei jedem Wetter und unter schwierigen Bedingungen ihren Dienst. In mancher Nacht flogen sie bis zu 18 Angriffe. Im Winter mussten sie die Flugzeugmotore mit heißem Wasser übergießen, um sie einsatzfähig zu halten. Das Regiment vernichtete neun Eisenbahnzüge, zwei Bahnhöfe, 176 Armeelastwagen, 12 Treibstoffwagen, 86

MG-Stellungen, 26 Munitions- und Waffenlager, 17 Brücken und 11 Scheinwerfer. 33 Nachthexen starben im Kampf.

Obwohl von den sowjetischen Militärpilotinnen 23 Nachthexen den Titel „Held der Sowjetunion" erhielten, wurden sie von ihren männlichen Kollegen trotz ihres Heldenmutes nicht für ganz voll genommen. Ein General soll sich bitter über den „Mädchenhaufen" beklagt haben, weil die Stimmen der Pilotinnen so glockenhell klangen, dass er sich wie in einem „Kindergarten" vorkam. Bei ihren gefährlichen Einsätzen mussten sie im offenen Cockpit und ohne Fallschirm fliegen. Nach einem Absturz hinter feindlichen Linien hatten sie die Wahl, sich zu erschießen oder in Gefangenschaft zu geraten, womit sie automatisch als Verräter galten.

Im Zweiten Weltkrieg gab es auf der Seite Deutschlands zwar keine Kampfeinsätze von weiblichen Piloten in dem Ausmaß wie auf der sowjetischen Seite, doch es gab vor allem zwei herausragende Frauen: Hanna Reitsch und Melitta Schenk Gräfin von Stauffenberg, die durch ihre Tätigkeit sehr wesentlich zu den Kriegsereignissen beitrugen, wie sie die nationalsozialistische Regierung unter Führung Adolf Hitlers durchführte, aber dadurch auch in einen Gewissenskonflikt gerieten. Da es gerade wegen der Verbindung zur Ideologie des Nationalsozialismus zu einer Reihe von Fehlinterpretationen und sogar bewusst polemisch eingesetzten Fälschungen bis heutzutage gegeben hat, ist es angebracht auf die Originalaussagen zurückzugreifen, wie sie von diesen beiden Pilotinnen vorliegen. Im Vorwort zu ihrem Buch „Fliegen – mein Leben" schreibt Hanna Reitsch: „Es wäre daher falsch und unwahr, wenn ich meine Gefangenschaft sowie andere unerfreuliche, aber mein Leben bis heute tief beeinflussende Erlebnisse auslassen würde. … Am schwersten zu ertragen wurden für mich die Verleumdungen und Falschberichte im Zusammenhang mit meinem Flug mit Generaloberst Ritter von Greim (dem letzten Oberbefehlshaber der früheren Luftwaffe) in das von Russen völlig eingeschlossene Berlin, die bis zum heutigen Tag fortgesetzt werden, sobald mein Name durch eine neue Zeitungsmeldung auftaucht. Ich wurde und werde dadurch immer von neuem auf eine politische Bühne geholt, auf die ich niemals gehörte. Es werden bis zum heutigen Tag noch immer gefälschte, sogenannte „Augenzeugenberichte" über die letzten Tage im Hitlerbunker unter meinem Namen in der in- und ausländischen Presse sowie in Büchern angeführt … Ich betone hier ausdrücklich, dass ich diese ‚Augenzeugenberichte', die in Ichform verfasst sind, nie geschrieben, nie gesehen und nie unterzeichnet habe." (Reitsch 2001, S. 8) Tatsächlich war jedoch Hanna Reitsch von der nationalsozialistischen Regierung, die für sie die einzig mögliche Rettung ihres Vaterlandes in dieser Kriegszeit war, überzeugt. Wie sehr sie davon überzeugt war zeigt ihre Darstellung eines Empfangs bei Hitler und Göring: „Hitler begrüßte mich, ihm zur Seite stand Göring, strahlend wie ein Vater, der sein wohlgeratenes Kind vorführen darf. … Hitler zog mich nun in ein längeres Gespräch über meine Versuche. Mich beeindruckte, dass Hitler auf diesem rein fliegerisch-technischen Gebiet über Kenntnisse verfügte, wie sie normalerweise nur derjenige haben kann, der sich speziell damit beschäftigt. Erstaunlich war die Klarheit der Fragestellung, die stets das Wesentliche und den Kern der Sache traf. Mir erging es in dieser Stunde nicht anders als vielen vor und nach mir, die Gelegenheit hatten, sich mit Hitler über Fragen ihres Fachgebietes zu unterhalten. Seine ungezwungene und einfache Art strömte eine Zuversicht aus, die sich jedem, der in seine Nähe kam, mitteilte." (Reitsch 2001, S. 269)

Am Ende ihres Buches kommt dann Hanna Reitsch auf ihre dramatischen Erlebnisse im Führerbunker zusprechen, den sie mit dem auf dem Flug nach Berlin mit dem schwer verwundeten Generaloberst betreten durfte: „Wir fuhren durch das Brandenburger Tor, unter den Linden entlang, durch die Wilhelmstraße und bogen in die Voßstraße ein. Was ich auf diesem Weg sah, schien mir eine unwirkliche Kulisse, wenn ich an die stolze Straßenfront vergangener Tage dachte. Nichts war von ihr übrig geblieben als Schutt, Asche und beißender Brandgeruch. Vor dem Eingang des Luftschutzbunkers der Reichskanzlei hielten wir an. SS-Wachen brachten den Generaloberst in den Operationsbunker, in dem Dr. Stumpfecker sofort seine ärztliche Behandlung übernahm. Danach wurden wir – der Generaloberst auf einer Bahre liegend – zwei Stockwerke tiefer in den Führerbunker gebracht. Auf der Treppe kam uns Frau Goebbels entgegen, die ich zum ersten Mal sah; ich erkannte sie von Bildern her. Einen kurzen Augenblick starrte sie mit weit aufgerissenen Augen unseren kleinen Zug an, als ob sie nicht begreifen könne, dass hier überhaupt noch Menschen hereinfanden. Dann schloss sie mich weinend in die Arme. Im Führerbunker trafen wir in dem kleinen dielenartigen Gang Adolf Hitler. Seine Gestalt war jetzt stark vornübergebeugt, beide Arme zitterten ununterbrochen, und sein Blick hatte etwas gläsern Fernes. Mit fast tonloser Stimme begrüßte er uns. Greim erstattete Bericht. Ruhig und gespannt hörte Hitler zu. Am Ende des Berichtes ergriff er Greims Hände, und sagte dann, zu mir gewandt: ‚Sie tapfere Frau! Es gibt noch Treue und Mut auf der Welt.' Dann erfuhren wir durch ihn, warum er Greim hatte rufen lassen. Er glaubte sich von Göring verraten. Hitler zeigte Greim den bekannt gewordenen Funkspruch, in dem Göring um die Bestätigung der Nachfolge ersucht hatte. ‚Es bleibt mir nichts auf der Welt erspart, keine Enttäuschung, kein Treuebruch, keine Ehrlosigkeit und kein Verrat. – Ich habe Göring sofort verhaften lassen, ihn aller seiner Ämter enthoben und ihn aus allen Organisationen ausgestoßen.' Dann ernannte er Greim zum Nachfolger Görings mit gleichzeitiger Beförderung zum Generalfeldmarschall. Im Raum war es still. Ich blickte auf das Gesicht des neuen Feldmarschalls, der unbeweglich und mit zusammengepressten Lippen zuhörte. Es war nicht schwer zu erraten, welche Gedanken und Empfindungen diese Ernennung in ihm auslösten. Oberbefehlshaber einer Luftwaffe, die nicht mehr existierte! In dieser Lage konnte der Auftrag für ihn, dessen Ehrbegriff als Offizier auch im Chaos unwandelbar blieb und über jede Rücksichtnahme auf die eigene Person hinausging, nur eine Bedeutung haben – hier im Bunker auch das Ende zu erleben! So war es auch für mich selbstverständlich, zu bleiben. Der Kreis, in dem wir uns befanden, war klein. Außer Dr. Goebbels und seiner Frau, die aus freiem Willen darauf verzichtet hatte, mit ihren Kindern Berlin zu verlassen, lernte ich auch Eva Braun kennen. ... Im untersten Teil des Bunkers wohnten Hitler, Eva Braun, Dr. Goebbels und Dr. Stumpfecker. Wenn mich der Krankendienst bei Feldmarschall v. Greim nicht in Anspruch nahm, widmete ich mich den Kindern von Goebbels. Kurz nach der Begrüßung mit Hitler hatte mich Frau Goebbels in ihr Zimmer, das einen Stock höher lag, geholt, wo ich mich von Staub und Schmutz reinigen konnte. Als ich den Raum betrat, schaute ich in sechs schöne Kindergesichter im Alter von vier bis zwölf Jahren, die mir aus ihren übereinander gebauten Luftschutzbetten mit lebhafter Neugier entgegensahen. Dass ich fliegen konnte, schloss sofort das Tor ihrer Kinderphantasie weit auf, und während ich mich – noch aufgewühlt von den letzten Stunden – wusch, plapperten und fragten ihr Münder in einem fort und zwangen mich so, ob ich wollte oder nicht, in ihre bunte Welt. Von da an musste ich zu jeder Mahlzeit zu ihnen kommen, ihnen von fremden Ländern und Menschen, die ich gesehen hatte und von meinen Flügen berichten oder Märchen erzählen, die sie hören wollten. Jedes einzelne Kind entzückte in seiner natürlichen, klugen und aufgeschlossenen Art. Alle geschwisterliche Liebe der Kleinen untereinander hatte etwas Ergreifendes. Als eines der Kinder einer Angina wegen im Nebenraum isoliert lag, musste ich von Zeit zu Zeit meine Erzählungen unterbrechen, damit abwechselnd eines der Geschwister dem kranken Schwesterchen den Fortgang des Märchens berichten konnte. Das Donnern und Krachen der Einschläge beunruhigte sie nicht; denn sie glaubten kindlich, wie man es ihnen vorgesagt hatte, dass der ‚Onkel Führer' damit die Feinde besiege, und wenn einmal das jüngste ängstlich wurde, ließ es sich von den älteren Geschwistern mit dieser Vorstellung schnell trösten. Dieses friedliche Bild, das sich auch dann nicht änderte, als sich die Spannung mit jeder Stunde verdichtete und ins schier Unerträgliche stieg, wurde mir in diesen Tagen, in denen ich im Bunker war, fast zu der größten inneren Belastung. Sie schien mir in manchen Augenblicken kaum mehr tragbar. ‚Morgen früh, wenn Gott will, wirst du wieder geweckt' sang ich mit den Kindern abends vor dem Einschlafen. Würden sie noch einmal geweckt werden? Wir hatten keine Hoffnung mehr, jemals wieder das Tageslicht zu sehen. Wie ein Wunder wirkte die Nachricht, dass eine Ju 52 auf der Achse gelandet war, um Greim und mich aus Berlin herauszuholen. Greim lehnte ab. Am zweiten Tag unseres Aufenthaltes im Bunker hatte mich Hitler in sein Arbeitszimmer rufen lassen. Als er vor mir stand, noch einen Schein blasser, noch stärker in sich zusammengesunken mit einem fahlen, greisenhaft verfallenen Gesicht, gab er mir zwei kleine Phiolen mit Gift, damit – wie er sagte – Greim und ich jederzeit die Freiheit der Entscheidung haben sollten. Danach sprach er aus, dass er freiwillig mit Eva Braun aus dem Leben scheiden würde, wenn sich die Hoffnung auf einen Entsatz von Berlin sollte. Allein sein Glaube, dass sein Verbleib in Berlin den Soldaten ein letzter Ansporn sei, hielt ihn noch am Leben. Es war kurz nach Mitternacht, als Hitler unerwartet ins Krankenzimmer des Feldmarschalls eintrat, kalkweiß im Gesicht; wie mir schien, das Bild eines schon ausgelöschten Lebens. In der Hand hielt er einen Funkspruch und eine Karte. Er wandte sich an Greim: ‚Nun hat auch Himmler mich verraten. Sie beide müssen so schnell wie möglich den Bunker verlassen. Weinend beschwor uns Frau Goebbels, nichts unversucht zu lassen, was eine Rettung herbeiführen könnte. Wir machten uns bereit. Von Hitler, der im Lagebesprechungszimmer war verabschiedete ich mich kurz mit einem Händedruck. Ich fand in dieser Situation kein Wort, das ich ihm hätte sagen können, während er mit leiser Stimme nur noch sagte: ‚Gott schütze Sie!' Frau Goebbels, die ich in diesen Tagen nur beispielhaft gefasst erlebt hatte, gab mir einen Brief an ihren Sohn aus erster Ehe mit. Die Kinder schliefen. Wie gerne hätte ich sie noch einmal gesehen." (Reitsch 2001, S. 326) Hanna Reitsch war achtzehn Monate Gefangene der Amerikaner, lehnte jedoch jede Schuldzuweisung ab: „Ich war eine Deutsche, eine Fliegerin, die man kannte, von der man wusste, dass sie bis zuletzt ihre Pflicht getan hatte und ihr Vaterland heiß liebte."

Melitta Gräfin Stauffenberg wurde nach Hanna Reitsch als zweite Frau in Deutschland zum Flugkapitän ernannt, als vierte 1943 mit dem Eisernen Kreuz ausgezeichnet. Sie flog den bekannten Sturzkampfbomber Ju 87 und die zweimotorige Ju 88. Im Gegensatz zu ihren Flugkolleginnen Hanna Reitsch und Elly Beinhorn wurden die Leistungen der Gräfin jedoch lange Zeit nicht von der Nachwelt beachtet. Gräfin Stauffenberg arbeitete unter extremen physischen und psychischen an der Entwicklung und Erprobung von Sturzflugvisieren und speziellen Nachtlandegeräten. Sie war nicht nur Fliegerin, sondern auch Wissenschaftlerin.

Ihre fliegerische Aktivität fiel unter die Bezeichnung „Ingenieurflugzeugführer". Diese hat sie in einem Vortrag in Stockholm am Montag 6. Dezember 1943 mit dem Titel: „Eine Frau in der Flugerprobung" genau und ausführlich beschrieben: „Der Entschluss, sein Leben der Fliegerei und damit einer Aufgabe zu widmen, die sicherlich von Anfang an als eine spezifisch männliche in Erscheinung trat, ist für ein junges Mädchen gewiss ein ungewöhnlicher gewesen. Und so pflegt denn in dem Tonfall, mit dem die Frage, wie ich denn dazu gekommen sei, zumeist an mich gelangt, deutlich das Erstaunen mitzuschwingen über eine für eine Frau so ausgefallene Entscheidung. Da glaube ich denn doch im Namen der deutschen Fliegerinnen sagen zu dürfen, dass sich in uns die Rangordnung der Werte allen Frauentums hierdurch in keiner Weise verschoben hat und dass die Fliegerei für uns nie eine Sache der Sensation oder gar der Emanzipation gewesen sei: Wir Fliegerinnen sind keine Suffragetten. – Die Zeit meiner jungen Jahre vollends, in denen man die Ursprünge und geheimen Wurzeln einer solchen Lebensformung suchen darf, ist die einer tiefen deutschen Not gewesen, in der sich die Starrheit überkommener Begriffe lockerte und die deutsche Jugend sich an die geprägten Formen fragwürdig gewordener Übereinkünfte und Überlieferungen, kurz an die Konvention in keiner Weise mehr gebunden fühlte. ... Zwar werde ich auch aus anderen Gründen immer wieder gefragt, warum mir denn außer meiner wissenschaftlich-technischen Arbeit auch noch die Sturzfliegerei in vollem Umfang zur Last fallen müsste, vollends, da es doch wohl auf die Dauer viel zu anstrengend sei. Nun ist das sicherlich der Fall. Und es gehört gewiss eine besonders gute Konstitution dazu, um die beim Sturz auftretenden Beschleunigungen und Druckunterschiede auszuhalten. Außerdem erfordert der Sturzflug mit schweren Bombern tatsächlich erhebliche Körperkräfte, was mit der

Trimmung zusammenhängt. Andererseits ist das Ganze natürlich viel Übungssache. Auch hilft einem vielleicht gerade der Zwang, so und so viele Vorgänge und Apparate im Sturz zu beobachten, und wirkt so dem sog. Schleier, d. h. der infolge der gewaltigen Beschleunigungen auftretenden Blutleere im Gehirn, entgegen. Jedenfalls treten die Sehstörungen bei mir erst bei sehr hohen Beschleunigungen auf; und erst, als mir jemand erzählte, welch fürchterliche Vorkehrungen er treffen müsste, um den Sturz zu ertragen, habe ich mich beobachtet und festgestellt, dass ich ganz automatisch Schluckbewegungen ausführe. Dabei werden wahrscheinlich auch die Gefäße unbewusst in einer Weise angespannt, dass sie – etwa durch die scharfe gedankliche Konzentration – das Zurückfließen des Blutes aus dem Gehirn verhindern. Und gerade das, was die Erprobungsfliegerei so schwierig macht, nämlich, dass man beim Sturz seine Aufmerksamkeit über das rein Fliegerische hinaus auf die Beobachtung der Messapparaturen und vieles andere richten muss und dass man bei den Ersterprobungen vorher nicht weiß, wie das Gerät sich benehmen und in welche Flugzustände die Maschine dadurch geraten wird, ist ein Grund dafür, dass auch die Flüge alle von mir selber durchzuführen sind. … Die Industrie braucht schleunigst die gewonnenen Unterlagen, weil die Truppe das Gerät schon immer herbeisehnt. So muss jedes geeignete Flugwetter ausgenutzt werden, um weiterzukommen. Daraus ergibt sich dann die große Zahl der Stürze, die ich seit dem Kriege ausführen musste, heute bereits über 2000, eine Zahl, die besonders die Ärzte entsetzt. Schon mein früherer Tagesrekord von 12 Stürzen, den ich in diesem Jahr auf 15 erhöht habe, ist ärztlich völlig unzulässig, und so erklärt es sich vielleicht, dass die Zahl meiner Sturzflüge meines Wissens bisher von keinem Piloten, weder an der Front noch in der Heimat, erreicht worden ist."(zit. nach Bracke 1990, S. 151 ff.)

Melitta Schenk litt unter einem ungeheuren Gewissenskonflikt. Einerseits war sie wegen ihres jüdischen Vaters und wegen ihrer Verwandtschaft mit ihrem Schwager Claus Schenk Graf von Stauffenberg, der das missglückte Attentat auf den Diktator Adolf Hitler verübt hatte, keine Anhängerin der Nationalsozialisten. Andererseits tat sie alles, um die kämpfenden Verbände zu unterstützen. 1940 wurden durch die Reichsstelle für Sippenforschung ihre jüdischen Großeltern festgestellt. Dadurch wurde sie zu einem „jüdischen Mischling ersten Grades" im Sinne der nationalsozialistischen Rassengesetzgebung. Weil ihre Arbeit als „kriegswichtig" eingestuft wurde, wurde ihr Antrag auf „Gleichstellung mit arischen Personen" 1941 bewilligt. Nach dem missglückten Attentat ihres Schwagers Claus Schenk Graf von Stauffenberg am 20. Juli 1944 auf Adolf Hitler kümmerte sich Melitta aufopferungsvoll um ihre Verwandten, die als so genannte „Sippenhäftlinge" zeitweise in Gefängnissen oder Konzentrationslagern gefangen gehalten wurden. Dabei war sie wegen ihres jüdischen Vaters selbst in großer Gefahr. Nach dem 20. Juli 1944 wurden Stauffenbergs Brüder hingerichtet, Claus in der Nacht nach dem misslungenen Attentat, Berthold drei Wochen später. Alexander wurde mit den Schwägerinnen in „Sippenhaft" genommen. Seine Frau Melitta wurde jedoch schon am 2. September 1944 wegen ihrer „kriegswichtigen Aufgaben" nach sechs Wochen aus der Haft entlassen und nahm bald ihre Forschungstätigkeiten wieder auf. Danach wurde sie offiziell nur noch „Gräfin Schenk“ ohne den Zusatz „von Stauffenberg“ genannt. Ihr Mann blieb mit elf weiteren Familienmitgliedern der Stauffenbergs in Haft, aus der sie ins Konzentrationslager verlegt wurden. Nach der Räumung des KZ versuchte Melitta Stauffenberg, den Aufenthaltsort ihres Mannes ausfindig zu machen. Dabei wurde sie am 8. April 1945 von einem amerikanischen Jagdflugzeug in Niederbayern abgeschossen. Die Schwerverletzte überlebte den Absturz nur um zwei Stunden.

Das dunkelste Kapitel von Frauen im Dienst des Nationalsozialismus waren jedoch Hitlers Helferinnen. Alle diese Helferinnen Hitlers gehörten einer verlorenen Generation deutscher Frauen nach dem Ersten Weltkrieg an. Sie wuchsen inmitten der Unsicherheit einer Inflation auf. In der faschistischen Diktatur Hitlers wurden sie zur Gründergeneration der „Deutschen Volksgemeinschaft“ wie sie Wilhelm II. bereits im August 1914 vorschwebte, als er davon sprach, dass „er von nun an keine Parteien, sondern nur noch Deutsche kenne.“ Die „Frauenfrage“ wurde in der NS-Zeit nicht beiseitegeschoben, sondern neu vor allem durch die Errichtung staatlich geförderter Institutionen gestellt. Der Bund Deutscher Mädel (BDM) war in der Zeit des Nationalsozialismus der weibliche Zweig der Hitlerjugend (HJ). Darin waren im Sinne der totalitären Ziele des NS-Regimes die Mädchen im Alter von 14 bis 18 Jahren organisiert. Daneben gab es in der Hitlerjugend den Jungmädelbund (JM) für 10- bis 14-jährige Mädchen. Aufgrund der ab 1936 gesetzlich geregelten Pflichtmitgliedschaft aller weiblichen Jugendlichen, sofern sie nicht aus „rassischen Gründen“ ausgeschlossen waren, bildete der BDM die damals zahlenmäßig größte weibliche Jugendorganisation der Welt mit 4,5 Millionen Mitgliedern im Jahr 1944.

Mit Kriegsausbruch im Herbst 1939 erhielt der Reichsarbeitsführer den Auftrag, „ledige Mädchen im Alter von 17 bis 25 Jahren, die nicht berufstätig sind, nicht in beruflicher oder schulischer Ausbildung stehen und als mithelfende Familienangehörige in der Landwirtschaft dringend benötigt werden, zur Erfüllung der Reichsarbeitsdienstpflicht heranzuziehen“. Als Hitlers Truppen im Sommer 1941 in die die Sowjetunion einfielen, wurde der Arbeitsdienst dahingehend ausgeweitet, dass mehr Frauen in kriegswichtigen Industriezweigen, wie Munitionsfabriken zum Einsatz kamen.

Aber bereits im Ersten Weltkrieg wurden Frauen zur Herstellung von Munition gezwungen. Bei dieser gefährlichen Arbeit kam es auch zu schweren Unglücken. Im Zweiten Weltkrieg, in dem es viele verwundete Soldaten gab, mussten Frauen außerdem als Krankenschwestern, die in Frontlazaretten arbeiteten. Sie assistierten bei medizinischen Versuchen und verabreichten tödliche Spritzen. Waren das noch meist humanitäre Akte, so sollten Hitlers Helferinnen sehr bald und sogar freiwillig grauenvolle Untaten verüben. Als selbst ernannte überlegene Herrscherinnen hatten deutsche Frauen in Osteuropa die Erlaubnis, diejenigen, die – wie eine Sekretärin aus der Nähe von Minsk nach dem Krieg es formulierte – als „Abschaum“ der Gesellschaft galten, zu misshandeln und auch zu töten. Die Geschichtsschreibung zum Holocaust hat die Verbrechen von Frauen lange ausgeblendet. Es ist das Verdienst von Wendy Lowers Buch „Hitler's Furies“, das 2014 in deutscher Übersetzung unter dem Titel „Hitlers Helferinnen" erschien, das sich dies jedoch geändert hat. In diesem Buch behandelt Lower, Professorin für Geschichte am Claremont McKenna College, Kalifornien, annähernd 500 000 Frauen, die im Zweiten Weltkrieg nach Polen, in die Ukraine, nach Weißrussland, nach Estland, Lettland und Litauen gingen und versucht, ihren Motiven nachzugehen und der Frage, wieso Täterinnen nach dem Krieg nicht vor Gericht gestellt und verurteilt wurden.

Nach Lowers Untersuchungen übten Deutsche Frauen im nationalsozialistisch besetzten Osten eine beispiellose Macht über diejenigen aus, die zu „Untermenschen" erklärt worden waren. Mit vielfältigen Aufgaben betraute Sekretärinnen waren zugleich Schreibtischtäterinnen und Sadistinnen: Einige tippten nicht nur die Hinrichtungsbefehle, sondern beteiligten sich an Massakern in den Ghettos und nahmen an Massenerschießungen teil. Frauen und Geliebte von SS-Männern spendeten nicht nur ihren Partnern Trost, wenn diese von ihrer schmutzigen Arbeit nach Hause kamen, sondern hatten in einigen Fällen selbst Blut an den Händen. Die Sekretärinnen, die die Maschinerie des Massenmords am Laufen hielten, waren zwischen 18 und 25 Jahre alt. Auch die Krankenschwestern, die im Kriegsgebiet arbeiteten, bei medizinischen Experimenten assistierten und tödliche Injektionen verabreichten, waren noch ganz neu in ihrem Beruf. Die Geliebten und Ehefrauen der SS-Elite, deren Aufgabe darin bestand, die Reinheit der „arischen Rasse" durch gesunden Nachwuchs auch künftig zu sichern, waren im gebärfähigen Alter. Das Durchschnittsalter der KZ-Aufseherinnen lag bei 26 Jahren; die jüngste war gerade einmal 15 Jahre alt, als sie ihren Posten an der Grenze zu Polen antrat. Nach dem Krieg sagten viele Frauen vor Gericht aus, dass sie nur Büroangelegenheiten erledigt oder sich um die sozialen Aspekte des Alltagslebens gekümmert hätten. Fast schien es, als hätten Frauen im NS-Männerstaat keine aktive Rolle gespielt, abgesehen von einigen Ausnahmen wie Irma Grese, der „SS-Megäre" aus Bergen-Belsen und die „Hyäne von Auschwitz", oder von Hermine Braunsteiner, der „Stute" von Majdanek. Die Strafverfolger interessierten sich in erster Linie für die Verbrechen ihrer männlichen Kollegen und Ehemänner. Ihre eigene Beteiligung wurde kaum hinterfragt. Viele wirkten bei ihren Schilderungen dessen, was sie gesehen und erlebt hatten, erstaunlich gleichgültig. So sprach eine ehemalige Kindergärtnerin von dieser „Judensache während des Zweiten Weltkrieges". Als sie und ihre Kolleginnen 1942 die Grenze Deutschlands zu den besetzten Gebieten im Osten überquerten, habe ein NS-Beamter ihnen versichert, sie müssten keine Angst haben, wenn sie Gewehrfeuer hörten. Da würden „lediglich ein paar Juden erschossen".

Da ist zuerst der Fall Erna Petri. Die Anklage gegen sie bezog sich auf ein Ereignis im Sommer 1943. Damals hatte Erna Petri, vom Einkaufen aus dem nahen Lemberg kommend, auf dem Nachhauseweg sechs verängstigte Kinder aufgegriffen, die vermutlich beim Halt in Schaschkow aus einem der Transportzüge geflohen waren. Sie nahm die Kleinen mit nach Hause und gab ihnen in ihrer Küche zu essen. Eine Weile wartete sie auf ihren Mann. Als er nicht kam, nahm sie die Pistole, die ihr ihr Vater zum Abschied mitgegeben hatte, fuhr mit den Kindern in den Wald und befahl ihnen, sich am Rand einer Mulde mit dem Rücken zu ihr in einer Reihe aufzustellen. Nachdem sie den beiden ersten ins Genick geschossen habe, hat Erna Petri in ihrem Prozess ausgesagt, seien die anderen „für den ersten Moment erschrocken" gewesen. Dann hätten sie angefangen zu weinen. „Dabei weinten sie nicht laut, sondern haben gewimmert." Aber sie habe sich davon „nicht beeindrucken" lassen, sondern weiter geschossen, „bis alle in der Mulde lagen". Petri hat 1961 in ihrem Prozess auch ausgesagt, sie habe sich gegenüber den Männern profilieren wollen. Und entflohene Juden hätten eben sofort erschossen werden müssen.

Hanna Altvater, Liselotte Meier und Gertrude Segel, wollten sich auch profilieren. Sie gehörten zur Heerschar der Sekretärinnen, die sich freiwillig zum Einsatz in den Ostgebieten meldeten. Sie tippten die Befehle, die den Raub an den Juden, ihre Deportation und den Massenmord ermöglichten. Sie waren administrative Komplizinnen in zentralen Ämtern. Sie wurden nicht nur Augenzeuginnen, sondern auch Täterinnen. Hanna Altvater trieb die zum Abtransport bestimmten ukrainischen Juden im Ghetto von Wolodymyr-Wolinsky mit der Reitpeitsche zusammen; zu ihren „Angewohnheiten" gehörte es, kleine Kinder mit Bonbons anzulocken und ihnen dann mit ihrer silbernen Damenpistole in den Mund zu schießen. Gertrude Segel, die sich in Polen mit dem Gestapo-Mann Felix Landau verheiratete und mit ihm ins ukrainische Drohobytsch weiterzog, erschoss dort jüdische Arbeiter in ihrem Garten. Besonders schrecklich ging es in den von den Deutschen besetzen Gebieten in Polen, der Ukraine und anderen Teilen Russlands zu. Mindestens eine halbe Million junger Frauen haben diesen Kolonialisierungsprozess begleitet und sind zu Komplizen des Genozids geworden. Ein unter ihnen war Dorothea Binz. Wie aus ihren Aussagen im Hamburger Ravensbrück-Prozess hervorgeht, machte sie eine Ausbildung zur Köchin. Am 26. August 1939 bewarb sie sich 19-jährig im KZ Ravensbrück um eine entsprechende Stelle als Küchenleiterin im KZ. Da diese Stelle jedoch bereits vergeben gewesen war, sei sie als KZ-Aufseherin eingestellt worden. Im Prozess sagte sie aus, „ein ganzes Jahr unter anderen Aufseherinnen in Außenkommandos" gearbeitet zu haben. Tatsächlich ist aber dem Kontrollbuch der Torwache des KZ zu entnehmen, dass sie schon im Oktober und November 1939 allein zehn weibliche Gefangene beim Holzsägen und -fahren bewachte. Bis Mai 1940 beaufsichtigte sie außerdem Gefangene beim Koks Tragen, Ziegel Abladen, Schutt Fahren, Strohsäcke Ausladen, Bodenreinigen, bei Arbeiten in der Bauleitung, der Gärtnerei und im Personalbau. Im Februar 1944 wurde Dorothea Binz zur stellvertretenden Oberaufseherin ernannt. Nach dem Krieg wurde sie am 23. Mai 1945 vom US-amerikanischen Militär in Schweinfurt verhaftet und musste sich im ersten britischen Ravensbrück-Prozess in Hamburg verantworten. Binz gab zu, Häftlinge misshandelt zu haben. Ihr Urteil vom 3. Februar 1947 lautete auf „Tod durch den Strang". Ein Gnadengesuch ihres Rechtsanwalts wurde abgelehnt und das Urteil am 31. März des Jahres bestätigt. Binz versuchte sich danach selbst zu töten, was jedoch verhindert werden konnte. Sie wurde am 2. Mai 1947 morgens um 9.01 Uhr im Zuchthaus Hameln hingerichtet.

Petri, Altvater, Segel und Binz waren keine Ausnahmen, ideologisch indoktrinierte oder fehlgeleitete Lageraufseherinnen. Sie waren vielmehr ganz normale Frauen. Sie stammten aus der Arbeiterklasse oder aus wohlhabenden Kreisen, sie waren gebildet und ungebildet, kamen aus der Stadt oder aus der Provinz. Aber eins hatten sie gemeinsam: Sie waren jung und gewalttätig. Ihr Handeln geschah – und das ist besonders schrecklich – nur weil sich dazu eine Gelegenheit anbot. Der Völkermord war so gesehen auch Frauensache. Er spielte sich nicht nur in den Konzentrationslagern ab. Auch außerhalb von Konzentrationslagern verübten „Hitlers Furien" brutale Massenmorde. Das wird besonders am Beispiel von Pauline Kneissler deutlich, die im Euthanasie-Programm tätig war und behauptet hat: „Tod durch Gas tut nicht so weh." In der „Heil- und Pflege-Anstalt" Kaufbeuren-Irsee wurden 2300 Menschen ermordet. Im Frankfurter Hadamar-Prozess 1947 rechtfertigte sich Pauline Kneissler mit folgender Aussage: „Man kann mich unmöglich verantwortlich machen, für diese Gesetze des Dritten Reiches, dass dessen Bestimmungen nicht vollkommen waren, ist schließlich nicht Sache einer Schwester. Vor der Schwester am Krankenbett steht der Arzt. Ob er ein Brustwickel, Einlauf, Herztropfen oder Schlafmittel verordnet. In diesem Falle den Gnadentod. Ich habe den Gnadentod nicht als Mord betrachtet. Und bilde mir ein, dass wirklich nur der, wer Mitleid hat und mitleiden kann dieses versteht. Es waren Menschen denen nicht mehr geholfen werden konnte. Psychisch wie körperlich." (Aussage im Frankfurter Hadamar-Prozess 1947, Gedenkstätte Hadamar). Ein anderes Beispiel ist die 1922 geborene Liselotte Meier. Sie war die persönliche Sekretärin des Gebietskommissars Hermann Hanweg in der Stadt Lida im heutigen Weißrussland. Nach dem Krieg betonten mehrere Aussagen zu den von der Kommissariatsverwaltung in Lida verübten Verbrechen, dass Meier „bestens informiert" gewesen sei, „besser als mancher Beamte in der Dienststelle". Von ihrem Schreibtisch aus kontrollierte sie den Zugang zum Büro ihres Chefs. Sie wurde häufig gebeten, Befehle zu formulieren und sich um den „Schreibtischkram" mit anderen lokalen Vertretern der NS-Verwaltung zu kümmern. Als Liselotte Meier nach dem Krieg zu entsprechenden Vorwürfen befragt wurde, gab sie an, sie könne sich nicht an einen schriftlichen Befehl erinnern, der die Erschießung von 16 Juden, die zu spät zur Arbeit erschienen waren, anordnete: „Über Judenaktionen wurde kein Schriftverkehr geführt. Das war ja wohl geheim", sagte sie.

Wie Liselotte Meier waren zahllose Frauen ein beträchtlicher Teil der NS-Massenmordmaschinerie. 30 000 wurden von Himmlers SS und Polizei als Hilfskräfte in Polizeidienststellen, Gestapo-Hauptquartieren und Gefängnissen rekrutiert. In der Zivilverwaltung in den besetzten Gebieten waren weitere 10 000 Sekretärinnen beschäftigt. Diese Behörden waren für die Verteilung der einheimischen Bevölkerung und damit auch der Juden in Ghettos und Zwangsarbeitseinrichtungen zuständig. Sekretärinnen erstellten oft die Deportationslisten und entschieden so maßgeblich mit, wer deportiert wurde und wer nicht. Die Wienerinnen Josefine Krepp und Gertrude Segel waren Freundinnen, kurzzeitig Nachbarinnen, und ihre

Biografien weisen einige Parallelen auf: Beide waren einst Sekretärinnen in der Gestapo, beide lernten dort ihre für die SS tätigen späteren Ehemänner kennen, beide folgten ihren Ehemännern in die ukrainische Stadt Drohobytsch – beide waren nationalistisch motivierte Mörderinnen. Von rastloser Kaltblütigkeit zeugen vor allem die Taten der Josefine Krepp. Als sie ihrem Ehemann Hans Block nach Drohobytsch nachfuhr, war dieser dort Chef der Gestapo. Sie wurde dort bald schwanger und offiziell arbeitslos. Doch Block soll gesagt haben, er könne keine Entscheidung ohne Josefine treffen. Dass Krepp diese inoffizielle Machtfunktion ausnutzte, ist mehrfach dokumentiert: Nachdem bereits tausende ortsansässige Juden deportiert wurden, soll ein siebenjähriges jüdisches Mädchen Krepp angefleht haben, sie am Leben zu lassen. „Ich helfe dir" besänftigte Krepp das Kind, bevor sie es an den Haaren zu Boden zog und zu Tode trampelte. Für Gertrude Segel war das Ermorden von Juden nicht mehr als eine Belustigung um sich vor der Langeweile zu schützen. Nach Aussagen eines Augenzeugen saßen am 14. Juni 1942 sie und ihr Mann Felix Landau am Balkon ihrer Villa in Drohobytsch. Im Garten unter ihnen arbeiteten jüdische Männer und Frauen. Irgendwann soll Landau aufgestanden und hineingegangen sein. Als er zurückkam, hatte er ein Gewehr in der Hand. Zuerst schießt er auf Tauben, dann will das auch Gertrude versuchen. Irgendwann richtet sie die Waffe nach unten, schießt. Ein Gärtner fällt tot um. Das Ehepaar soll sich daraufhin bloß lachend ins Haus zurückgezogen haben.

Die dramatischen Geschichten dieser Frauen enthüllen die dunkelsten Seiten weiblichen Handelns. Sie zeigen, was passieren kann, wenn Frauen für Kriegszwecke eingesetzt werden und den Genozidin Kauf nehmen. Die 500 000 deutschen und österreichischen Frauen, die als Lehrerinnen, Krankenschwestern, Sekretärinnen und Ehefrauen nach Polen, in die Ukraine, nach Weißrussland, Estland, Lettland oder Litauen gegangen waren, waren integraler Bestandteil der NS-Strategie und damit auch ihrer Vernichtungsmaschinerie. Diese Frauen, schreibt Lower, seien jung, abenteuerlustig und patriotisch gewesen, und sie hätten „Teil eines Größeren", der „Bewegung", sein wollen. Im Alter zwischen 17 und 30 Jahren haben sie „repressive Gesetze, bürgerliche Sitten und gesellschaftliche Traditionen" hinter sich gelassen. Für diese Frauen seien die Verbrechen in den Ostgebieten Teil dessen gewesen, was sie als berufliche Chance und befreiende Erfahrung erlebt hätten: „Sie alle wurden mit dem Aufstieg und Fall Hitlers erwachsen." Auch in der unmittelbaren Nähe Hitlers gab es eine Frau, die sogar zur Mörderin ihrer eigenen Kinder wurde. Es war Magda, die Frau von Joseph Goebbels, zu der Hitler ein besonders freundliches Verhältnis hatte. Als Goebbels und Magda heirateten war Hitler Trauzeuge. Der damals zehnjährige Sohn Harald wohnte der Zeremonie in DJ-Uniform bei.

Abb. 40: Magda Quant und Goebbels als Hochzeitspaar mit Trauzeuge Hitler, Dezember 1931

Schon vor Magdas Hochzeit mit Goebbels, hatte Hitler eine freundschaftliche Beziehung zu Magda. Goebbels gab an, dass Hitler dem Glück seines alten Kameraden nicht im Wege stehen wollte, obwohl er selbst kurz Interesse an einer Beziehung mit Magda gezeigt haben soll. Hitler habe seine eigenen Ambitionen zurückgestellt und schließlich als geradezu väterlicher Freund dem verliebten Paar seinen Segen gegeben. Tatsächlich wurde Hitler ein enger Freund der Familie, der das Ehepaar und dessen Kinder häufig in Berlin besuchte. Auch wurde Familie Goebbels häufig auf den Obersalzberg in Hitlers Privatresidenz eingeladen. Da Hitler bis kurz vor seinem Selbstmord im April 1945 unverheiratet blieb, repräsentierte jedenfalls Magda Goebbels das Dritte Reich bei Empfängen, Bällen und Staatsbesuchen. Von der NS-Propaganda hochstilisiert war Magda Goebbels während der Zeit des Nationalsozialismus bis zur Ermordung ihrer Kinder und ihrem Selbstmord ein Vorbild für die deutsche Frau. Am 14. Mai 1933 hielt sie im Radio einen Vortrag zum Thema „Die deutsche Mutter". 1938 ließ sie das Leben ihrer Kinder verfilmen: Sie wurden als „rein arische" Kinder dargestellt. Im Gegensatz dazu sah man Bilder behinderter und damit im Sinne der NS-Ideologie „wertloser" Kinder. Im Jahr 1942 erreichte die Familienpropaganda einen Höhepunkt, als die Goebbels-Kinder rund dreißig Mal in der Wochenschau zu sehen waren. Die Familie Goebbels war damit die Vorzeigefamilie des Dritten Reiches.

Hildegard wurde am 13. April 1934 geboren. Sie wurde allgemein „Hilde" genannt. Helmut wurde am 2. Oktober 1935 geboren. Er war der einzige gemeinsame Sohn des Ehepaares Goebbels. Joseph Goebbels war mit der Entwicklung seines Sohnes, den er als weibisch, weich und weinerlich ansah, immer unzufrieden und vermutete als Grund, dass er andauernd nur von

Frauen umgeben sei. Helga wurde am 1. September 1932 geboren. Es war Hitlers Lieblingskind. Hitler ging mit ihr oft spazieren und vertraute ihr seinen Hund Blondi an.

Abb. 41: Das Lieblingskind Hitlers Helga Goebbels

Magda Goebbels dagegen kümmerte sich während der Zeit ihrer Ehe mit Joseph Goebbels wegen ihrer Repräsentationsaufgaben für das Dritte Reich selbst wenig um ihre Kinder. Diese Aufgabe übernahmen meist Kindermädchen und Erzieherinnen, während die Mutter oft wochenlang nicht zu Hause war. Später kam es in ihrer Ehe mit Joseph Goebbels zu einer schwerwiegenden Krise. Im Laufe des Jahres 1935 erfuhr sie von Affären ihres Mannes mit jungen Künstlerinnen. Anfangs versuchte Magda, dies zu tolerieren, ertränkte aber zeitweise ihren Kummer mit exzessivem Alkoholkonsum. Als ihr Mann aber im Sommer 1938 erklärte, dass er die tschechische Schauspielerin Lída Baarová liebe, und seine Frau zur Führung einer Ehe zu dritt aufforderte, beschwerte sie sich bei Adolf Hitler. Hitler bestellte beide Eheleute zu sich auf den Berghof. Während Joseph Goebbels zu Beginn der Gespräche – an denen auch Hermann und Emmy Göring teilnahmen – fest entschlossen war, an seiner Beziehung zu Baarová festzuhalten, entschied Hitler, dass Goebbels sich von Baarová in einem von Göring beaufsichtigten Telefonat trennen müsse; die Ehe der beiden Goebbels wurde auf Hitlers Anweisung hin auf Probe fortgeführt, wobei es laut Hitlers Entscheidung alleine auf Magda Goebbels' Entscheidung ankommen sollte, ob die Ehe dauerhaft fortgesetzt werde oder nicht. Goebbels fügte sich. Bemerkenswert ist, dass Magda Goebbels selbst zu dieser Zeit ihren Mann mit dessen zwei Jahre jüngerem Staatssekretär betrog. Während die Ehe dem äußeren Schein nach wieder harmonisch verlief, zog sich Goebbels zunehmend von seiner Familie zurück.

Mit der immer aussichtslos werdenden Kriegslage und nachdem sie von dem Attentat auf Hitler erfuhr, zog Magda Goebbels am Nachmittag des 22. April 1945 mit ihren Kindern in den Führerbunker. Joseph Goebbels konnte nicht anders als ihr zu folgen. In einen Abschiedsbrief vom 28. April 1945 nach dem Selbstmord von Hitler und Eva Braun schrieb Magda an ihren Sohn Harald Quandt, der sich damals in einem Kriegsgefangenenlager in Kanada befand: „Nun sind wir schon 6 Tage hier im Führerbunker, deine sechs kleinen Geschwister und ich, um unseren nationalsozialistischen Leben den einzigmöglichen ehrenvollen Abschluss zu geben … Unsere herrliche Idee geht zu Grunde, und mit ihr alles was ich Schönes, Bewundernswertes, Edles und Gutes in meinem Leben gekannt habe. Die Welt, die nach dem Führer und dem Nationalsozialismus kommt, ist nicht mehr wert darin zu leben und deshalb habe ich auch die Kinder hierher mitgenommen. Sie sind zu schade für das nach uns kommende Leben und ein Gnädiger Gott wird mich verstehen, wenn ich selbst ihnen die Erlösung geben werde."

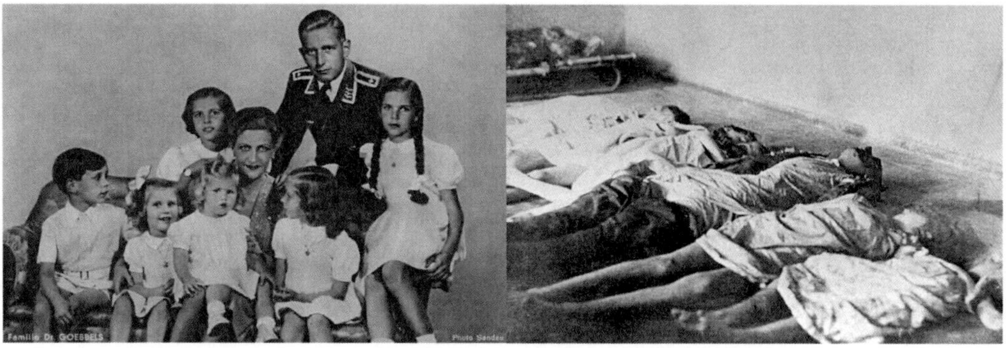

Abb. 42: Die sechs Kinder von Magda und Joseph Goebbels und ihre Leichen

Am 1. Mai 1945 wurden die sechs Kinder des Ehepaar Goebbels mit Gift ermordet. Wie und von wem die Kinder getötet wurden, konnte nicht geklärt werden. Noch am selben Tag gegen 21 Uhr töteten sich Joseph und Magda Goebbels mit Blausäure. Ihre Leichen wurden noch in derselben Nacht von Angehörigen der Bunkerbesatzung verbrannt.

20 Suffragetten und Frauen in der Genderforschung

Am 1. März 1912 zerstörten 150 Suffragetten, mit Hämmern und Steinen bewaffnet, 270 Fenster im Einkaufsviertel des Londoner Westend. Dies führte zur Festnahme von 220 Frauen. Doch die gewaltsamen Demonstrationen gingen daraufhin noch heftiger weiter. Im Jahr 1913 stürzte sich Emily Davison aus Protest vor das Pferd Georgs V. und starb wenige Tage später. Emmeline Pankhurst berichtet darüber: „Miss Davison war zum Pferderennen von Epsom gekommen. Sie durchbrach die Barrieren, die die Zuschauer von der Rennbahn trennten, lief den galoppierenden Pferden in den Weg und ergriff das Pferd des Königs, das das Rennen anführte, am Zügel. Das Pferd stürzte, warf den Jockey ab und zerquetschte Miss Davison so schrecklich, dass sie halbtot von der Rennbahn getragen wurde. Alles nur Mögliche wurde getan, um ihr Leben zu retten. Der bedeutende Chirurg Mr. Mansell Moullin widmete sich ganz ihrem Fall, aber trotz seiner Operationskunst starb sie vier Tage später, ohne das Bewusstsein wiederzuerlangen, so schwer waren ihre Verletzungen. Mitglieder der Union waren in ihren letzten Minuten am 8. Juni bei ihr, und am 14. Juni bereiteten sie ihr ein großes öffentliches Begräbnis. Riesige Menschenmengen säumten die Straßen, als der Leichenwagen, von Tausenden von Frauen begleitet, langsam und düster zur Kirche St. Georg in Bloomsbury fuhr, wo der Gedenkgottesdienst stattfand." Für Emmeline Pankhurst war Davison ein Mensch, der unausweichlich von einem Kampf für die Rechte der Frau beeinflusst werden musste: „Sie war Bachelor of Arts der Londoner Universität und hatte ihr Studium der englischen Sprache und Literatur in Oxford mit Auszeichnung abgeschlossen. Trotzdem wurden ihre Vernunft und ihre Gefühle so von der Sache der Frauen angesprochen, dass sie alle intellektuellen und gesellschaftlichen Bedenken beiseiteschob und sich unermüdlich und furchtlos der Arbeit der Union widmete. Sie war oft verhaftet, war zwangsernährt und brutal behandelt worden. Einmal, als sie sich vor den Gefängnisärzten in ihrer Zelle verbarrikadiert hatte, wurde durch das Fenster ein Schlauch in ihre Zelle gehalten, und sie ertrank fast in dem eisigen Wasser, während Arbeiter versuchten, ihre Zellentür aufzubrechen. Nach dieser Erfahrung äußerte sich Davison einigen ihrer Freunde gegenüber, dass in dieser unzivilisierten Zeit wohl nur ein menschliches Opfer das Gewissen der Öffentlichkeit werde wachrütteln können. Auch hatte sie versucht, sich im Gefängnis das Leben zu nehmen, indem sie sich kopfüber von einem der oberen Gänge stürzte, doch dabei erlitt sie nur schwere Verletzungen. Danach hielt sie an ihrer Überzeugung fest, dass nur eine große Tragödie der nicht hinnehmbaren Folter der

Frauen ein Ende setzen würde. Und so warf sie sich vor das Pferd des Königs, vor den Augen des Königs und der Königin und einer großen Zahl von deren Untertanen." (Pankhurst 2016, S. 266 f.)

Abb. 43: Der Todessturz Emily Davisons

Im Jahr 1913 hatte das Parlament aufgrund der zunehmenden Hungerstreiks inhaftierter Suffragetten ein als „Cat and Mouse Act" bezeichnetes Gesetz verabschiedet, das besagte, dass Gefangene aus der Haft zu entlassen seien, wenn sie durch Hungerstreiks und die damit einhergehende praktizierte Zwangsernährung ernsthaft erkrankten. Nach einer Gesundung sei die verurteilte Person aber wieder zu inhaftieren. Aufgrund dieses Cat and Mouse Acts wurde die erkrankte Emmeline Pankhurst zunächst entlassen, aber als sie wieder gesund war im Februar 1914 erneut verhaftet, worauf sie wiederum in den Hungerstreik gezwungen wurde, erkrankte und wieder entlassen wurde.

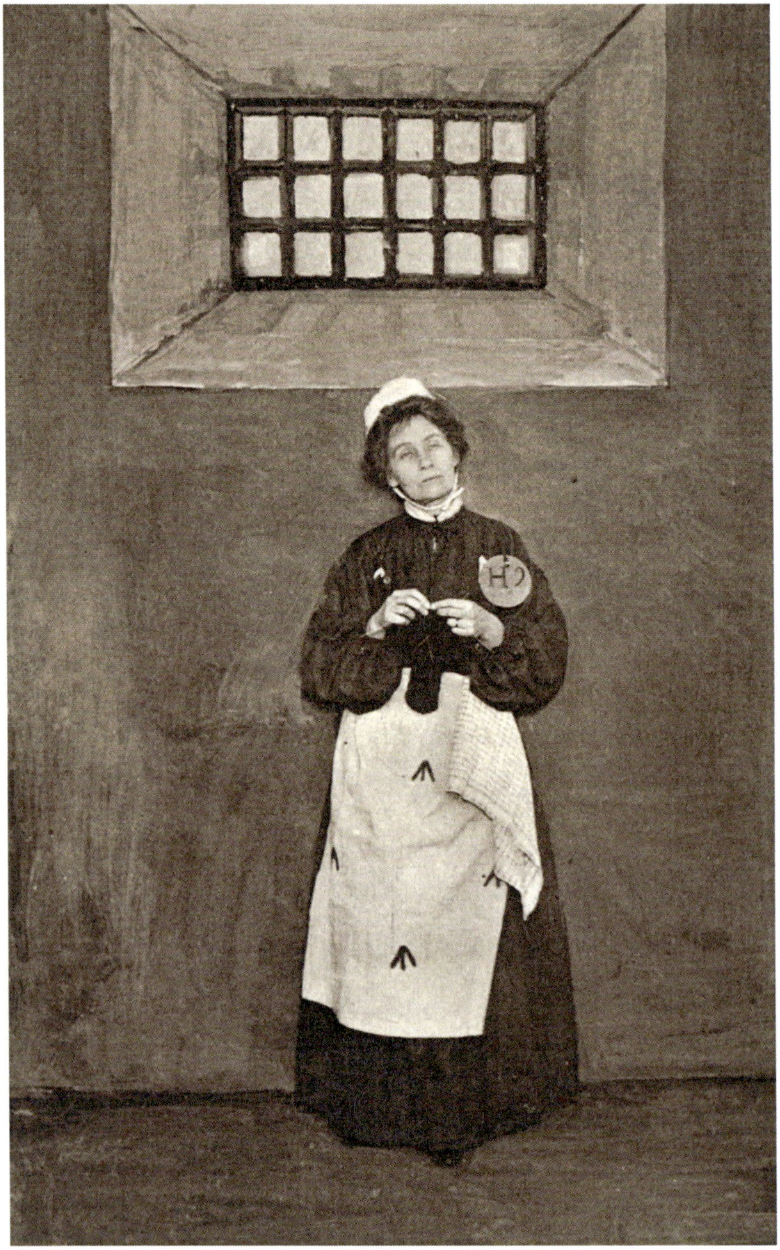

Abb. 44: Pankhurst im Gefängnis

Natürlich wurde dieses Gesetz von Anfang an von den Wahlrechtlerinnen mit äußerster Verachtung gestraft. Alle Argumente der Regierung prallten auch an Pankhurst ab. Später erfuhr sie, dass auf ihre Inhaftierung der größte revolutionäre Aufruhr gefolgt war, den England seit 1832 erlebt hat. Von einem Ende der Insel zum anderen leuchteten Tag und Nacht die Signale der Frauenrevolution. Viele Landhäuser wurden angezündet, die große Tribüne der Pferderennbahn von Ayr wurde völlig niedergebrannt, eine Bombe detonierte in der Oxted Station in London und zerstörte Mauern und Fenster, einige leere Eisenbahnwaggons wurden gesprengt, die Glasscheiben von dreizehn berühmten Gemälden in der Kunstgalerie von Manchester wurden mit Hämmern zersplittert. Am 21. Mai 1914 wurde die wieder freigekommene Pankhurst bei dem Versuch, König Georg V. eine Petition zu überreichen, vor dem Buckingham Palast erneut verhaftet und abgeführt. Anwesende Fotografen hielten die sich wehrende Frauenrechtlerin in den Armen des Superintendenten Rolfe im Bild fest.

Abb. 45: Emmeline Pankhurst wird verhaftet

Diese Fotografie, die noch am selben Tag auf dem Titel sämtlichen Londoner Tageszeitungen erschien, wurde zu einem wichtigen Bilddokument der Suffragettenbewegung.

In der französischen Suffragettenbewegung bezeichnete sich die französische Sozialistin und erste Frauenrechtlerin 1882 Hubertine Auclert (1848–1914) selbst als féministe. 1876 gründete sie den ersten Frauenstimmrechtsverein Frankreichs, die Société le Droit des Femmes, der 1883 in Société de Suffrage des Femmes umbenannt wurde, da dieser Name die fundamentalen Anliegen besser ausdrückte. Die Gruppe hatte das Motto „Keine Pflichten ohne Rechte, keine Rechte ohne Pflichten". Im Jahr 1881 gründete Auclert die Zeitung La Citoyenne. Mit Artikeln sowie mit Petitionen und in öffentlichen Reden trat sie für die Bürgerrechte von Frauen auf allen Gebieten ein, wie das Recht zu wählen, sich auszubilden, über eigenes Einkommen zu verfügen und sich scheiden zu lassen. Vier Jahre, von 1888 bis 1892, lebte Hubertine Auclert in Algerien, wo sie sich für Mädchenschulen und die Abschaffung der Polygamie einsetzte. In ihrem Buch „Les Femmes arabes en Algérie" (1900) beschreibt sie die doppelte Unterdrückung algerischer Frauen durch die Traditionen und den Kolonialismus. Den Erfolg ihres Kampfes erlebte Hubertine Auclert jedoch nicht: Das Wahlrecht wurde in Frankreich erst nach dem Zweiten Weltkrieg 1946 eingeführt.

Abb. 46: Hubertine Auclert

Die Situation der Frauen verbesserte sich nach dem Zweiten Weltkrieg nicht grundlegend. In Mitte der sechziger Jahre waren Mädchen, vor allem aus Arbeiter- und Landfamilien, an weiterführenden Schulen deutlich untervertreten, und es studierten wesentlich mehr Männer als Frauen. An den Hochschulen gab es kaum weibliche Wissenschaftler und Hochschullehrer. Frauen waren auch in der politischen Repräsentation kaum vertreten, obwohl die Gleichberechtigung ins Grundgesetz bereits aufgenommen worden war. Nur jede dritte Frau war erwerbstätig Die Verteilung der Berufe folgte weitgehend den geschlechtsspezifisch stereotypen Zuschreibungen, wie den sogenannten „Leichtlohngruppen". Auch die allgemeine rechtliche Situation von Frauen entsprach nicht derjenigen der Männer. So konnte der Ehemann als gesetzlich definierter „Haushaltsvorstand" verbindliche Entscheidungen alleine treffen. Bis 1962 durften Frauen ohne Zustimmung des Mannes kein eigenes Bankkonto eröffnen und darüber verfügen. Noch bis 1977 schrieb das Bürgerliche Gesetzbuch vor, dass eine Frau die Erlaubnis ihres Ehemanns für die eigene Berufstätigkeit brauchte. Auch wenn er es erlaubte, verwaltete er ihren Lohn. Im Scheidungsrecht galt das Schuldprinzip, so dass Hausfrauen, die „schuldig" geschieden wurden, oftmals ohne jegliche finanzielle Unterstützung dastanden. Vergewaltigung in der Ehe hieß noch „eheliche Pflicht", Abtreibung war ja verboten, und die Kinderbetreuung war überwiegend Aufgabe der Frauen. Daher ist es verständlich, dass es in Mitteleuropa der Nachkriegszeit zu einem erneuten Aufleben des Feminismus kam. Dieser neue Feminismus musste nicht mehr gewaltsam sein. Er war aber in seiner theoretischen Begründung nicht weniger radikal als der der vorangegangenen Phasen. Getragen wurde er von einer feministischen Philosophie, die ihr Vorbild in Simone de Beauvoir sah und vor allem den Unterschied zwischen dem naturwissenschaftlich-biologischen und dem kulturellen Zugang zum Problem der Gleichstellung der Geschlechter betonte.

Simone de Beauvoir (1908–1986) wurde als Tochter des Ehepaares Georges und Françoise Bertrand de Beauvoir in Paris geboren. Ihr Vater war nicht für die Frauenemanzipation: „‚Heiraten, meine Kleinen', sagte er oft, ‚werdet ihr freilich nicht ich habt keine Mitgift, da heißt es arbeiten.' Ich zog bei weitem die Aussicht auf einen Beruf der auf Verheiratung vor; das berechtigte doch noch zu Hoffnungen. Viele Leute hatten große Dinge vollbracht, ich würde eben das gleiche tun. Astronomie, Archäologie, Paläontologie hatten mich nacheinander verlockt, und immer noch spielte ich mit dem Gedanken an eine Schriftstellerlaufbahn. Aber allen diesen Plänen fehlte es an Konsistenz; ich glaubte nicht fest genug daran, um zur Zukunft Vertrauen zu haben. Im voraus trauerte ich um meine Vergangenheit." (de Beauvoir 1998, S. 149)

Zwischen dem ersten und dem zweiten Teil des Baccalaureats, das sie vor einer Kommission in der Sorbonne ablegte, entschied sie sich für das Lehramt im Fach Philosophie an staatlichen Gymnasien. „Außerdem hatte ich nichts zu tun, da ich mir nur eine kleine Zahl von Büchern hatte beschaffen können. Dank einer Studie über Kant begeisterte ich mich für den kritischen Idealismus, der mich in meiner Absage an Gott bestärkte. in den Theorien Bergsons über das ‚moi social' und das ‚moi profond' erkannte ich voller Enthusiasmus meine eigene Erfahrung wieder. Aber die unpersönlichen Stimmen der Philosophen brachten mir nicht den gleichen Trost wie meine Lieblingsautoren. Ich verspürte um mich her keine brüderliche Gegenwart mehr. Meine einzige Zuflucht war mein Tagebuch; hatte ich aber dort die Öde meines Daseins, meine Traurigkeit noch einmal gründlich durchlebt, fing ich von neuem an, schmerzliche Langeweile zu verspüren." (de Beauvoir 1998, S. 297) Für die Philosophie interessierte sie sich schon immer sehr. Sie las Bergson, Platon, Schopenhauer, Leibniz und Nietzsche. Aber Aristoteles, Thomas von Aquin, sowie allen Empirismen und Materialismen stand sie ablehnend gegenüber. Doch ihre Beschäftigung mit der Philosophie konnte ihr nicht helfen. Im Grunde war sie immer unglücklich: „Wenn ich mich dem Unglück überließ, so tat ich es mit der ganzen Heftigkeit meiner Jugend, meiner Gesundheit, und der seelische Schmerz konnte mich so wild durchtoben wie ein physisches Leiden. Mit einem vom Gehen hungrig gewordenen Magen lief ich in eine Konditorei, aß dort eine Brioche und zitierte mir ironisch das Wort von Heine, dass man, ganz gleich, was für Tränen man weint, sich zum Schluss doch immer schneuzen muss." (de Beauvoir 1998, S. 332)

Nachdem Simone de Beauvoir die Licence erworben hatte, begann sie sich auf die Prüfung für das Fach Philosophie für Gymnasialprofessoren vorzubereiten und schrieb eine Diplomarbeit über Leibniz. Danach kam es zu einem Treffen mit Jean Paul Sartre. Nach dem erfolgreichen Ablegen der Agrégation, bei der sie hinter Sartre die Rangzweite der dreizehn angenommenen Kandidaten wurde, versuchte sie vergeblich eine Stelle in Paris zu bekommen. Sie verzichtete deshalb darauf, sofort in den Schuldienst einzutreten, begnügte sich vielmehr mit Lehraufträgen an Pariser Gymnasien und mit dem Erteilen von Nachhilfestunden. Ihre bisherigen Freundschaften gab sie nun weitgehend zugunsten der Freunde Sartres auf. Dass Sartre schon im November zu 18 Monaten Wehrdienst eingezogen wurde ließ sich verschmerzen, weil sie ihn häufig in Paris oder an seinem Dienstort nahe Tours treffen konnte. Nach zwei Jahren, die reich an Lektüren, Diskussionen und Erfahrungen aller Art waren, darunter eine erste Auslandsreise nach Spanien, trat sie im Herbst 1931 ihren Dienst als Philosophielehrerin in Marseille an. Sartre arbeitete seit Sommer 1931, direkt nach Beendigung seines Wehrdienstes, in Le Havre. Da es für Ehepaare im öffentlichen Dienst die Möglichkeit gab, in räumlicher Nähe voneinander beschäftigt zu werden, bot Sartre ihr die Heirat an, was sie jedoch ablehnte. 1936 konnte sie nach Paris zurückkehren, um am Lycée Molière und später am Camille Sée zu unterrichten. Auch Sartre schaffte es 1937, über die Etappen Le Havre und Laon nach Paris zu kommen, das nun wie schon früher ihr gemeinsamer Lebensmittelpunkt wurde. 1956 wurde der Besitz Algeriens zu einer Frage der nationalen Ehre hochstilisiert. Es gab Proteste. Man organisierte Treffen, Demonstrationen und Streiks. Die Abfahrt von Truppentransporten wurde durch Straßensperren behindert. Seit zwei Jahren war de Gaulle wieder an die Macht gekommen. Im Mai 1958 hatte die demoralisierte und aufsässige Armee gedroht, Algerien sich selbst zu überlassen. Durch die Volksabstimmung hatte de Gaulle seine V. Republik abgesichert und siebzehn afrikanischen und karibischen Ländern die Unabhängigkeit angeboten. Aber der Krieg ging weiter. De Beauvoir und Sartre waren von

Anfang an gegen den Krieg. Zweimal war die „Temps Modernes" beschlagnahmt worden, weil sie angeblich „aufrührerische" Artikel veröffentlichte. Von Soldaten erhielten die Autoren der „Temps Modernes" Augenzeugenberichte über Folterungen, Plünderungen und nächtliche Massaker. Als Sartre zu einer Protestaktion aufrief, wurde de Beauvoir von einem Polizeikommissar bedroht. De Beauvoir schrieb einen Artikel in Le Monde über die Folterungen in Algier und gründete mit ihrer Anwältin Gisèle Halimi ein Komitee zur Verteidigung des Mädchens Djamila Boupachas, eines der Opfer aus Algier. Sie berichtet über die Folterungen Djamilas in dem Band „La Force des choses" ihrer Memoiren: „Ende Mai rief mich eines Morgens Gisèle Halimi an und bat mich dringend um eine Zusammenkunft. Wir trafen uns auf der sonnigen Terrasse des „Oriental" in der avenue d'Orleans. Sie kam gerade aus Algier, wo sie am 18. Mai eine Algerierin verteidigt hatte. Das junge Mädchen hatte ihr erzählt, dass es gefoltert worden sei. Sie war abgezehrt, bleich und stand sichtlich unter einem traumatischen Schock. Die Brandwunden am Körper waren noch zu sehen; Gisèle Halimi hatte sie ermuntert, Anzeige zu erstatten und eine Untersuchung zu verlangen, die einen neuen Aufschub erforderlich machen würde. Ob ich bereit wäre, einen Artikel zu schreiben und eine solche Untersuchung zu befürworten. Ich beschränkte mich darauf die Schilderung Djamilas wiederzugeben, und schickte das Manuskript an Le Monde. Wir gründeten ein Komitee zur Verteidigung Djamila Boupachas. An den Präsidenten der Republik wurden Telegramme geschickt, die die Einstellung des Verfahrens forderten. Francoise Sagan unterstützte die Aktion durch einen Artikel im Express. In Algier wurde Le Monde wegen meines Artikels beschlagnahmt." (de Beauvoir 1996, S. 476 f.)

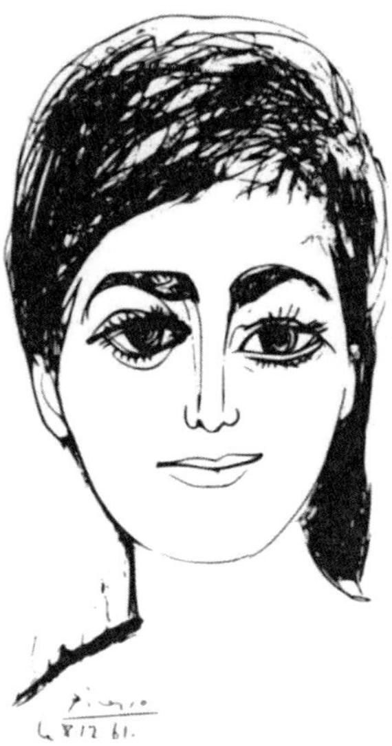

Abb. 47: Djamila Boupacha

Eine Delegation, angeführt von Simone de Beauvoir und Gisèle Halimi, begab sich zum Justizminister. Dieser machte sich nicht einmal die Mühe, die Tatsachen abzustreiten, über die de Beauvoir und Gisèle Halimi mit ihm sprachen. Dagegen wurde Simone in diesem Zusammenhang beschuldigt dadurch, dass sie Djamilas Vorwürfe weiterverbreitete, hätte sie ein gerichtlich verfolgbares Vergehen begangen. (de Beauvoir 1996, S. 478). Am Schluss schlugen die algerischen Gerichtsbehörden einen Kuhhandel vor: „Djamila soll sich von einem psychiatrischen Sachverständigen untersuchen lassen, der sie für geisteskrank und unzurechnungsfähig erklären würde. Sowie man sie freilässt, wird auch ihre Anzeige unglaubwürdig, und man würde das Verfahren einstellen." (de Beauvoir 1996, S. 481) Doch Djamila lehnte ab.

Simone de Beauvoir pflegte ihren Lebensgefährten Sartre während seiner langen Krankheit bis zu seinem Tod im Jahr 1980. In diesem Jahr adoptierte sie die Philosophielehrerin Sylvie Le Bon, um ihren Nachlass zu regeln. 1981 veröffentlichte sie „Die Zeremonie des Abschieds (La Cérémonie des adieux)", einen Rückblick auf die letzten Jahre des Lebens Sartres. Simone de Beauvoir starb am 14. April 1986 und wurde auf dem Cimetière du Montparnasse in Paris neben Jean Paul Sartre begraben. Simone de Beauvoir gilt nach dem Erscheinen ihres Buches über die Rolle der Frau (Das andere Geschlecht, 1951, Original: Le Deuxième Sexe, 1949) als eine der wichtigsten Begründerinnen des Feminismus nach 1968. Der erste und damals wichtigste Kritikpunkt ist für Simone de Beauvoir de Ehe, die sie selbst niemals eingegangen ist: „Das Schicksal, das die Gesellschaft herkömmlicherweise für die Frau bereit hält, ist die Ehe. Auch heute noch sind die meisten Frauen verheiratet, sie waren es, sie bereiten sich auf die Ehe vor, oder sie leiden darunter, dass sie nicht verheiratet sind." (de Beauvoir 1968, S. 399) Doch Simone de Beauvoir war schon zu ihrer Zeit der Meinung, dass die wirtschaftliche Entwicklung der weiblichen Lebensbedingungen dabei ist, die Einrichtung der Ehe umzustürzen: „Sie wird zu einer frei eingegangenen Vereinigung zweier autonomer Eigenpersönlichkeiten. Die Gatten verpflichten sich persönlich und gegenseitig. Der Ehebruch ist für beide Teile eine Aufkündigung des Vertrages. Die Scheidung ist dem einen wie dem andern unter gleichen Bedingungen zugänglich. Die Frau ist nicht mehr in ihrer Gebär-Funktion eingeengt ... Auf jeden Fall ist die Bevormundung durch den Mann im Verschwinden begriffen." (de Beauvoir 1968, S. 399) Doch Simone de Beauvoir schränkt ihre hoffnungsvollen Vorstellungen wieder ein, wenn sie sagt: „Jedoch ist die Zeit, in der wir heute leben, vom Standpunkt der Frauenfrage aus noch eine Zeit des Übergangs. ... Die moderne Ehe lässt sich nur vom Gesichtspunkt einer Vergangenheit begreifen, die sie fortsetzt." (de Beauvoir 1968, S. 399) Die beiden Geschlechter sind aufeinander angewiesen, aber diese Notwendigkeit hat nach Simone de Beauvoirs Meinung nie zwischen ihnen zur Gegenseitigkeit geführt. Die Lage der jungen Frauen hat sich nicht grundlegend geändert, seit die Ehe im Lauf ihrer Entwicklung die Form eines Vertrages angenommen hat. Sie wurden etwaigen Bewerbern im Lauf eines Zusammentreffens, das zuvor vereinbart worden war, angeboten. (de Beauvoir 1968, S. 401) Nach Meinung Simones waren zu ihrer Zeit die konventionellen Ehen noch nicht verschwunden: „Ein ganzes spießige Bürgertum setzt sie weiter fort. Am Grab Napoleons, in der Oper, beim Ball, am Strand, beim Tee stellt die Bewerberin in frischen Dauerwellen im neuen Kleiderstaat verschämt ihre körperlichen Reize und ihre bescheidene Konversation zur Schau. Ihre Eltern drängen sie zu einer Heirat. Die unglückselige Kandidatin weiß, dass ihre Aussichten in dem Maße abnehmen, als sie verblüht." (de Beauvoir 1968, S. 404) Als Hausfrau führt die verheirate Frau jedoch ein trauriges Leben: „Waschen, bügeln, fegen, die Staubflöckchen unter den Möbeln hervorkehren, aber die Frau ist nicht dazu berufen, eine bessere Welt zu errichten. Das Haus, das Zimmer, die schmutzige Wäsche, der Parkettboden sind starre Dinge: sie kann immer nur endlos die bösen Prinzipien austreiben, die sich einschleichen. Sie geht gegen den Staub, die Flocken, den Dreck, den Schmutz an. Sie bekämpft die Sünde und ringt mit dem Satan, Aber es ist ein trauriges Dasein, statt sich positiven Zielen zuzuwenden, ohne Unterlass einen Feind zurückweisen zu müssen. Oft nimmt es die Hausfrau voller Wut mit ihm auf." (verkürzt zitiert nach Simone de Beauvoir 1968, S. 430) Für die Psychoanalytiker ist der „Hausfrauenkoller" eine Form des Sado-Masochismus. Das Eigentümliche der Manien und Laster besteht darin, dass sie den freien Willen dazu bringen, das zu wollen, was er eigentlich gar nicht will. Weil sie nicht wahrhaben will, dass das Negative, der Schmutz, das Böse ihr Teil geworden ist, ereifert sich die manische Hausfrau voller Wut gegen den Staub. Sowie ihr Mann in ihren Bereich tritt, funkelt ihr Auge von einem boshaften Feuer: „Putz' deine Füße ab! Verkratz' mir nicht alles! Komm' mir bloß nicht dran!" Sie möchte ihrer Umgebung die Luft anhalten. Der geringste Hauch ist eine Drohung. Jedes Ereignis droht hinterher mit einer unnützen Arbeit. Da sie im Leben nichts weiter sieht als eine Aussicht auf Verfall oder die Forderung einer endlosen Mühe verliert sie alle Freude am Leben. Sie bekommt harte Augen und einen ernsten Gesichtsausdruck, der immer im Alarmzustand ist. Doch im Alter hat die Frau mehr Vorteile als der Mann, der seine öffentlichen Funktionen aufgegeben hat, und völlig unnütz wird. Die Frau behält wenigstens die Leitung des Haushalts. Sie ist für ihren Mann notwendig, während er nur zur Last fällt. Aus ihrer Unabhängigkeit nähren nunmehr die Frauen ihren Stolz. Endlich fangen sie an, die Welt mit eigenen Augen zu betrachten. Sie werden sich darüber klar, dass sie ihr ganzes Leben lang genarrt und getäuscht worden sind. Hellsichtig, misstrauisch besitzt die Frau eine Kenntnis der Männer wie kein Mann selber. Denn sie hat nicht ihre öffentliche Gestalt, sondern das Individuum des Alltags kennengelernt. Am Schluss zieht Simone de Beauvoir das Fazit aus ihren umfänglichen Untersuchungen über die Situation und den Charakter der Frau: „Nun ist es uns möglich, zu verstehen, warum sich in den Anklagen, die sich seit den Griechen bis auf unsere Tage gegen die Frauen richten, so viele gemeinsame Züge finden. Ihre Situation ist durch oberflächliche Veränderungen hindurch dieselbe geblieben, und sie ist es, die den Charakter der Frau bestimmt. Sie macht sich in der Immanenz breit, sie ist ein Widerspruchsgeist, sie ist schlau und kleinlich, sie hat keinen Sinn für Wahrheit, für Genauigkeit, sie ist unsittlich, sie ist auf niedrige Vorteile bedacht, sie lügt, sie schauspielert, sie ist selbstsüchtig … An all diesen Behauptungen ist etwas Wahres. Nur wird ihre Verhaltensweise, die angeprangert wird, der Frau nicht von ihren Hormonen zudiktiert, noch ist sie in den Fächern ihres Gehirns vorgebildet. Im Großen und Ganzen werden sie ihr durch ihre Situation gegeben (de Beauvoir 1968, S. 567). Ganz allgemein finden die Frauen sich mit dem ab, was ist. Einer ihrer charakteristischen Züge ist die Resignation. Diese Resignation führt aber auch zu einer Geduld, die oft an ihnen bewundert wird. Sie ertragen physischen Schmerz viel leichter als der Mann. Wenn die Umstände es erfordern, legen sie einen stoischen Mut an den Tag. Da ihnen die aggressive Kühnheit des Mannes abgeht, zeichnen sich viele Frauen durch die ruhige Zähigkeit ihres passiven Widerstands aus. Sie sehen viel energischer als ihre Männer Krisen, Elend und Unglück entgegen. Aber sie ziehen Kompromisse und Vergleiche den Revolutionen vor. Sie zimmern sich lieber ein mageres Glück zu Hause zurecht als unterwegs auf den Landstraßen. Man schließt die Frau in eine Küche, in ein Boudoir ein und wundert sich dann, dass ihr Horizont so beschränkt ist Man beschneidet ihr die Flügel und klagt dann, dass sie nicht fliegen kann." (de Beauvoir 1968, S. 574) Man eröffne ihr die Zukunft, meint Simone de Beauvoir, und sie wird sich nicht mehr an die Vergangenheit klammern. Wenn man wirklich die Frau zur Tätigkeit aufruft, wird sie ebenso mutig und beherzt wie der Mann sein. Simone de Beauvoir war immer wieder heftigen Anfeindungen ausgesetzt. Eines der Missverständnisse, die ihr Buch Le Deuxième Sexe ausgelöst hat, besteht darin, dass man glaubte, sie leugnete jeden Unterschied zwischen Mann und Frau. Sie antwortet auf diesen Vorwurf: „Ich behaupte lediglich, dass diese Verschiedenheiten nicht natur, sondern kulturbedingt sind. Ich habe ihre Entstehung von der Kindheit an bis ins Alter hinein zu beschreiben versucht. Ich habe die Möglichkeiten untersucht, die diese Welt den Frauen bietet, und die Möglichkeiten, die sie ihnen vorenthält, ihre Begrenzungen, ihr Glück und Unglück, ihre Ausflüchte, ihre Leistungen. Man warf mir so vieles vor: eigentlich alles! Vor allem meine Unanständigkeit. … Ich erhielt signierte und anonyme Epigramme, Satiren, Strafpredigten, Ermahnungen. Man sagte, dass ich unbefriedigt, frigid, priapisch, nymphoman, lesbisch sei und hundert Abtreibungen hinter mir habe und sogar heimlich ein Kind hätte" (de Beauvoir 1970, S. 183 f.) Deshalb hat Simone de Beauvoir in ihrem Buch „Das andere Geschlecht" einen ganzen Abschnitt der „Lesbischen Liebe", gewidmet, weil sich über ihre angeblich lesbische Veranlagung manche falschen Behauptungen gebildet haben. Als Fazit dieser eingehenden Untersuchung stellt sie fest: „In Wirklichkeit ist die Homosexualität ebenso wenig eine bewusste Verderbtheit wie ein unentrinnbarer Fluch. Sie ist eine Haltung, die in der Situation gewählt wird, d. h. die gleichzeitig begründet ist und frei übernommen wird. Keiner der Faktoren, den das Subjekt mit dieser Wahl auf sich nimmt – wie physiologische Gegebenheiten, psychologische Vorgeschichte, soziale Umstände –, ist für sich allein bestimmend, wenn auch alle dazu beitragen, sie zu erklären. Sie ist für die Frau eine Möglichkeit unter anderen, die Probleme zu lösen, die ihr durch ihre Lage im allgemeinen, durch ihre erotische Situation im besonderen gestellt werde." (Simone de Beauvoir 1968, S. 398)

In der feministischen Philosophie, die jeglichen Rückgriff auf biologische Erkenntnisse verweigert, ist heutzutage Donna Jeanne Haraway (geb. 6. September 1944) die große Ausnahme, die diese evolutionäre Perspektive berücksichtigt. Sie ist Professorin für History of Consciousness und Feminist Studies an der University of California. Als ausgebildete Biologin an den Schnittstellen von Populationsbiologie, Evolutionsökologie und Anthropologie, weiß sie, dass Menschen und Tiere sich in ihren Begegnungen gegenseitig beeinflussen. Vor dem Hintergrund der Bedeutung, die diese Begegnungen für emanzipatorische Vorstellungen besitzen, stellt Haraway fest, dass die Kategorien Natur und Kultur für das Verständnis dieser Begegnungen nicht ausreichen. Das Zusammenleben unterschiedlicher Spezies, wie Mensch und Tier, fasst sie in dem Begriff „companion species“ zusammen. Dabei werden Haustiere nicht nur als Gefährten und Begleiter der Menschen betrachtet, bei denen der Mensch im Mittelpunkt des Handelns steht, sondern sie hebt die Formen von Lebenswelten zwischen Menschen und Tieren hervor, bei denen die Interaktion nicht allein vom Menschen bestimmt wird. Die Beispiele, die Haraway hier analysiert, reichen vom Einsatz von Hunden bei der Folter im Irak-Krieg bis zu Resozialisierungsmaßnahmen in amerikanischen Vollzugsanstalten, bei denen Gefangene und Hunde in ein Straftransformationsverhältnis gesetzt werden. Hier entscheidet die Erziehung der Hunde, die von den menschlichen Häftlingen unter Verschluss gehalten werden, über Freiheit oder Tod der Tiere: „Die Übergänge zwischen Vorbildfunktion und Befehlsgehorsam, zwischen den Rollen von Lehrer und Schüler, körperlicher Gefügigkeit und gegenseitiger seelischer Annäherung sind für Menschen und Hunde gleichermaßen fließend.“

Haraways Buch „Das Manifest für Gefährten: Wenn Spezies sich begegnen – Hunde, Menschen und signifikante Andersartigkeit“ ist ein persönliches Dokument, ein Manifest für Gefährten, die ihr sehr wichtig sind – als Wissenschaftlerin und als Mensch in ihrer Zeit und an ihrem Ort. Die Geschichten, die sie darin erzählt, handeln vor allem von Hunden. Sie hofft, dass sie damit sogar denjenigen, die mit einer Hundephobie behaftet sind, oder bloß jenen, die sich mit „höheren Dingen“ beschäftigen, Argumente liefern kann, die für die jetzige Welt von Bedeutung sind, in der wir leben. (vgl. Haraway 2006, S. 9) Wie jede „gute Darwinistin“ will sie eine Evolutionsgeschichte erzählen. Doch ihre Geschichte ist keine theoretisch konstruierte Ursprungsgeschichte. Stattdessen handelt es sich hier um eine „sehr alltäglichen und fortwährenden Erzählung voller Missverständnisse, Errungenschaften, Verbrechen und erneuerbaren Hoffnungen.“ Als Partner im Verbrechen der menschlichen Evolution sind sie seit Anbeginn mit dabei. Haraways Interesse an der Beziehung von Mensch und seinen tierischen Gefährten wurzelt zwar in der Biologie, aber mehr noch in der Praxis der feministischen Theorie: „Keine dieser feministischen Arbeiten will süße, nette – weibliche – Welten und Wissen finden, die frei sind von den Verheerungen und Produktivitäten der Macht. Vielmehr will feministisches Fragen verstehen, wie Dinge funktionieren.“ Die Vorstellung von „Natur“ und

„Kultur“ als polare Gegensätze ebenso wie als universale Kategorien erweisen sich auf diese Weise als töricht. Für feministische Theoretikerinnen geht es eben genau darum, wer und was in der Welt ist. In altmodischen Worten von Haraway selbst ausgedrückt, ist „Das Manifest für Gefährten“ eine Verwandtschaftsbehauptung – eine, die durch die Konkretisierung des Erfassens vieler wirklicher Ereignisse möglich gemacht wurde. Bei Hunden geht es für Haraway im Gegensatz zur weit verbreiteten, gefährlichen und unethischen Projektion, die hundeartigen Haustiere zu Kindern mit Fell macht, nicht um uns. Sie sind eine Spezies in historischer wandelbarer Beziehung mit menschlichen Wesen: „Die Beziehung ist nicht besonders toll,“ meint Haraway, „sie ist voller Müll, Grausamkeit, Indifferenz, Ignoranz und Verlust, enthält aber auch Freude, Erfindung, Arbeit, Intelligenz und Spiel. Ich möchte lernen, wie ich diese gemeinsame Geschichte erzählen kann und wie ich das Erbe der Koevolution, der gemeinsamen Gewordenheit, in der Naturkultur annehmen kann.“ (Haraway 2006, S. 18) Die moderne biomedizinische Forschung hat gezeigt, dass das Leben mit Hund die Chancen des Überlebens der Kindheit, von Operationen und Scheidung erhöht und den Blutdruck senkt – „wenn auch nicht,“ fügt Haraway hinzu, „den jener hunde-abgeneigten New Yorkerinnen, die von der Aufregung über nicht entfernte Hundehaufen in den Straßen besessen sind.“ Lange vor dieser US-amerikanischen biomedizinischen, Literatur gab es in europäischen Sprachen schon Referenzen auf Tiere, die als Gefährten anstatt als Arbeits- oder Sporthunde dienten. Dokumentarische archäologische Belege aus der antiken und zeitgenössischen Welt für die Existenz von Hunden als Haustiere, und ihrem Einsatz in einer Vielzahl von Hilfsdiensten gab es in verschiedenen menschlichen Gesellschaften. Hunde unterstützten die Menschen bei Transport, Jagd und Hütearbeit. Für andere waren sie Nahrung oder eine Quelle für Fellbekleidung. Hundemenschen vergessen aber gern, dass Hunde auch tödlich geführte Waffen und Instrumente des Terrors in der europäischen Eroberung der Amerikas und schon längst vorher in den Kriegszügen von Alexander dem Großen waren (vgl. Oeser 2009). Aus eigener Kriegserfahrung als US-Marineoffizier in Vietnam weist heutzutage ein Hundezüchter darauf hin, dass vor der Kriegsführung trainierte Hunde zu den intelligentesten Waffensystemen gehörten. Spürhunde terrorisierten versklavte und inhaftierte Menschen ebenso wie sie verlorene Kinder und Erdbebenopfer retteten. Die Auflistung dieser Funktionen entspricht jedoch weder der heterogenen Geschichte von Hunden auf der ganzen Welt, noch sagt sie uns, wie Hunde behandelt wurden oder wie sie ihre menschlichen Gefährten sahen. In Städten, Dörfern und ländlichen Regionen in der ganzen Welt leben Hunde parallele Leben unter den Menschen, mehr oder weniger toleriert, manchmal gebraucht und manchmal missbraucht. Kein einzelner Begriff kann dieser Geschichte gerecht werden. Gefährtentiere können Pferde, Hunde, Katzen sowie eine Bandbreite anderer Wesen sein, die dazu bereit sind, sich in die Biosozialität von Familienmitgliedern zu begeben. Dabei gilt dann: „Man isst das Gefährtentier nicht (oder wird von ihm gegessen); und es fällt schwer, kolonialistische, ethnozentristische, ahistorische Haltungen gegenüber jenen zu erschüttern, die es tun (essen oder gegessen werden)." Als „pflichtbewusste Tochter Darwins", wie sich Haraway selbst sieht, beharrt sie auf der Geschichte der Evolutionsbiologie, mit ihren Kategorien der Populationen, Genflussraten, Variation, Selektion und biologischen Spezies. Die Debatten darüber, ob die Kategorie der „Spezies" eine reale biologische Entität bezeichnet oder bloß eine geeignete taxonomische Schublade darstellt, sind heute durch die moderne Gentechnologie bestimmt, die auf der molekularen Ebene festlegt, was als biologische Art zählt und was nicht.

Eine frühe Vordenkerin des Feminismus war Hedwig Dohm. Sie forderte gleiche Bildung und Ausbildung für Mädchen wie für Knaben. Sie war überzeugt davon, dass ökonomische Selbständigkeit der einzige Weg für Frauen sei, um nicht mehr zwangsläufig im „Ehegefängnis" zu landen, sondern sich freiwillig für oder gegen eine – dank der ökonomischen Unabhängigkeit – gleichberechtigte Partnerschaft mit einem Mann entscheiden zu können. Neben den Forderungen nach gleicher Ausbildung und weiblicher Erwerbstätigkeit sprach sie sich in ihrem 1876 erschienen Buch „Zur Frauenfrage zwei Abhandlungen über Eigenschaften und Stimmrecht der Frauen" vehement für das Frauenwahlrecht aus. Die Männer haben, meint Dohm, indem sie von den Eigenschaften der Frauen sprechen, gewiss alle Recht: „Ganz gewiss gibt es Frauen, die nur für die körperliche Nachwelt da sind, es gibt geschwätzige, sanfte, intrigante, blutgierige, grausame Weiber, es gibt unter den Frauen: Äolsharfen, Engel, Teufel, Sphinxe, Tugendspiegel und Drachen. Unsere männlichen Psychologen begehen nur den Irrtum, dass sie entweder individuelle Eigenschaften, wie sie ihnen an den einzelnen Exemplaren ihrer weiblichen Bekanntschaften aufgefallen sind, für den Geschlechtscharakter des Weibes halten, oder dass sie wenigstens den Charakter einzelner Frauenklassen auf das ganze Geschlecht übertragen." Auch nach Auffassung von Hedwig Dohm unterscheiden sich die Frauen in gewissen Grundzügen ihres Charakters. gerade wie die Männer, je nach ihrer Lebenslage, ihrer Klasse und ihrer Erziehung. Eigentümlichkeiten aber, die einer speziellen Lage ihren Ursprung verdanken, bilden keineswegs den weiblichen Geschlechtscharakter: „Wenn man Neigung zum Dulden, Sanftmut, Passivität, Unterwürfigkeit, Gehorsam und ähnliche Charakterzüge als weibliche Eigenart bezeichnet, so schreibt sich diese Charakteristik möglicherweise aus dem barbarischen Mittelalter her, wo allerdings die Frau dieser Eigenschaften zu ihrer Existenz bedurfte; denn in den Zeiten, als das Faustrecht herrschte, hatte die Frau, die nicht zu Kreuze kroch, die angenehme Aussicht, ersäuft, gestäupt, zu Boden geschlagen oder in Burgverließen zu Tode gehungert zu werden." Aber sind es wirklich die bescheidenen, weichen, fügsamen, passiven, schüchternen, aufopferungsvollen, unschuldigen, weiblichen Individuen, die von jeher die Herzen der Männer am ehesten gewonnen haben und noch heut gewinnen? „Nein", sagt Dohm, „es sind die koketten, die pikanten und amüsanten, die leidenschaftlichen, dreisten und entgegenkommenden, die lustigen, die parfümierten und intriganten Frauen." Was man in der Männerwelt bisher für eine Auffassung über die Frauennatur hatte, dafür gibt es nach Hedwig Dohm zwei berühmte Beispiele Schopenhauer und Napoleon. Wer die Anschauungen der genannten Genies näher kennen lernen will, der soll den Aufsatz Schopenhauers „über die Weiber" und Napoleons Memoiren von St. Helena lesen: „Diese beiden Männer nun, die Götter oder Götzen des Jahrhunderts, stimmen fast wörtlich in ihrer Auffassung der Frauennatur überein. Ihnen ist die Frau eine Sache, ein Besitz, nichts als ein notwendiges Werkzeug zur Fortpflanzung der Gattung und zur Lust des Mannes." Dohm stellt auch die provokante Frage: „Warum ist die Frau gleichgestellt Idioten und Verbrechern? Nein, nicht den Verbrechern. Der Verbrecher wird nur zeitweise seiner politischen Rechte beraubt, nur die Frau und der Idiot gehören in dieselbe politische Kategorie." (Dohm 1876, S. 82) Deshalb richtet Hedwig Dohm am Schluss ihrer drastischen Ausführungen ein flammendes Appel an alle Frauen: „Rafft Euch empor! Organisiert Euch! Zeigt, dass Ihr einer begeisterten Hingebung fähig seid und durch Eure Tat und Euer Wort erweckt die Gewissen der Menschen, erschüttert ihre Herzen und überzeugt die Geister!" In ihrem zweiten Werk zum Frauenthema „Die Antifeministen" entlarvt Hedwig Dohm die noch immer bestehenden weiberfeindlichen Ideologien ihrer eigenen Zeit und deren Widersprüche und Furcht vor dem weiblichen Geschlecht als dümmliche Verteidigung von Machtansprüchen. Das 1902 erschiene Buch besteht zum Teil aus Aufsätzen aus verschiedenen Journalen. Sie selbst schreibt darüber: „Es ist ein Buch der Verteidigung, nicht des Angriffs. Man hat mir vorgeworfen, dass meine polemischen Aufsätze der Ausdruck eines Geschlechtskampfes seien, ein männerfeindliches Dreinhauen, unter dem Motto: nichts mit dem Mann, alles gegen den Mann." (Dohm 2015, S. 4) Doch Dohm meint damit doch nur gegen diejenigen, die das Weib nur als Durchgang zum eigentlichen Menschen gelten lassen. Von den beiden modernen Dichtern, die sich in der Weiberverachtung besonders leistungsfähig erwiesen, hält Dohm Guy de Maupassant für ein Genie, Strindberg für einen Rachegeist: „Diese, ganz der Erotik verfallenen Dichter nehmen ihre Rache an den Teufelinnen, von denen sie zugrunde gerichtet wurden." In der Geschichte „Toll" verflucht Maupassant das Weib. „Sie ist treulos, viehisch, schmutzig. Sie ist die Bestie im Menschen. Aber er, der Held, er keucht wie ein Sklave unter dem Zwang, den ihr Anblick auf ihn übt, und er muss ihr gehören, ihr immerdar, der Viehischen, Schmutzigen. Schließlich erschießt er sie, nicht, weil sie eine Bestie ist, sondern weil die Bestie ihn nicht mehr liebt." (Dohm 2015, S. 19) Ebenso schilt, verabscheut, verflucht Strindberg das Weib. Er gibt ihm alle erdenklichen Ekelnamen; aber alle seine Schriften triefen von Erotik und seine interessanten Helden sind gänzlich diesen ekelhaften Geschöpfen verfallen, – in voller Erkenntnis ihrer Ekelhaftigkeit. Strindberg unterscheidet sich aber dadurch von Maupassant, dass seine Bestien die Männer töten, während Maupassants Bestien von ihren Liebhabern getötet werden.

Abb. 48: Hedwig Dohm und Friedrich Nietzsche

Auch Nietzsche gehört zum großen Bedauern von Hedwig Dohm zu den Antifeministen. Er nennt die Frauen „wunderlich wilde, oft angenehme Haustiere." Er, der so geistlos über die Frauen redet, sagt Dohm, begründet seine Geistlosigkeit mit so viel Geist. In der „Morgenröte" heißt es: „Auch große Geister haben nur ihre fünffingerbreite Erfahrung; gleich daneben hört ihr Nachdenken auf und es beginnt ihr unendlich leerer Raum und ihre Dummheit." (Dohm 2015, S. 19) Nach Dohms Meinung waren Nietzsches Berührungen mit weiblichen Wesen nur flüchtiger, oberflächlicher Art. Trotzdem fällt er mit apodiktischer Sicherheit seine Urteile über „das Weib an sich". Dohm, die eine große Verehrerin von Nietzsche war, las, was er über die Frauen geschrieben, mit Bestürzung und Erstaunen. Damit man ihr nicht vorwerfe, dass sie in den Fehler ihrer Gegner verfalle, die behaupten, ohne zu beweisen, zitiert sie kurz die Kernsätze, in denen Nietzsche zusammenfasst, was das Weib will und was es soll. Die Quintessenz findet man in „Jenseits von Gut und Böse" auf den Seiten 181 bis 189. Da liest man: „Ihr erster und letzter Beruf soll sein, Kinder zu gebären"; und weiter: „Ein Mann, der Tiefe hat, kann über das Weib nur orientalisch denken." Und an einer anderen Stelle sagt Nietzsche: „Die asiatischen Denker haben die allein richtige Auffassung des Weibes." (Dohm 2015, S. 21) Nachdem Nietzsche festgestellt hat, wohin die Natur das Weib weist, ergibt sich alles andere von selbst: Sie soll sich nicht kultivieren, soll nicht selbstständig werden. Als Gründe dafür gibt Nietzsche an, weil sie dabei „entartet“ und ihre reizvollen weiblichen Eigenschaften verliert. Aber was versteht Nietzsche unter diesen reizvollen Eigenschaften? Dohm bringt dazu ein Originalzitat Nietzsches, das vielmehr das Gegenteil von reizvollen Eigenschaften angibt: „Im Weib ist so viel Pedantisches, Oberflächliches, Schulmeisterliches, Kleinlich-Anmaßendes, Kleinlich-Zügelloses und Unbescheidenes versteckt. Das, was am Weibe Respekt und oft genug Furcht einflößt, ist seine Natur, seine echte, raubtierhafte, listige Geschmeidigkeit, seine Tigerkralle unter dem Handschuh, seine Naivität im Egoismus, seine Unerziehbarkeit und innerliche Wildheit, das Unfassliche, Weite, Schweifende seiner Begierden und Tugenden.“ (Dohm 2015, S. 22) Dass Friedrich Nietzsche ihrer Meinung nach der „größte Dichter des Jahrhunderts“ über die Frauen so ganz jenseits von Gut geschrieben hat, brachte für Hedwig Dohm „tiefes, tiefes Herzeleid.“ Es machte sie noch einsamer, noch älter, noch abseitiger (Dohm 2015, S. 26). Resigniert gibt sie auf sich bezogen zu, dass es „die tiefe Tragik der Vorausdenkenden ist, dass sie ihre Zeit nicht erleben, das heißt, sie kommt erst, wenn sie gegangen sind.“ (Dohm 2015, S. 118) Zum Schluss stellt Dohm fest: „Die Französische Revolution emanzipierte den dritten Stand, die sozialistische Revolution unseres Zeitalters gilt dem vierten Stand, dem Proletariat. Die Revolution der Frauen will die Emanzipation der größeren Hälfte des Menschengeschlechts.“ (Dohm 2015, S. 119)

In der Gegenwart war es Esther Margareta Vilar (geboren als Esther Margareta Katzen am 16. September 1935 in Buenos Aires), die in ihrem Buch „The manipulated Man“ (dt. „Der dressierte Mann“) aus dem Jahr 1973 die provokante These formulierte, dass nicht – wie von der damals aufkommenden Frauenbewegung postuliert – die Frau durch den Mann unterdrückt werde, sondern umgekehrt der Mann durch die Frau.

Vilar, Tochter deutsch-jüdischer Emigranten, studierte Medizin in Argentinien und ab 1960 Soziologie und Psychologie an der Hochschule für Sozialwissenschaften in Wilhelmshaven und in München. Sie arbeitete zunächst als Ärztin. Später war sie als Übersetzerin und Rundfunkautorin tätig und begann Bücher zu schreiben. Im Jahre 1975 lieferte sie sich ein TV-Duell mit Alice Schwarzer, die zu dieser Zeit als Vertreterin der Frauenbewegung bekannt war. Nach der Ausstrahlung wurde die Sendung kontrovers diskutiert. Esther Vilar war danach heftigen Anfeindungen und körperlichen Angriffen bis hin zu Morddrohungen ausgesetzt. Auf der Toilette der Münchner Staatsbibliothek wurde sie von vier jungen Frauen zusammengeschlagen. Nach ihrer eigenen Aussage war dies der Grund für ihre fluchtartige Emigration aus Deutschland. Da sie während des Zweiten Weltkriegs noch ein Kind war, konnte sie nicht wissen welch grausame Taten „Hitlers Helferinnen“ als KZ-Aufseherinnen an ihren jüdischen Stammesangehörigen in diesem Land verbrochen hatten. Und ebenso wenig konnte sie als sie als erfolgreiche und gut verdienende Autorin ihre provokanten Bücher gegen den Feminismus schrieb, ahnen, dass in naher Zukunft dieser Feminismus seine Berechtigung durch sonst weitverbreitete ungleich niedrige Entlohnung der Frauen bekommen hat – von der durch die Öffnung des Berufsleben schutzlos gewordenen Frauen radikal ansteigenden sexuellen Belästigung ganz zu schweigen, die weltweit Empörung ausgelöst hat. Aber schon in der zweiten Hälfte des 20. Jahrhunderts kam es nicht nur in Deutschland, sondern in ganz Europa, zu einer Erneuerung der Frauenbewegung. Es waren die sogenannten Suffragetten, welche die Gleichstellung der Frau im politischen und beruflichen Leben vorantrieben. Auch die damalige Ansicht Vilars beruht auf dem jahrhundertealten Schema der Ungleichheit der Lebensführung vor allem der verheirateten bürgerlichen Frauen in ihrem Alltag. Doch Vilar ist im Gegensatz zu den Feministen alter und neuer Prägung der Meinung, dass nicht der Mann die Frau unterdrückt hat, sondern umgekehrt die Frau den Mann. Dabei geht es ihr aber nicht um die Ausnahmefälle der reichen und mächtigen, meist aus dem Adelsgeschlecht stammenden Frauen. Vielmehr richtet sich Esther Vilar in ihrer für den aufgeklärten Feminismus verachtungswürdigen schrecklichen Kritik gegen alle ihre Geschlechtsgenossinnen. Auf die grundsätzliche Frage „Was ist die Frau?“ antwortet sie, dass die Frau „im Gegensatz zum Mann ein Mensch sei, der nicht arbeitet. Man könnte hier die Definition der Frau schon abschließen – viel mehr lässt sich wirklich nicht über sie sagen –, wäre nicht der Begriff Mensch ein zu umfassender, zu ungenauer Begriff, um Mann und Frau damit gleichzeitig zu definieren. Das menschliche Dasein bietet die Wahl zwischen einer mehr animalischen – also tierähnlichen, niederen – Existenz und einer geistigen. Die Frau wählt fraglos die animalische. Körperliches Wohlbefinden, ein Nest und die Möglichkeit, darin ungehindert ihren Brutregeln nachzugehen, sind ihr das höchste.“ (Vilar 1973, S. 16) Auch nach der Auffassung von Esther Vilar gilt es zwar als erwiesen, dass Männer und Frauen mit den gleichen geistigen Anlagen geboren werden und zwischen den Geschlechtern es keinen ursprünglichen Intelligenzunterschied gibt; aber ebenso erwiesen ist es für sie auch, dass Anlagen, die nicht entwickelt werden, verkümmern: „Die Frauen benützen ihre geistigen Anlagen nicht, sie ruinieren mutwillig ihren Denkapparat und gelangen nach einigen wenigen Jahren sporadischen Gehirntrainings in ein Stadium sekundärer, irreversibler Dummheit“. Die Frauen, meint Vilar, benützen ihr Gehirn nicht, weil sie, um am Leben zu bleiben keine geistigen Fähigkeiten brauchen. Spätestens mit zwölf Jahren hört die Frau auf, ihren Geist zu entwickeln. Durchaus wäre es möglich, dass eine schöne Frau weniger Intelligenz besitzt als beispielsweise ein Schimpanse und dass sie sich dennoch im menschlichen Milieu behauptet. Die Frau lässt sich zwar weiterhin ausbilden und erwirbt dabei allerlei Diplome doch in Wirklichkeit trennen sich hier die Wege der Geschlechter ein für allemal. Jede Verständigungsmöglichkeit zwischen Mann und Frau wird an diesem Punkt abgeschnitten, und zwar für immer. Deshalb ist einer der wichtigsten Fehler, die dem Mann bei der Beurteilung der Frau immer wieder passieren, dass er sie für seinesgleichen hält. Er denkt, dass eine Frau, die viele Stunden am Tag mit Kochen, Saubermachen und Geschirrspülen verbringt, sie daran hindert, ein Leben zu führen, wie er es für sich selbst erträumt. Aber nachdem er sich bemüht hat ihr diese erniedrigenden Arbeiten abzunehmen wird er enttäuscht: Statt, dass seine Frau jetzt anfängt, ein Leben des Geistes zu führen, kümmert sich sie noch immer nicht um Politik, und die Erforschung des Universums lässt sie absolut ungerührt. Die Zeit, die sie gewonnen hat, kommt ihr gerade recht: Endlich kann sie sich jetzt um sich selbst kümmern. Und weil ihr bekanntlich Sehnsucht nach geistigen Dingen fremd ist, versteht sie darunter natürlich ihre äußere Erscheinung.

Wenn der Mann nur einmal Bilanz ziehen würde, so müsste er nach Auffassung von Esther Vilar feststellen, dass seine Bemühungen um die geistige Belebung der Frau ihn keinen Schritt weitergebracht haben, dass die Frau zwar von Tag zu Tag geputzter, gepflegter und „kultivierter" wird, dass sie aber immer nur höhere materielle Ansprüche an ihr Leben stellt und niemals geistige. So müsste ihm allmählich auffallen, dass seine Frau die alten Bücher, die er in seiner Bibliothek hat, nicht liest. Es ist daher ganz logisch, dass der Mann, der die Frau für seinesgleichen hält und dabei mitansehen muss, was für ein stupides Leben sie neben ihm führt, glaubt, er unterdrücke sie. Doch seitdem die Frau nicht mehr zu irgendeiner Unterwerfung unter den Willen des Mannes gezwungen worden und ihr alle Möglichkeiten zur Verfügung stehen sich unabhängig zu machen und sie es trotzdem nicht tun dann nur deshalb, weil sie das nicht wollen. Diese Art der Unabhängigkeit wäre für sie vollkommen wertlos, sie fühlen sich nicht abhängig. Die geistige Überlegenheit des Mannes schüchtert sie nicht ein, denn Ehrgeiz in geistigen Dingen kennen sie nach Vilars Vorstellung nicht. Zwar hat jede Frau „die Wahl zwischen der Lebensform eines Mannes und der eines dummen, parasitären Luxusgeschöpfes – aber so gut wie jede wählt für sich die zweite Möglichkeit." (Vilar 1973, S. 20) Würden sich die Frauen von den Männern unterdrückt fühlen, dann hätten sie sich wenigstens heutzutage, in dieser günstigsten Konstellation ihrer Geschichte, endlich von ihren Unterdrückern befreit. Doch eine der vielen deprimierenden Wahrheiten im Verhältnis zwischen den Geschlechtern ist ganz einfach die, dass in der Welt der Frauen der Mann praktisch nicht existiert. Der Mann ist der Frau nicht wichtig genug, dass sie sich gegen ihn auflehnt. Ihre Abhängigkeit von ihm ist ja nur materieller Art. Es ist die Abhängigkeit eines Touristen von seiner Fluggesellschaft, eines Wirts von seiner Kaffeemaschine, eines Autos von Benzin, eines Fernsehgeräts von Strom. Solche Abhängigkeiten bereiten keine Seelenqualen. Ibsen, der sich die Mühe gemacht hat mit seiner „Nora" eine Art Befreiungsmanifest für alle Frauen zu schreiben, war einem Irrtum erlegen. Er hatte lediglich bei den Männern einen Schock bewirkt. Diese schworen sich, noch verbissener für menschenwürdige Lebensbedingungen der Frau zu kämpfen. Bei den Frauen selbst dagegen haben sich die Emanzipationsbestrebungen bald erschöpft. Nur eine Zeitlang gefielen sie sich in der „Maskerade" der Suffragetten, die zu dieser Zeit in Mode kam. Sie ließen sich die Haare bis zur Taille wachsen und trugen dazu Hosen und schwarze Pullover.

Was immer die Männer anfangen, um den Frauen zu imponieren: In der Welt der Frauen zählen sie nicht. Ob der Mann gut aussieht oder nicht, sympathisch oder nicht, intelligent oder nicht, spielt keine Rolle. In der Welt der Frauen zählen nur die anderen Frauen: die Frauen, mit denen sie beim Kirchgang, Elternabend oder im Supermarkt zusammentreffen. Die Frauen, mit denen sie sich über die Hecken ihrer Vorgärten hinweg unterhalten. Die Frauen, an denen sie beim Einkaufsbummel in den eleganten Geschäftsstraßen oder bei festlichen Abendveranstaltungen scheinbar achtlos vorübergehen; sie messen sich mit dem, was in deren Köpfen ist, nicht in denen der Männer, nur ihr Urteil ist für sie ausschlaggebend, nicht das der Männer. Männer haben keine Ahnung, in welcher Welt die Frauen wirklich leben. Die lebenden weiblichen Kunstwerke, die man in den eleganten Einkaufsstraßen von Paris, Rom oder New York trifft, sind den Wünschen und dem Verständnis der Männer weit entrückt. Einen Lidschatten gut zu platzieren und abzutönen erfordert eine hohe Kultur; die Wahl eines bestimmten Lippenstifts, die Technik, ihn optimal, mit Pinseln oder direkt, in Schichten oder nicht in Schichten, aufzutragen, die gewünschten Wirkungen und die unerwünschten Nebenwirkungen von falschen Wimpern in ein optimales Verhältnis zu bringen und am Schluss alles in sich und mit dem Kleid, der Stola, dem Mantel, der Beleuchtung abzustimmen, erfordert Spezialistentum. Ein Mann hat dafür keinen Sinn, er hat überhaupt keine Kultur in Bezug auf weibliche Maskerade entwickelt und kann deshalb wandelnde Kunstwerke dieser Art in ihrer ganzen Größe überhaupt nicht adäquat bewerten. „Denn dazu," meint Vilar, „braucht man Zeit, Geld und eine unendliche geistige Beschränktheit – Voraussetzungen, die sich ausschließlich bei Frauen finden lassen." (Vilar 1973, S. 23)

Die Werbung hat sich diese Tatsache längst zunutze gemacht. Wohin man sieht, präsentieren die Werbeagenturen schöne Mädchen, die zum Kauf von Pauschalreisen, Autos, Waschpulver, Fernsehgeräten oder Schlafzimmereinrichtungen verführen sollen. Auch die Frauen interessieren sich nur für die in dieser Werbung vorkommenden Frauen. Noch mehr interessieren sie sich im Alltag für ihre hässlichen Geschlechtsgenossinnen. Dieser Umstand konnte auch dem Mann schon deshalb nicht verborgen bleiben, weil er ständig erlebt, wie eine Frau die andere diffamiert. Wenn er immer wieder hört, wie seine Frau die krumme Nase, den flachen Busen, die X-Beine oder die fülligen Hüften einer anderen kritisiert, muss er logischerweise annehmen, die Frauen könnten sich gegenseitig nicht ausstehen oder fänden sich zumindest ganz und gar reizlos. Doch das ist natürlich eine Fehlinterpretation: Wenn es sich die Frauen materiell leisten könnten, würden sie sich bestimmt eher mit anderen Frauen zusammentun als mit Männern. Die Frauen haben untereinander so viel Gemeinsamkeit, denn der weibliche Intellekt und das weibliche Gefühlsleben sind auf einem allgemeinen primitiven Niveau stehengeblieben, und es gibt so gut wie keine individualistisch veranlagten Frauen. Man könnte sich gut vorstellen, was für ein anregendes Leben sie miteinander führen würden – ein paradiesisches Leben vielleicht, wenn auch, kritisiert Vilar, „auf einem schauderhaft niedrigen Niveau." (Vilar 1973, S. 26)

Was aber die angebliche Schönheit der Frau anbelangt, kann es nur dank einer jahrhundertelangen Verwirrung aller Wertmaßstäbe möglich geworden sein, die Frau als „das schöne Geschlecht" zu apostrophieren. Allein die Tatsache, dass sie dümmer ist als der Mann, würde genügen, diese absurde Behauptung zu widerlegen. Ein dummer Mensch kann niemals schön sein. Aber es muss betont werden, dass vor allem der Mann selbst den Fehler begeht, die Frau nach Maßstäben zu bewerten, die Mensch und Tier auf die gleiche Stufe stellen. Da sie ihren Geist noch nie unter Beweis gestellt hat, kann er sie nicht gut für geistreich halten. Also nennt er sie schön. Nur weil die Frau sich auf eine Weise herausputzt, die darauf abzielt, alle Blicke auf sich zu lenken, setzt der Mann voraus, sie habe auch einen Grund dazu. Und um vor sich selbst zu bestehen, lässt er nichts unversucht, sie mit Qualitäten auszustatten, die ihre Unterwerfung in einer Ehe rechtfertigen. Er findet sie schön, weil sie sich selbst schön findet. Für ihn ist die Ehe mit dem Etikett „Liebesehe" ausgestattet. Vor allem die reichen Männer, die von jeher die attraktivsten Frauen aufkaufen, legen heutzutage besonderen Wert darauf, dass ihr Deal dieses Etikett trägt. Dabei waren bis in unser Jahrhundert hinein Vernunftehen das übliche. Denn auch in der Mittelschicht war der Frauenkauf das Normale: Kein Mann konnte ernsthaft meinen, das entzückende junge Mädchen, um dessen Hand er beim Herrn Vater anhielt, werde ihm sein Jawort aus Leidenschaft geben. Jeder wusste, dass es der Braut bei dieser Verbindung um die Selbsterhaltung und dem Bräutigam um die Arterhaltung ging. Und jeder fand dies in Ordnung. Ein Orgasmus wurde von der Ehefrau erst gar nicht erwartet. Simulieren hätte sie ihn sowieso nicht können, denn sie wusste ja gar nicht, was das ist. Daher können nur Zyniker sagen, dass die Ehen früher glücklicher gewesen sind. Nur Dummköpfe meinen noch, sagt Vilar (Vilar 1994, S. 67), dass die Ehen früher stabiler waren: „Bis der Tod uns scheidet" hat bis zum Ende des 19. Jahrhunderts im statistischen Durchschnitt acht Ehejahre bedeutet – die Frauen starben im Kindbett, ihre Männer auf dem Schlachtfeld oder an Altersschwäche, und beide gingen häufig an Hungersnöten und Seuchen zugrunde. Wenn man die Qualität einer Verbindung an ihrer Dauer misst, sind die Ehen inzwischen sogar besser geworden. Nur glücklich sind sie eben auch heute nicht. Schon gar nicht die vielen, die nach wie vor aus Vernunftgründen geschlossen werden. Dabei wäre gerade dies in den wohlhabenden Ländern längst überflüssig. Seit hier das Einkommen wenigstens etwas gerechter verteilt wird und somit auch die Männer der unteren Schichten um die Hand einer Frau anhalten können, seit die jungen Mädchen ein Recht auf Berufsausbildung haben und sich selbst ernähren können, ist die Heirat aus gegenseitigem Verlangen, worunter man „Liebe" versteht für jeden Bürger erschwinglich. Eine Frau muss nicht mehr den Erstbesten nehmen, der ihr Versorgung bietet. Sie kann warten, bis einer kommt, für den sie Liebe empfindet. Nur aus Liebe könnten sich nun Frauen für eine Mann entscheiden, und zuweilen, muss Vilar zugeben, tun sie dies sogar. Und selbstverständlich bestehen nun auch die wohlhabenden Männer auf einer Liebesehe. Sie sehen sich nicht mehr als Kunde und Käufer, sondern wollen Geliebter und Begehrter sein. Nur müssen es eben nach wie vor die schönsten Frauen sein, die ihnen dann gehören. Und da ein Reicher auf dieser Welt auch heute noch alles bekommt und kriegt es natürlich auch. Und er kriegt es heute sogar zur unverbindlichen Ansicht; bei Nichtgefallen kann er sie sitzen lassen. Für die Frau ist aber so etwas keine Katastrophe mehr. Denn inzwischen gab es für sie die sexuelle Revolution: Seit ihnen die von Männern gemachten Erfindungen garantieren, dass sie nicht mehr ungewollt schwanger werden, lassen sich gerade die hübschesten Mädchen von den wirklich „interessanten" Männern wie Sportwagen ausprobieren. Man nennt diese Strategie Ehe auf Probe. In gewisser Hinsicht ist diese Methode jedoch riskant, weil der Ausprobierer des zunächst heißbegehrten Modells eines Tages doch etwas Neues möchte. Und dann wirkt es in den Augen des nächsten Interessenten vielleicht schon ein bisschen abgenutzt. (Vilar 1994, S. 69)

Dass der Mann den Antrag macht, zeigt uns die wirkliche Bedeutung der Ehe. Denn es kommt auch heute nicht in den Sinn, dieses Mädchen, von dem er so entzückt ist, könnte für ihn zur Arbeit gehen. Natürlich spielen dabei auch Tradition und Prägung eine Rolle: Die Möglichkeit lebenslanger weiblicher Erwerbstätigkeit ist erst ein knappes Jahrhundert alt, die des Rollentausches gibt es erst seit einigen Jahrzehnten. Trotz der Erfindung der „Antibabypille", des Muttermilchpulvers, der Wegwerfwindel, des Geschirrspülautomaten, der Waschmaschine und der Tiefkühlkost wird weiter gemacht, als sei nichts geschehen; als sei die Frau durch ihr Frausein noch immer ans Haus gebunden, als habe noch immer der Mann die Versorgungsangebote anzubieten. Denn darauf läuft es beim Heiratsantrag ja noch immer hinaus. Der Trumpf der Frau, die sich schon vor der Hochzeit „verschenkt", besteht darin, dass sie damit jederzeit wieder aufhören könnte. Falls dieser Mann ihre bedingungslose Hingabe jetzt nicht endlich mit einem Vertrag honoriert, sieht sie keinen Anlass, bei ihm zu bleiben. Denn schließlich hat sie einen Beruf. Entscheidender hat sich jedoch die mit der Heiratsmotivation verbundene Vorstellung von der Frau als „Schutzobjekt" verändert. Denn hier hat die feministische Propaganda tatsächlich einen Wertewandel bewirkt. Die Männer haben begriffen, dass es überhaupt keinen Grund gibt, eine erwachsene Frau zu beschützen – sie halten ihr nicht mehr so oft die Türen auf, gehen nicht mehr automatisch auf der gefährlichen Straßenseite, greifen im Restaurant nicht mehr ganz so schnell nach der Rechnung. Wenn aber eine Frau geheiratet werden möchte aber ihre Rolle als Schutzobjekt nicht mehr gültig ist, weil sie ja nicht wirklich schutzlos ist und der von ihr zum künftigen Ehemann Ausgewählte dies weiß, muss sie hier zunächst einmal Umstände schaffen, die sie schutzlos erscheinen lassen und zwar durch „andere Umstände", wie man diese auch heute noch nennt: Sie wird schwanger. Das von Mann und Frau gemeinsame Erschaffen eines neuen Menschen ist für Vilar „die verwegenste aller menschlichen Taten." Aber die Ankunft eines Kindes „mit dem Firlefanz einer Hochzeit feiern," das ist, wie sie sich drastisch ausdrückt, „als wollte man den Fang eines Walfisches damit krönen, dass man eine Dose Ölsardinen verspeist." (Vilar 1994, S. 84) Aber das Kind braucht die Verehelichung ihrer Eltern. Denn es hat ein Anrecht auf einen ganz besonderen Schutz. Man kann sagen, was man will, unehelich geborene Kinder haben es auf dieser Welt auch heute noch schwerer. Außerdem ist es noch immer so, dass in den vielen Ländern beim Erbrecht zwischen legitimen und illegitimen Nachkommen unterschieden wird. Das Kinderkriegen hat aber für die Eltern auf jeden Fall große Vorteile: Ein Kind verleiht dem eigenen Leben einen Sinn. Wer sich zu einem Kind entschließt, braucht sich zumindest während der nächsten zwanzig Jahre nicht mehr zu fragen, wofür er am Leben ist. Er hat für ein Kind zu sorgen. Kein Mensch wird auf so totale Weise auf uns angewiesen sein und so andächtig unseren Worten zuzuhören als ein Kind. Das Kind ist auch ein Garant dafür, dass wir nach unserem Tod in der Erinnerung der Menschen weiterleben. Zumindest von Zeit zu Zeit wird jemand an uns denken. Aber es gibt auch einen praktischen Grund: Ein Kind kann wirtschaftliche Sicherheit bedeuten. Falls unsere Pensionsversicherungen nicht mehr ausreichen oder unsere Rentenanstalten bankrottgehen, wird unser Kind noch immer für uns sorgen. Darüber hinaus kann ein Kind unsere Sehnsucht nach Schönheit befriedigen: Es gibt keine hässlichen Kinder. Ein Kind kann unsere Sehnsucht nach Reinheit befriedigen: Alle Kinder sind unschuldig. Daher ist es selbstverständlich, wenn wir diesen kleinen Menschen lieben müssen. Doch das ist weder ein Kunststück noch eine Leistung, gibt es doch auf der ganzen Erde nichts, was leichter zu lieben wäre als ein Kind, vor allem jenes, das uns gehört. Trotzdem muss man sagen, dass es heute kaum mehr einen Grund gibt Kinder in die Welt zu setzen – in eine Welt, in der man Kinder misshandelt und in Kriegen zerfetzt, in der man sie prostituiert und verhungern lässt, kann im Grunde genommen ein den Gesetzen des sittlichen Handelns verpflichteter Mensch keine weiteren Kinder bringen wollen. Daher könnten jene, sagt Vilar nicht zu Unrecht, die wir so gern als „Egoisten" beschimpfen, weil sie keine eigenen Kinder wollen, die einzigen sein, „die wahrhaft kinderlieb sind."

Ein anderes Problem ist die Tatsache, dass es so viele Frauen gibt, die jahrzehntelang im Witwenstand leben müssen. Einerseits rührt das natürlich daher, dass Frauen im Durchschnitt länger leben als Männer. Obwohl es heutzutage für die berufstätigen Frauen, die sich selbst versorgen können, keinen einzigen Grund mehr gibt sich einen älteren Ehemann zu nehmen, tun sie es nach wie vor. Von außen betrachtet, meint Vilar, ist das alles gespenstisch. Junge Mädchen behaupten noch heute ungerührt, dass ein Mann nicht schön sein müsse und dass sie ältere Männer ohnehin attraktiver fänden. Das heißt, sie helfen beim Errichten des weiblichen Kerkers und sperren sich gleich selbst mit ein. Denn leider ist diese Wahl nicht nur eine Milchmädchenrechnung, sondern wie Vilar behauptet „ein wahrhaftiger Satanspakt." Das auf dieser Grundlage ausgehandelte Ja mag kurzfristig Vorteile bringen doch auf lange Sicht bedeutet es nichts anderes als eine kollektive weibliche Katastrophe. Denn die Spätfolgen dieses Jaworts treffen das ganze Geschlecht und haben folgende Konsequenzen: „Zwang zu ewiger Jugendlichkeit und Einsamkeit im Alter". (Vilar 1994, S. 102) Die Situation der Frau über 40 beschreibt Vilar folgendermaßen: „Ihr Kapital hat in diesen fünfzehn Jahren der Ehe eine gravierende Wertminderung erfahren. Denn der Wert einer Frau bemisst sich an einem faltenfreien Gesicht, an prallen Brüsten und festen Schenkeln. Und darum gilt es als ungalant, eine Dame nach ihrem Alter zu fragen. Darum verschweigen wir Frauen, wann immer möglich, unser Geburtsjahr. Darum leugnen und fälschen wir es. Denn ein Mensch, der sich als Frischfleisch begreift und das bleiben möchte, wird irgendwann an seinem Verfallsdatum manipulieren. So kommt dann keiner dahinter, dass man eigentlich schon längst nichts mehr wert ist. Und darum werfen Frauenzeitschriften Woche um Woche in abermillionen Exemplaren ihre Rezepte zur weiblichen Wertsteigerung auf den geschlechtsspezifischen Käufermarkt: Wie kriege ich meine Falten weg, wie erturne ich mir einen strammen Hintern, wie simuliere ich eine Wespentaille, wie kaschiere ich die ersten grauen Haare, was tun gegen Orangenhaut?" Und in den Diskussionsecken und Kummerspalten der auf weibliche Belange spezialisierten Gazetten kommt dann das eigentliche Elend zu Wort: Wie grausam die Gesellschaft doch zu den Frauen ist. Wie für die beiden Geschlechter auch heute noch zweierlei Maß angelegt wird. Wieso ein Herr mit grauen Schläfen als begehrenswert und seine gleichaltrige Gemahlin als besserer Ausschuss gilt. „Nach der Kindheit wird das Geburtsjahr einer Frau ihr Geheimnis, ihr Privatbesitz. Es ist so etwas wie ein schmutziges Geheimnis. Eine wahrheitsgemäße Antwort ist immer indiskret", zitiert Vilar Susan Sontag mit deren berühmten Essay über die Doppelmoral beim Altern der Geschlechter. (Vilar 1994, S. 109) Normal wäre, dass bei verheirateten Paaren in einem Fall der männliche und im anderen der weibliche Partner der Ältere wäre. Doch normal ist, dass so gut wie überall der Ehemann älter ist. Drei Jahre beträgt der Altersunterschied im Durchschnitt bei der ersten Ehe. Hinzu kommt, dass in den westlichen Ländern die Männer eine um sieben Jahre niedrigere Lebenserwartung haben. Das bedeutet für die hübsche Braut, die in diesem Augenblick ihr Jawort haucht, dass sie nach der statistischen Wahrscheinlichkeit dann später zehn Jahre allein verbringt. Wie die verheerend geringe Lebenserwartung ihres Partners zu erklären ist, sind sich bisher auch die Wissenschaftler nicht einig. Die einen führen eine genetische Schwäche des starken Geschlechts ins Feld. Eine These, meint Vilar, an der vor allem Feministinnen ihre Freude haben, macht sie doch das weibliche Geschlecht nicht nur zum physisch überlegenen, sondern spricht es zugleich von jeder Verantwortung für den frühen Exitus der Gegenseite frei. Die anderen machen vor allem den männlichen Berufsstress und Erwerbszwang dafür verantwortlich. Dies ist die wahrscheinlichere Hypothese, wird sie doch von der Beobachtung gestützt, dass die Lebenserwartung von Karrierefrauen auf ähnlich drastische Weise sinkt. Selbst wenn diese ihre Familien selten allein versorgen, arbeiten und konkurrieren sie doch wie Männer. Dass Mönche unter allen Männern die höchste Lebenserwartung haben, wird von Vilar in diesem Zusammenhang als Argument ebenfalls erwähnt. Aber was auch immer der Grund sein mag, das Faktum des statistisch früheren Todes der Männer ist unbestreitbar. „Und müsste die logische Konsequenz nicht lauten," fragt Vilar, „dass Frauen, wenn sie schon heiraten, sich wenigstens einen jüngeren Partner nehmen?". Empfehlenswert wäre nach ihrer Ansicht eine Altersdifferenz, welche die niedrigere Lebenserwartung ihres Partners ausgleicht, das heißt ein im Schnitt um sieben Jahre jüngerer Ehemann. Und wenn Männer wirklich das genetisch schwächere Geschlecht sind, wäre es außerdem klüger, wenn ihre Frauen sie vor allzugroßer Anstrengung schützten. (Vilar 1994, S. 114)

Männer können in der Öffentlichkeit nur Meinungen vertreten, die den Frauen entweder angenehm oder gleichgültig sind. Da die Frauen in neun von zehn Fällen das Familieneinkommen verwalten und achtzig Prozent der Kaufentscheide treffen, wendet sich auch die Werbung vorzüglich an sie. Deshalb sind sie in den Medien kaum kritisierbar: Wenn Frauen z. B. eine Zeitschrift nicht mehr kaufen, weil ihnen missfällt, wie dort über sie geschrieben wird, verliert diese automatisch auch ihre Anzeigenkunden und damit ihre wirtschaftliche Basis. Wenn sie eine Fernsehserie nicht mehr einschalten, weil man sie dort unvorteilhaft präsentiert, ziehen sich auch deren Sponsoren zurück. Der letzte der hier angeführten Faktoren ist auch dafür verantwortlich, dass der klassische Feminismus trotz seines Mangels an Gefolgschaft an der weiblichen Basis in den Medien noch immer das Sagen hat: Die klassische Frauenbewegung liegt zwar im Sterben, aber tot ist sie noch nicht. Natürlich nennt sich diese nun „Neuer Feminismus" oder „Feminismus der zweiten" oder gar „dritten Welle." Wenn den Feministinnen überhaupt noch jemand zuhört, dann sind dies ihre Erzfeinde, die Patriarchen. So absurd es klingen mag: Angesichts des demütigenden Katalogs seiner Benachteiligungen braucht nun der verheiratete Mann die Feministin dringender als seine Ehefrau. Ist diese doch die letzte, die ihn noch so beschreibt, wie er sich selbst gern sähe: mächtig, rücksichtslos und ohne jede Hemmung, wenn es um die Befriedigung seiner animalischen Instinkte geht (Vilar 1994, S. 186). Die Ehe ist für Esther Vilar eine erschreckend reaktionäre Institution. Es gibt für eine Eheschließung keinen einzig moralisch vertretbaren Grund. Und auch als Abhilfe gegen die von uns allen so gefürchtete Einsamkeit wird sie letztlich nicht taugen. Jeder Verheiratete weiß, dass es sich hier um die grausamste Form des Alleinseins handelt: Laut Statistik reden die Partner nach ein paar Ehejahren nur noch zehn Minuten am Tag miteinander (Vilar 1994, S. 216).

Seit Esther Vilar ihre provokanten Bücher gegen den Feminismus und für die angeblichen oder tatsächlich unterdrückten Männer geschrieben hat, gib es jedoch heutzutage zwei entscheidende Neuerrungen in diesem Zustand. Einerseits ist es die beträchtlich niedrige Entlohnung von Frauen, die nicht wie Vilar selbst zu den Karrierefrauen gehören und andererseits die Belästigung durch die männlichen Vorgesetzten und Arbeitskollegen, die eine weltweite Empörung ausgelöst haben und durch den im Internet verbreiteten „Hashtag" „#MeToo" populär gemacht wurde. Kaum eine Branche ist vor sexueller Gewalt frei. Über Machtmissbrauch, Misogynie und Diskriminierung in der amerikanischen Unterhaltungsindustrie wurde im Rahmen von #MeToo viel berichtet. Ebenso wurden sexuelle Übergriffe von europäischen Politikern bekannt. Auch über Fälle groben Machtmissbrauchs wird an Universitäten berichtet. Für Diskussionen sorgt vor allem ein Vorfall an der New York University (NYU) bei dem entsprechend der Ansicht Vilars umgekehrt die sexuelle Belästigung und der Machtmissbrauch einer Frau gegenüber einem Manne festgestellt wurde.

Worum es in den bereits an den Universitäten etablierten Gender Studies im Unterschied zu den radikal feministischen antiakademischen Gender-Projekten geht, hat Ilse Lenz, Professorin für Soziologie mit den Schwerpunkten „Soziale Ungleichheit und Geschlechterforschung“ an der Universität Bochum, in dem Aufsatz „Gender ist an allem schuld. Keine Angst vorm bösen Gender“ in aufschlussreicher Weise klarzustellen versucht. Ihre Verteidigung der Genderforschung lautet so: Im Ergebnis haben sie die Geschlechterforschung nach langen Debatten und einer Reihe von Evaluierungen aufgenommen und institutionalisiert. Die Geschlechterforschung ist nach Ilse Lenz grundlegend, um Gesellschaften und besonders ihren gegenwärtigen Wandel zu verstehen. Seit jeher werden über Geschlecht Macht, Chancen und Ressourcen verteilt – Geschlecht bildet also zum einen eine Strukturkategorie für soziale Ungleichheit. Zum anderen wird diese Ungleichheit oft mit der Geschlechterdifferenz begründet. Die Genderforschung trennt diese Fragen nach Geschlechterungleichheit und -unterscheidung analytisch, auch wenn sie zusammenhängen. Sie stellt nicht infrage, dass es „die Biologie“ gibt und eine wichtige Bedeutung hat. Aber sie hat erkannt, wie unterschiedlich biologische Zusammenhänge kulturell interpretiert und gestaltet werden. So hat Geschlecht eine grundlegende Bedeutung für die Versorgung von Kindern, aber zugleich zeigt sich eine hohe Variabilität zwischen den Kulturen. In der westlichen Kultur wurde die Kinderversorgung als biologische Rolle der Frau und Mutter zugeschrieben. Auf diese Weise wurde ihre Abhängigkeit vom männlichen Ernährer und Familienvater begründet und im Familienrecht festgeschrieben. Dadurch wurde die Geschlechterunterscheidung zur Legitimation von Ungleichheit. Die Geschlechterforschung hat die weltweiten Variationen von Gender und die damit verbundenen Machtverhältnisse untersucht und sie hat daraus geschlussfolgert: Im Zusammenhang mit Geschlecht zeigen sich ganz unterschiedliche soziale Strukturen. Es wird also: sozial gestaltet oder konstruiert. Wenn die Genderforschung sagt, auch der Körper sei ein „Konstrukt“, will sie die Bedeutung der Anatomie nicht bestreiten, vielmehr verweist die Genderforschung darauf, dass Geschlecht in alltäglichen Beziehungen immer wieder hergestellt wird, was mit dem Ausdruck „Doing Gender“ („Geschlecht tun“) bezeichnet wird. Ein weiterer Vorwurf an die Genderforschung lautet, sie wolle die traditionellen Geschlechterrollen vernichten und „den neuen Menschen schaffen.“ Daraus nun eine „politische Geschlechtsumwandlung“ oder gar die Anstiftung zur Perversität zu machen, ist nach der Meinung von Ilse Lenz verzerrend und unsinnig. Nach dieser Klarstellung der eigentlichen Zielsetzung und Verteidigung der Genderforschung gegen ungerechtfertigte Angriffe ergibt sich daraus für Ils Lenz das Resultat: „Gender ist ein innovativer kritischer Begriff zum Forschen und (Hinter) Fragen mit offenem Ausgang. Die Geschlechterforschung hat – darauf gestützt – zahlreiche Studien zu gesellschaftlichen Zukunftsfragen eingebracht: zur Zukunft der Arbeit und der Versorgung von Kindern und Alten, zum demografischen Wandel, zur Ökologiefrage, zur Vielfalt der Lebensformen und wachsenden Ungleichheit. Sie hat sich als internationale Forschungsrichtung durchgesetzt. Die Geschlechterforschung ist wesentlich, um den gegenwärtigen raschen Wandel zu verstehen und zu bewältigen: Dieser Wandel lässt sich nicht durch die Neubekräftigung von Biologismen gestalten, sondern nur durch den Einbezug der pluralistischen Geschlechterforschung als kritische wissenschaftliche Beobachtungsinstanz. Sie wird weiter gebraucht und sie wird sich dabei weiter verändern."

Die einseitige Position, nach der noch immer das biologische Geschlecht (Sex) im Vordergrund steht, hat ihr Gegenstück in den dekonstruktivistischen Philosophien, bei denen sich die Zahl der denkbaren sozialen Geschlechter logisch ins Unendliche vermehrt. Beispiele dafür sind die sogenannten „LGBTTI-Personen". Unter dieser Abkürzung werden verschiedene geschlechtliche Lebensweisen und Identitäten zusammengefasst: „Lesbisch, Schwul (Gay), bisexuell, transsexuell, transgender, intersexuell." Beide Extrempositionen, biologistische wie dekonstruktivistische, sind für sich genommen absurd. Judith Butler, Professorin für Rhetorik und Komparatistik an der Universität California, Berkeley, ist mit ihren philosophischen Arbeiten die bekannteste Vertreterin einer feministischen Ausprägung des Dekonstruktivismus. Im Zentrum von Butlers Feministischer Theorie steht ihr 1990 veröffentlichtes Buch „Das Unbehagen der Geschlechter" (Gender Trouble). Butler geht es darum die „Domestizierung der Geschlechter- oder Frauenstudien an der Universität zu widerstehen und den Begriff der feministischen Kritik zu radikalisieren". (Butler 2003, S. 13) Sie beruft sich, wie fast alle feministischen Studien einerseits auf Simone de Beauvoir und andererseits auf Foucault, geht aber über beide hinaus. Denn es geht ihr dabei auch um den „Versuch zur Geschlechterverwirrung anzustiften". (Butler 2003, S. 61) Beauvoir wollte nach Butlers Meinung nur darauf hinweisen, dass die Kategorie „Frau" ein veränderlicher kultureller Erwerb ist, der innerhalb eines kulturellen Feldes übernommen wird, und dass niemand mit einer Geschlechtsidentität zur Welt kommt. Die Geschlechtsidentität (gender) ist stets erworben. Andererseits war Beauvoir bereit zu behaupten, dass man mit einem Geschlecht (sex) und sexuell bestimmt zur Welt kommt. Beauvoir behauptet nach Butlers Meinung: sexuelle Bestimmtheit und Menschsein seien deckungsgleich und gleichzeitig; das anatomische Geschlecht sei ein analytisches Attribut des Menschen; es gibt keinen Menschen, der nicht sexuell bestimmt ist; das Geschlecht kommt dem Menschen als notwendiges Attribut zu. Aber das anatomische Geschlecht ist nicht die Ursache der Geschlechtsidentität, und die Geschlechtsidentität lässt sich nicht als Widerspiegelung oder als Ausdruck des Geschlechts verstehen. Für Beauvoir ist das Geschlecht (sex) tatsächlich unwandelbar faktisch, die Geschlechtsidentität (gender) dagegen erworben. Während das anatomische Geschlecht nicht verändert werden kann – so dachte zumindest zu ihrer Zeit Beauvoir, stellt die Geschlechtsidentität eine variable kulturelle Konstruktion des Geschlechts dar: nämlich die unzähligen offenen Möglichkeiten kultureller Bedeutung, wie sie ein sexuell bestimmter Körper hervorruft. Nach Butlers Ansicht schließt Beauvoirs Theorie einige radikale Schlussfolgerungen ein, die sie selbst nicht vertreten hat: „Wenn das anatomische Geschlecht und die Geschlechtsidentität radikal verschieden sind, folgt daraus, dass man ein gegebenes Geschlecht ist, und eben nicht, dass man auch eine gegebene Geschlechtsidentität besitzt. Anders formuliert: die Kategorie ‚Frau' muss nicht unbedingt die kulturelle Konstruktion des weiblichen Körpers darstellen, und die Kategorie

‚Mann' interpretiert nicht notwendigerweise männliche Körper". (Butler 2003, S. 166) Diese radikale Formulierung der Unterscheidung anatomisches Geschlecht (sex) und Geschlechtsidentität (gender) legt nach Butler nahe, dass die sexuell bestimmten Körper eine Reihe unterschiedlicher Geschlechtsidentitäten hervorrufen können, und weiter: dass die Geschlechtsidentität selbst nicht unbedingt auf die gewöhnliche Zweiheit eingeschränkt ist. „Wenn das anatomische Geschlecht der Geschlechtsidentität keine Grenzen setzt, existieren vielleicht Geschlechtsidentitäten, d. h. Möglichkeiten, den sexuell bestimmten Körper kulturell zu interpretieren, die keineswegs durch die scheinbare Dualität der Geschlechter (duality of sex) eingeschränkt werden." Butler betrachtet noch eine weitere Konsequenz: „Wenn die Geschlechtsidentität etwas ist, was man wird – aber nie sein kann –, ist die Geschlechtsidentität selbst eine Art Werden oder Tätigkeit, die nicht als Substanz oder als substantielles Ding oder als statische kulturelle Markierung aufgefasst werden darf, sondern eher als eine Art unablässig wiederholte Handlung. Ist die Geschlechtsidentität weder ursächlich noch als Ausdruck an das anatomische Geschlecht gebunden, dann ist die Geschlechtsidentität eine Art Tätigkeit, die sich potentiell jenseits der binären Schranken, die die scheinbare Binarität der Geschlechter (binary of sex) setzt, vervielfältigen kann." Allerdings wäre damit die Geschlechtsidentität eine Art kultureller/körperlicher Handlung, die ein neues Vokabular verlangt. Butler ist sich auch darüber im Klaren, dass ein solches Vorhaben kulturell vorstellbar ist, aber wohl kaum dem Schicksal eines vergeblichen Projekts entgehen kann (Butler 2003, S. 167)

In der Übernahme der Ideen von Foucault spielt für Judith Butler vor allem dessen Beschäftigung mit dem Hermaphroditen Herculine Barbin eine zentrale Rolle. Abel Barbin (1838–1868) wurde zunächst für ein Mädchen gehalten und erhielt den Namen Herculine Adélaïde Barbin. In seiner Kindheit wurde er Alexina genannt. Gerichtlich wurde 1860 entschieden, dass es sich bei Barbin um einen Mann handelte. Er verließ seine Position an der Mädchenschule und lebte fortan unter dem Namen Abel Barbin. Nach einigem Aufsehen in der Presse wurde es still um Barbin, der die Anonymität der Großstadt suchte und nach Paris zog. Dort schrieb er seine Lebenserinnerungen auf. Im Alter von 29 Jahren nahm sich der vereinsamte Abel Barbin in seinem Zimmer in der rue de l'École-de-Médecine in Paris das Leben. Er benutzte dazu einen Gasherd. Neben der Leiche wurden Barbins Memoiren gefunden. Foucaults Modell der emanzipatorischen Sexualpolitik zufolge bringt der Sturz der Kategorie „Sexus" die Freisetzung einer primären sexuellen Mannigfaltigkeit mit sich. Doch Butler sieht bereits im ersten Ansatz von Foucaults Theorie eine ungelöste Spannung. Einerseits möchte Foucault zeigen, dass es keinen „Sexus" an sich gibt, der nicht durch vielschichtige Interaktionen zwischen Diskurs und Macht hervorgebracht wird. Andererseits existiert anscheinend durchaus eine „Vielfalt der Lüste" an sich, die nicht als Effekt irgendeines besonderen Diskurses/Machtaustauschs zu verstehen ist. Foucault beruft sich hier eine vordiskursive, libidinöse Mannigfaltigkeit, die im Grunde eine Sexualität „vor dem Gesetz" voraussetzt, eine Sexualität, die nur darauf wartet, von den Fesseln des „Sexus“ befreit zu werden. Zugleich besteht Foucault aber offiziell darauf, dass Sexualität und Macht deckungsgleich sind und dass wir nicht glauben dürfen, die Macht zu verneinen, wenn wir den Sexus bejahen. In anti-juridischem und antiemanzipatorischem Tonfall behauptet Foucault jedoch, dass die Sexualität stets in den Matrizen der Macht angesiedelt ist und immer von bestimmten geschichtlichen Praktiken diskursiver und zugleich institutioneller Art hervorgebracht und konstituiert wird und dass jeder Rekurs auf eine Sexualität vor dem Gesetz bloß eine illusorische Einbildung der emanzipatorischen Sexualpolitik ist.

Doch die amerikanische Geschäftsfrau Sheryl Sandberg, eine der reichsten Frauen der Welt, ist der Meinung, dass Vieles auch bei uns noch verbessert werden muss: „Als die Suffragetten auf die Straße gingen, hatten sie die Vision einer Welt, in der Männer und Frauen wirklich gleichberechtigt sind. Ein Jahrhundert später liegen immer noch große Anstrengungen vor uns, wenn wir diese Vision Wirklichkeit werden lassen wollen.“ (Sandberg 2017, S. 11 f.) Sandbergs eigene Führungsposition und ihr Millionengehalt ist jedoch eine Ausnahmeerscheinung. Der Prozentsatz von Frauen in Führungspositionen in der Wirtschaft ist sonst noch äußerst gering. In den Vereinigten Staaten sind ungefähr 14 Prozent der Topmanagerposten und 17 Prozent der Vorstandssitze mit Frauen besetzt. Diese Zahlen haben sich während des letzten Jahrzehnts kaum verändert. Für schwarze Frauen ist das Gefälle sogar noch größer; sie haben nur 4 Prozent der Topmanagerposten in Unternehmungen und nur 3 Prozent der Vorstandssitze inne. In Europa sind 16 Prozent aller Vorstandsmitglieder und nur 2,4 Prozent der Vorstandsvorsitzenden weiblich. In den zweihundert wichtigsten deutschen Unternehmen sind 18 Prozent der Sitze in Aufsichtsräten sowie 5 Prozent der Sitze in Vorständen mit Frauen besetzt. In den meisten Ländern sind weniger als 7 Prozent der Vorstandsvorsitzenden weiblich. Ebenso langsam ist der Fortschritt bei den Löhnen. Im Jahr 1970 verdienten amerikanische Frauen 59 Cents statt 1 Dollar, den ein Mann bekam. Bis 2010 haben Frauen gekämpft, um diese Bezahlung auf 77 Cents zu erhöhen. Innerhalb der Europäischen Union ist in Deutschland das Lohngefälle zwischen den Geschlechtern am größten; eine Frau verdient gerade mal 79 Cents pro Dollar, den ein Mann bekommt. (Siehe Europäische Kommission, Organisation für wirtschaftliche Zusammenarbeit und Entwicklung 2012). Frauen haben es im Berufsleben außerdem mit Diskriminierung und sexueller Belästigung zu tun. Zu wenig Arbeitgeber ermöglichen die Flexibilität und den Zugang zu Kinderbetreuung und Elternzeit, die nötig wären, um gleichzeitig Karriereziele zu verfolgen und Kinder aufzuziehen. Hinzu kommt, dass sich Frauen in wesentlich höherem Maße beweisen müssen als Männer. Aber abgesehen von diesen äußeren, von der Gesellschaft errichteten Barrieren, werden Frauen, meint Sandberg durch Barrieren in ihrem Inneren behindert: „Wir selbst bremsen uns in großen wie in kleinen Dingen aus, weil uns das Selbstbewusstsein fehlt, weil wir die Hand nicht heben, und weil wir uns zurücklehnen, wenn wir uns vorlehnen und uns reinhängen sollten. Wir verinnerlichen die negativen Botschaften, die wir unser ganzes Leben lang zu hören bekommen – die besagen, dass man als Frau nicht forsch und aggressiv und nicht mächtiger sein darf als ein Mann. Wir schrauben unsere eigenen Erwartungen an uns zurück. Wir übernehmen weiterhin den Großteil der Hausarbeit und der Kindererziehung. Wir gefährden unsere Karriereziele für Partner und Kinder, die es womöglich noch gar nicht gibt. Verglichen mit unseren männlichen Kollegen streben weniger von uns höhere Positionen an." (Sandberg 2017, S. 16) Sandberg gesteht aber ein, dass sie jeden dieser Fehler auch selbst begangen hat. Diese inneren Barrieren einzureißen ist nach ihrer Erfahrung als erfolgreiche Geschäftsfrau in einer Führungsposition von grundlegenderer Bedeutung als die Beseitigung der institutionellen Barrieren. Die im Vergleich zu den ausweglosen Analysen Butlers praktischen Schlussfolgerungen Sandbergs lautet dagegen: „Die Umstände für alle Frauen werden sich verbessern, wenn es mehr Frauen in Führungspositionen gibt, die mit starker und mächtiger Stimme ihren Bedürfnissen und Anliegen Ausdruck verleihen. … Der Marsch für Gleichberechtigung geht weiter. Er zieht durch die Foyers von Regierungen, Unternehmen, Universitäten, Krankenhäusern, Anwaltskanzleien, gemeinnützigen Organisationen, Forschungslaboren und allen anderen Organisationen, egal ob groß oder klein. Das sind wir den Generationen vor uns genauso schuldig wie denen, die nach uns kommen und weiterkämpfen werden. Ich glaube, dass Frauen im Berufsleben mehr Führung übernehmen können. Ich glaube, dass Männer zu Hause einen größeren Beitrag leisten können. Und ich glaube, dass das zu einer besseren Welt führen wird, einer Welt, in der die Hälfte unserer Institutionen von Frauen und die Hälfte aller Haushalte von Männern geleitet werden."

21 „MeToo“: Frauen als Missbrauchopfer

Der Begriff „MeToo“ wurde bereits 2006 von Tarana Burke im Rahmen einer Kampagne verwendet, deren Ziel es war, die Zusammenarbeit unter afroamerikanischen Frauen zu fördern, die Erfahrungen mit sexuellem Missbrauch gemacht hatten. Burke selbst wurde in ihrer Aktivität durch die Geschichte eines 13-jährigen Mädchens angeregt, die schon in diesem Alter Erfahrungen mit Missbrauch gemacht hat. Der Grund für die Verwendung des Hastags #MeToo war ein Skandal, bei dem zahlreiche Frauen den Filmproduzenten Harvey Weinstein der sexuellen Belästigung, Nötigung oder der Vergewaltigung beschuldigten. In diesem Zusammenhang forderte die bekannte Schauspielerin Alyssa Milano alle Frauen zur Nutzung des Hashtags auf, indem sie auf Twitter schrieb: „Wenn du sexuell belästigt oder angegriffen wurdest, schreibe ‚Me too‘ als Antwort auf diesen Tweet“.

Das Ziel war die Öffentlichkeit über das Ausmaß sexueller Belästigung und sexueller Übergriffe aufmerksam zu machen. Seitdem wurde dieses Hashtag millionenfach verwendet.

Alyssa Milano ist nicht nur eine erfolgreiche Schauspielerin, Produzentin, Modedesignerin und Sängerin. Unter Anderem forderte sie 2018 anlässlich der jährlich stattfindenden Konferenz der NRA (National Rifle Association) in einer Petition Vizepräsident Mike Pence auf die Waffengewalt zu stoppen, auf Grund derer jeden Monat tausende Menschen ihr Leben verlieren. In den letzten 50 Jahren sind mehr Amerikaner von Schusswaffen getötet worden als in allen Kriegen der amerikanischen Geschichte. Seit 1968 sind über 1,5 Millionen Amerikaner durch Vorkommnisse mit Schusswaffen getötet worden.

Zu Beginn des Jahres 2019 löste der Vorwurf, dass 30 Prozent aller Nonnen von Ordensbrüdern und Priestern sexuell missbraucht werden einen Sturm der Entrüstung aus. Ins Rollen wurde diese Diskussion durch ein Interview gebracht, das Jeremy Diamond im Bayrischen Rundfunk geführt hat. Doris Wagner trat mit 19 Jahren nach ihrer Matura in die römische Niederlassung des Bregenzer Klosters „Mein Werk“ ein, Sie folgte dem Idealbild einer Nonne: „Dieses total selbstlose, immer lächelnde, hingebungsvolle Wesen – wie bewundernswert das doch ist! Die Vorstellung, für sich selbst gar nichts mehr zu brauchen und nur noch den andern zu dienen, ist irgendwie großartig.“ Später aber bekennt sie: „Aber es ist überhaupt nicht großartig, es ist furchtbar. Ich habe dieses Ideal auch verfolgt, ich dachte, ich komme Gott näher, wenn ich mich ganz aufgebe und verleugne.“ „Am Anfang habe ich wenige explizite Verbote bekommen, dafür konnte ich über keine Minute mehr frei bestimmen. Dann kamen direkte Kontrollen und ausdrückliche Verbote. Ich musste wöchentliche und monatliche Berichte schreiben und durfte keine Bücher lesen", sagt Doris Wagner. Besonders schlimm waren die strengen Kontrollen innerhalb dieser Gemeinschaft: „Dass ich mit niemandem offen reden durfte, dass der Kontakt zu meinen Eltern kontrolliert wurde, dass ich alle Briefe vorlegen musste." Sogar ihre Mimik und Gestik wurden die ganze Zeit über korrigiert und kontrolliert: „Ich durfte nicht zu laut, aber auch nicht zu leise sprechen, den Kopf nicht gerade halten, aber auch nicht schräg, die Beine nicht übereinander schlagen, ich wurde komplett entpersonalisiert, aber ich dachte weiterhin: Das ist der Weg." Dieser Weg endete erst mit dem schrecklichen Erlebnis einer Vergewaltigung, über die Doris Wagner berichtet: „Bis zu dem Tag, als ein Priester in meinem Zimmer stand und mich auszog. Ich hatte überhaupt keinen Widerstand mehr. Mein erster Gedanke war: Tut er das wirklich? Und ich wusste: Ja, er tut das jetzt und ich kann nie irgendjemandem davon erzählen. Ich wusste auch: Hier ist irgendwas falsch, das will Gott nicht. Das war für mich der Anlass, dieses Selbstlosigkeitsideal zu hinterfragen und Stück für Stück aus dieser Ideologie auszusteigen." Damals war sie 24 Jahre alt. Lange nach ihrem Austritt hatte sie noch geglaubt, dass sie die Einzige ist, der so etwas passierte. Dann ist sie auf eine amerikanische Studie aus den 90er-Jahren gestoßen, in der stand, dass dreißig Prozent aller Ordensfrauen missbraucht werden. Dann fasste sie den Plan für diese Leidensgenossinnen zu kämpfen. Durch Schreiben von Büchern und öffentlichen Vorträgen ist es ihr schließlich gelungen die Mauer des Schweigens zu durchbrechen.

So hatte auch Kardinal Schönborn, der selbst nicht ganz unschuldig an diesem Verschweigen war, ihr erstes Buch „Nicht mehr Ich. Die wahre Geschichte einer jungen Ordensfrau" gelesen. Was Doris Wagner mit diesem Buch wollte, darüber schreibt sie selbst, dass es keine Traumabewältigung und kein Racheakt ist: „Es möchte nicht um Mitleid werben und nicht zum Kampf aufrufen. Es hat nur ein Ziel: die Dynamik von Ideologie, Manipulation und Missbrauch zu veranschaulichen, der Menschen in bestimmten katholischen Gruppierungen zum Opfer fallen." (Wagner 2016, S. 9) Deshalb hat sie sich, was zurecht kritisiert worden ist entschlossen sämtliche Namen im Buch zu verändern. Ihr Fehler war ihr inniger Glaube, den sie bereits in ihrer Kindheit entwickelte, und von dem sie in ihrem Buch selbstkritisch schreibt: „In meinem Inneren vereinigten sich nun kindliche Religiosität und jugendliche Romantik zu einem wahrhaftigen Rausch." (Wagner 2016, S. 27) Sie glaubte fest daran, dass alles, was der Papst und die Bischöfe lehrten, wahr war. Alles Übel in der Kirche rührte daher, dass so viele Gläubige nicht auf ihre Hirten hörten. Als sie aber durch ihre eigenen Erfahrungen hellsichtig geworden daran zu zweifeln begann, wurde sie durch einen Priester, der auch ein strenger Fastenprediger war belehrt: „Sie als gottgeweihte Frau, können einem Priester gegenüber nicht Formulierungen wählen, die wie ein ‚Gegenübertreten-aus-Augenhöhe' wirken. Selbst ein theologisch noch so gebildeter Laie darf nicht zu einem Priester sagen. Ich kann nicht zustimmen. Das steht einem geweihten Gläubigen nicht zu." (Wagner 2016, S. 304. Die geistliche Familie „Das Werk" hat auf die Vorwürfe von Doris Wagner durch eine Stellungnahme des Regionalverantwortlichen der Gemeinschaft, Pater Georg Gantioler reagiert, in der es heißt: Der Orden nehme mit Betroffenheit zur Kenntnis, dass die ehemalige Mitschwester „in einer derartig negativen Weise auf die Jahre in unserer Gemeinschaft zurückblickt und viele positive Dinge, die sie erlebt hat, ausblendet". Gleichzeitig bestätigt der Orden, dass die Vorwürfe im Rahmen einer bereits abgeschlossen Apostolischen Visitation geprüft wurden, deren Ergebnis noch nicht bekannt ist. Wie der Regionalverantwortliche ausführte, bedauere der Orden sehr, „dass ein Priester unserer Gemeinschaft eine kurze intime Beziehung zu der damals 24-jährigen Schwester unterhalten hat". Der sich 2008 zugetragene Vorfall sei vier bzw. fünf Jahre später angezeigt worden, wobei der Vorwurf der Vergewaltigung „sowohl von der Staatsanwaltschaft in Deutschland als auch von der Staatsanwaltschaft in Österreich als nicht zutreffend zurückgewiesen worden sei."

Dagegen hat Papst Franziskus neuerdings sexuellen Missbrauch von Nonnen in der katholischen Kirche eingeräumt. „Es stimmt, es ist ein Problem", sagte er auf einem Rückflug von Abu Dhabi nach Rom „ich weiß, dass Priester und auch Bischöfe das getan haben. Und ich glaube, es wird immer noch getan", sagte er auf eine Frage, was der Vatikan gegen den sexuellen Missbrauch von Ordensschwestern tun wolle. Der Papst sprach dabei einen Fall einer Gemeinschaft aus der Vergangenheit an, bei dem Frauen „wie Sklaven" behandelt worden seien. Es sei bis zur „sexuellen Sklaverei" durch Kleriker und den Gründer der Gemeinschaft gegangen bekennt nun das Oberhaupt der katholischen Kirche Franziskus. Auch die Internationale Vereinigung von Generaloberinnen, die weltweit 500 000 Ordensschwestern vertritt, beklagte unlängst eine „Kultur des Schweigens". Sie ermutigte Frauen in religiösen Gemeinschaften, jeden Fall von Missbrauch zu melden (APA, red, 5.2.2019). Derartige Fälle wurden besonders in Afrika aufgedeckt.

Neben Marie McDonald von den „Missionaries of Our Lady of Africa" und der Benediktinerin Esther Fangman war es vor allem Maura O'Donohue von den „Medical Missionaries of Mary", die in den 1990er-Jahren auf das Problem aufmerksam machte. Die amerikanische Ordensfrau und Entwicklungshelferin arbeitete jahrelang in verschiedenen afrikanischen Ländern und wurde in dieser Zeit immer wieder mit Fällen konfrontiert, in denen Ordensfrauen von Priestern missbraucht worden waren. Die große Anzahl und Schwere der Fälle veranlassten sie schließlich im Jahr 1995 dazu eine umfassende Dokumentation darüber nach Rom zu schicken. In diesen Berichten ist von weitverbreitetem Missbrauch (widespread abuses) von Ordensfrauen durch Priester die Rede (vgl. Chris Hedges, Documents Allege Abuse of Nuns by Priests. in: New York Times 21.3.2001). Die Priester fürchteten sich bei Prostituierten und anderen sexuell aktiven Frauen mit AIDS anzustecken, und würden daher Schwestern als „sichere" Sexualpartnerinnen betrachten. Es soll vorgekommen sein, dass „eine Oberin von Priestern aufgefordert wurde, ihnen Schwestern für sexuelle Gefälligkeiten zur Verfügung zu stellen. Als die Oberin das ablehnte, erklärten die Priester, dass sie ansonsten gezwungen wären, ins Dorf zu gehen, um dort Frauen zu finden, und dass sie so AIDS bekommen könnten." Priester würden den sexuellen Kontakt unter anderem im Austausch für Empfehlungsschreiben erzwingen, auf die die Schwestern angewiesen wären. In einem Fall wären 29 Ordensfrauen ein und derselben Gemeinschaft in Malawi von Diözesanpriestern schwanger geworden. Als die Oberin sich beim Bischof darüber beschwerte, sei sie vom Diözesanbischof abgesetzt worden. In vielen Fällen, in denen Schwestern schwanger geworden wären, hätten Priester milde Ermahnungen erhalten, während die schwangeren Frauen ihre Gemeinschaften verlassen mussten, was sie nicht selten in extreme existenzielle Notlagen brachte. Für ihre Familien eine Schande, von ihren Gemeinschaften verstoßen, sahen sich manche als alleinstehende Mütter gezwungen, als Zweit- oder Drittfrauen in eine Ehe einzuwilligen oder aber sich zu prostituieren, um ihr eigenes Überleben und das ihres Kindes zu sichern, wobei sie sich zusätzlich der Gefahr aussetzten, sich mit AIDS zu infizieren. Am meisten schockieren Fälle, in denen es zum Tod der Opfer oder zu erzwungenen Abtreibungen gekommen sein soll. So berichtet O'Donohue unter anderem über einen Fall, in dem ein Priester eine junge Ordensfrau, die von ihm schwanger geworden war, zur Abtreibung in ein Krankenhaus gebracht hatte. Die Frau wäre während des Eingriffs verstorben. Derselbe Priester, der sie missbraucht und zur Abtreibung gezwungen hatte, habe anschließend die Requiem-Messe für sie gehalten. Wie fiel die offizielle Reaktion auf diese Berichte aus? Zunächst blieben die Berichte ebenso wie eventuelle Reaktionen der Ordenskongregation geheim. Erst als die Berichte 2001 an die Öffentlichkeit kamen und unter anderem vom „National Catholic Reporter" und der New York Times aufgegriffen wurden, gab der damalige vatikanische Pressesprecher, Joaquín Navarro-Valls, eine Erklärung ab, die sich wie folgt zusammenfassen lässt: Diese Fälle wären in Rom bekannt. Allerdings wäre das Problem auf einen kleinen geographischen Raum beschränkt. Man würde daran arbeiten, die Ausbildung dort zu verbessern und einzelne Fälle zu lösen. Viel mehr als die Herausgabe dieses Statements ist dann nicht geschehen. Für die Rede von einem „kleinen geographischen Raum" spricht tatsächlich nicht viel dafür, dass Navarro-Valls mit der Behauptung der lokalen Beschränktheit des Phänomens Recht gehabt haben könnte. Denn erstens liefert er in seinem Statement keinerlei Evidenz für diese Behauptung, und zweitens werden in den Berichten immerhin Vorfälle in 23 Ländern genannt. Die 23 im Bericht aufgeführten Länder sind: Botswana, Burundi, Brasilien, Kolumbien, Ghana, Indien, Irland, Italien, Kenia, Lesotho, Malawi, Nigeria, Papua-Neuguinea, Philippinen, Südafrika, Sierra Leone, Tansania, Tonga, Uganda, Vereinigte Staaten, Sambia, Zaire, Simbabwe. Neuerdings gibt es nach Untersuchungen von AVREF (Aide aux Victimes de mouvements Religieux en Europe et Familles) eine schwer kalkulierbare Zahl nicht öffentlich gewordener Fälle. Dem Verein mit Sitz in Paris, der sich um Opfer von geistlichem Missbrauch in katholischen Gemeinschaften kümmert, liegen Opferberichte vor, die darauf schließen lassen, dass es sich nicht um Einzelfälle handelt. Das Muster ist immer dasselbe: Oft sehr junge Ordensfrauen werden von Priestern missbraucht, die ihre Rolle als Gründer, Beichtväter oder geistliche Begleiter ausnutzen, um die Frauen zu bisweilen spirituell überhöhten und vermeintlich einvernehmlichen, bisweilen aber auch gewaltsam erzwungenen sexuellen Handlungen zu nötigen. Die meisten Opfer sind von ihren Erlebnissen so verletzt, verwirrt und nicht selten traumatisiert, dass sie schlicht nicht in der Lage sind, an die Öffentlichkeit zu gehen, wenn sie es überhaupt fertigbringen, sich jemandem anzuvertrauen. Auch das geschieht oft nur zaghaft und erst viele Jahre nach den Missbrauchserfahrungen.

Auch im Bereich Wissenschaft und Forschung gibt es Missbrauchsvorwürfe. Dass der Umgang mit Fällen sexueller Belästigung an den Universitäten besonders schwierig ist, hängt vor allem mit der Karriereaussicht der Opfer zusammen. Da es problematisch ist, anonymen Hinweisen nachzugehen, stehen Opfer sexueller Belästigung vor der Entscheidung, ihre weitere Karriere zugunsten einer öffentlichen Beschwerde aufs Spiel zu setzen oder aber den Vorfall auf sich beruhen zu lassen. Die Entscheidung für eine Beschwerde hat in der Wissenschaft massive Konsequenzen, da die spätere Laufbahn stark von den Empfehlungsschreiben früherer Betreuer und Mentoren abhängt. Ein Nachwuchswissenschaftler kann es sich daher kaum leisten, einen anerkannten Professor zum Gegner zu haben. Auch die Universitäten sind in ihren disziplinarischen Möglichkeiten eingeschränkt. Daher wird in den meisten Beschwerdefällen nur eine Verwarnung ausgesprochen. Doch umgekehrt ist klar, dass sich gerade am Anfang einer Karriere der Missbrauch eines hierarchischen Mentorenverhältnisses äußerst negativ auf das fachliche Selbstbewusstsein der Nachwuchsforscherinnen auswirkt. Immer wieder taucht die Frage auf, inwiefern Erlebnisse sexueller Belästigung eine entscheidende Rolle dafür spielen könnten, dass viele Frauen sich gegen eine Karriere in der von starkem Konkurrenzdruck geprägten Wissenschaft entscheiden. Daher wird die Notwendigkeit betont, an den Universitäten ein Meldesystem für sexuelle Belästigungen zu etablieren, das sowohl die Opfer anzuhören und zu schützen vermag als auch Mechanismen zum Schutz der etablierten Professoren in ihrer Funktion als Mentoren oder Vorgesetzte vor ungerechtfertigten Vorwürfen enthält. Beispiele für beide Fälle lassen sich aufzeigen.

Trotz heftiger Einwände von renommierten Wissenschaftlern, darunter zehn Nobelpreisträgern, wird der Biochemiker Tim Hunt nicht wieder als Ehrenprofessor am University College London eingesetzt. Der Nobelpreisträger war wegen ungeschickter Bemerkungen über die vermeintlich negative Wirkung von Frauen im Labor zum Rücktritt gezwungen worden. Hunt hatte bei einer Tagung vor Wissenschaftsjournalistinnen in Südkorea erklärt, dass Frauen im Labor aus drei Gründen Schwierigkeiten bereiteten: „Man verliebt sich in sie, sie verlieben sich in einen und wenn man sie kritisiert, weinen sie." Als eine Darstellung dieses Auftritts im Internet zu einem Entrüstungssturm führte, wurde Hunt zum Rücktritt gezwungen, ohne dass das University College versucht hätte, sich ein eigenständiges Bild des Vorgangs zu machen. Doch in einer Sitzung des Colleges wurde die vielfach kritisierte Entscheidung der Hochschul-Leitung jedoch gestützt. In einer Erklärung des University College heißt es, der Rat bestätige, dass sich alle Beteiligten einig seien, dass eine Wiedereinsetzung Hunts unangemessen wäre.

Der 72-jährige Timothy Hunt zog die Konsequenzen aus seinem sexistischen Kommentar und trat von seinem Posten als Honorarprofessor zurück. Außerdem entschuldigte sich Hunt im britischen Radiosender BBC mit den Worten: „Es tut mir sehr leid, wenn ich jemanden beleidigt haben sollte." Es stimme, dass sich jemand im Labor in ihn und er sich auch in jemand anderes verliebt habe. Liebe im Labor sei „störend für die Wissenschaft", sagte Hunt. Er habe nur ehrlich sein wollen, nannte sich selbst aber dennoch ein „chauvinistisches Schwein". Die britische Forschungsgesellschaft Royal Society distanzierte sich in einer Mitteilung im Internet von ihrem Mitglied Hunt: „Die Wissenschaft muss die forscherischen Fähigkeiten der gesamten Bevölkerung nutzen", schrieb die Gesellschaft und fügte deutlich hinzu, „die Wissenschaft braucht Frauen". Zu viele talentierte Menschen nutzten ihr Potenzial wegen Problemen mit Sexismus nicht und die Royal Society sei entschlossen, dies zu ändern, hieß es. Dorothy Bishop, Professorin für neuropsychologische Entwicklung an der Universität Oxford, sagte, Hunts Kommentare rührten „am Kern der Vorurteile über Frauen in der Wissenschaft". Dabei gehe es um die Auffassung, weibliche Forscher seien wegen zu großer Emotionalität nicht ernst zu nehmen und lenkten männliche Kollegen durch ihre sexuelle Anziehungskraft von der Arbeit ab. Die Professorin Anne Glover sagte, Hunts Ansichten über Frauen seien hoffentlich auf eine frühere Generation beschränkt.

Doch dass Sexismus und Belästigung gerade in der wissenschaftlichen Forschung auch aktuell noch ein großes Thema sind, zeigt ein weiterer Fall. Nach dem heftig diskutierten, erzwungenen Rücktritt des britischen Nobelpreisträgers Tim Hunt hat sich die wissenschaftliche Gemeinschaft einem neuen Skandal zu stellen, der über ein anderes Problem im Umgang der Geschlechter betrifft: sexuelle Belästigung als Mittel und Folge der Machtausübung in wissenschaftlichen Hierarchien.

Eine sechsmonatige Untersuchung der University of California, Berkeley, war zu dem Ergebnis gekommen, dass Geoffrey Marcy, einer der bekanntesten amerikanischen Astronomen, in den Jahren zwischen 2001 und 2010 gegen die universitären Richtlinien verstoßen hat. Dem Universitätsprofessor, der für seine Arbeiten im Feld der Suche nach erdähnlichen Planeten noch kürzlich als Kandidat für einen Nobelpreis gehandelt worden war, wurde vorgeworfen, sich wiederholt Studentinnen mit ungewollten Massagen, Küssen und unsittlichen Berührungen genähert zu haben. Der Fall war ursprünglich unter Verschluss gehalten worden. Erst als ein Online-Magazin den Vorgang an die Öffentlichkeit brachte, wurde bekannt, dass die Universität Berkeley trotz der eindeutigen Untersuchungsergebnisse lediglich eine Verwarnung gegen Marcy ausgesprochen hatte. Die Reaktionen innerhalb der astronomischen Gemeinschaft waren heftig. Nachdem die große Mehrheit der Professoren am Astronomischen Institut der Universität Berkeley schriftlich mitgeteilt hatte, dass Marcy ihrer Einschätzung nach zur Ausübung seiner Funktion als Fakultätsmitglied nicht weiter in der Lage sei, gab Marcy vor einer Woche seinen Rücktritt bekannt.

Der Missbrauchsvorwurf gegen den Astronomieprofessor Geoff Marcy sollte nach Meg Urry, Präsidentin der American Astronomical Society, die Forscher alarmieren und Reformen anstoßen. In einem bemerkenswerten kritischen Kommentar, der im Original im „Scientific American" erschienen ist, schreibt sie: „Vor gut einer Woche wurde öffentlich, dass die University of California in Berkeley ein Ermittlungsverfahren wegen sexueller Belästigung gegen den dort angestellten Astronomieprofessor Geoff Marcy anstrengt. Vor gut einem Monat berichtete der Dachverband der US-Universitäten über eine alarmierend hohe Zahl von Opfern sexueller Gewalt, die sich auf dem Gelände der Hochschulen ereignet hat. Und vor gut einem Jahr hatte eine Studie zusammengetragen, dass tatsächlich die Mehrzahl aller befragten Graduierenden und Postdocs der Fächer Anthropologie und Archäologie über Belästigungen bei der Arbeit im Feld klagten. Ich selbst habe in meiner Berufslaufbahn als Astronomin beobachten müssen, wie ein solches Fehlverhalten Frauen aus einer Karriere in MINT-Fächern drängt, also aus Mathematik, Informatik, Naturwissenschaft oder Technik. Mit Wut sehe ich, wie viele kluge, ehrgeizige und leistungsfähige junge Forscherinnen ihre Träume begruben. Und traurig macht mich, dass wohl nie jemand von all den möglichen Entdeckungen und neuen Ideen dieser Frauen profitieren wird. Denn: Ja, meist werden Frauen zur Zielscheibe von Belästigung. Sexuelle Belästigung läuft typischerweise nach folgendem Muster ab: Eine Frau ist Teilnehmerin einer wissenschaftlichen Tagung und berichtet Fachkollegen mit ähnlicher Forschungsrichtung über ihren Ansatz. Ein männlicher Kollege – meist einer in höherer Position – schenkt ihr Aufmerksamkeit und sie freut sich darüber, dass ihre Studien ein Echo von verdienter Stelle bekommen. Doch dann wird es schleichend, aber stetig beklemmender, etwa mit ein paar flirtenden Bemerkungen, vielleicht durch Einladungen zu privaten Treffen oder zu einem Gedankenaustausch, der unbedingt, warum auch immer, im Hotelzimmer stattfinden muss. Oder mit einer Bemerkung über sein Liebesleben. Oder über irgendeinen Makel, den er an der eigenen Ehefrau zu konstatieren hat. Den Rest der Tagung dürfte die Forscherin sich von diesem Mann fernhalten: Im Fokus steht für sie nun sicher nicht länger die Wissenschaft, sondern einfach bis zum Ende des Meetings den Kopf über Wasser zu halten. Folglich engagiert sie sich nicht mehr intensiv bei Gesprächen mit anderen wichtigen Kollegen ihres Fachbereichs – meist Männern – und verzichtet auf eigene Netzwerkeraktivitäten. Sie wird sich beim nächsten Mal gründlich überlegen, ob sie ein Meeting überhaupt noch besucht. Natürlich darf jeder für sich selbst beantworten, ob er sich mit diesem Typ Mann auf ein Rendezvous eingelassen hätte, wenn man ihn harmlos in der Kneipe getroffen hätte, ohne über seinen beruflichen Hintergrund Bescheid zu wissen. Bei nächster Gelegenheit, in der ein Kollege die Kollegin nach ihrer Arbeit fragt – wird sie da nicht gleich argwöhnen, dass sich hinter seinem Interesse etwas anderes verbirgt? Muss man sich da noch wundern, dass Frauen nicht immer mit der größten Selbstverständlichkeit einfach ihre Ergebnisse präsentieren? Vielleicht halten sie sich auch zurück, weil sie oft die Rückmeldung bekommen haben, ihre

Arbeit sei weniger entscheidend für den Erfolg als ihr Aussehen – oder ihre sexuelle Verfügbarkeit. Wie viele Frauen entscheiden sich deswegen, dass eine Laufbahn im MINT-Fachbereich diese Art Quatsch nicht wert ist – und brechen sie ab? Ich selbst bin seit 30 Jahren Wissenschaftlerin. Während all der Jahre habe ich Affären von Professoren mit Studentinnen mitbekommen, gelegentlich hat so ein Paar geheiratet, manchmal hat auch einer den anderen (oder der andere den einen) abserviert, und das Leben ging weiter, meist ohne schlimmere Konsequenzen. Fast immer sind die Frauen jünger, fast immer machen die Männer den ersten Schritt aus einer höheren Position heraus – und sehr viel öfter sind es die Frauen, die am Ende das Feld räumen. Noch vor 20 Jahren hätte man vielleicht gesagt: „Das Privatleben geht uns nichts an" – heute sind wir aus gutem Grund weiter. Viele Institutionen haben Richtlinien, die die ungleichen Machtverhältnisse der Beteiligten bei solchen Beziehungen einkalkulieren. Und am Ende bleibt stehen: Professoren sollte es verboten sein, eine Beziehung mit Studenten einzugehen, die noch keinen Abschluss haben – Punkt." (Spektrum – Die Woche, 42/2015; der Kommentar ist im Original in „Scientific American" erschienen.)

Im Gegensatz zu diesem bereits verwirklichten Ansatz erweist heutzutage eine aktuelle Social-Media-Debatte dem Feminismus einen schlechten Dienst. Unter dem Hashtag #MenAreTrash („Männer sind Abfall") wird auf Twitter und anderen sozialen Medien geschimpft und geätzt. Angestoßen wurde die derzeit laufende Diskussion von der deutsch-kurdischen Journalistin und Social-Media-Managerin Sibel Schick, die per Twitter feststellte, dass es „ein strukturelles Problem ist, dass Männer Arschlöcher sind". Sie ist der Meinung: „Solange ein Problem strukturell ist, kann es nicht individuell gelöst werden." Seitdem wird ihr mit Vergasung, Vergewaltigung und vielem mehr gedroht. Demgegenüber betont Sibel Schick, dass sie damit jenen Frauen Mut machen will, die sich selbst nicht trauen, sich öffentlich zu äußern. Auf Twitter wird auch über alles Mögliche diskutiert: Ob man denn nun Männer hassen darf – vielleicht sogar muss? Ob viele Männer eigentlich doch nett sind und wer in der ganzen Diskussion sein „Hirn ein- oder ausgeschaltet" hat. Die eigentlichen Fragen, die den Feminismus umtreiben, nämlich: wie alle Menschen – unabhängig von ihrem Geschlecht – gleichberechtigt und selbstbestimmt leben können, werden dabei nicht einmal ansatzweise gestreift.

In Deutschland wird jede zweite Studentin an der Universität sexuell belästigt. Dies ergab nach Dorothea Benedikt (Hamburger Abendblatt 2018) eine Befragung unter mehr als 12 000 Kommilitoninnen. In jedem zehnten Fall gehen diese Übergriffe von einem Dozenten aus. Dies geht auch aus einer europaweiten Studie aus den Jahren 2009 bis 2011 hervor. 81 Prozent der befragten Studentinnen gaben an, Opfer sexueller Belästigung geworden zu sein. Besonders erschreckend ist, dass auch hier jede zehnte Befragte angab, sexuelle Gewalt erlebt zu haben; 3,3 Prozent sogar an der Universität. Die Europäische Kommission förderte die Studie „Gender-Based Violence, Stalking and Fear of Crime". An dieser Studie nahmen 21 516 Studentinnen in den Ländern Deutschland, Italien, Spanien, Polen und Großbritannien teil und beantworteten anonym einen Fragebogen. In Deutschland war die Ruhr-Universität Bochum federführend mit dem Projekt beauftragt und befragte junge Frauen an 16 deutschen Hochschulen. Die daran beteiligten Forscher kamen zu dem Ergebnis, dass vor allem junge Frauen überdurchschnittlich häufig von sexueller Belästigung betroffen sind. Damit fallen die Ergebnisse der Bochumer Forscher deutlich höher aus als die der bundesweiten Repräsentativstudie zur Gewalt gegen Frauen im Jahr 2003. Damals gaben 60 Prozent der befragten Frauen an, schon mal sexuell belästigt worden zu sein. Bei der aktuellen Untersuchung unter Studentinnen lag dieser Wert bei 81 Prozent. Jedoch ging auch schon bei der vorausgegangenen Studie Jahren hervor, dass Frauen im Alter zwischen 18 und 24 Jahren mehr als doppelt so häufig Opfer von sexueller Belästigung werden als 35- bis 44-Jährige. In der bundesweiten Repräsentativstudie von 2003 gaben zwölf Prozent der befragten Frauen zwischen 15 und 86 Jahren an, im Laufe ihres Lebens zu sexuellen Handlungen gezwungen worden zu sein. „Die Zahlen an sich haben uns jetzt nicht besonders aufschrecken lassen, denn wir gingen zuvor von einer hohen Dunkelziffer aus", sagt Angelika Müller, Leiterin der Beratungsstelle conTakt an der Universität Oldenburg. Diese Einrichtung hilft Studenten, die Opfer von sexueller Diskriminierung oder Gewalt wurden. „Erschreckend war jedoch zu erfahren, warum viele Studentinnen sich nicht gegen sexuelle Belästigung oder Gewalt gewehrt haben", sagt Müller und fügt hinzu: „Einigen Studentinnen wurde mit der Befragung sogar erst bewusst, was ihnen widerfahren ist." An der Universität Oldenburg, an der sich 756 Frauen beteiligt hatten, gaben 134 Studentinnen an, auf dem Campus Opfer eines Stalkers geworden zu sein. Wie in den anderen Hochschulen in Deutschland sind insbesondere Frauen in den ersten beiden Semestern am häufigsten betroffen. Die Studie ergab ferner, dass die Orte, die bei Studentinnen besondere Furcht auslösen, wie beispielsweise Tiefgaragen, Parkplätze, Treppenhäuser oder der Campus im Dunkeln in der Regel nicht die wirklichen Tatorte sind. Dies sind eher die Außenanlagen, Hörsäle, Seminarräume und die Mensa (Hamburger Abendblatt 2018).

Beziehungen zwischen Lehrenden und Studierenden bleiben anders als in den USA in Österreich straffrei. Wo die rote Linie zwischen „zu-vergessender-Bemerkung" und sexueller Belästigung verläuft, ist individuell. Eine klare Abgrenzung gibt es nicht. Im Gleichbehandlungsgesetz steht nur, dass es für die betroffene Person „unerwünscht" sein muss.

Schlussbetrachtung

Auf dem langen Weg zur Gleichstellung der Frau mit dem Mann waren es zunächst die schreibenden Frauen, die sich als erfolgreiche Romanschriftstellerinnen ein unabhängiges Leben sicherten. Es waren Autorinnen wie Jane Austen, die Geschwister Brontë, aber vor allem Mary Shelley mit ihrem weltberühmten Werk „Frankenstein", die sich auch die Anerkennung der Männerwelt verschafften. Wesentlich schwieriger war es jedoch die Leistung von Frauen in der Wissenschaft anzuerkennen. Man erwartete von intelligenten Frauen, die zunächst ausschließlich aus aristokratischen Familien oder aus der Oberschicht des Bürgertums stammten, dass sie ihre Bildung verbargen. Noch im 17. Jahrhundert war die gelehrte Frau das Schreckgespenst der von Männern dominierten Welt. Ihr wurde vorgeworfen, dass sie ihren Haushalt vernachlässigt und überall mitreden will. Über diese gelehrten Frauen (Les Femmes savantes) hatte damals der französische Dichter Molière, eine satirische Komödie verfasst, die noch bis heute immer wieder aufgeführt wird. Trotzdem gelang es in einer Zeit, in der Frauen de facto von der Ergreifung eines naturwissenschaftlichen Berufs ausgeschlossen waren, mehreren Frauen gleichsam im Verborgenen als Helferinnen ihrer berühmt gewordenen Brüder oder Ehemänner in diesem Bereich tätig zu sein. Das ging so weit, dass man sagen kann, dass die Leistungen, die den Männern ihre Berühmtheit verschafften, ohne die Tätigkeit der Frauen gar nicht zustande gekommen wären. Das gilt besonders für Caroline Herschel ohne deren mathematische Berechnungen ihr Bruder Wilhelm Herschel den Uranus nicht hätte auffinden können. Ein weiteres gut belegbares Beispiel ist die Berühmtheit des Chemikers Antoine Lavoisiers. Dahinter verbirgt sich jedoch seine Ehefrau Marie-Anne Lavoisier, die als seine „Laborassistentin" nicht nur die Versuchsaufbauten des Labors bestimmte und aktiv an der Auswertung der Experimente mitwirkte, sondern auch redaktionell die Veröffentlichungen ihres Mannes betreute.

Ein vielleicht noch mehr als die wissenschaftliche Tätigkeit vernachlässigtes Gebiet der Leistungen von Frauen ist ihre Reisetätigkeit, von der sogar die Vorkämpferin der Frauenbewegung Simone de Beauvoir behauptet hat, eine Frau könnte sich nicht zu Fuß in ein halb verlassenes und gefährliches Land wagen. Doch das war bei genauer historischer Analyse ein Irrtum. Hundert Jahre früher als Alexander von Humboldt wagte sich Merians Tochter Maria Sibylla Merian auf eine abenteuerliche Reise in die neue Welt. Von den Plantagenbesitzern Surinams belächelt und verspottet, ließ sie sich nicht davon abhalten in den Dschungel vorzudringen, um dort Schmetterling und Raupen zu sammeln, zu konservieren und zu zeichnen. Carl von Linne bewunderte Merians Arbeit und erwähnte sie in seinem „Systema Naturae". Linne und andere Botaniker hatten die Tropen selbst nie bereist, sie kannten einige Falter und Raupen nur aus solchen Zeichnungen. Doch das hinderte sie nicht daran, die Tiere unter ihrem eigenen Autorennamen einzuordnen. Maria Sibylla Merian, die erste und wirkliche Autorin, blieb dabei oft ungenannt. Ein anderes Bespiel war das abenteuerliche Schicksal Jeanne Barets. Als Mann verkleidet wurde sie von Louis Antoine de Bougainville auf seine Expedition in die Südsee mitgenommen. Sie war es die den Aufgabenbereich des Wissenschaftlers dieser Expedition Commerson erfüllte, der nach einen Hundebiss krank und schwächlich wurde. Nachdem ihre Verkleidung als Mann der ganzen Mannschaft bekannt worden war, erlebte sie bei einem Landausflug das schreckliche traumatische Ereignis einer brutalen Vergewaltigung. Commerson, der an den Folgen seiner Beinverletzung starb, vermachte Jeanne Baret zwar seinen Haushalt und die Pflanzensammlung, aber die Sammlung mit den Funden ihrer Reise vermoderte in Kisten, ohne dass Baret je die Gelegenheit bekam, alles zu ordnen. In dieser Zeit, in der Frauen zu keiner offiziellen wissenschaftlichen Qualifikation kommen konnten, war die Österreicherin Ida Pfeifer die einzige Frau, die es schaffte, wissenschaftlich anerkannt zu werden und auf diesem Gebiet zu Ehren zu gelangen. Als erste Frau wurde sie auf Anraten Alexander von Humboldts zum Ehrenmitglied der „Berliner Ethnographische Gesellschaft" ernannt. Auch die französische Geographische Gesellschaft nahm sie ehrenhalber auf. Und der Vorsitzende der k. k. Geographischen Gesellschaft in Wien nannte sie die „unstreitig die bedeutendste Weltreisende" seiner Zeit.

Reisende Frauen waren nicht nur wissenschaftlich, sondern auch politisch tätig wie z. B. Gertrude Bell, die im Grunde genommen, für die heutige politische Ordnung der arabischen Staaten Irak und Saudi-Arabien verantwortlich ist. Von den Tätigkeiten der Frauen im politischen Weltgeschehen darf aber auch ihr nicht immer rühmliches Verhalten im Krieg ausgelassen werden. Dass Frauen auf grausame Weise auch kriegerisch sein können war seit der Antike durch die Berichte über die Amazonen bekannt. Während aber der Wahrheitsgehalt dieser antiken Berichte oft angezweifelt worden ist, gibt es für die Zeit des Zweiten Weltkrieges eindeutige Belege für Frauen im Kriegsdienst. Es waren vor allem sowjetische Militärpilotinnen, die in ihrem Land „Stalins Falken" genannt, von den deutschen Wehrmachtangehörigen aber als „Nachthexen" bezeichnet wurden. Sie leisteten Tag und Nacht bei jedem Wetter und unter schwierigen Bedingungen ihren Dienst und waren in ihrem zerstörerischen Werk sehr erfolgreich. Ebenso erfolgreich waren auch die deutschen Frauen im Militärdienst. Zwei von ihnen, Hanna Reitsch und Melitta Schenk Gräfin von Staufenberg, gelangten zu einer gewissen Berühmtheit. Während Hanna Reitsch bis zum Ende ihres Lebens sich dem Nationalsozialismus verpflichtet fühlte, bekam Melitta Schenk als Schwägerin des Hitler-Attentäters Claus Alexander Schenk Graf von Staufenberg große Schwierigkeiten. Sie wurde in Sippenhaft genommen, aber da sie für die deutsche Kriegsführung wegen ihrer Sturzflüge so unentbehrlich war, wurde sie bald entlassen und konnte ihre theoretische wie praktische Forschungsarbeit wieder aufnehmen. Das dunkelste Kapitel in dieser Kriegszeit war jedoch die Tätigkeit von Frauen als Lagerverwalterinnen und Aufsichtspersonen. Als „Hitlers Helferinnen" bezeichnet, waren sie verantwortlich für die grausame Ermordung vor allem von jüdischen Lagerinsassen und ihren Kindern. Ein besonders schrecklicher Fall war Magda Goebbels, die ihre eigenen Kinder töten ließ.

Angeblich gibt es auch ein unterschiedliches Verhalten von Mann und Frau zur Tierwelt. Bedeutsam ist in diesem Zusammenhang das Verhalten zu den Haustieren Hund, Katze und Pferd, das von den bloß geisteswissenschaftlich orientierten Feministinnen völlig ignoriert wird. Doch in jüngster Zeit hat auch im Rahmen des Feminismus das „Manifest für Gefährten" von Donna Haraway für Aufklärung gesorgt und vor allem die Rolle des Hundes als Gefährte des Menschen sowohl im guten wie auch bösen Sinn betont. Was aber die grundsätzliche Vorstellung betrifft, dass die Arbeitsteilung in der Ehe, welche die Frau zu ihren niedrigen Dienste im Haushalt verdammte, durch ihre angeblich natürliche biologische Veranlagung, die seit ihrer Geburt vorhanden sei, begründbar ist, wurde sie durch einen einzigen berühmt gewordenen Satz von Simone de Beauvoir umgeworfen: „Man kommt nicht als Frau zur Welt, sondern wird es." Dieser Satz bedeutete den eigentlichen Beginn des Feminismus, der sich dann in die „Genderforschung" fortgesetzt hat, die weit über Simone de Beauvoirs ursprünglichen Ansatz hinausgeht und heutzutage ein äußerst kontroverses Bild darbietet.

Zeitplan

Catherine Macaulay (1731–1791)

Etta Lubina Johanna Palm d'Aelders (1743–1799)

Olympe de Gouges (1748–1793)

Mary Wollstonecraft (1759–1797)

Caroline Schelling (1763–1809)

Therese Forster (1764–1829)

Anne-Josèphe Théroigne de Méricourt (1762–1817)

Josephine Elizabeth Butler (1828–1906)

Hedwig Dohm (1831–1919)

Anita Augspurg (1857–1943)

Lida Gustava Heymann (1868–1943)

Katharina Hedwig „Katia" Mann (1883–1980)

Mary Daly (1928–2010)

Schreibende Frauen

Anne Finch, Countess of Wichilsea (1661–1720)

Marie Sophie von La Roche (1730–1807)

Germaine de Staël (1766–1817)

Jane Austen (1775–1817)

Mary Shelley (1797– 1851)

Charlotte Brontë (1816–1855)

Emily Brontë (1818–1848)

Anne Brontë (1820–1849)

George Sand (1804–1876)

George Eliot (1819–1880)

Mary Elizabeth Braddon (1837–1915)

Virginia Woolf (1882–1941)

Reisende Frauen

Maria Sibylla Merian (1647–1717)

Mary Wortley Montagu (1689–1762)

Jeanne Baret (1740–1807)

Elizabeth Craven (1750–1828)

Lady Hester Stanhope (1776–1839)

Ida Pfeiffer, geb. Reyer (1797–1858)

Ida Hahn-Hahn (1805–1880)

Isabel Burton geb. Arundell of Wardour (1831–1896)

Isabella Bird (1831–1904)

Anna Harriette Leonowens (1831–1915)

Mary Henrietta Kingsley (1862–1900)

Anne Blunt (1867–1917)

Gertrude Margaret Lowthian Bell CBE (1868–1926)

Alexandra David-Néel (1868–1969)

Isabelle Eberhardt (1877–1904)

Annemarie Schwarzenbach (1908–1942)

Alexine Tinne (1835–1869)

Frauen in der Wissenschaft

Hypatia von Alexandria (4. Jahrhundert.)

Aspasia von Milet (470 v. Chr. –420 v. Chr.)

Hildegard von Bingen (1098–1179)

Olympia Morata (1526–1555)

Maria Cunitz (1610–1664)

Margaret Cavendish, Duchess of Newcastle (1623–1673)

Elena Lucrezia Piscopia (1646–1684)

Juana Inés de la Cruz (1648–1695)

Elisabetha Hevelius (1647–1693)

Maria Margaretha Kirch (1670–1720)

Christiane Marianne Ziegler (1695–1760)

Caroline Neuber (1697–1760)

Christine Kirch (1697–1782)

Émilie du Châtelete (1706–1749)

Laura Bassi (1711–1778)

Luise Adelgunde Gottsched (1713–1762)

Dorothea Erxleben (1715–1762)

Caroline Herschel (1750–1848)

Marie-Anne Paulze Lavoisier (1758–1836)

Ada Lovelace (1815–1852)

Hedwig Dohm (1831–1919)

Sofja Kowalewskaja (1850–1891)

Williamina Paton Stevens Fleming (1857–1911)

Marie Curie (1867–1934)

Henrietta Swan Leavitt (1868–1921)

Tatjana Ehrenfest-Afanassjewa (1876–1964)

Margarete von Wrangell (1877–1932)

Lise Meitner (1878–1968)

Emmy Noether (1882–1935)

Barbara McClintock (1902–1992)

Rosalind Franklin (1920–1958)

Lisa Randall (* 1962)

Frauen in der Genderforschung

Julia Kristeva (* 1941)

Alice Schwarzer (* 1942)

Herta Nagl-Docekal (* 1944)

Ilse Lenz (* 1948)

Siegrid Schmidt (* 1954)

Judith Butler (*1956)

Paula-Irene Villa (* 1968)

Sheryl Sandberg (*1969)

Alyssa Milano (*1972)

Tarana Burke (*1973)

Sibel Schick (* 1985)

Literatur

Augspurg, A.: Ueber die Entstehung und Praxis der Volksvertretung in England. München 1898, zugleich: Dissertation, Zürich 1898.

Augspurg, A.: Die Frau im Staat 1919.

Austen, J.: „Northanger Abbey" (Die Abtei von Northanger; umgearbeitet aus „Susan"), 1818.

Austen, J.: Emma. Frankfurt am Main und Hamburg 1988.

Austen, J.: Stolz und Vorurteil. Frankfurt am Main und Hamburg 1987.

de Beauvoir, S.: Das andere Geschlecht. Sitte und Sexus der Frau. Hamburg 1968.

de Beauvoir, S.: Der Lauf der Dinge. Reinbeck bei Hamburg 1996.

de Beauvoir, S.: La Longue Marche 1957 (deutsch: China. Das weitgesteckte Ziel. Jahrtausende – Jahrzehnte. Aus dem Französischen übertragen von Karin von Schab und Hanns Studnicka, Reinbek b. Hamburg 1960).

de Beauvoir, S.: Memoiren einer Tochter aus gutem Hause. Aus dem Französischen übertragen von Eva Rechel-Mertens Reinbek b. Hamburg 1998.

Bell, G.: The Arab War. Confidential information for General Headquarters from Gertrude Bell. Being despatches reprinted from the secret „Arab Bulletin". London. 1940.

Bell, G.: The Palace and Mosque of Ukhaidir. A Study in Early Mohammadan Architecture. Oxford. 1914.

Bell, G.: Am Ende des Lavastromes. Durch die Wüsten und Kulturstätten Syriens. Hrsg. und Vorw. von Gabriele Habinger. Basierend auf der Übers. aus dem Englischen aus dem Jahre 1908. 2. Aufl. Promedia, Wien 2015.

Bell, G.: Amurath to Amurath. London. 1911.

Bell, G.: Durch die Wüsten und Kulturstätten Syriens. Hrsg. und Vorw. von Gabriele Habinger. Basierend auf der Übers. aus dem Englischen aus dem Jahre 1908. 2. Aufl. Promedia, Wien 2015.

Bell, G.: Ich war eine Tochter Arabiens. Das abenteuerliche Leben einer Frau zwischen Orient und Okzident. Mit einem Vorw. von Gabriele Krone-Schmalz. Übers. on Gerda Bean. Scherz, München 1993.

Bell, G.: Ich war eine Tochter Arabiens. München 1995.

Bell, G.: The churches and monasteries of the Tur Abdin. In: Max van Berchem: Amida. Matériaux pour l'épigraphie et l'histoire musulmanes du Diyar-Bekr. Winter, Heidelberg. 1910.

Bird, I.: A Lady's Life in the Rocky Mountains, John Murray, New York 1879 (deutsch: übersetzt und mit einem Nachwort versehen von Silvia Dörfle: Eine Lady in den Rocky Mountains. Frankfurt a. m. 1989.

Bird, I.: Six Months in the Sandwich Islands. 1876.

Blunt, A.: Bedouin Tribes of the Euphrates. London 1879.

Boccaccio: De cleres et nobles femmes Paris 1402.

Boccaccio: De claris mulieribus Die großen Frauen. Stuttgart 1995.

Brizendine, L.: Das weibliche Gehirn. Warum Frauen anders sind als Männer. Aus dem Amerikanischen von Sebastian Vogel. Hamburg 2007.

Brontë, C. Erzählungen aus Angria. Frankfurt a. M 1990.

Burton, I.: Arabia, Egypt, India. William Mullan and Son. London 1879.

Burton, I.: The Inner Life of Syria, Palestine and the Holy Land. London. 1879.

Burton, I.: The Life of Captain Sir Richard F. Burton. London 1898.

Burton, I.: The Passion-Play at Ober-Ammergau. London. 1900.

Burton, I.: The Romance of Isabel Lady Burton. The Story of her Life. New York 1897.

Butler, J.: Gender Trouble: Feminism and the Subversion of Identity. 1990, deutsch: Das Unbehagen der Geschlechter, Berlin 2003.

Cavendish, M.: Die gleißende Welt. Übers. und mit einem Nachwort versehen von Virginia Richter. München 2001.

Ceranski, B.: Und sie fürchtet sich vor niemandem. Die Physikerin Laura Bassi (1711–1778). Frankfurt a. M. 1996.

Craven, Lady E.: A Journey through the Crimea to Constantinople, London 1789.

Craven, Lady E.: Briefe einer Reise in die Türkey. Leipzig 1785/86.

de la Cruz, J. I.: Die Antwort an Schwester Philothea. Aus dem Span. von Hildegard Heredia. Mit einem Essay von Angelo Morino. Frankfurt a. M. 1991.

David-Néel, A.: Arjopa. Die erste Pilgerfahrt einer weißen Frau nach der verbotenen Stadt des Dalai Lama, 1928

David-Néel, A.: Im Herzen des Himalaya. Unterwegs in Nepal (Au cœur des Himalayas: Le Népal, 1949), Edition Erdmann, Wiesbaden 2015.

Dohm, H.: Der Frauen Natur und Recht. Zur Frauenfrage zwei Abhandlungen über Eigenschaften und Stimmrecht der Frauen. Berlin 1876.

Dohm, H.: Die Antifeministen. Ein Buch der Verteidigung. Berlin 1902. 4. Auflage Berlin 2015.

Eberhardt, I. (1983): Notizen von unterwegs. Vergessenssucher. Islamische Blätter. Aus dem Franz. von Grete Osterwald. Reinbek bei Hamburg. 1983.

Eberhardt, I. (1983): Tagwerke. Im heißen Schatten des Islam. Aus dem Franz. von Grete Osterwald. Reinbek bei Hamburg. 1983.

Eberhardt, I.: Briefe an drei Männer. Aus dem Franz. von Gerhard Döhler. Reinbek bei Hamburg 1993.

Finch, A.: Miscellany Poems London 1713.

Gaskell, E.: The Live of Charlotte Bronte. Edinburgh 1907.

de Gouges, O.: Die Rechte der Frau / Déclaration des droits de la femme: Zweisprachige Neuausgabe hrsg. und übers. mit einer Einführung von Gisela Bock. München 2018.

Grubitsch, H., Bockholt, R.: Théroigne de Méricourt. Die Amazone der Freiheit. Pfaffenweiler 1991.

Habinger, G.: Eine Wiener Biedermeierdame erobert die Welt. Die Lebensgeschichte der Ida Pfeiffer (1797–1858). 4. Auflage. Wien 2014.

Hahn, A. (Hrsg.): Die reinste Freiheitsliebe, die reinste Männerliebe: ein Lebensbild in Briefen und Erzählungen zwischen Aufklärung und Romantik, Therese Huber. Berlin 1989.

Hahn, A, Bernhard Fischer (Hrsg.): „Alles von mir!" Therese Andrea Huber (1764–1829), Schriftstellerin und Redakteurin. Marbach 1993.

Hahn-Hahn, Gräfin I.: Orientalische Briefe. Berlin 1844.

Haraway, D.: Das Manifest für Gefährten: Wenn Spezies sich begegnen – Hunde, Menschen und signifikante Andersartigkeit. Übersetzung Jennifer Sofia Theodor. Berlin 2016.

Heuser, A: „Therese ist der Contrast meines Wesens". Therese Hubers Briefe an ihre Tochter Therese Forster 1797–1828. In: Mutter und Mütterlichkeit. Wandel und Wirksamkeit einer Phantasie in der deutschen Literatur. Festschrift für Verena Ehrich-Haefeli. Hg. von Irmgard Roebling und Wolfram Mauser. Würzburg 1996, S. 131–146.

Heuser, M.: Therese Heyne. Schriftstellerin 1764–1785. Rede anläßlich der Enthüllung einer Gedenktafel am 4. August 1989. In: Göttinger Jahrbuch 37 (1989), S. 194–197.

Hilmes, C.: Georg Forster und Therese Huber: Eine Ehe in Briefen. In: Das literarische Paar. Le couple littéraire. Intertextualität der Geschlechterdiskurse. Intertextualité et discours des sexes, hrsg. von Gislinde Seybert, Bielefeld 2003, S. 111–135.

Hobbes Th.: De cive / Vom Bürger. Ditzingen 2017.

Hobbes Th.: Leviathan. Übers. v. Jutta Schlösser, hrsg. v. Hermann Klenner. Meiner, Hamburg 1996.

Huber, T.: Abentheuer auf einer Reise nach Neu-Holland. In: Flora, Tübingen 1793/94. Jg. 1793 Bd. 4, und Jg. 1794, Bd. 1.

Huber, T.: Briefe. Bd. 1–9. Hrsg. von Magdalene Heuser und Petra Wulbusch. Tübingen 1999ff.

Huber, T.: Die Familie Seldorf. Eine Geschichte T.1.2. Tübingen 1795/96.

Huber, T.: Erzählungen von L.F. Huber. Bd. 1–3, Braunschweig 1801–1802.

Huber, T.: L. F. Huber's sämtliche Werke seit dem Jahre 1802, nebst seiner Biographie hg. von Therese Huber. Bd. 1–4. Stuttgart und Tübingen 1806–1819 (Bd. 2 unter dem Titel: C. F. Huber's sämtliche Werke seit dem Jahre 1802; Bd. 3 und 4: Hubers gesammelte Erzählungen, fortgesetzt von Therese Huber, geb. Heyne).

Huber, T.: Luise. Ein Beitrag zur Geschichte der Konvenienz. Leipzig 1796.

Kingsley, M.: Reisen in Westafrika, Durch Französisch-Kongo, Corisco und Kamerun, Edition Erdmann, 4. Auflage, Lenningen 2017.

Kingsley, M.: The Story of West Africa, London 1900.

Kingsley, M.: Travels in West Africa, London 1897.

Kingsley, M.: West African Studies, London 1899.

Kollar, V.: Über Ida Pfeiffer's Sendungen von Naturalien aus Mauritius und Madagascar. Wien 1858.

La Roche, S.: Geschichte des Fräuleins von Sternheim. München 1976.

Landon, M: Der König und ich (Originaltitel: Anna and the King of Siam 1943). Deutsch von Walter Jelen-Jelinek. Illustrationen von Margaret Ayer. Bearbeitet von Angela Troni. München 2000.

Leonowens, A. H.: The English Governess at the Siamese Court. Being Recollections of Six Years in the Royal Palace at Bangkok. 1870.

Meryon, Ch. L.: Memoirs of the Lady Hester Stanhope, as related by herself in conversations with her physician comprising her opinions and anecdotes of some of the most remarkable persons of her time. 3 Bände, Colburn, London 1845. Deutsch: Denkwürdigkeiten der Lady Esthern Stanhope. Erzählt von ihr selbst in Unterredungen mit ihrem Arzte; Anekdoten und Meinungen über die bemerkenswerthesten Personen ihrer Zeit. Nach der zweiten Ausgaben für deutsche Leser bearbeitet und übersetzt von Dr. Birch. Stuttgart 1846.

Meryon, Ch. L.: Travels of Lady Hester Stanhope, forming the completion of her Memoirs. Narrated by her Physician. 3 Bände, Colburn, London 1846.

Montagu, Lady M.: Briefe aus dem Orient. Stuttgart 1962.

Nagl-Docecal, H.: Feministische Philosophie. Frankfurt a. M. 1999.

Oeser, S.: Nachwort in Braddon, Mary Elizabeth: Lady Audley's Geheimnis. Ein Criminal-Roman. München 1998.

Olympe de Gouges: Die Rechte der Frau. Déclaration des droits de la femme. Hrsg.von Gisela Bock. München 2018.

Pankhurst, E.: Sufragette: die Geschichte meines Lebens aus dem Englischen und mit Anmerkungen von Agnes S. Fabian und Hellmut Roemer. 2016.

Paz, O.: Sor Juana Inés de la Cruz oder die Fallstricke des Glaubens Aus dem Span. von Maria Bamberg. Frankfurt a. M. 1991.

Pfeiffer, I.: Eine Frauenfahrt um die Welt. Reise von Wien nach Brasilien, Chili, Otahaiti, China, Ost- Indien, Persien und Kleinasien. Wien 1850.

Pfeiffer, I.: Verschwörung im Regenwald. (Madagaskar; postum veröffentlicht).

Pfeiffer, I.; Habinger, G. (Hrsg.): „Wir leben nach Matrosenweise". Briefe einer Weltreisenden des 19. Jahrhunderts. Wien 2008.

Pfeiffer, I.; Habinger G. (Hrsg.): Abenteuer Inselwelt. Die Reise 1851 durch Borneo, Sumatra und Java. Edition Frauenfahrten. Wien 1993. (Originalausgabe unter dem Titel: Ida Pfeiffer: Meine zweite Weltreise).

Pückler – Muskau, H. von: Fürst Pücklers orientalische Reisen. Hamburg 1955.

Reitsch, H.: Fliegen – mein Leben. 2001.

Ridley, G.: The Discovery of Jeanne Baret: A Story of Science, the High Seas, and the First Woman to Circumnavigate the Globe. New York 2010).

Royer, C.: Introduction à la philosophie des femmes: Leçon d'ouverture. Lausanne 1859.

Royer, C.: Théorie de l'impôt ou la dîme social. Paris 1862.

Sand, G: Ein Winter auf Mallorca (Un Hiver à Majorque) 1842/1844).

Sandberg, S.: Option B: Wie wir durch Resilienz Schicksalsschläge überwinden und Freude am Leben finden. 2017.

Schirrmacher, Chr.: Ehrenmorde unter Berücksichtigung rechtlicher, soziologischer, kultureller und religiöser Aspekte in: Internationale Gesellschaft für Menschenrechte IGFM, und: Institut für Islamfragen Sonderdruck Nr. 9, 2008).

Schwarzbach, A.: Alle Wege sind offen. Die Reise nach Afghanistan. Mit einem Essay von Roger Perret. Basel 2008.

Schwarzbach, A.: Tod in Persien. Mit einem Essay von Roger Perret. Basel 1995.

Staël, A. L.: Considérations sur les principaux événements de la Révolution française (= Betrachtungen über die Hauptereignisse der Französischen Revolution, gedruckt 1818).

Staël, A. L.: Corinne ou l'Italie, 1807.

Staël, A. L.: De l'Allemagne, London 1813.

Staël, A. L.: De la littérature considérée dans ses rapports avec les institutions sociales („Über die Literatur in ihren Verhältnissen mit den gesellschaftlichen Einrichtungen und dem Geiste der Zeit").

Staël, A. L.: De l'influence des passions sur le bonheur des individus et des nations („Vom Einfluss der Leidenschaften auf das Glück der Individuen und der Nationen")1796.

Staël, A. L.: Lettres sur le caractère et les écrits de Jean-Jacques Rousseau („Briefe über den Charakter und die Schriften von Jean-Jacques Rousseau").

Staël, A. L.: Réflexions sur la paix, adressées à M. Pitt et aux Français („Gedanken über den Frieden, gerichtet an Herrn Pitt und die Franzosen", Genf 1795.

Stippler, F.: Elena Lucrezia Piscopia: Die erste Frau Dr. Die Presse 2018.

Strobl, W.: Xanthippe. In: Peter von Möllendorff, Annette Simonis, Linda Simonis (Hrsg.): Historische Gestalten der Antike. Rezeption in Literatur, Kunst und Musik (= Der Neue Pauly. Supplemente. Band 8). Stuttgart/Weimar 2013.

Tebben, K. (Hsg.): Schreibende Frauen im 18. und 19. Jahrhundert. Göttingen 1998.

Wagner, D.: Nicht mehr Ich. Die wahre Geschichte einer Ordensfrau. München 2016.

Weithmann, M.: Xanthippe und Sokrates. Eros, Ehe, Sex und Gender im antiken Athen. Ein Beitrag zu höheren historischem Klatsch. München 2003.

Wieland, Chr. M.: „Ehrenrettung dreier berühmter Frauen des Althertums".

Wilamowitz-Moellendorff: Aspasia 1893.

Wollstonecraft, M: Vindication of the Rights of Woman Die Verteidigung der Frauenrechte.

Woolf, V.: Ein Zimmer für sich allein (A room of one's own)1988.

Zeller, E.: Zur Ehrenrettung der Xanthippe in: Vorträge und Abhandlungen geschichtlichen Inhalts).

Zweig, S.: Marie Antoinette – Bildnis eines mittleren Charakters" 1932.

Abbildungsverzeichnis

Abb. 1: akg-images – De Agostini Picture Lib.

Abb. 2: Fototeca Gilardi SNC / akg-images; Library of the University of Bologna, Public domain, via Wikimedie Commons

Abb. 3: Science Source / akg-images

Abb. 4: Liszt Collection / akg-images; akg-images; akg-images; Fototeca Gilardi / akg-images

Abb. 5: akg-images; Heritage Images / Fine Art Images / akg-images

Abb. 6: akg-images; Erich Lessing / akg-images

Abb. 7: bilwissedition / akg-images; akg-images

Abb. 8: Heritage Images / Fine Art Images / akg-images

Abb. 9: akg-images; Collection Dupondt / akg-images

Abb. 10: Lithograph_by_C._Bazin,_183_Wellcome_V0001788; Ambroise Tardieu, Public domain, via Wikimedia Commons

Abb. 11: Fine Art Images / akg-images

Abb. 12: Album /akg-images

Abb. 13: akg-images

Abb. 14: akg-images

Abb. 15: Glasshouse / akg-images

Abb. 16: William Powell Frith, via Wikimedia Commons

Abb. 17: Mondadori Portfolio / akg-images

Abb. 18: Erich Lessing / akg-images

Abb. 19: akg-images

Abb. 20: De Agostini / Icas94 / akg-images

Abb. 21: Heritage Images / Fine Art Images / akg-images

Abb. 22: Heritage Images / Historica Graphica Collection / akg-images; akg-images

Abb. 23: Universal Images Group / akg-images

Abb. 24: Sputnik / akg-images; Sputnik / akg-images

Abb. 25: akg-images / Science Source

Abb. 26: Cristoforo Dall'Acqua (1734-1787), Public domain, via Wikimedia Commons; unbekannter Urheber, via Wikimedia Commons

Abb. 27: Historisches Auge / akg-images; unbekannter Urheber, via Wikimedia Commons

Abb. 28: akg-images

Abb. 29: Bernard Bonnefon / akg-images; akg-images

Abb. 30: akg-images

Abb. 31: akg-images; akg-images

Abb. 32: Adolf Dauthage, Public domain, via Wikimedia Commons; akg-images

Abb. 33: Pictures from history / akg-images

Abb. 34: Pictures from history / akg-images; Pictures from history / akg-images

Abb. 35: akg-images / UIG / Design Pics / Hilary Jane Morgan; UIG / Universal History Archive / akg-images

Abb. 36: unbekannter Urheber, via Wikimedia Commons

Abb. 37: Arjopa. Die erste Pilgerfahrt einer weißen Frau nach der verbotenen Stadt des Dalai Lama F. A. Brockhaus/Leipzig 1928

Abb. 38: Science Source / akg-images

Abb. 39: Sputnik / akg-images

Abb. 40: TT News Agency / SVT / akg-images; akg-images

Abb. 41: Heritage Images / The Print Collector / akg-images

Abb. 42: akg-images; Sputnik / akg-images

Abb. 43: Heritage Images / Museum of London / akg-images; Heritage Images / The Print Collector / akg-images

Abb. 44: Heritage Images / Historica Graphica Collection / akg-images

Abb. 45: Fototeca Gilardi / akg-images

Abb. 46: Agence Rol, Public domain, via Wikimedia Commons

Abb. 47: M. Bitton, Public domain, via Wikimedia Commons

Abb. 48: akg-images; UIG / Universal History Archive / akg-images